石仲泉讲党史

石仲泉 —— 著

人民东方出版传媒
東方出版社

石仲泉

中共党史学家，原中共中央党史研究室副主任。1938 年 5 月出生，湖北红安人。1956 年入北京大学哲学系，1961 年本科毕业后留校做研究生，攻读马克思主义哲学史。1964 年毕业后分配至中央马列主义研究院工作；1978 年底调至中共中央文献研究室；1995 年调入中共中央党史研究室。学术职称为研究员，享受国务院政府特殊津贴，兼任中国人民大学博士生导师和中央团校（中国青年政治学院）马克思主义研究中心主任，中央马克思主义理论研究和建设工程重点项目——"马克思主义中国化的历史进程和基本经验"首席专家,多所高校、党校、军校兼职教授。

石仲泉长期在中央机关从事理论和党史的研究,曾参与《关于建国以来党的若干历史问题的决议》起草组等工作;直接主持编修《中国共产党历史》第一卷;主持编修《中国共产党历史》第二卷八年。个人主要专著有:《我观毛泽东》、《我观周恩来》、《我观邓小平》、《马克思与燕妮》、《长征行》、《"三个代表"重要思想新论》、《艰辛的开拓:石仲泉自选集》、《我观党史》系列、《党史热点面对面》、《红军长征热点面对面》、《党的建设理论热点今日谈》、《巨变:石仲泉谈新中国的发展》等。合著有:《毛泽东的读书生活》、《毛泽东思想新论大纲》、《邓小平建设有中国特色的社会主义理论新论大纲》等。主编的作品有:《毛泽东思想方法导论》、《邓小平论中共党史》、《中共八大史》、《中国共产党简明历史》、《马克思主义中国化研究——历史进程和基本经验》(上下册)等。有多本著作和多篇论文荣获国家级图书奖和优秀论文奖。

前 言

2021年是我们伟大的中国共产党百年华诞,许多出版社都在提前准备推出各类党史书籍。2020年6月,东方出版社与我联系,能否在《我观党史》多卷本中选择若干文章,改写成通俗形式,为广大普通群众串讲百年党史(从党的创建到当前新时代),作为别具风格的一本献礼图书。我赞同他们的这个创意,经过两个月编改,书稿基本成型,有18讲,30多万字。

在编书过程中,也回忆起我的人生经历,怎么走上了党史研究路。其实,我是学哲学的。1956年从湖北沙市三中考上北大哲学系,本科5年,研究生3年,参加"四清"运动1年,在北大燕园生活学习整整9年,于1965年分配至刚刚成立的中央马列主义研究院哲学组工作。那时就是想研究马克思主义哲学,因为从本科到研究生都是在攻读哲学。但是没想到工作不到1年,"文化大革命"猛然爆发,我的哲学研究梦灰飞烟灭。10年"文革",3年参加运动,3年下放首钢劳动,4年在中共北京市西城区委党校和北京市委宣传部工作。对这10年如此走过来,是否痛心疾首呢?那也不。专业虽然没能坚持,但并不那么后悔。按照毛泽东同志的说法,这10年是社会大学,读的是无字之书。当然,是否这样认识,就要看悟性了。习近平总书记讲的学党史、悟思想,强调一个"悟"字,不是没有道理的。10年"文革",虽然是百年党史的

1/10，但它在百年党史中有不可替代的重要地位。它的发生绝不是历史的偶然，而是具有某种历史必然性。如邓小平同志所说：从1957年下半年始，党就犯有"左"的错误，"左"的极端就是"文化大革命"。10年"文革"使我国具体制度上的弊病、指导方针政策上的错误得到充分暴露。它是"左"的错误发展到极致的必然结果。也正因为"文革"使党和国家的许多弊端得以充分暴露，我们党对这些问题的认识越来越清楚。因此，邓小平同志又说：我们根本否定"文化大革命"，但应该说"文化大革命"也有一"功"，它提供了反面教训。没有"文化大革命"的深刻教训，就不可能有改革开放以来经过拨乱反正，痛定思痛，制定的正确的思想、政治、组织路线和一系列方针政策。这也就是人们常说的，没有"文革"就没有改革。再不改革就是死路一条。党的十一届三中全会40多年来的历届党中央，都始终坚持并不断丰富和发展改革开放以来的路线和方针政策，党和国家的面貌发生了革命性变革，在新中国站起来的基础上一跃而又富起来和走向强起来。这就是恩格斯讲的，历史的灾难必定由历史的进步得到补偿。

从这个意义上说，"文革"10年，是我们党在改革开放以来领导全国人民实行伟大觉醒、进行伟大革命的一个另类重要基础。这是多么生动的历史辩证法啊！

我是学哲学的，自然要运用历史辩证法，对我经历的这段历史作两面分析，既有失也有得。就得而言，亲历"文革"10年，使我接触实际，深深地了解了中国社会。经历政治运动，认识到政治斗争的极端复杂性，不是我们一般人能够驾驭和把握的；到首钢运输部当钳工修理火车头，使我亲身体验到了什么叫现代化大企业，工业革命是怎么回事，获得一些初步的经济和技术方面的知识；到基层党政机关工作，也使我对理论教学和政治宣传以及基层干部的工作和生活状况有不少体验。这些，对于我后来从事党史研究来说，有了非常难得的历史现场感。有这个现场感与没有现场感是大不一样的。我后来研究党史崇尚求实、尽量避免空洞化、概念化,与这段经历的潜移默化有密切关系。所以,对走过的这段人生之旅,我无怨无悔。

1976年粉碎"四人帮"后,我已近不惑之龄。人有所长也有所短。我这个人既不擅长社会交往,也不适应行政事务工作。那时国家安定下来了,就很想到高校和科研单位去搞教学和研究。

好在机遇不错。中共中央毛泽东主席著作编辑出版委员会办公室(简称"毛办")在那时成立,需要研究人员。党的十一届三中全会后,我就由中共北京市委宣传部调至"毛办"。随后"毛办"改称中央文献研究室,由此就走上了我观党史的研究路。如果说在文献研究室是以研究毛泽东、周恩来等党史人物为主,那么16年后调至原中央党史研究室,就全面研究大党史了。积40多年之不懈耕耘,包括党的重大理论、人物和事件,以及党史宏观的与微观的、综合性的与专题性的、各个历史时期的与各个革命根据地的等方面的研究,多多少少都有所涉及,涵盖面还算不窄。这样,从已发表的文章中选择从党的创建到新时代的百年党史并不那么困难。

编辑本书的困难在于,怎样将读者对象为比较小众的研究性文章,改成读者对象为比较大众的通俗性讲话,做到雅俗共赏。这个"变脸"需要费点心思琢磨。做学问时间长了,形成一种习惯性思维,力求道理透彻、史料准确、文字练达。这样,文章的理论性、学术味较浓一些。好在10多年来讲课往往不用讲稿,尽量使书面文字口语化,而且最后要与学员们互动交流,回答学员们提出的各种问题。因而,也获得一定的通俗化、大众化经验。本书18讲采取问答式,尽量做到深入浅出,既雅又俗,生动活泼,味在嚼中。

当然,由于本书是在已有文章基础上改写而成,不完全是按时序重新写作的,因而在个别文章中讲思想的继承与发展关系时会跨越历史的分期,将后面的一些思想在前面提到。读者只要认真阅读，不会因此提出不合时序之类的问题来。再则，有的重大事件在本书中可能未有提及。诸如此类问题，拟以加注方式进行补充。

本书能够在党的百年华诞之际面世，要十分感谢有关各方。没有他们的合作与支持，我这个老共产党员和老党史工作者能够向党的百年华诞献上一份表达寸草之心的绵薄之礼是不可能的。

石仲泉

2021 年 5 月 19 日

目 录

第 一 讲　五四运动与中国共产党的创建

002　一　为什么说五四运动是比较系统传播原真马克思主义的历史起点

006　二　怎样认识李大钊、陈独秀是比较系统传播原真马克思主义的两大领军人物

009　三　怎样理解"三次论争"是马克思主义在先进分子中成为传播主流的重要历史节点

015　四　为什么说马克思主义与中国工人运动相结合，既是传播马克思主义的内在要求，也使中国共产党的诞生有了先进的阶级基础

020　五　怎样理解中国共产党的创建是五四运动传播马克思主义并与中国工人运动相结合的必然结果

第 二 讲　南昌起义和井冈山革命根据地的创建是马克思主义中国化的伟大开篇

024　一　怎样看待南昌起义与马克思主义中国化的伟大开篇

027　二　怎样看待井冈山革命根据地与马克思主义中国化的伟大开篇

031　三　怎样认识毛泽东是马克思主义中国化伟大开篇的主要代表

036　四　怎样认识马克思主义中国化的伟大开篇与老一辈革命家的历史贡献

第三讲　古田会议决议与党的建设

044　一　怎样认识毛泽东时代与党的建设

050　二　怎样认识邓小平时代与党的建设

057　三　怎样认识习近平与新时代党的建设

第四讲　遵义会议与红军长征胜利和长征精神

064　一　怎样认识遵义会议是党的历史的伟大转折

072　二　怎样理解惊天地泣鬼神的红军长征的历史图谱

083　三　怎样体悟豪情万丈的红军长征精神及其当代价值

第五讲　抗日战争是为中国和世界而战的伟大战争

092　一　如何认识中国国民党领导的中央政府为抗战时期的国家代表

096　二　为什么说中国共产党是全民族抗战胜利的实际核心

105　三　怎样看待中国抗战对第二次世界大战和世界历史的巨大影响

第六讲　转战陕北是中国革命走向胜利的转折点

108　一　怎样理解放弃延安是为了收复延安的辩证法

111	二	怎样认识毛泽东在转战艰难险恶环境中作出扭转乾坤的三大非凡之谋
117	三	怎样看待一年转战奠定中国革命胜利之基

第七讲　新生的中国站起来了

121	一	怎样认识中国共产党领导中国新民主主义革命的胜利是中华人民共和国能够站起来的历史基础
126	二	怎样看待中国共产党领导中国人民走社会主义道路，使中华人民共和国站起来有了稳定的政治、经济和社会基础
139	三	怎样理解抗美援朝战争是中华民族站起来的国家安全基础

第八讲　党的八大与20世纪中国两次伟大革命的关系

148	一	怎样看待党的八大召开的1956年在世界和中国发展历史坐标上的位置
151	二	怎样看待党的八大与中国共产党领导的第一次伟大革命
159	三	怎样看待党的八大与中国共产党领导的第二次伟大革命
169	四	党的八大的不足与两次伟大革命没能实现交会的历史原因

第九讲　社会主义艰辛探索的三次纠"左"

179	一	邓小平是怎样评述党的八大以后20年的历史的
183	二	怎样看待1958年下半年到1962年上半年的第一次纠"左"

194	三	怎样看待1972年批判极左思潮和落实党的政策的第二次纠"左"
202	四	怎样看待1975年全面整顿的第三次纠"左"

第 十 讲　邓小平对开创改革开放伟业作出的历史性贡献

212	一	第一个反对"两个凡是",支持和领导真理标准问题大讨论,推动党的十一届三中全会实现伟大转折,使改革开放伟业具有正确的理论基础和历史前提
214	二	主持制定《关于建国以来党的若干历史问题的决议》,完成了党在指导思想上的拨乱反正,使伟大的改革开放有了政治准绳
215	三	提出三个"大政策",为改革开放的中国特色社会主义道路披荆斩棘,开启征程
217	四	提出改革党和国家领导制度,成为伟大的改革开放建设中国民主政治制度的历史起点
218	五	提出一切从社会主义初级阶段实际出发,明确"三步走"发展战略,强调坚持党的基本路线一百年不动摇,使改革开放伟业始终走在阳光大道上
219	六	不断推动社会主义精神文明建设,强调只有两个文明都搞好,才是有中国特色的社会主义,是改革开放健康发展的指针
220	七	破天荒地提出社会主义可以搞市场经济,为改革开放伟业持续发展指明了方向,创造性地发展了马克思主义
221	八	提出"一国两制"构想,推进中华民族和平统一大业,为伟大的改革开放构建了一个全民族的大平台
222	九	在国际风云的急剧变幻中,提出和平与发展是当代世界的两大

问题和一整套指导我国外交战略的基本方针，为改革开放营造了良好的外部环境

224　十　坚持把思想政治建设摆在党的建设的首位，强调在整个改革开放过程中都要反对腐败，是改革开放伟业行稳致远的根本保证

第十一讲　深刻理解邓小平关于"整个改革开放过程中都要反对腐败"的思想

227　一　为什么反腐败是一个长期斗争的过程

232　二　怎样认识邓小平对新的历史条件下反腐败斗争的总体战略的思考和设计

237　三　对坚持不懈地反对腐败，邓小平是怎样向新的中央领导集体作政治交代的

第十二讲　邓小平关于改革开放的两大历史遗产与习近平的新发展

240　一　怎样认识《党和国家领导制度的改革》是我国建设社会主义民主政治的伟大纲领性文献

245　二　南方谈话是马克思主义中国化发展到一个新阶段的标识

253　三　习近平总书记的"四个全面"战略布局是对邓小平两个讲话的创新性发展

262　四　坚决捍卫毛泽东和邓小平的崇高历史地位

第十三讲　改革开放使中国富了起来

- 269　一　怎样看待坚持社会主义初级阶段基本路线始终不动摇这个"秘籍"
- 272　二　怎样认识坚持社会主义市场经济改革方向，使其体制机制愈发健全和完善这个"秘籍"
- 275　三　怎样理解坚持经济社会科学发展，不断处理好改革、发展和稳定等各种关系这个"秘籍"
- 278　四　怎样看待坚持独立自主外交方针和在国际风云变幻的严峻形势下中国在世界上的自处之道这个"秘籍"

第十四讲　习近平新时代中国特色社会主义思想是党的指导思想马克思主义中国化的伟大发展

- 281　一　怎样看待党的指导思想是实现马克思主义中国化飞跃的标志
- 284　二　在习近平新时代中国特色社会主义思想指导下，反腐败斗争取得压倒性胜利并全面巩固
- 288　三　怎样充分认识和科学把握习近平新时代中国特色社会主义思想的历史地位

第十五讲　全面从严治党是中国共产党长期执政实现中国梦之魂

- 291　一　怎样认识"四个全面"战略布局是伟大的战略构想

295	二	怎样理解全面从严治党是"四个全面"战略布局的根本关键
298	三	怎样看待全面从严治党的理论基础是思想建党和制度治党紧密结合
302	四	为什么说全面从严治党永远在路上是中国共产党长期执政实现中国梦之魂

第十六讲　"中国之治"制度建设工程是对中国特色社会主义政治体制改革新路的探索

308	一	为什么说党的十九届四中全会具有独特的里程碑意义
311	二	怎样认识党的十九届四中全会通过的《决定》与党和国家长治久安制度建设基本框架的构筑
315	三	怎样认识党的领导制度体系建设是中国特色社会主义制度体系中最根本的制度建设
319	四	怎样认识中国特色社会主义制度的"众星捧月"格局与相互衔接、相互联系的制度体系
324	五	怎样认识党的十九届四中全会通过的《决定》与中国特色社会主义政治体制改革新路

第十七讲　党的十八大以来中国走向强起来

330	一	经济社会的发展怎样开始强起来
332	二	民生福祉怎样开始强起来
334	三	怎样认识国防军事力量开始强起来

| 337 | 四 | 怎样看待中国在国际事务中的作用开始强起来 |
| 342 | 五 | 怎样认识全面从严治党使党的力量真正强起来 |

第十八讲　全面建成小康社会理论和实践的飞跃

346	一	怎样理解全面建成小康社会的理论构筑
351	二	怎样理解决胜全面建成小康社会的实践创新
356	三	怎样看待脱贫攻坚、决战决胜"最后一公里"

第一讲

五四运动与中国共产党的创建

　　五四运动是一场以先进青年知识分子为先锋、广大人民群众参加的彻底反帝反封建的伟大爱国运动，是一场中国人民为拯救民族危亡、捍卫民族尊严、凝聚民族力量而掀起的伟大社会运动，是一场传播新思想新文化新知识的伟大思想启蒙运动和新文化运动。习近平总书记在改革开放40周年大会上指出："建立中国共产党、成立中华人民共和国、推进改革开放和中国特色社会主义事业，是五四运动以来我国发生的三大历史性事件，是近代以来实现中华民族伟大复兴的三大里程碑。"这其中包含了对五四运动的高度评价。这三大历史性事件是一以贯之的，它的关键是中国共产党的创建，有了这一伟大历史性事件，后来两个伟大历史性事件才会接踵而至。也就是说，后两个大事件是第一个大事件历史的和逻辑的延伸。

　　为什么能够产生第一个大事件呢？一个重要原因，就在于五四时期马克思主义的广泛传播，是中国共产党创建的理论之源；五四运动促进了马克思主义与中国工人运动的结合，使中国共产党的创建具有了先进的阶级基础。没有马克思主义的广泛传播，没有马克思主义与中国工人运动的结合，就不可能有具有中国工人阶级先锋队、中国人民和中华民族先锋队性质的马克思主义政党——中国共产党的诞生，也就不可能有后来的其他历史性事件。因此，尽管五四运动与中国共产党的创建是个老话题,但这个老话题所具有的极端重要性,决定了对它还是有重新认识之必要。

一 为什么说五四运动是比较系统传播原真马克思主义的历史起点

学术界对五四运动有狭义和广义两种理解。从狭义上讲,五四运动就是指1919年5月爆发的学生爱国运动和6月发展到有各界群众广泛参加的爱国运动。广义的五四运动包括1915年兴起的新文化运动和1919年五六月爆发的广泛群众性爱国运动两大内涵,因为1915年兴起的新文化运动对1919年五四爱国群众运动起了启蒙、觉醒作用,是其重要的思想躁动阶段。从某种意义上说,没有新文化运动的思想躁动,就没有五四运动这样空前规模的爱国群众运动,也不可能形成独特的爱国、进步、民主、科学的五四精神。我们说五四运动对近现代中国产生了具有深刻影响的三大历史性事件,五四时期马克思主义的广泛传播是创建中国共产党的理论之源,这都只有从五四运动广义论的维度来看,才能全面揭示。

从五四运动的广义论维度看,对马克思主义有比较系统性、原真性的传播应当从新文化运动说起,即五四运动是比较系统传播原真马克思主义的历史起点。

(一)对马克思主义大量比较系统的传播是从新文化运动后的五四时期开始的

1899年,上海《万国公报》第121期刊载的中文文章《大同学》,提到马克思和恩格斯,还引用了《共产党宣言》部分文字。这可能是马克思的名字和马克思主义学说首次出现在神州大地。1902年9月至1906年,维新派领袖梁启超在《新民丛报》上发表多篇文章，谈及他不赞同的马克思及其思想轮廓。在孙中山主持成立同盟会三个月后，1905年11月，革命派先驱朱执信在新创办的《民报》第二期上发表《德意志社会革命家小传》的文章，以6000多字的长篇介绍了马克思、恩格斯的生平和他们的学说，这表明了革命派的倾向。孙中山本人，还有宋教仁、廖仲恺等革命党重要领导人在演说或文章中都提到过马克思其人。一些宣传无政府主义的刊物也涉及马克思、恩格斯。但是，以上介绍较多的是片断的，有的是零碎的，还有曲解和持批判立场。这些介绍的范围窄、读者少，谈不上有多大社会影响，仅局限于知识分子的小圈子。

新文化运动兴起后的情况大不一样。在文化觉醒和思想启蒙过程中，有两大事件对新文化运动的发展方向产生了重要影响。一是第一次世界大战将西方资本主义制度固有的矛盾暴露无遗。战争的极端残酷、欧洲参战国的衰败和社会混乱使广大人民群众的生活更加痛苦不堪。战争期间，西方列强疯狂掠夺中国资源和大量征集中国人去欧洲战场充当劳工，其劳动条件和生活环境极其恶劣。这些都促使先进的中国人开始觉醒，反思和批判西方资本主义制度。二是俄国十月革命的胜利极大地鼓舞了中国人民，特别是先进分子。中国国情与俄国有相似的一面，尽管俄国的工业和资本主义经济比中国发达许多。在俄国布尔什维克和列宁的领导下，工农大众推翻资产阶级政府，建立起新型社会主义国家，成为社会的主人。这使在苦苦求索救国救民真理、对西方资本主义制度感到失望的中国先进分子在茫茫黑暗中看到了光明。

以掀起新文化运动的《新青年》杂志为主要代表，各种期刊开始大量地、比较系统地介绍马克思主义。《新青年》开辟了持续半年之久的"马克思研究"专号。还有《每周评论》《民国日报》《建设》，以及毛泽东创办的《湘江评论》、周恩来参与创办的《觉悟》等一批报刊，都纷纷介绍马克思和他的学说。在那时的400多种新刊物中，宣传马克思主义的文章达200多篇。杨匏安（广东籍留日生）在《广东中华新报》连载19天的《马克思主义》一文，对马克思主义产生的历史及其三个组成部分作了简要阐述。李达（湖南籍留日生）在翻译多本宣传马克思主义著作的同时，还撰写了多篇介绍马克思主义的文章。李汉俊（湖北籍留日生）通晓日、德、英、法四国文字，发表了60多篇译文和文章，大力宣传马克思主义。上述期刊和作者文章都有不小影响。这样集中地介绍国外的一种思想理论，在中国近代报刊史上极其少见。

（二）对马克思主义原著有完整的翻译本是在五四时期

随着介绍马克思学说的广泛和深入，对马克思主义原著翻译的需求如久旱盼雨。正是从五四时期开始，对马克思主义原著有较多的完整翻译。上述报刊发表的宣传马克思主义的200多篇文章中，很大部分就是马克思、恩格斯著作的译文。作为宣传马克思主义主要阵地的《新青年》，先后发表了八篇马克思主义著作。《共产党宣言》先是出版了若干节译本。《每周评论》在摘译《共产党宣言》第二章时加的按语指出，这个宣言是马克思和恩格斯最先最重大的意见，是表示新时代的文书。但如此重要的著作仅有节译本，满足不了先进分子的渴求，社会急需完整译本。

在五四爱国运动由北京转移到上海并掀起新高潮后，1919年6月创刊的《星期评论》编辑部非常急切地希望译出《共产党宣言》全文。这个翻译工作交给了留学日本归来、精通日文和英文的进步青年陈望道。那时翻译进步书籍要冒很大风险，陈望道回到浙江义乌老家秘密翻译。1920年4月下旬，他完成这部经典著作的翻译。经陈独秀、李汉俊校对，《共产党宣言》中译本于8月在上海出版。这是《共产党宣言》这部马克思主义经典著作在中国的第一个全译本。这个本子受到进步知识分子热烈欢迎。印有马克思头像的红色封面本子，初版千余册很快销售一空。应读者要求，9月又再版印有马克思头像蓝色封面的本子1000册。这在中国马克思主义著作的出版史上是创纪录的。习近平总书记自党的十八大以来多次讲过陈望道翻译《共产党宣言》时误把墨水当糖水的故事。那时,《共产党宣言》属于"禁书",不能在上海翻译,陈望道就回到老家浙江义乌翻译。那是吃粽子的季节,他母亲在外面喊:"你吃粽子要加红糖水,吃了吗?"他回答:"吃了吃了,甜极了。"母亲进门一看,儿子埋头写书,嘴上全是墨水。儿子吃错了,旁边一碗红糖水没喝,把那个墨水给喝了。但是儿子浑然不觉,还说,"可甜了可甜了"。由此,习近平总书记引申道:"真理的味道非常甜。"这个红色故事,经习近平总书记宣传,现在老幼皆知。

五四时期,除《共产党宣言》外,马克思主义其他重要著作也相继出版。如马克思的《〈资本论〉第一版序言》(费觉天译)、《〈政治经济学批判〉序言》(范寿康译),《(雇佣)劳动与资本》(食力译),恩格斯的《反杜林论》(徐苏中译)、《社会主义从空想到科学的发展》(郑次川译)、《家庭、私有制和国家的起源》(恽代英译)等。那时还翻译出版了许多阐释马克思主义原理的著作。如《马格斯资本论入门》(马尔西著,李汉俊译)、《阶级争斗》(考茨基著,恽代英译)、《马克思经济学说》(考茨基著,李达译)、《马克思的唯物史观》(河上肇著,渊泉译)、《社会主义史》(柯卡普著,李季译)等。上述著作有全译的,也有节译的。所有这些译著都扩大了马克思主义的影响,是哺育一代先进分子的丰盈乳汁。

(三)研究讨论马克思主义思想团体的兴起是在五四时期

随着马克思主义译作的出版,以研究马克思主义理论和探讨社会改造为己任的学习团体在北京、上海和全国其他一些大城市陆续成立。这些团体的主要成员都是具有初步共产主义思想的知识分子。李大钊等在北京成立了少年中国学会、北京大学马克思学说研究会。后者就是著名的"亢慕义斋"。"亢慕义"为英文Communism的翻译,意为"共产主义"。陈独秀等在上海发起成立马克思主义研究会,毛泽东等在长沙成立了新民学会、文化书社和俄罗斯研究会,周恩来等在天津成立了觉悟社,恽代英等在武汉成立了利群书社、共存社,王尽美、邓恩铭等在济南成立了励新学会，阮啸仙等在广州成立了新学生社等。在那时，凡是学校和知识分子较多的地方，几乎都有学习和研讨马克思主义的社团组织。如雨后春笋般涌现的这些团体，其成员或是依托所办刊物发表文章和译作，或在内部展开学习讨论，或是通过团体经销有关书籍、刊物，对宣传马克思主义发挥着重要作用。

从以上三个方面看，我们完全有理由说，五四时期是比较系统传播原真马克思主义的历史起点。

二 怎样认识李大钊、陈独秀是比较系统传播原真马克思主义的两大领军人物

五四时期，中国先进分子通过留学接受马克思主义，是非常重要的渠道。这主要来自三个方面：一是东去日本的留学生，将了解到的日本宣传马克思主义、社会主义的著作译成中文进行介绍，并且不少人成为中国首批马克思主义者，如上述的杨匏安、李达等。二是西去欧洲主要是勤工俭学的一批留学生，到法、英、德等国学习时，对马克思主义著作刻苦攻读和研究，其中许多人成为马克思主义的信仰者，如蔡和森、周恩来等。三是北去十月革命后的苏俄的不少留学生，迅速成为马克思列宁主义的忠实信仰者，如刘少奇、任弼时等。

在众多马克思主义的传播者中，有两位巨人最具号召力和影响力。他们是李大钊和陈独秀。为什么说他们是"比较系统传播原真马克思主义"的领军人物呢？这是相对于此前对马克思主义的介绍比较零碎、带有随意性乃至曲解的解释而言的，故强调他们宣传马克思主义的系统性和原真性。

首先讲李大钊。李大钊在东渡日本留学三年回国后，思想处在急剧转变之中。一是在反对袁世凯的斗争中成为激进的革命民主主义者。其两篇关于"青春"的文章，可视为这一转变的代表作。1916年8月，李大钊在担任主编的

《晨钟报》创刊号上发表的《晨钟之使命》中提出《晨钟报》的任务，就是要担当创造"青春中华"的历史使命，为"青春中华"理想的实现而奋斗。9月，他在《新青年》第二卷第一号上发表的《青春》一文，可视为《晨钟之使命》的姊妹篇。李大钊寄历史重任于广大青年，要他们"为世界进文明，为人类造幸福，以青春之我，创建青春之家庭，青春之国家，青春之民族，青春之人类，青春之地球，青春之宇宙，资以乐其无涯之生"。二是受俄国十月革命的巨大影响，由激进的革命民主主义者转变为坚定的马克思列宁主义者。1918年，李大钊发表的《法俄革命之比较观》，指出俄罗斯之革命是立于社会主义上之革命，同法国大革命预示着世界进入资产阶级革命时代一样，俄国十月革命预示着社会主义革命时代之到来，是世界的新文明之曙光。在同一年发表的另两篇文章《庶民的胜利》和《Bolshevism的胜利》中，进一步指出社会主义革命是世界历史的潮流，什么皇帝、贵族、军阀、官僚、军国主义、资本主义，"遇见这种不可当的潮流，都像枯黄的树叶遇见凛冽的秋风一般，一个一个的飞落在地"①。这三篇文章是先进的中国人对十月革命最早的宣传和评论。

李大钊发表的许多文章，在那时的马克思主义传播运动中起着主导作用，特别是《我的马克思主义观》一文。这是李大钊宣传原真马克思主义最重要的代表作，在1919年10月、11月分两期发表在《新青年》上。该文充分肯定了马克思主义的历史地位，系统地介绍了马克思主义的唯物史观、政治经济学和科学社会主义的基本原理。他指出，马克思的学说"是完全自成一个有机的有系统的组织"。其中的马克思历史论揭示社会物质发展动因和阶级关系，阐明生产力和生产关系、经济基础和上层建筑、阶级和阶级斗争的理论；马克思的经济论阐明"余工余值说"，揭露"现代资本主义的秘密"和"资本家掠夺劳工的生产方式"，这是马克思经济学说的根本观念。马克思以唯物史观和剩余价值原理观察现代社会的经济状况，对资本主义经济组织进行分析研究，预见

---

① 《李大钊全集》第二卷，人民出版社2013年版，第367页。

资本主义制度必然为社会主义制度所代替,而"实现社会主义的手段、方法仍在最后的阶级竞争"。由此,李大钊说,马克思的"这三部理论,都有不可分的关系,而阶级竞争说恰如一条金线,把这三大原理从根本上联络起来"①。该文的发表是马克思主义在中国进入系统传播阶段的主要标志,也是李大钊本人实现从革命民主主义者到马克思主义者的转变标志。由此,他成为在中国系统传播原真马克思主义的第一人。

再说陈独秀。他比李大钊大十岁,留学、逃亡日本达三次之多。两人在日本期间就相识,但一些政治观点相左。陈独秀有着反对军阀统治、谋求民众幸福的历史担当精神,是一位有着强烈行动气质的革命家。他早年参加过反清秘密组织,辛亥革命后任安徽省都督府秘书长,还参加了讨袁的"二次革命"。1915年9月,他在上海创办并主编《青年》杂志(次年改名《新青年》),吹响了新文化运动的号角。他高举民主与科学两面大旗,为"德先生"和"赛先生"呐喊,勇敢、坚决地向传统的封建思想、道德、文化宣战,成为新文化运动的主将。1917年初,他被蔡元培"三顾茅庐"聘为北京大学文科学长后,《新青年》转移到北京出版。他不仅继续主持《新青年》编辑部工作,而且还与李大钊等创办《每周评论》,在思想战线上冲锋陷阵、勇往直前。五四爱国运动爆发后,他积极参与领导,并因起草和亲自散发《北京市民宣言》而被捕,成为名副其实的"五四运动的总司令"。

陈独秀由积极宣传民主与科学升华为积极宣传马克思主义,受到了李大钊的不小影响,在时间上无疑比李大钊晚一些。他创办《新青年》,为"德先生"和"赛先生"呐喊,既是资产阶级文艺复兴运动的回响,也打上了向往欧美在中国建立资产阶级共和国的烙印。他最初对俄国十月革命并不十分赞同,上述李大钊讴歌十月革命的文章给了他很大启发。随着对俄国十月革命后的情况和对马克思、列宁的思想理论有了越来越深入的认识,他对马克思主义的体

---

① 《李大钊全集》第三卷,人民出版社2013年版,第5页。

悟越来越深，赞同列宁认为的"无产阶级专政"是马克思主义真谛的观点。这样，他对马克思主义的看法渐渐发生了变化。1919年12月，他在《告北京劳动界》一文中指出，18世纪以来的民主是资产阶级向封建阶级作斗争的旗帜；20世纪的民主是无产阶级向资产阶级斗争的旗帜。1920年3月，陈独秀发表的《马尔塞斯人口论与中国人口问题》一文，开始谈论马克思主义，批判马尔塞斯（今译马尔萨斯）的理论，但对马克思的唯物史观还没有完全认可。两个月后，他的思想有不小变化，在《劳动者底觉悟》演说中，表达了"劳动创造世界""做工的人最有用最可贵"的马克思主义观点。他指出：古人所说"劳心者治人，劳力者治于人"这句话，应当倒过来说"劳力者治人，劳心者治于人"，才是正理。同年9月发表的《谈政治》一文，同《劳动者底觉悟》一起，是他从一般的评介、议论转向赞同、拥护和宣传马克思主义理论的代表作。

陈独秀的思想由激进民主主义转变为马克思主义后，与李大钊一起，成为中国影响最广泛、最重要的马克思主义传播者。他领导的《新青年》进一步成为宣传马克思主义的主要阵地。

三 怎样理解"三次论争"是马克思主义在先进分子中成为传播主流的重要历史节点

五四时期，在鞭挞封建礼教的新文化运动中，各种西方社会思潮纷至沓来。不断涌现的报刊竞相宣传感兴趣的思想学说，可谓"百花齐放""百家争鸣""百舸争流"。即使被视为"社会主义"思想传播的，也是五花八门，名目繁多，异常庞杂。除了马克思主义的科学社会主义和俄国的布尔什维主义思想之外，还有无政府主义、工团主义、互助主义、新村主义、基尔特社会主义、社会民主主义等。由于美国哲学家杜威来华讲学和陪同他的学生胡适的大力宣传，实用主义也有很大影响。这种情况反映在新文化运动阵营内部，思想倾向发生明显分化。就对马克思主义的看法和态度而言，有的充满信仰，将其视为改造中国的思想武器；有的只认为它是一种学问，做单纯的学理研究；有的则将其视为"过激主义"理论，研究防范它的对策；有的直接表示鄙视、反对态度。对马克思主义的不同看法和态度，决定了在传播马克思主义时不可避免地会与其他所谓新思潮发生争论。这样的争论对早期马克思主义者既是考试，也是考验。真理会越辩越明，早期的马克思主义者考试及格、考验通过，扩大了马克思主义的影响。对马克思主义的赞同者、信仰者、践行者愈来愈多，马克思主义在先进分子中开始确立其主流地位。

马克思主义传播过程中有三次大的论争。

（一）关于"问题与主义"的论争

胡适作为新文化运动的重要倡导者和文学革命的主要发起者，对于推进中国近代历史的进步起过积极作用。但是，他的思想一直倾向于所谓温和改良，反对激进革命；对五四爱国运动持保留态度。他在《每周评论》上发表的《多研究些问题，少谈些主义》，在思想界引起激烈争论。该文以实验主义立论，主张多多研究这个那个具体问题，不要侈谈什么主义的新奇奥妙，声称"空谈好听的'主义'是极容易的事"，"是阿猫阿狗都能做的事"。胡适反对人们谈论各种主义，实际上是在这种说法的掩盖之下反对马克思主义在中国的传播，反对马克思主义的阶级斗争理论，反对中国需要通过革命来解决社会问题。他后来承认，发表这篇文章的目的，是让人不要被马克思、列宁"牵着鼻子走"[①]。

胡适的文章发表后，李大钊、蓝公武等撰文提出异议。先是参加过辛亥革命并开始接触马克思主义的蓝公武，在其担任过社长的《国民公报》上发文，表示不同意见。胡适文章刊出一个月后，李大钊也在《每周评论》上发表《再

[①]《介绍我自己的思想》(1930年11月27日)，《胡适论学近著》第一集卷五，商务印书馆1935年版，第645页。

论问题与主义》一文与之商讨。李大钊与胡适都是新文化运动的主角，他们的个人关系不错，但不少政治观点相左。李大钊在文中明确表示，我是喜欢谈布尔什维主义的，它的流行是世界文化的一大变动。我们应该研究它、介绍它，把它的实际情况昭告人类社会。他指出，我们的社会运动固然要研究实际问题，同时也要"宣传理想的主义。这是交相为用的，这是并行不悖的"。一方面，研究问题必须以学理为根据，有主义作准则，"一个社会问题的解决，必须靠着社会上多数人共同的运动"；要想使一个社会问题成为多数人共同的问题，"先有一个共同趋向的理想、主义"，因此，谈主义是必要的。另一方面，"一个社会主义者，为使他的主义在世界上发生一些影响，必须要研究怎么可以把他的理想尽量应用于环绕着他的实境"。而我们只要把主义拿来作工具，用以为实际的活动，它"会因时、因所、因事的性质情形生一种适应环境的变化"①。

"问题与主义"之争，尽管是进步知识分子内部对中国思想发展和近代中国历史命运的讨论，但它实际上是中国需要不需要马克思主义、需要不需要革命的论争。胡适劝说人们少谈些主义，宣扬中国不需要经过深刻革命就能解决他所说的问题。李大钊明确指出，社会革命就是阶级斗争，这是马克思主义唯物史观的重要内容，如果不重视阶级斗争，不去用这个理论作根据启发广大工人觉悟，联合起来进行实际的运动，那么经济的革命恐怕永远不能实现。在这场论争中，李大钊和各地年轻的马克思主义者依据当时的认识水平，论证了马克思主义适合中国的国情需要，阐述了在中国进行一次彻底的社会革命的必要性。这对于推动人们进一步探讨如何用马克思主义改造中国社会起了重要的积极作用。

---

① 李大钊：《再论问题与主义》，《每周评论》第35号，1919年8月17日。

（二）关于"社会主义问题"的论争

由于谈论社会主义的人越来越多，"问题与主义"的争论还没有完结，关于"社会主义问题"论争的锣鼓又敲响了。参加过"研究系"、主编《解放与改造》半月刊，并与梁启超等成立讲学社的张东荪，早前就介绍过形形色色的社会主义、反对马克思关于社会主义的文章。从 1920 年 9 月起的 10 个月内，他在陪同英国哲学家罗素在华讲学期间，又多次发表文章对罗素劝告中国"暂不主张社会主义"，当务之急是"开发中国资源"、发展实业的言论表示非常赞同。他在上海《时事新报》撰写的《由内地旅行而得之又一教训》等文说：救中国只有一条路，就是增加富力，开发实业。其方法之最能速成者，莫若资本主义。随后，梁启超发表文章支持张东荪的观点，反对中国实行社会主义。他俩同罗素一样，自称信奉基尔特社会主义，实际上主张发展资本主义。基尔特是英文 Guild 的音译，意为"行会"。基尔特社会主义认为，无产阶级的社会主义革命是不需要的，依靠职工的行会组织就可以改变资本主义国家的性质。这是一种借社会主义之名来维护资本主义制度、欺骗工人阶级的思想理论。在他们看来，中国经济落后，大多数人民无知识，"绝对不能建设劳动阶级的国家"，也不能建立共产党，对社会主义只可"冷静研究"，宣传"亦可少做"，否则就是制造"伪劳农革命"。他们认为，中国必须依靠"绅商阶级"来发展资本主义。应当指出，张东荪、梁启超提出的发展实业、发展资本主义经济的主张，有符合半殖民地半封建中国社会经济发展要求的合理因素，但他们只是消极地静待资本主义的兴起和发展，并不明白在帝国主义和封建主义的压迫下，中国资本主义无法获得充分发展。只有通过革命手段，完成反帝反封建任务、实现国家独立和人民解放后，才能充分发展实业和实现国家富强的目标。他们怀着十分恐惧的心情，极力反对在中国宣传社会主义和建立马克思主义政党，这是完全错误的。

早期马克思主义者纷纷撰文批驳张东荪、梁启超的言论。1920年12月，陈独秀通过《新青年》将张东荪、梁启超等"研究系"人的言论汇集在一起，开辟了"关于社会主义的讨论"专栏，正式拉开这场论争的帷幕。他反对张东荪、梁启超的观点，明确指出，要"使中国人'都'得着人的生活，非废除资本主义生产制采用社会主义生产制不可"，"此时我们中国不但有讲社会主义底可能，而且有急于讲社会主义底必要"。[1] 他还写道，中国遭受外国帝国主义侵略和掠夺的现状，"除了中国劳动者联合起来组织革命团体，改变生产制度，是无法挽救的。中国劳动（农工）团体为反抗资本家资本主义而战，就是为保全中国独立而战。只有劳动团体能够达到中国独立之目的"[2]。李大钊发表多篇文章指出，罗素等人鼓吹只有资本主义才能发展实业，其谬至极。在中国想发展实业，非由纯粹生产者组织政府，依社会主义的组织经营实业不可，"中国实业之振兴，必在社会主义之实行"[3]。对马克思主义理论素有研究、翻译了《马克思经济学说》和《唯物史观解说》等著作的李达撰文进一步指出，中国是万国的商场，是各资本国经济竞争的焦点，"各资本国在中国培植的经济势力，早已根深蒂固，牢不可破。当着产业万分幼稚的时代又伏在各国政治的经济的重重势力之下的中国，要想发展资本主义和各资本国为经济战争，恐怕要糟到极点了"[4]。

在这场论争中，早期的马克思主义者对资本主义发展实业采取完全否定的态度，表明对马克思主义的理解还带有幼稚性，不能完全从中国具体实际出发来看待资本主义。他们在那么短时间内接受马克思主义，这是难以避免的。难能可贵的是，他们将世界的社会主义流派分为五种，逐一地进行比较分析。陈

---

[1] 陈独秀：《关于社会主义底讨论》，《新青年》第八卷第四号，1920年12月1日；《社会主义批评——在广州公立法政学校演词》，《广东群报》1921年1月19日。
[2] 《陈独秀文集》第二卷，人民出版社2013年版，第88页。
[3] 李大钊：《社会主义下之实业》，《曙光》第2卷第2号，1921年3月。
[4] 《李达文集》第一卷，人民出版社1980年版，第66页。

独秀旗帜鲜明地指出，只有俄国的共产党在名义上，实质上都真的是马克思主义。这是对各种社会主义思潮的一次清理和总结，对于先进分子摆脱形形色色非马克思主义的影响，坚持科学社会主义发展方向创造了有利条件。这也是关于"社会主义问题"论争的重要历史意义。

（三）关于与无政府主义的论争

无政府主义在被引进的新思潮中影响很大，许多早期马克思主义者曾经都憧憬过无政府主义。中国是一个小资产阶级人口众多的国家，大批小资产阶级知识分子不满现状，能反抗旧制度。无政府主义以革命的面貌出现，很适合他们的口味。在各种思想流派蜂拥而至时，马克思主义传播未在进步思想界内取得主流地位以前，无政府主义在青年知识分子群体中很有市场。不仅陈独秀曾经对这种思潮很感兴趣，而且他的两个儿子陈延年、陈乔年在相当长时间是无政府主义的信徒。客观地说，无政府主义者对于揭露和批判封建军阀的专制统治，启发人们的思想觉悟起过积极作用。但是，这种思潮鼓吹个人绝对自由，鼓吹无政府状态和绝对平均主义，反对一切国家和一切权威，反对一切政治斗争和暴力革命，反对马克思主义的国家学说和无产阶级专政，因而成为扩大马克思主义传播的一大障碍。早期马克思主义者在与张东荪、梁启超关于社会主义的论争还未结束时，另一场同黄凌霜等无政府主义者的交锋就已经开始了。

这场论争同样是由对方主动挑起的。北京大学的刘师复、黄凌霜是宣扬无政府主义思想的主要代表。刘师复病逝后，黄凌霜继承刘师复的衣钵，宣扬克鲁泡特金否定阶级斗争的"互助论"（其迷惑性很大，追求进步的不少青年知识分子曾热衷于它），指责马克思主义是"集产主义"，声称只有无政府主义才是"共产主义"；反对马克思主义无产阶级专政学说，攻击社会主义压制个人自由、个人不能尽享平等幸福，云云。

早期马克思主义者对无政府主义的批判，主要围绕着革命的形式、国家的本质以及无产阶级专政的必要性等问题展开。他们论述了无产阶级国家同剥削阶级国家的本质区别。一方面，他们指出，中国无产阶级在帝国主义和资本家的掠夺之下，早已痛不堪痛，忍不堪忍，具有通过暴力革命夺取国家政权的强烈要求；另一方面，他们又指出，只有建立无产阶级专政，才能保护劳动者的利益，对于封建军阀、资产阶级的国家必须彻底推翻，而对于无产阶级的国家政权则必须巩固和加强。这是资本主义通向共产主义的正确道路。早期马克思主义者还批判无政府主义者的"绝对自由"思想，他们指出，在人类社会中，自由总是相对的，所谓"绝对自由"是根本不存在的。

马克思主义者与无政府主义者的论争，其规模超过前两次。除在《新青年》《共产党》等刊物进行外，还在一些社团和进步青年中展开。经过这次论争，虽有少数无政府主义者仍顽固坚持自己的立场，导致一些社团内马克思主义者同无政府主义者分裂，但更多受无政府主义影响的人则转向接受、信仰马克思主义，成为马克思主义的忠诚战士。陈延年、陈乔年就是杰出代表。

马克思主义与非马克思主义的上述三次论争，扩大了马克思主义在中国传播的影响，也促进了它由思想理论传播向革命实际运动的转化。在三次论争过程中，积极传播马克思主义的第一代共产主义者得到锻炼，进一步坚定了对马克思主义的信仰。他们在马克思主义的广泛和深入传播中得到成长进步，为中国共产党的成立作了必要的思想准备。

四　为什么说马克思主义与中国工人运动相结合，既是传播马克思主义的内在要求，也使中国共产党的诞生有了先进的阶级基础

中国先进知识分子传播马克思主义的一个鲜明特点，不是坐而论道，关在书斋里单纯地探究学理，而是躬行实践、贯彻理论，积极投身实际斗争，努力

用新学到的思想理论观察和分析中国社会的诸多问题。他们深入工厂农村,进行社会调查,了解民众疾苦,并用通俗易懂的语言向民众宣传马克思主义,推动马克思主义与中国工人运动相结合。

(一)20世纪初中国工人阶级的基本状况

由于外国资本的入侵,中国无产阶级先于中国民族资产阶级而诞生。到五四运动前夕,全国的产业工人人数在200万人左右,日益成为一支重要社会力量。近代中国的无产阶级,除产业工人这一主体外,还包括与产业工人处于相似地位、靠出卖劳动力生活、并与产业工人的机器大生产有直接或间接联系的各种非产业工人,包括苦力运输工人、手工业工人、农业雇工(雇农)、商业和金融业的普通职工(店员)等,总数达4000万左右。

中国无产阶级不仅具有其他各国无产阶级共同的特点,而且由于中国的特殊国情,还有不同于一般资本主义国家无产阶级的重要特点和优点。

首先,中国无产阶级深受帝国主义、资产主义和封建势力三重压迫的严重性和残酷性为世界各国少见。一是劳动时间特别长。工人一般每天工作在12小时以上,有的达16小时。二是劳动强度特别大。中外资本家经常以增加劳动定额、加速机器运转等办法来加重剥削,致使许多工人健康恶化,有的被活活累死。三是劳动报酬特别低。同样的工种,与资本主义国家的工人相比,工资水平往往不及外国的一半。四是劳动条件特别差。厂房车间简陋,缺乏必要的劳动保护措施,工伤事故频繁。五是劳动人权不能保障。各工矿企业普遍实行包身工制、童工制、养成工制等,工人的自由和权利得不到起码保障。在这样的残酷剥削和压迫下,中国无产阶级具有改变悲惨境遇的强烈要求,因而是最富有革命坚决性和彻底性的阶级。

其次,作为中国无产阶级主体的产业工人多集中在大城市和大企业。由于地理环境和资源状况的差异,也由于外国资本入侵造成的开放级差,中国近代工业的布局很不平衡。产业工人的绝大部分集中在沿海和交通沿线的少数大城市和大企业中,如上海、广州、武汉、天津、青岛、唐山、安源等地。仅上海、广州、武汉三市工人,在甲午战争前夕就占全国工人总数的77%以上。这样集中的状况有利于无产阶级的组织和团结,形成相对强大的斗争力量。

最后,中国无产阶级与广大农民和手工业者存在天然联系,便于形成广泛的革命联盟。工矿企业中的工人大多数出身破产的农民或手工业者,他们能够充分了解无地和少地的广大农民的痛苦和底层社会群众的要求及愿望,在反帝反封建革命斗争中,有利于建立以工农联盟为主体的革命同盟军。

中国无产阶级的这些特点和优点,必然使其成为一个革命性很强的领导阶级。

(二)五四运动创造了马克思主义与中国工人运动相结合的历史条件

中国无产阶级形成后,工人的斗争也渐渐开展起来。从辛亥革命到五四运动前,累计罢工150余次,超过辛亥革命前数十年的总和。五四爱国运动爆发后,1919年6月,运动的中心转移到上海这个中国工商业最发达、工人力量最强大的城市。大规模的工人罢工和商店罢市,将五四爱国运动推向了新高潮。那时上海的产业工人人数近20万,加上其他行业的工人和店员共有50万人。参加罢工的高潮时达到10多万人。上海工人的罢工还推动了全国各地的罢工。罢工浪潮迅速扩展到20多个省100多个城市。这样大规模的罢工,是中国近代历史上从未发生过的事。它说明中国工人开始觉醒了。社会底层的觉醒是社会变革的先兆。工人阶级以独立姿态走上政治舞台,既充分显示了工人阶级的强大力量,也为马克思主义与中国工人运动相结合创造了条件。

好多人都提出这样的疑问——为什么马克思主义一定要与工人运动相结合?其实,这是马克思主义的一个基本观点。从理论上说,马克思早就讲过,批判的武器当然不能代替武器的批判,物质力量只能用物质力量来摧毁,但是理论一经掌握群众，也会变成物质力量。如果说马克思主义是批判旧世界、推翻旧制度的先进精神武器，那么工人运动就可视为对旧世界、旧制度进行批判和摧毁的先进物质力量。批判旧世界、推翻旧制度只有马克思主义这个先进精神武器不够，一定要有掌握这个精神武器的先进物质力量，这就是代表先进生产力的工人阶级。马克思主义与工人运动的结合，实际上就是先进精神武器与先进物质力量的结合。而且这个结合不是外加的，而是两者在前进过程中的内在要求。

马克思还讲道，哲学把无产阶级当作自己的物质武器，同样，无产阶级也把哲学当作自己的精神武器。马克思在这里讲的"哲学"，不是一般意义上的哲学，用现在的话语来解释，可以视为马克思主义哲学或马克思主义理论。在百年前的中国，尽管工人阶级力量还不够强大，但从五四爱国运动后期全国发生的大规模罢工看，中国工人阶级正在觉醒。他们要求得自身解放，并且作为一个领导阶级来领导中国革命，就必须以马克思主义作为理论指导。在那时，中国无产阶级并没有认识到自己的这个重要历史使命。这就需要掌握马克思主义理论的先进知识分子与他们结合，启发他们的觉悟，使之由自在的阶级变成自为的阶级。五四运动使这个结合由理论走向现实，或者说，马克思主义理论从此才真正接了地气。

（三）中国先进知识分子与工人运动结合后的双向飞跃

一般来说，中国先进知识分子是传播马克思主义的主要载体。五四运动后，许多先进知识分子走向社会，了解中国社会的实际状况。与非马克思主义的三次论争，也推动他们研究中国的实际问题。胡适尽管提出了"多研究些问题"的主张，但他及其追随者却很少走向社会作实际调查和了解劳工的具体问题。恰恰是通过论争受到感悟的赞同马克思主义的知识分子开始走向工农，具体考察广大劳动者的实际生活状况。这是马克思主义与工人运动相结合的良好开端。

所谓"双向飞跃",即一方面,中国先进知识分子通过"结合"开始实现自己的思想飞跃,成为中国第一批共产主义者;另一方面,通过接受马克思主义理论初步了解自己历史使命的工人阶级,开始实现由自在阶级到自为阶级的飞跃,使创建马克思主义政党有了先进阶级基础。

促进马克思主义与工人运动相结合,起领军作用的还是李大钊和陈独秀。李大钊早在五四爱国运动前夜就撰文提出:"要想把现代的新文明,从根底输入到社会里面,非把知识阶级与劳工阶级打成一气不可。我甚望我们中国的青年,认清这个道理。"① 在他指导下成立的北京大学平民教育讲演团,就是进步知识分子接近劳动群众传播新思想的创举。在五四运动爆发前的5月1日,他帮助北京《晨报》出版"劳动节纪念"专号,撰文指出,"五月一日是工人的祝典日"②,也是斗争得来的。在中国报纸上公开纪念"五一节",这是首开先河。次年,在李大钊和陈独秀的推动下,《新青年》出版"劳动节纪念专号"。五一那天,李大钊还主持在北京大学召开有工人和学生500多人参加的纪念大会,发表了关于劳工运动和社会主义问题的演讲。他领导的北京共产党早期组织成立后,先是在长辛店创办劳动补习学校,帮助工人建立工会组织;接着出版《劳动者》周刊和《工人周刊》等,对工人们进行启蒙教育。1921年五一节后,长辛店工人俱乐部创办并成为北方劳动界的一颗明星。此外,北京共产党早期组织还去郑州、天津、唐山等地开展工人运动。

在上海的陈独秀,经过五四爱国运动的洗礼,愈发感到要进行社会革命,必须到产业工人中去。他先到码头工人中了解罢工情况,到中华工业协会、中华工业总会等劳动团体进行调查。1920年4月,他出席上海码头工人发起的"船务栈房工界联合会"成立大会,在演说中表达了"劳动创造世界"的观点,称赞世界上只有做工的人最有用、最贵重,希望工人群众开展劳工运动。他还

---

① 《李大钊文集》第二卷,人民出版社1999年版,第287页。
② 同上书,第318页。

到工人群众居住区开展调查，了解工人的生活和劳动状况。《新青年》"劳动节纪念号"专刊发表的28篇文章，大部分是反映上海、北京、天津、南京、长沙、唐山、无锡、芜湖等地工人状况的，还介绍了各国劳动组织和工人运动状况。陈独秀本人撰写了《上海厚生纱厂湖南女工问题》调查报告。这个纪念专号的编辑发行，是中国先进知识分子与工人运动相结合的初步结晶。1920年4月中旬，陈独秀还联合中华工业协会等七个工界团体筹备召开"世界劳动节纪念大会"，他被推选为筹备会顾问。在他指导下，上海各业5000多名工人在五一节这天集会，喊出"劳工万岁"口号，通过了《上海工人宣言》。接着，他主持创办《劳动界》等刊物，向工人宣传马克思主义，组织真正的工会。在他的影响下，俞秀松等一批进步青年深入到工厂做工，调查研究如何开展工人运动。

除北京、上海外，天津、南京、武汉、广州、长沙等地也有一批进步青年到工厂开展劳工运动。先进思想力量与先进物质力量的结合，为中国共产党的创建奠定了思想基础和阶级基础。

五 怎样理解中国共产党的创建是五四运动传播马克思主义并与中国工人运动相结合的必然结果

由于巴黎和会上中国遭受的巨大耻辱和对欧美国家寄予巨大希望的破灭，也由于十月革命对中国先进分子的强烈冲击，五四运动后决心走十月革命道路、坚信马克思列宁主义能够救中国的先进分子越来越多。

最早积极推崇十月革命的李大钊，对马克思主义理论的宣传，愈发倾向于以俄国人为学习榜样。他明确指出，俄罗斯之革命是立于社会主义之革命，预示着社会主义革命时代到来；俄罗斯布尔什维主义"是奉德国社会主义经济学家马客士（Marx）为宗主的"，布尔什维主义是20世纪世界革命的新信条。他预言"试看将来的环球,必是赤旗的世界"。①

陈独秀对马克思主义的认识经历深刻变化后,在1920年9月发表的《谈政治》一文中指出,世界不平等的根源在于"少数游惰的消费的资产阶级"的存在,"要扫除这种不平这种痛苦,只有被压迫的生产的劳动阶级自己造成新的强力,自己站在国家地位,利用政治、法律等机关,把那压迫的资产阶级完全征服,然后才可望将财产私有、工银劳动等制度废去,将过于不平等的经济状况除去"。他明确表示,赞成马克思主义"用革命的手段建设劳动阶级(即生产阶级)的国家,创造那禁止对内对外一切掠夺的政治法律,为现代社会第一需要"的观点。② 这表明陈独秀已经抛弃了曾经感兴趣的无政府主义、社会民主主义等思潮,完全赞同经过列宁领导的十月革命而践行的马克思主义。

当时许多先进知识分子的思想发展变化的状况大体都是如此。参加过辛亥革命的董必武、林伯渠、吴玉章等年长一些的先进知识分子,结合自己的亲身经历,通过对马克思主义的学习和研究,抛弃了过去对旧的资产阶级共和制的憧憬,转变为信仰走十月革命道路的马克思主义。年轻一代先进知识分子以毛泽东、周恩来、瞿秋白、张闻天、邓中夏、蔡和森、恽代英等为代表,更是向往十月革命后新建立的社会主义社会,用以作为改造中国的模本。

有了这么一批通过俄国十月革命而更加坚信马克思主义的先进知识分子,既学习和研究马克思主义理论,又深入工人群众中做宣传启蒙工作,在参加反帝反军阀的实践斗争中不断成长起来。这就为中国无产阶级政党的创建准备了干部条件。上海、北京的共产党早期组织成立后,武汉、长沙、广州、济南等地的先进分子,以及旅日、旅欧华人中的先进知识分子,也相继建立了共产党早期组织。这些组织采取出版报刊、成立马克思主义研究会和利用学校讲坛等多种形式,不断扩大马克思主义宣传阵地,并有计划地继续开展对工人的宣传

---

① 《李大钊文集》第二卷,人民出版社1999年版,第243、246页。
② 《陈独秀文集》第二卷,人民出版社2013年版,第33、39—40页。

和组织工作，深入浅出地宣传马克思主义，积极地推动工人运动的发展，进一步促进了马克思主义同工人运动的结合。

有了这样的阶级基础和思想基础，中国共产党第一次全国代表大会于1921年7月23日在上海召开，与会人员代表各地的50多名党员。7月30日晚，代表们正在开会时遭到敌探闯入，后代表们转移到浙江嘉兴南湖，在一艘游船上召开了最后一天的会议，通过了中国共产党纲领。党的一大通过的纲领，表明中国共产党从建党开始就以马克思列宁主义作为指导思想，并旗帜鲜明地将实现社会主义、共产主义作为奋斗目标。这是最早一批中国共产党人对中国革命问题认识的伟大跨越。

五四运动是在1917年俄国十月革命的影响之下发生的。毛泽东谈到这段历史时指出："俄国革命唤醒了中国人，中国人学得了一样新的东西，这就是马克思列宁主义。中国产生了共产党，这是开天辟地的大事变。""从此以后，中国改换了方向。"①2017年，习近平总书记在党的十九大闭幕后瞻仰上海中共一大会址和浙江嘉兴南湖红船时，满怀深情地说，"毛泽东同志称这里是中国共产党的'产床'"，"我们党的全部历史都是从中共一大开启的，我们走得再远都不能忘记来时的路"，"我们党从这里诞生，从这里出征，从这里走向全国执政。这里是我们党的根脉"。②

为什么我们党的领导人这样强调俄国十月革命对中国共产党诞生的影响呢？我以为，这是历史发展的逻辑同那时中国先进知识分子对马克思主义认知的理论轨迹完全一致的结果。就历史发展而言，从新文化运动到中国共产党成立的一段时间里所发生的四个重大事件（1915年兴起的新文化运动、1917年发生的俄国十月革命、1919年爆发的五四爱国运动、1921年中国共产党的诞生）是一环扣一环的，十月革命在这条历史之链中起着承前启后的作用。新文

---

① 《毛泽东选集》第四卷，人民出版社1991年版，第1514页。
② 《习近平谈治国理政》第三卷，外文出版社2020年版，第497、498页。

化运动高举的民主、科学两面大旗，无疑对中国 2000 多年的封建思想文化罗网起了巨大的冲决作用，但就其思想性质而言，还带有浓厚的资产阶级色彩，当然其历史作用是进步的。十月革命对新文化运动的思想解放作用，由浓厚的资产阶级色彩转变或者升华为以传播马克思列宁主义为主导起着关键的决定作用。没有十月革命，不可能有这个决定性的转变或升华。有了这个转变或升华，才有中国共产党的诞生。所以，强调十月革命对中国先进分子的影响，不是中国共产党的过度宣传，而是五四运动以来近代中国历史逻辑和先进知识分子对马克思主义认知的理论轨迹相重叠的必然结果。

当今，十月革命的故乡尽管发生了剧变，但是，中国传播马克思主义的主渠道是十月革命后的俄国这段历史不能改变，中国共产党是在确立以俄国十月革命为标杆后创建的这个事实也无须回避。十分难得的是，中国共产党从走俄国人的路经过艰辛探索体悟出开辟中国特色社会主义道路，这是中国共产党人始终坚持马克思主义理论与中国具体实际相结合的伟大飞跃。

中国产生了共产党，这是开天辟地的大事变。习近平总书记指出，这一开天辟地的大事变，深刻改变了近代以后中华民族发展的方向和进程，深刻改变了中国人民和中华民族的前途和命运，深刻改变了世界发展的趋势和格局。

百年华诞的中国共产党将不忘初心，继续弘扬开天辟地的大事变精神，为深刻改变中国人民和中华民族前途和命运的伟大的中国梦而不懈奋斗！

第二讲

南昌起义和井冈山革命根据地的创建是马克思主义中国化的伟大开篇

2007年,胡锦涛在八一建军节前夕指出:南昌起义和井冈山革命根据地的建立,在我们党和人民军队发展史上具有极为重要的地位和极其深远的意义。南昌起义和井冈山革命根据地的建立,是我们党把马克思主义基本原理同中国革命具体实践相结合、创立中国化的马克思主义的伟大开篇。将南昌起义和井冈山革命根据地的建立相提并论,都视为"创立中国化的马克思主义的伟大开篇",是一个尊重历史、充分肯定全党探索马克思主义中国化的贡献的科学论断。

一 怎样看待南昌起义与马克思主义中国化的伟大开篇

长期以来,对南昌起义的评价,主要肯定它打响了武装反抗国民党反动派的第一枪,是中国共产党独立掌握武装力量的开端,标志着党领导的人民军队正式诞生,揭开了土地革命战争的序幕。它与探索马克思主义中国化,开辟农村包围城市的中国特色革命道路有什么关系，一般很少提及。因为按照一个时期的说法，南昌起义是城市中心论的产物，没有实行土地革命和建立革命根据地，因而有严重错误；只有毛泽东领导的秋收起义，建立的井冈山革命根据地，才代表了正确路线。这种认识的极端发展，就是在"文化大革命"时期，红卫兵曾要求废除8月1日为建军节，提出把湘赣边界秋收起义开始的9月9日作为建军节。党的十一届三中全会后，拨乱反正，批判极左思潮，对党的许多历史问题都给予了科学说法。那么，对南昌起义的历史评价究竟应该怎么认识，这仍然是一些人头脑中没有完全释惑的一个问题。胡锦涛将南昌起义和井冈山革命根据地的建立放在一起讲，作为"创立中国化的马克思主义的伟大开篇"，这才从根本上抹去了人们记忆中的阴影。

如何解读南昌起义是"创立中国化的马克思主义的伟大开篇"呢？我以为，可以这样认识。

（一）南昌起义作为党独立领导中国革命武装斗争的开端，是探索马克思主义中国化革命道路伟大开篇的一个组成部分

从南昌起义开始，党以独立领导的革命武装反对反革命的武装，实现由大革命失败到土地革命战争兴起的历史性转变，真正展开探索中国革命道路的艰难历程。由此，走什么样的道路成为中国共产党人独立思考和实践的首要问题。首先就是要进行武装反抗。对于是走俄国十月革命的城市武装暴动道路还是走农村包围城市道路，中国共产党人脑瓜里根本没有这样一个先验的认知模式。尽管在八七会议前已有"上山"思想，但率领秋收起义队伍最初的目标也是攻打长沙，并非一开始就决定"上山"。毛泽东通过在井冈山开辟革命根据地的实践才认识到，党要到反革命势力薄弱的边远农村实行"工农武装割据"，革命才有发展前途。后来又经过开辟中央苏区的艰苦卓绝的斗争，才探索出农村包围城市的中国特色革命道路。

（二）南昌起义为求索马克思主义中国化的正确革命道路提供了极其重要的历史教训

南昌起义失败的原因主要不在于那时该不该在南昌起义，而在于起义后不该继续执行起义前中央决定的南下潮汕、以期恢复广东革命根据地，然后重新北伐的既定方针。秋收起义，毛泽东从实际出发，改变中央攻打长沙的决定，率领部队上井冈山。南昌起义的领导人缺乏毛泽东那样审时度势、善于应变的政治智慧。对此，周恩来后来在延安总结大革命的经验教训时讲得很清楚。他说："（南昌起义的）主要错误是没有采取就地革命的方针，起义后不应把军队拉走，即使要走，也不应走得太远。当时如果就地进行土地革命，是可以把武汉被解散的军校学生和两湖起义尚存的一部分农民集合起来的，是可以更大地发展自己的力量。但南昌起义后不是在当地进行土地革命，而是远走汕头；不是就地慢慢发展，而是单纯的军事进攻和到海港去，希望得到苏联的军火接济。假使就地革命，不一定能保住南昌，但湘、鄂、赣三省的形势就会不同，并且能同毛泽东同志领导的秋收起义部队会合。"[1]重新审视历史，这个分析是正确的。因此，从辩证法的思想来看，南昌起义为马克思主义中国化革命道路的伟大开篇作出了重要贡献。

（三）南昌起义部队在三河坝分兵后，由朱德率领的起义军辗转来到井冈山，同毛泽东领导的秋收起义部队会合，为开辟井冈山道路作出了巨大贡献

南昌起义军主力南下失败，但留在三河坝的起义军在朱德率领下，经过艰苦转战，半年之后，上井冈山同毛泽东领导的秋收起义部队会合，则在局部弥补了南昌起义主力部队的历史缺陷。毛泽东、朱德领导的两支部队会师后组成的红四军领导成员，参加过南昌起义的占较大比例。在军一级，除党代表毛泽

---

[1]《周恩来选集》上卷，人民出版社1980年版，第173页。

东外,军长朱德、参谋长王尔琢和教导大队长兼士兵委员会主任陈毅,都属于南昌起义军。讲南昌起义,一定要讲上井冈山这一部分。因此,胡锦涛将南昌起义和井冈山革命根据地的建立放在一起讲,将两者都作为"创立中国化的马克思主义的伟大开篇",这无论对南昌起义的评价,还是对开辟井冈山道路的认识,都是符合历史的。

二 怎样看待井冈山革命根据地与马克思主义中国化的伟大开篇

毛泽东领导的湘赣边界秋收起义,虽然不是当年秋收暴动最早的(地处罗霄山脉北端的鄂南通城、崇阳、通山三县秋收暴动最早点燃全国秋收暴动的烽火,比湘赣边界秋收起义早10天左右),却是全国秋收暴动进入高潮的标志。它在规模、声势和影响方面都比其他地区的暴动大许多。特别是在引兵井冈、转移"上山"后创建的井冈山革命根据地,开辟了中国革命新道路,代表了中国革命的新方向。

怎样解读井冈山革命根据地的建立,是"创立中国化的马克思主义的伟大开篇"呢?这个"开篇"的意义非常丰富,最重要的有这样几点。

(一)作为党建立的第一个革命根据地,它是中国特色革命道路的摇篮

按照马克思主义基本原理,革命的根本问题是武装夺取政权。南昌起义高举武装斗争的旗帜是正确的,但如何夺取政权,由于中国的国情与外国不同,要在实践中摸索来解决。如果说南昌起义探索中国革命道路还没有找到正确方向,那么井冈山革命根据地开辟的井冈山道路则提供了前进的指南。在大革命后期及其失败后,瞿秋白、贺龙和中共湖北省委都提出过"上山"问题,因为这是中国的传统文化,也是古代农民起义的历史经验,谙熟中国历史传统的中

国共产党人当然会予以借鉴。第一个将"上山"理念变成"上山"实践，建立起较巩固的根据地的，是毛泽东领导的秋收起义军；半年之后，朱德、陈毅率领的南昌起义军和湘南农军前来会师；一年后，又有彭德怀率领的平江起义军加盟，从而使党建立的第一个革命根据地坚持了一年多。这无疑具有马克思主义基本原理同中国革命具体实践相结合的开篇意义。

（二）实行工农武装割据，提出红色政权理论，为开拓中国特色革命道路奠定了初步的理论基础

大革命失败后，党中央决定在南昌起义的同时，在湘鄂赣粤各省发动秋收起义。尽管当时并没有将各省秋收起义作为与城市武装起义并行的另一条道路来思考，但实际结果是：在边远农村发动的秋收起义成了中国革命正确道路的源头。不仅湘赣边界秋收起义队伍创建了井冈山革命根据地，而且其他如湘鄂西、鄂豫皖、闽浙赣、湘鄂赣、赣西南等革命根据地均实行工农武装割据。这是中国革命的希望所系。在那时的中央和地方党组织的文件、中央领导人的讲话和文章中，虽然不乏"发展游击战争"、造成"割据局面"、"创立革命区域"、实行"农民割据"和"工农割据"等主张，但系统地阐发"工农武装割据"思想，形成完整的红色政权理论的，却只出自井冈山革命根据地。它创造的"在党的领导下，以武装斗争为主要形式，以土地革命为基本内容，以农村根据地为根本依托"的"三位一体"思想，是农村包围城市、武装夺取全国政权的中国特色革命道路理论的直接来源。

（三）创建了党的人民军队理论和军事指导理论，发展了马克思主义军事学说

如果说南昌起义创建了党领导的第一支人民军队，那么怎样使这支军队成为新型的军队，形成人民军队的建设理论和军事指导理论，则是在创建井冈山

革命根据地时开始解决的。第一，将党的支部建在连上，班排有小组，连以上设党代表，营团设党委，在组织上保证了党对部队的领导；在军队内部实行民主制度，规定连以上设士兵委员会，使官兵关系发生了很大改变；注重无产阶级的思想领导，红军士兵有了阶级觉悟，能在艰苦斗争中没有怨言。这是建设新型人民军队的最初创造。第二，从提出"三大纪律"到"六项注意"，再到"八项注意"，明确了正确处理军民关系、军政关系的准则，形成新型人民军队的行为规范。第三，规定红军的三大任务——打仗消灭敌人，打土豪筹款子，宣传群众、组织群众、帮助群众建立革命政权，明确了军队政治与军事的关系，使部队的政治工作和军事斗争能够相得益彰。第四，形成游击战争的指导原则，逐渐明确为"敌进我退，敌驻我扰，敌疲我打，敌退我追"16字诀，还有"分兵以发动群众，集中以应付敌人""固定区域的割据，用波浪式的推进政策，强敌跟追，用盘旋式的打圈子政策"等游击战术原则。这些可视为马克思主义中国化军事理论的雏形。

（四）开展土地革命，制定了党的第一部土地法

农民问题是中国革命的基本问题，民主革命的核心内容就是解决农民的土地问题。南昌起义时虽然提出了实行土地革命的政治纲领，但南下一路征战，没有也不可能解决这个问题。只有建立了根据地，这个问题才能被提上日程。1928年4月，井冈山会师后，成立湘赣边界工农兵政府，全面开展土地革命运动。同年底，井冈山《土地法》的颁布，标志着中国共产党第一部土地法的诞生。它规定了土地分配的原则、标准、方法和征收土地税的一系列政策，尽管有的政策还有缺陷，但它为党形成马克思主义基本原理与中国革命实际相结合的比较完备的土地革命路线作出了具有开创意义的贡献。井冈山土地革命的开展，满足了广大农民对土地的需要，调动了农民群众保卫根据地的积极性。

（五）进行根据地建设，为后来各大苏区提供了有益经验，起了建设中国革命前进基地的先驱作用

在中国，由于反革命力量十分强大且极其残暴，而革命力量又甚为弱小，这就决定了中国革命的长期性和残酷性。因此，在进行武装斗争和土地革命的同时，还必须建立并建设革命根据地。毛泽东在上井冈山后，就决定使宁冈"成为军事大本营"，"安家"茅坪，使转战千里的革命军有一个落脚点。至1928年6月，井冈山地区各县先后建立了县级红色政权，全盛时期的面积达7200多平方公里，人口50余万。毛泽东总结根据地建设经验时指出："红军、游击队和红色区域的建立和发展，是半殖民地中国在无产阶级领导之下的农民斗争的最高形式，和半殖民地农民斗争发展的必然结果；并且无疑义地是促进全国革命高潮的最重要因素。"① "星星之火，可以燎原。"这一小块一小块的革命根据地，是燎原中国革命的星火。

（六）在极其复杂的农村环境中进行党的建设，发展了马克思主义党建理论

我国的特殊国情，决定了党的建设任务极其艰巨。特别是在远离城市的偏远山区农村建设广大群众性的、马克思列宁主义无产阶级政党，其艰巨程度更是可想而知。毛泽东说，在井冈山地区，"党在村落中的组织，因居住关系，许多是一姓的党员为一个支部，支部会议简直同时就是家族会议。在这种情形下，'斗争的布尔什维克党'的建设，真是难得很。"② 此外，还有县、区、乡之间的地方主义和土客籍的矛盾问题，使湘赣边界党的建设更加困难。鉴于一个时期在一些地区采取"拉夫式"的方法，盲目地大量发展党员，许多不良分子混入党内，造成党组织严重不纯。从1928年9月始"厉行洗党"，将不符合党

---

① 《毛泽东选集》第一卷，人民出版社1991年版，第98页。
② 同上书，第74页。

员标准的一律清洗出党的达 4000 人之多，占湘赣边界党员总数的 40%。这是党的历史上最早的整党运动。在整党中，毛泽东首次提出思想建党问题。他说："无产阶级思想领导的问题，是一个非常重要的问题。边界各县的党，几乎完全是农民成分的党，若不给以无产阶级的思想领导，其趋向是会要错误的。"①这个着重从思想上建设党的思想，在下井冈山后的古田会议决议中得到进一步发挥，是中国化的马克思主义党建理论的重要创造。

三　怎样认识毛泽东是马克思主义中国化伟大开篇的主要代表

中国共产党自创建之日起，就致力于探索马克思主义中国化。尽管在相当长时间，毛泽东没有在中共中央担任领导职务，但创立中国化的马克思主义却与他的名字紧紧连在一起。许多革命先驱和老一辈革命家对创立中国化的马克思主义都作出了重要贡献，但其主要代表非毛泽东莫属。他不但是主要代表，而且作出的贡献极其卓越。

（一）党的第一块革命根据地的主要创立者，完整提出工农武装割据思想的第一人

大革命失败后，中国革命进入重要的历史转折关头。八七会议是实现历史转折的一次重要会议。这次会议指出，革命已到了最严重而向新的方向进展的时期，必须有新的策略去领导劳动群众，勇往直前奋斗。会议提出了"整顿改编自己的队伍，纠正过去严重的错误，而找着新的道路"②的任务。会后，全党都在寻找新的方向，探索新的道路。但是，首先成功完成这个任务的是毛泽东。

---

① 《毛泽东选集》第一卷，人民出版社 1991 年版，第 77 页。
② 《中共中央文件选集》第三册，中共中央党校出版社 1989 年版，第 290 页。

他不仅早有"上山"可造成军事势力的基础的思想，向中央表示不愿去大城市住高楼大厦，愿到农村去，"上山"结交绿林朋友；而且在领导秋收起义过程中，从进军长沙受挫的实际情况出发，果断改变中央决定，转战千里，创建了井冈山革命根据地。他作为中共湘赣边界首任特委书记，全面领导根据地的建设和斗争。经过对一年井冈山斗争经验的总结，他提出了完整的工农武装割据思想。在20世纪20年代末，开展游击战争，实行土地革命，建立苏维埃政权，是各个根据地都在进行的斗争，也是中央逐渐提出的任务，因而各个根据地事实上都是"工农武装割据"局面。但是将这三大斗争作理论分析，将割据局面上升到理论高度加以概括的，首先是毛泽东。他指出，"有根据地的，有计划地建设政权的，深入土地革命的，扩大人民武装的路线"，"无疑义地是正确的"。"若没有相当力量的正式武装，便决然不能造成割据局面……所以'工农武装割据'的思想，是共产党和割据地方的工农群众必须充分具备的一个重要的思想"，"是半殖民地中国在无产阶级领导之下的农民斗争的最高形式"。①"工农武装割据"思想准确地表达了当时党领导的革命斗争的内涵和方式以及三大斗争间的相互关系。尽管这个思想还没有说明农村斗争是夺取全国革命胜利的主要途径，但它为实现党的工作中心由城市转向农村提供了理论桥梁。没有这个思想，农村包围城市的中国特色革命道路理论是难以诞生的。

（二）红色政权理论的唯一创立者

与"工农武装割据"思想相联系，毛泽东还提出了红色政权理论。如果说"工农武装割据"思想是对当时革命的"本然"状况的概括，那么红色政权理论则是对当时革命局面的"所以然"分析。为什么在一国之内四周的白色政权包围中间能有若干小块红色政权区域长期存在呢？这是在世界其他各国没有的

---

① 《毛泽东选集》第一卷，人民出版社1991年版，第98、50、98页。

奇特现象。毛泽东构建的红色政权理论回答了这个问题。这个理论包括两部分。一是说明红色政权能够存在和发展的原因与条件。即中国反动阶级内部存在长期的分裂和战争，是红色政权存在的客观条件；工农群众有革命的觉悟，是红色政权存在的群众基础；共产党组织的有力量，是红色政权存在的决定性因素；有相当力量的红军进行游击战争，是红色政权存在的军事依托；有便于作战的地势和利用山险，是红色政权存在的地理环境；有足够给养的经济力，是红色政权存在的物质支撑。二是说明红色政权能够存在和发展的方针政策。这包括在中心区域建立根据地的坚实基础，反对单纯流动的游击政策；深入土地革命，掌握好土地分配标准，稳住中间阶级；军队帮助地方发展，红军以集中为原则，赤卫队以分散为原则，红军集中相机迎敌，避免被敌各个击破；根据地的发展采取波浪式推进，反对冒进政策等。这些正确政策是红色政权存在的"一个要紧的条件"。对红色政权问题作出这样全面系统的分析，在当时只有毛泽东，既无出其右者，也无随其后者。

（三）人民军队军事指导理论的开创者

毛泽东不是行伍出身，只是早年在武昌首义后参加湖南新军，当了半年仅受过军事训练的兵。他真正的军旅生涯是从"霹雳一声暴动"率领秋收起义队伍上井冈山开始的。如他本人所说："从前并不会打仗，甚至连想也没想到过要打仗，可是帝国主义的走狗强迫我拿起武器。"[①] 在井冈山，他通过战争学习战争，仅仅一年多时间，就对如何建军、如何打仗的实践经验作了系统总结，创建了有如上述关于人民军队建设和军事指导的理论，发展了马克思主义军事学说。他成为享誉世界的军事家、战略家和人民军队的主要缔造者，井冈山是起点。

---

① 《毛泽东传（1983—1949）》，中央文献出版社2004年版，第149页。

(四)建党建军纲领的制定者

古田会议决议虽然是在中央九月来信的指导下制定的,但也总结了井冈山斗争和转战闽西赣南两年多的红军建设及党的建设的实践经验。毛泽东早就对如何建党建军特别是党和军队的关系问题有许多思考。他起草的古田会议决议明确了红军建设和党的建设的基本原则。

第一,在军队建设方面:关于红军的性质、宗旨和任务,强调红军是执行革命任务的武装集团,必须同时担负打仗、做群众工作和筹款三大任务,反对单纯军事观点和不重视根据地的流寇思想。关于红军服从党的领导,强调党对军队的领导是政治思想领导,实行政治委员和连队建设支部制度。关于红军的政治机关和政治工作,强调红军的政治机关与军事机关在前委领导下是平行的,要把革命宣传当成"第一个重大的工作",军事系统与政治系统应各负其责。关于红军处理内外关系的原则,军队内部实行官兵平等和军内民主主义;在军政关系上,红军官兵要尊重地方政权机关,维护地方政权的威信;在军民关系上,红军要严格执行"三大纪律",通过行动扩大影响;在对敌军工作上,做好对敌军宣传,优待俘虏等。

第二,在党的建设方面:十分重视党的思想建设,强调红军党内最迫切的问题是教育问题。对于党内各种错误思想的表现、产生的根源和纠正的方法作了明确阐述;要求教育党员用马克思列宁主义的方法去作政治形势的分析和阶级势力的估量,使党员注意社会经济的调查研究,由此来决定斗争的策略和工作的方法。十分重视党的组织建设,在对"旧的基础厉行洗除"的同时,强调要发展党的组织,入党条件应是政治观念没有错误,忠实,有牺牲精神、能积极工作,没有发洋财的观念,不吃鸦片、不赌博。强调党的制度建设,厉行集中指导下的民主,下级服从上级,少数服从多数,一成决议就须坚决执行;严格执行纪律,废止对纪律的敷衍现象;定期召开党的会议,每个同志都政治化实际化,党的战斗力就强大起来等。

古田会议决议,对于将红军建设成新型人民军队起了决定性作用。它不仅在人民军队建设史上,而且在党的建设史上都是一个里程碑。

(五)党的马克思主义思想路线最早提出者

毛泽东说过,他一旦接受马克思主义后,就对马克思主义的信仰没有动摇过。他对马克思主义有极高的领悟能力,着重于认识问题的方法论,掌握它的精神实质,坚持从实际出发,实事求是,理论联系实际。因此,在领导秋收起义失败后,他审时度势,引兵井冈山,开辟了党的第一个根据地;上井冈山后,注重调查研究,作出正确决策,开辟井冈山道路。正是因为有了这样的基础,在闽西讨论井冈山时期的党内争论时,在1929年6月给林彪的信中首次提出"思想路线"问题;在古田会议决议中,强调用马克思列宁主义的方法去作政治形势的分析和阶级势力的估量,注意社会经济的调查研究,离开实际情况的调查就要堕入空想和盲动的泥坑。这实际上初步明确了党的思想路线内涵。随后,经过赣南闽西的大量调查,他进一步强化了上述思想,在《反对本本主义》一文中鲜明地提出"没有调查,没有发言权"这个振聋发聩的口号和共产党人要在"斗争中创造新局面的思想路线"。这是对党的马克思主义思想路线内容的初始表述,也是创立中国化的马克思主义伟大开篇的理论之果。

毛泽东在创立中国化的马克思主义伟大开篇过程中作出的贡献,是党的其他领导人难以相比的。正因为如此,他后来成为党的领袖就是中国革命历史的必然选择,是他作为主要代表所开创的中国革命道路的应有归宿。

创立中国化马克思主义的伟大开篇已成历史。但是,在南昌起义和井冈山斗争的艰苦岁月里,在探索中国革命道路的艰辛实践中,我们党和人民军队培育了崇高革命精神和优良传统,特别是培育了井冈山精神。今天,我们不仅要重温伟大开篇的那段历史,还要弘扬升华那段历史形成的井冈山精神。

四　怎样认识马克思主义中国化的伟大开篇与老一辈革命家的历史贡献

南昌起义和井冈山革命根据地的创建是创立中国化的马克思主义的两件大事。南昌起义尽管失败了，却是党探索中国化的马克思主义征途上的重要开端。创建井冈山革命根据地，开辟了代表中国革命新方向的井冈山道路。其他革命根据地的创建，如赣东北的方志敏式、湘鄂西的贺龙式、赣西南的李文林式等，都属于创立中国化的马克思主义的开篇内容。这个伟大的开篇凝聚了全党的集体智慧，许多老一辈革命家都作出了重要贡献。从党的历史发展全过程看，尤以朱德、周恩来、陈毅最为突出。

（一）朱德与马克思主义中国化的伟大开篇

朱德经历了从旧民主主义革命到新民主主义革命的转变。他在滇军的戎马生涯和旅欧留学的经历，为其参与探索中国革命道路的伟大开篇，不仅提供了丰富的实战经验，而且更加坚定了其献身中国人民解放事业的信念。

——南昌起义主要领导成员之一，经过三河坝战役和"赣南三整"，保存了革命火种。南昌起义部队南下，朱德被委任为先遣司令。起义军在三河坝分兵后，他领导3000人留守，为掩护主力部队与敌军血战三昼夜。他对聚集的起义军余部说：我是共产党员，有责任把"八一"南昌起义的革命种子保留下来，有信心把这支革命队伍带出敌人的包围圈。他率部转战粤闽赣边界，经过"赣南三整"（安远的天心圩整顿、大余整编、崇义的上堡整训），部队状况有了根本改变。随朱德转战并与之一起领导"赣南三整"的陈毅说，"朱德同志的这次讲话，是讲了两条政治纲领"。这两条政治纲领指"坚信共产主义必然胜利""革命必须自愿"。"如果没有总司令领导，这个部队肯定地说，是会垮定的。""这是总司令的伟大。没有马列主义的远见，是不可能的。"①"赣南三整"前后20天左右，与毛泽东领导的"三湾改编"在时间上相近，在做法上类似，同"三湾改编"一样意义重大。

——湘南起义主要领导人，将部分南昌起义军和湘南农军带上井冈山，实现了对巩固和发展井冈山革命根据地具有决定意义的井冈山会师。经过"赣南三整"，朱德带领南昌起义军余部于1928年初折向湘南，发动年关起义，在3个多月内，建立了宜章等6县苏维埃政权，组建了3个农军师和2个独立团，打土豪分田地，开展土地革命。革命风暴遍及20多个县，参加起义的有100万人以上。在全国的200多次起义中，就参加人数、地域规模和历史影响而论，最大的要数南昌、广州两大城市起义和湘赣边界秋收、湘南两大农村起义。朱德在党的主要领导人中参与领导城乡两大起义，是独一无二的。1928年4月底，他率领南昌起义军和湘南农军1万多人，上井冈山同毛泽东领导的秋收起义部队会合，成立工农革命军第四军（后改称工农红军第四军），毛泽东任党代表、军委书记，朱德任军长。井冈山会师对于党领导的中国革命意义重大。从此，毛泽东和朱德不可分，成为引导中国革命胜利的旗帜。

——井冈山道路的主要开辟者之一。井冈山革命根据地从创建到主力下山，存在了15个月。井冈山会师前6个月，是开辟和建立时期。井冈山会师后走向鼎盛和巩固，坚持了9个月。朱德率领的南昌起义军和湘南农军是井冈山斗争的生力军。会师后的红军，最初主要由毛泽东领导的秋收起义军1000余人，袁文才、王佐部600人和朱德率领的南昌起义军2000余人，还有湘南农军8000余人组成。这样，井冈山兵力骤增5倍以上。尽管后来湘南农军中的人大多下山了，但南昌起义军仍是坚持井冈山斗争的基本主力。井冈山斗争实行"工农武装割据"，开展土地革命，建立红色政权，进行根据地建设，都要以军事斗争为基础。而打破国民党军一次又一次的"进剿"和"会剿"，主要

---

① 《朱德传》，人民出版社1993年版，第91页。

由朱德指挥战斗。那时战斗频繁,平均每五天就要打一次仗。在龙源口大捷后,根据地空前扩大,进入井冈山斗争的全盛时期。萧克回忆道:"当时四军官兵特别是参加过南昌起义在三河坝失败后继续战斗的人,不管遇到什么样的危险,只要朱德军长在,就感到踏实。"[①] 井冈山道路的开辟,是艰苦的政治斗争和艰巨的军事斗争紧密配合、互相作用的灿烂之果。朱德为这条道路的开辟作出了巨大贡献。

(二)周恩来与马克思主义中国化的伟大开篇

周恩来在大革命时期就活跃在中国革命舞台上,先在黄埔军校,随后参加东征和北伐战争,领导上海第三次工人武装起义。在蒋介石叛变革命后,他积极主张东征讨蒋。汪精卫在武汉"分共"后,他作为中共临时中央常委,负责组织和领导南昌起义。从此,他开始参与探索中国特色革命道路、创立中国化马克思主义的伟大开篇。

——南昌起义主要领导人,人民军队主要缔造者之一。1927年7月中旬,中共中央决定,组成前敌委员会,以周恩来为书记,负责南昌起义的领导事宜。起义前夕,周恩来做了周密的布置和准备,排除了张国焘的干扰。起义军南下,虽然主力在潮汕地区遭受严重挫折,但也有两个收获。一是朱德率领的一部在三河坝阻敌后,发动湘南起义,随后上井冈山同毛泽东领导的秋收起义队伍会合,创立了中国工农红军第四军。二是在潮汕的余部转移到陆丰,创立了第一个树起苏维埃旗帜的海陆丰红色政权。南昌起义虽然失败了,但党领导的人民军队从此诞生,周恩来在此后不久即参与中共中央的核心领导,成为党和军队的主要领导人之一。

——反对"左"倾盲动倾向,指导全党创建工农红军、实行武装割据斗

[①]《朱德传》,人民出版社1993年版,第134页。

争，为探索中国特色革命道路提供了领导支持。1927年11月，周恩来辗转到达上海，被增补为中央政治局常委，负责中央日常工作。尽管"左"倾盲动主义在中共中央占据主导地位，但周恩来从南昌起义失败的教训中认识到，应该注重实际，反对各地盛行的军事冒险行动。针对青年团普遍存在的盲动情绪，他多次指出，若不注意，青年团将变成冒险主义，"无动不暴"是一个严重问题。他在代表中共中央起草的若干决议和给地方省委的指示中，提出要坚决扫除"表面上革命的盲动主义"，不能有玩弄暴动的危险倾向，强调暴动是武装夺取政权，必须在领导工农群众的斗争中去发动和创造群众的革命大潮才能进行。尽管这都是在工作层面上讲的，但对遏制当时的盲动情绪还是起了积极的作用。在指导各地武装斗争时，周恩来十分强调武装割据的重要性，提出广东的海陆丰应向北发展，琼州要造成并扩大割据局面；指示率领南昌起义余部在粤北活动的朱德，应与井冈山地区的毛泽东联络，共同发动群众，造成割据的暴动局面，建立苏维埃政权。他建议中央派贺龙等去湘鄂西组建红军，"依山建军，再向平原发展"，开展武装割据。贺龙不久后就拉起队伍，开辟了湘鄂西根据地，组建起红二军团。此后，还不断派遣军事政治工作干部到一些根据地，以加强红军和根据地的创建工作。至30年代初，工农武装割据局面在湘、鄂、赣、粤、闽、浙等省边界初步形成，陆续建立起十多块革命根据地。这些与周恩来在中央的指导是分不开的。

——高度赞扬和不断宣传红军，主持起草中央九月来信，为制定作为中国特色革命道路的建党建军纲领的古田会议决议提供了组织保证。党的六大期间，周恩来代表中央作军事报告，介绍了红军发展情况。党的六大后，作为中央常委分管军事工作，负责联系苏区。他一直关注红军的发展，在1928年11月向共产国际的报告中还介绍了湘赣边境所影响之赣西数县土地革命确实深入群众的情况。周恩来还通过党中央刊物多次宣传红军和井冈山斗争的经验。在中央和周恩来的推荐下，湘鄂西、鄂豫皖等根据地学习井冈山的办法，连队建立党支部，灵活运用各种游击战术。鉴于红四军内部分歧扩大，1929年8月，周恩来代表中共中央起草致红四军前委指示信，勉励他们努力与敌人斗争，发展游击区域，加强农民武装，扩大红军，深入土地革命。陈毅到上海参加周恩来主持召开的中央军事会议和向政治局汇报红四军情况后，中共中央决定由周恩来主持起草对红四军工作的指示文件。九月来信虽然是陈毅执笔的，但是以周恩来的八月来信为基础，并根据周恩来等多次谈话强调正确开展党内批评、反对极端民主化等的精神起草的。周恩来还嘱托陈毅：请毛泽东复职，召开一次党的会议，统一思想，分清是非，作出决议，维护毛泽东和朱德的领导。红四军召开古田会议，通过决议后，周恩来感到欣慰，认为毛泽东的复职，红四军的政治领导重新确立，中共中央可以放心了。周恩来这样关注红军，实际上是在关注中国特色革命道路的命运，尽管当时不可能有这样的感悟。

——向共产国际说明中国革命的割据可能，为争取共产国际和苏联共产党领导人转变观念、支持中国共产党人开辟的新道路作出了重要贡献。共产国际对周恩来十分器重。在他们看来，周恩来是中共中央最讲究实际、最有经验、最负责任和能做实际工作的领导人，是改进中国共产党的工作和改造中国共产党成为布尔什维克的不可替代的人物。但是，周恩来一方面尊重共产国际，另一方面又不唯命是从，有不同意见时仍据理力争。1928年2月，共产国际《关于中国问题的议决案》对党纠正"左"倾盲动主义起了积极作用，但提出"必须反对对于游击战争的溺爱，反对沉溺于散乱的不相关联的必致失败的游击战争"。周恩来不同意这个说法。他指出，中国与俄国不同，农民占了一个重要因素，由此发生中国革命在城市与农村发展的不平衡。农村的革命不能等待城市，还要建立红军，加强对农村斗争的领导。在莫斯科召开的党的六大上，共产国际执行委员会指导中共六大的主要负责人布哈林在报告中说，天下绝不可能有无城市的政权长期存在的事实。周恩来发言指出，中国革命发展趋势和反动势力的加强，与中国不能统一，以及革命不平衡性，证明中国革命有割据的可能。对于南中国的几省中，在目前就应该开始割据局面的准备。1930 年 4 月至 7 月，周恩来在向共产国际汇报工作期间，在德国共产党中央机关报《红旗报》上撰文指出，农民游击战争和土地革命是今日中国的主要特征，呼吁世界无产阶级和殖民地被压迫民族支援中国的苏维埃斗争；周恩来在联共（布）十六大上作报告介绍中国革命的特点时指出，在游击战争与土地革命的发展中，半殖民地的中国革命有它特殊的产物，这便是中国工农革命的红军；在同斯大林会见时，他介绍红军的发展和游击战争的情况后，斯大林承认中国红军有重大发展的事实，提出应该把红军问题放在中国革命问题的第一位。随后，共产国际关于中国问题的议决案指出，"建立完全有战斗力的政治上坚定的红军，在现时中国的特殊条件之下，是第一等的任务"[①]。让共产国际由城市中心论转向承认农村中心论，是一个长期的过程。周恩来所作的努力为共产国际转变观念，最终认同中国革命的道路，发挥了不可替代的作用。

（三）陈毅与马克思主义中国化的伟大开篇

陈毅早年旅欧留学，大革命时期先在四川做兵运工作，后在武汉中央军事政治学校做党的工作。1927 年 8 月初，随张发奎第二方面军教导团抵达九江，听说南昌发生起义，便离开教导团追赶南下的起义军，见到周恩来后，被分配到曾由叶挺率领过的"铁军铁团"任指导员。从此，开始了他的军旅生涯，也开始了参与伟大开篇的历程。

——协助朱德对南昌起义余部进行"赣南三整"。陈毅参加了三河坝战役，坚决拥护朱德带领部队转移到粤闽赣边活动。在"赣南三整"时，他讲话支持朱德：一个真正的革命者，不仅经得起胜利的考验，能做胜利时的英雄，也经得起失败的考验，能做失败时的英雄。朱军长不屑高官厚禄，加入共产党。现

[①]《中共中央文件选集》第六册，中共中央党校出版社 1989 年版，第 585 页。

在许多师、团领导离开了,唯独他不走。他看到革命一定会成功,大家要跟朱军长革命到胜利。官兵们纷纷表示:"跟朱军长干革命!"朱德当即宣布,从今天起,这支队伍由他和陈毅共同领导。部队整编后,朱德任纵队司令,陈毅任纵队指导员。从此,陈毅成为人民军队政治工作的开拓者之一。

——参与领导湘南起义,协助朱德将万余人的大队伍带上井冈山,成为工农红军的创建人之一。湘南起义轰轰烈烈,但由于湖南省委执行乱烧乱杀的"左"倾盲动政策,反动派又调集大军"围剿",起义队伍只好转往井冈山。这支队伍异常庞杂,有的拖儿带女弃家跟随。从行军作战到生活安排,陈毅都要管理。上井冈山后,陈毅先后任红四军教导大队长、军委书记、前委书记等职,是井冈山斗争的主要领导人之一。从此,他跟随毛泽东、朱德一起走上了进行武装斗争,实行工农武装割据,以农村包围城市,最后夺取全国革命胜利的漫长道路。他是作为这条道路之源的井冈山道路的开辟者之一。

——受中央委托起草著名的九月来信,为作为建党建军纲领的古田会议决议的制定作出了重要贡献。这里讲的虽然是红四军下井冈山后的事,但涉及的内容却是在井冈山时期就存在的党内军内不同意见的争论。从表面来看是军委与前委的关系之争,实质上涉及党怎样领导军队、军队的农村武装斗争怎样进行和对各种非无产阶级思想采取什么态度的问题。这些不同意见牵涉红四军的领导人和指挥员。争论双方各持己见,前委无法统一思想,难以工作。先是由陈毅主持召开红四军党的第七次代表大会,后由朱德主持召开红四军党的第八次代表大会,都没有解决这个问题,反而使分歧有所扩大。中共中央要求红四军派人到上海汇报情况,陈毅根据前委决定抵沪向中央政治局作了详细汇报,并写了多份材料如实地介绍了红四军的发展历史、领导状况、组织编制、战略战术、政治工作、政策策略、斗争艺术和对个人工作的检讨等。中共中央认真研究了陈毅的材料,决定由周恩来主持审定、由陈毅具体执笔,代表中央起草《中共中央给红军第四军前委的指示信》,即九月来信。九月来信对红军在中国革命中的地位、红军的根本任务、红军分散与集中的战略，以及反对各种非无产阶级思想等重要问题都提出了明确意见。中共中央肯定毛泽东对红四军的领导，决定仍由毛泽东担任前委书记。陈毅完全接受中共中央指示，回红四军做解释说服工作，并请养病的毛泽东回军任职。根据九月来信，红四军的领导人之间消除了隔阂，增强了团结，并于1929年12月底在福建上杭的古田召开了红四军第九次代表大会。陈毅主持大会，在传达九月来信后还作了专题报告。大会通过了毛泽东按照九月来信精神起草的《中国共产党红军第四军第九次代表大会决议案》（古田会议决议）。这个决议总结南昌起义、秋收起义两年多来红军发展的主要经验教训，明确了人民军队建设的基本原则，系统地解决了以农民为主要成分的军队如何建设成为无产阶级领导的新型人民军队这个根本性问题，是中国共产党和人民军队建党建军的第一个比较完备的纲领。陈毅所做的大量工作，功不可没。

第三讲

古田会议决议与党的建设

在党的百年历史上,古田会议具有罕见的奇特性。第一,古田是个非常偏远的闽西小山村,并非繁华的大中城市,而在这里召开的一个会议却影响深远,这是当年的会议参加者不可能想到的。第二,古田会议并非中共中央召开的高级别高档次高规格会议,而只是一支红军部队为解决军内的矛盾而召开的小规模会议,但它的影响却是全党性的。第三,谁也不会想到,当年一纸决议竟成为我们党和军队在生死攸关时刻进行思想建党和政治建军的纲领。

一 怎样认识毛泽东时代与党的建设

毛泽东是我们党以思想建党为核心的党的建设理论的缔造者。邓小平说:"在井冈山时期,即红军创建时期,毛泽东同志的建党思想就很明确。大家看看红军第四军第九次党代表大会的决议就可以了解。他的完整的建党学说,是经过实践在延安整风时期建立起来的。毛泽东同志对于建立一个什么样的党,党的指导思想是什么,党的作风是什么,都有完整的一套。"[1] 90多年过去了,我们党推进的党的建设新的伟大工程都是在古田会议决议的基础上不断丰富和

---

[1]《邓小平文选》第二卷,人民出版社1994年版,第44页。

发展起来的。它的生命力长盛不衰。

毛泽东时代,就党的建设而言,应当始自1929年古田会议直至他晚年。在毛泽东时代,我们党推进党的建设主要是以毛泽东的党建理论作为指导思想开展的。古田会议后,毛泽东的党建思想在总结中国革命经验的基础上不断丰富和发展,形成具有鲜明独特性的党建理论。古田会议10年后的1939年10月,毛泽东在《〈共产党人〉发刊词》中指出,党的建设过程是同党的政治路线密切地联系着,党的政治路线正确,我们党就能向前发展和巩固;党的政治路线不正确,党的建设就会遭受曲折和挫折。毛泽东对党的建设规律的总结,不仅为革命战争年代的实践所证明,也为中华人民共和国成立后直至当今的实践所证明。

半个多世纪以来,以毛泽东同志为核心的第一代中央领导集体不断丰富和发展起来一套独特的党建理论,对于百年来中国共产党的党建理论具有奠基意义,也对马克思主义建党学说的发展作出了多方面的巨大贡献。

(一)第一大贡献:着重思想建党,加强党的思想理论和党性教育,注重保持共产党的先进性和纯洁性

这主要体现为以下多个重大事件。

一是古田会议决议。毛泽东早在井冈山时期就提出"无产阶级的思想领导"问题。1929年底,他起草的古田会议决议初步回答了在党员队伍以农民成分为主的情况下,如何着重从思想上建设党以保持无产阶级先锋队性质。

二是1935年12月的瓦窑堡会议决议。1935年1月遵义会议事实上确立毛泽东在党中央的领导地位后,他倡导的着重从思想上建设党的思想成为全党共识。瓦窑堡会议决议指出,中国共产党是全民族的先锋队,一切愿意为着共产党的主张而奋斗的人,都可以加入共产党。党不惧怕党员的非无产阶级的出身,能通过教育把许多愿意为共产党主张而奋斗的新党员,锻炼成为有最高阶级觉

悟的先锋队战士。这是对古田会议决议着重从思想上建设党的思想的深刻阐发。

三是整风运动。毛泽东提出要将党的建设作为"伟大的工程"来进行，共产党员不仅要在组织上入党，而且要在思想上入党。党要领导革命运动更好地发展，首先需要在思想上整顿，展开一个无产阶级对非无产阶级的思想斗争。整风运动不断加强党的思想理论和党性教育，反对各种非无产阶级思想，是古田会议决议着重思想上建设党的空前伟大实践。

四是1945年召开的党的七大。毛泽东进一步强调着重从思想上建党的思想，"全心全意地为人民服务，一刻也不脱离群众；一切从人民的利益出发"，作为共产党先进性的根本要求；把"共产党人的一切言论行动，必须以合乎最广大人民群众的最大利益，为最广大人民群众所拥护为最高标准"[1]。刘少奇指出，党采取"首先着重在思想上、政治上进行建设，同时也在组织上进行建设"[2]的"毛泽东同志的正确的建党路线"，使中国共产党已经建成一个工人阶级的马克思列宁主义政党。

五是中华人民共和国成立后多次进行的整党整风教育。中国共产党成为执政党后，为保持共产党的先进性和纯洁性，从1950年起就开展整风和整党运动，提出共产党员要对党忠诚老实，遵守共产主义道德等八项条件。这是作为执政党明确的第一个党员标准。随后开展的全党整风运动，反对主观主义、宗派主义和官僚主义，也是旨在保持执政党的先进性和纯洁性，是古田会议精神在中国共产党成为执政党后的发扬。

（二）第二大贡献：坚持解放思想、实事求是的思想路线，反对教条主义，倡导马克思主义基本理论同中国具体实际相结合

1929年6月，毛泽东已提出"思想路线"问题。半年后的古田会议决议提

---

[1]《毛泽东选集》第三卷，人民出版社1991年版，第1094、1096页。
[2]《延安时期党的重要领导人著作选编》下，中央文献出版社2014年版，第632页。

出使党员注意社会经济的调查和研究来决定斗争的策略及工作的方法，这就是从思想路线出发高度要求的。1930年5月，毛泽东的《反对本本主义》，批评"本本主义"完全不是共产党人从斗争中创造新局面的思想路线；强调共产党的正确而不动摇的斗争策略，要在群众的斗争实际经验中才能产生。他率先破除党内盛行的把马克思主义教条化、把共产国际决议和苏联经验神圣化的错误倾向。他的解放思想、实事求是、理论联系实际的思想路线初步形成。

解放思想、实事求是思想路线的系统阐发和在全党的确立，是与遵义会议后党对"左"倾右倾错误的批判相联系的。《实践论》和《矛盾论》等著作，对中国革命的经验教训从哲学高度进行总结，为党的思想路线的确立奠定了马克思主义认识论和方法论基础。抗战时期，毛泽东先是在党的六届六中全会上提出"马克思主义中国化"任务，随后在《〈共产党人〉发刊词》中，将这个思想原则表述为"马克思列宁主义的理论和中国革命的实践相结合"，并通过概述党的历史说明这两者结合的程度，是党的成熟程度的主要标志。整风运动就是一次解放思想的伟大运动。此后，解放思想、实事求是、理论联系实际的思想路线在全党确立起来。在毛泽东正确领导下，经过抗日战争和解放战争，中国革命取得全国性胜利。解放思想、实事求是的思想路线，是中国共产党夺取胜利的法宝。

中华人民共和国成立后，毛泽东提出在社会主义革命和建设时期，要把马克思主义基本原理同中国具体实际进行第二次结合，找出在中国怎样建设社会主义的道路。在艰辛探索建设社会主义过程中，在20世纪60年代初又强调深入基层调查研究，用第二个10年认识这个"未被认识的必然王国"，学会驾驭社会主义建设规律。党的实事求是思想路线恢复后，国家的经济社会状况和人民生活状况明显好转。

（三）第三大贡献：强调党的作风建设，提出三大作风是中国共产党区别于其他任何政党的显著标志

古田会议决议是党的作风建设的良好开端。这在中央苏区时期得到了弘扬。毛泽东到赣南后就强调每个共产党员要像和尚叨念"阿弥陀佛"一样时刻叨念争取群众，对群众的一切实际生活问题都应当注意。"要使广大群众认识我们是代表他们的利益的，是和他们呼吸相通的。"只要"真心实意地为群众谋利益，解决群众的生产和生活问题"，"广大群众就必定拥护我们，把革命当作他们的生命，把革命当作他们无上光荣的旗帜"①。苏区干部形成了密切联系群众的好作风。

整风运动空前地推进了党的作风建设。毛泽东发表的《纪念白求恩》和《为人民服务》等文章，赞颂白求恩"毫不利己专门利人的精神"和张思德"彻底地为人民的利益工作"的精神，为加强作风建设、永葆共产党员的先进性树立了光辉榜样。

毛泽东在党的七大上关于党的三大作风的概括和阐述，是对党的作风建设理论的重大贡献。三大作风思想，是马克思主义建党理论中国化的伟大创造；坚持三大作风不变色，是党永远立于不败之地的基石。

中华人民共和国成立后，我们党一方面通过整党整风运动纠正各种不正之风；另一方面不断树立先进典型，弘扬党的优良传统作风。特别是在20世纪60年代遭受严重经济困难时期，党树立了雷锋、焦裕禄、王进喜等英雄模范人物和红旗渠、南京路上好八连等先进集体，形成了一个时代的社会风尚，教育了一代又一代人。

---

① 《毛泽东选集》第一卷，人民出版社1991年版，第138、139页。

（四）第四大贡献：提出走"民主"新路和坚持"两个务必"，是中国共产党执政清廉、防治腐败的根本之道

古田会议决议实际上已蕴含这些思想的胚胎。但是，它的明确提出始自抗战时期。

在抗日战争即将胜利之际，毛泽东高瞻远瞩，开始思考中国共产党在胜利后如何不重蹈历史王朝覆辙的问题。他的三次重要对谈，提出两个重要观点，关系党的生死存亡问题。

一是与郭沫若的"甲申对"。1944年3月，郭沫若撰写的《甲申三百年祭》在重庆发表后，在延安的毛泽东赞赏郭沫若的文章说，全党同志对于这几次骄傲引发的错误，都要引为鉴戒，不要重犯胜利时骄傲的错误。后再函郭沫若：如何避免此种毛病，实在值得注意。你看到了什么错误缺点，希望随时示知。这次笔谈，即为"甲申对"。

二是与黄炎培的"窑洞对"。1945年7月初，黄炎培等访问延安，毛泽东回答跳出历史"周期率"的"新路就是民主"的那次著名谈话，史称"窑洞对"。

三是与周恩来的"赶考对"。1949年3月23日，党中央由西柏坡前往北京城时，毛泽东与周恩来关于"我们决不当李自成，我们都希望考个好成绩"的对话，被誉为"赶考对"。

腐败亡国，这是不以任何人的意志为转移的历史规律。怎样防治腐败？上述对谈实际上给出了答案。一条是兢兢业业、永不骄傲；一条是民主新路、人民监督政府。两者相辅相成，缺一不可。这一思想的发展就是1949年3月毛泽东在党的七届二中全会上强调的"两个务必"思想。

这"三个对谈"提出的民主新路和包含的两个"务必"思想，是毛泽东对马克思主义政党建设理论的又一原创性贡献。

中华人民共和国成立后，党坚定不移地贯彻党的七届二中全会提出的"两个务必"思想。1952年从严处理的刘青山、张子善事件，对树立廉洁奉公、艰苦朴素的良好社会风尚，提高党的队伍的纯洁性和战斗力发挥了重要作用。这是中国共产党从严治党、廉洁治国的良好开端。

（五）第五大贡献：对加强执政党建设作了艰辛探索，提出培养和造就革命事业接班人，警惕敌对势力对我们的党和国家进行和平演变

1957年，美国国务卿杜勒斯提出对社会主义国家实施和平演变战略，通过文化交流等手段传播西方国家的价值观来影响社会主义国家年轻一代。以毛泽东同志为核心的第一代中央领导集体高度关注西方国家的和平演变、文化渗透战略。1962年，邓小平提出："党要管党，一管党员，二管干部。对执政党来说，党要管党，最关键的是干部问题。"①此后，毛泽东非常强调建设忠于党忠于人民的干部队伍问题。1964年6月，他提出培养革命接班人的五项条件：一是要教育干部懂得一些马列主义，懂得多一些更好；要搞马列主义，不搞修正主义。二是要为大多数人民谋利益，不是为少数人，不是为剥削阶级谋利益。三是要能够团结大多数人，包括从前反对自己反对错了的人。四是有事要跟同志们商量，讲民主，不搞家长作风。五是自己有了错误，要作自我批评。他要求接班人要在大风大浪中成长。这五条尽管有历史烙印，但提出这个问题的初衷是无可非议的。这是我们党的一份宝贵政治遗产。

二　怎样认识邓小平时代与党的建设

在中国共产党百年历史进程中，要领导中国革命取得胜利，还是以遵义会议毛泽东成为中央实际核心后才有可能。习近平总书记在党的十九大报告中指

---

①《邓小平文选》第一卷，人民出版社1994年版，第328页。

出：中国特色社会主义进入新时代，意味着近代以来久经磨难的中华民族迎来了从站起来、富起来到强起来的伟大飞跃。据此，可以认为，作为百年党史划分大阶段的标识——中华人民共和国成立意味着中华民族站起来，改革开放以来意味着中华民族富起来，党的十八大以来意味着中华民族迎来强起来。当然，将中华人民共和国的历史以这样三个大阶段作为从站起来、富起来到强起来的标识，并不是说三者之间可以截然割裂开来。历史地看，从站起来到富起来再到强起来，这是个渐进的积累过程，没有前者的基础，就不可能有后者的飞跃。但是，每一个阶段需要一个标识体现其主要特征，这就需要我们有辩证逻辑思维，不能作形而上学式的解读。

这三个大阶段的历史怎么称谓呢？中华人民共和国成立标志着中华民族站起来，无疑可称为毛泽东时代。上面的论述也是这样冠名的。改革开放以来走向富起来，可否用邓小平时代来称谓呢？这不应当成为问题。第一，邓小平是改革开放伟大事业的开拓者和奠基人，江泽民和胡锦涛继承、丰富和发展了邓小平所开拓的事业。第二，邓小平理论同毛泽东思想一样都是马克思主义与中国实际相结合的历史性飞跃的指导思想，并且是改革开放以来党确立的新的指导思想的初始理论。因此，邓小平时代完全可以作为改革开放以来至党的十八大以前这个历史阶段的称谓。

改革开放是中华民族发展史上一次伟大革命，也是党的一次伟大觉醒。正是这场伟大革命和伟大觉醒，推动以邓小平、江泽民、胡锦涛为主要代表的中央领导集体不断将加强党的建设，即执政党的建设作为新的伟大工程向前推进。这个推进带有探索性质。这里主要论述以邓小平、江泽民、胡锦涛为主要代表的中央领导集体在探索中国特色社会主义进程中对推进执政党建设新的伟大工程的开创性贡献。

(一)以邓小平同志为核心的中央领导集体在开创中国特色社会主义伟大事业过程中对执政党建设理论的开创性贡献

邓小平作为第二代中央领导集体的核心,非常重视执政党的建设。他虽然没有亲临过古田,但在1977年复出后,就强调从古田会议始,毛泽东有了明确的建党思想。邓小平对于加强执政党建设,作出的最重要开创性贡献有这样几项。

第一,提出制度治党治国思想,强调坚持党的领导,必须努力改善党的领导,坚决改革党和国家领导制度。1980年8月,邓小平在《党和国家领导制度的改革》中指出,我们建立的社会主义制度是个好制度,必须坚持。一些具体制度包括领导制度、干部制度,还存在不少的弊端,严重妨碍社会主义优越性的发挥。群众反映突出的官僚主义和权力过分集中的现象等,固然有思想作风的一面,但是制度问题不解决,思想作风问题也解决不了。他强调制度问题更带有根本性、全局性、稳定性和长期性。这种制度问题,关系到党和国家是否改变颜色,必须引起全党的高度重视。

第二,强调把思想政治建设摆在党的建设首位。党的建设之所以成为革命胜利的一个法宝,就在于坚持把思想政治建设摆在首要地位。邓小平抓党的思想政治建设,特别强调这样五条:一是任何时候都要坚持解放思想、实事求是思想路线,强调解放思想就是使思想和实际相符合,使主观和客观相符合,就是实事求是。二是任何时候都要坚持全心全意为人民服务的根本宗旨,反复告诫全党要把"人民拥护不拥护""人民赞成不赞成""人民高兴不高兴""人民答应不答应"作为制定各项方针政策的出发点和归宿。三是任何时候都要坚持讲政治,指出坚持改革,搞现代化科学技术,加上讲政治,威力就大多了。四是任何时候都要抓社会主义精神文明建设,努力培养"四有"新人。要教育广大青少年成为有理想、有道德、有文化、有纪律的新人。五是任何时候都要坚持群众路线，发扬党的艰苦朴素的优良传统。艰苦朴素的教育要一直抓60至70年。国家越发展，越要抓艰苦创业。

第三，强调一手抓改革开放，一手抓惩治腐败，整个改革开放过程中都要反对腐败。20世纪80年代前期，邓小平针对日趋严重的经济犯罪指出：这股风来得很猛，如果不坚决刹住这股风，我们的党和国家确实要发生会不会"改变面貌"的问题。他指示党风建设要长期抓、一直贯穿在整个改革开放过程之中。1989年6月，他指出，要实现我们的战略目标，不惩治腐败，特别是党内的高层的腐败现象，确实有失败的危险。我们一手抓改革开放，一手抓惩治腐败，这两件事结合起来。"常委会的同志要聚精会神地抓党的建设，这个党该抓了，不抓不行了。"①

第四，邓小平理论被确立为党的新指导思想。党的十三大已将邓小平的重要思想概括为"建设有中国特色的社会主义理论"的基本观点和大体轮廓，指出这是党在把马克思主义与中国实际相结合过程中的第二次历史性飞跃。1992年南方谈话集邓小平建设有中国特色社会主义思想之大成，并以异常尖锐、鲜明、透彻和凝重的语言发表了许多"惊世骇俗"观点。党的十四大明确地概括了"邓小平同志建设有中国特色社会主义理论"基本内容。党的十五大明确地将这个理论称为"邓小平理论"，将它确立为党的指导思想并写入党章。党的十四大和十五大高度评价邓小平理论，明确指出，邓小平理论坚持用宽广眼界观察世界，开拓了马克思主义的新境界，是马克思列宁主义基本原理与当代中国实际和时代特征相结合的产物。它第一次比较系统地初步回答了在中国这样的经济文化比较落后的国家如何建设社会主义、如何巩固和发展社会主义的一系列基本问题，是对马克思列宁主义、毛泽东思想的继承和发展，把对社会主义的认识提高到新的科学水平，形成了新的科学体系，是我们党将马克思主义同中国实际相结合实现的第二次飞跃的理论成果，是马克思主义在中国发展的新阶段。

---

① 《邓小平文选》第三卷，人民出版社1993年版，第314页。

（二）以江泽民同志为核心的中央领导集体在把中国特色社会主义事业推向21世纪进程中，对执政党建设理论的开创性贡献

党的十三届四中全会后，以江泽民同志为核心的中央领导集体在国内外形势十分复杂、世界社会主义出现严重曲折的严峻考验面前，带领全党全国人民把中国特色社会主义成功推向21世纪。全面开创改革开放新局面，要求党以改革精神加强党的建设。1989年12月，江泽民视察古田时指出，古田会议决议是个宝，至今还有强大的生命力，要温故而知新。他还题词："继承和发扬古田会议精神，加强党和军队的建设。"这是党的领导人第一次明确地提出"古田会议精神"。以江泽民同志为核心的中央领导集体秉承古田会议精神，从新的实际出发，对执政党建设理论最重要的开创性贡献有这样几项。

第一，提出"三个代表"重要思想，成为我们党又一个新的指导思想。"三个代表"重要思想是一个由治党及至治国的理论。它加深了对什么是社会主义、怎样建设社会主义，建设什么样的执政党、怎样建设执政党的认识，涉及同世界先进生产力和人类文明进步发展方向的密切联系，反映了国内外发展变化对党和国家工作的新要求。"三个代表"重要思想是对马克思列宁主义、毛泽东思想、邓小平理论的继承和发展，对于最广泛最充分地调动一切积极因素，凝聚中国特色社会主义事业的建设者全面建设小康社会，加快发展社会主义现代化，全面推进党的建设新的伟大工程发挥着巨大作用。2002年，党的十六大将"三个代表"重要思想确立为党必须长期坚持的指导思想并写入党章。

第二，提出在新时期推进党的建设是"新的伟大工程"，全面加强党的执政能力建设。1994年9月，党的十四届四中全会专门讨论加强执政党建设，明确把党的建设提到"新的伟大工程"高度。党的十六大对全面推进执政党建设，强调"以宽广的眼界观察世界，正确把握时代发展的要求，善于进行理论思维和战略思维，不断提高科学判断形势的能力"。这对于立足全党全国工作大局，

不断提高总揽全局的能力具有重要意义。

第三,提出"治国必先治党,治党务必从严"思想,将对执政党建设重要性的认识推向了新境界。2000年1月,江泽民指出,中国共产党是领导建设有中国特色的社会主义伟大事业的核心力量。当今中国的事情办得怎么样,关键取决于我们党,取决于党的思想、作风、纪律、组织状况和战斗能力、领导水平。这就要求我们治国必先治党,治党务必从严。治党始终坚强有力,治国必会正确有效。此后,以江泽民同志为核心的党中央遵循治国先治党的思路,始终把不断加强党的建设,巩固党的执政地位,作为最为关注的首要问题。

第四,提出要不断深化对共产党执政规律的认识和研究。江泽民总结我们党执政半个多世纪的历史经验,特别强调在21世纪新阶段把握好共产党的执政规律。这可以归纳为:一是执政兴国。"一切妨碍发展的思想观念都要坚决冲破,一切束缚发展的做法和规定都要坚决改变,一切影响发展的体制弊端都要坚决革除"。"聚精会神搞建设,一心一意谋发展"。[1] 二是执政为民。必须始终把体现人民群众的意志和利益作为我们一切工作的出发点和归宿。"共产党执政就是领导和支持人民当家作主,最广泛地动员和组织人民群众依法管理国家和社会事务,管理经济和文化事业,维护和实现人民群众的根本利益"[2]。三是执政安邦。共产党执政成为国家领导者后,要运筹安邦定国,谋求国家稳定、希冀社会安宁。"巩固和发展民主团结、生动活泼、安定和谐的政治局面"[3]。四是执政清廉。要"把反腐败寓于各项重要政策措施之中,从源头上预防和解决腐败问题。坚持和完善反腐败领导体制和工作机制,认真落实党风廉政建设责任制,形成防止和惩治腐败的合力"[4]。随着党的建设新的伟大工程全面推进,我们党对共产党执政规律的认识达到了新水平。

---

[1] 《十六大以来重要文献选编》(上),中央文献出版社2005年版,第11页。

[2] 同上书,第24页。

[3] 同上书,第650页。

[4] 同上书,第42页。

（三）以胡锦涛同志为总书记的中央领导集体在全面建设小康社会进程中，对执政党建设理论的开创性贡献

党的十六大后，以胡锦涛同志为总书记的中央领导集体面对我国发展的外部条件复杂多变的新形势，并根据进入 21 世纪后国内改革进入攻坚期的新情况，团结带领全党全国人民，成功地在新的历史起点上坚持和发展了中国特色社会主义。胡锦涛非常重视全面推进党的建设新的伟大工程。他两次到古田视察。1999 年，胡锦涛视察了古田会议纪念馆。2010 年 2 月，他又专程来到这里，同乡亲们一起过大年。他指出，我们一定要继承弘扬古田会议精神，进一步把我们党建设好、把我们国家建设好。以胡锦涛同志为总书记的中央领导集体对加强执政党建设作出的最重要开创性贡献有这样几项。

第一，提出科学发展观，成为党的又一个新指导思想。科学发展观的第一要义是"发展"，为建设中国特色社会主义打下了坚实基础；作为核心的"以人为本"，突出党的一切奋斗和工作都是为了造福人民；作为基本要求的"全面协调可持续"，是使人民在良好的自然生态环境和人文社会环境中生产、工作和生活，实现经济社会永续发展；作为根本方法的"统筹兼顾"，是为了正确认识和妥善处理中国特色社会主义事业中的重大关系。党的十八大指出，科学发展观是马克思主义关于发展的世界观和方法论的集中体现，对新形势下实现什么样的发展、怎样发展等重大问题作出了新的科学回答。它开辟了当代中国马克思主义发展新境界，是指导党和国家全部工作的强大思想武器。党的十七大将科学发展观写入党章。党的十八大将科学发展观列入党的指导思想。

第二，提出"中国特色社会主义理论体系"思想，对十一届三中全会以来党的创新理论作了整合性概括。党的十七大报告指出，中国特色社会主义理论体系，就是包括邓小平理论、"三个代表"重要思想以及科学发展观等重大战略思想在内的科学理论体系。这个理论体系，坚持和发展了马克思列宁主义、

毛泽东思想，凝结了几代中国共产党人带领人民不懈探索实践的智慧和心血，是全国各族人民团结奋斗的共同思想基础。在当代中国，坚持中国特色社会主义理论体系，就是真正坚持马克思主义。这段论述是对中国马克思主义创新理论的深刻总结。

第三，提出党的执政地位不是与生俱来的重要理念，要求我们党建设成为马克思主义学习型、服务型、创新型政党。2004年9月，党的十六届四中全会明确提出"党的执政地位不是与生俱来的，也不是一劳永逸的"，必须把我们党建设成为马克思主义学习型政党。党中央带头践行学习型政党理念，愈发自觉地形成了中共中央政治局集体学习制度。2012年11月，胡锦涛在党的十八大报告中进一步提出建设学习型、服务型、创新型的马克思主义执政党任务。这是对执政党建设理论的新发展。

第四，提出全面提高党的建设科学化水平，大力推进马克思主义中国化、时代化、大众化。2009年，党的十七届四中全会首次提出"推进马克思主义中国化、时代化、大众化"任务。这就将过去长期讲的"中国化"加上了"时代化"和"大众化"，使之成为更好地认识中国、认识时代、改变中国面貌的锐利思想武器。党的艰辛探索历程表明，马克思主义中国化、时代化、大众化，乃党之魂、国之根，中国特色社会主义的理论之源，中华民族在21世纪和今后更长时间的安身立命之本。胡锦涛在党的十八大报告中进一步强调在新的历史条件下坚持解放思想、实事求是、与时俱进，大力推进马克思主义中国化、时代化、大众化，全面提高党的建设科学化水平。这是全面推进党的建设新的伟大工程的战略决策。

三 怎样认识习近平与新时代党的建设

党的十八大以来，以习近平同志为核心的党中央，团结带领全党全国各族人民，以巨大的政治勇气和智慧，对党和国家各方面工作提出一系列新理念新思想新战略，大力推进国家治理体系和治理能力现代化，完善和发展中国特色社会主义制度，坚持统筹推进"五位一体"总体布局、协调推进"四个全面"战略布局，推动党和国家事业发生历史性变革，中国特色社会主义进入了新时代。这是党的百年历史、中华人民共和国70多年历史、改革开放40多年历史的一个新里程碑。

习近平高度重视党的建设。他在福建工作期间，曾七次考察古田；就任中共中央总书记和中央军委主席后，于2014年10月专程来此主持全军政治工作会议，强调大力弘扬古田会议思想建党、政治建军革命精神。他首次提出全面从严治党战略，主持制定《中共中央关于坚持和完善中国特色社会主义制度、推进国家治理体系和治理能力现代化若干重大问题的决定》(党的十九届四中全会通过，以下简称《决定》)，将党的建设新的伟大工程推向了新阶段。新时代对执政党建设最重要的开创性贡献有这样几项。

（一）提出习近平新时代中国特色社会主义思想

国际形势深刻变化和我国各项事业巨大发展，提出了必须从理论和实践结合上系统回答新时代坚持和发展什么样的中国特色社会主义、怎样坚持和发展中国特色社会主义的时代课题。以习近平同志为核心的党中央对这个重大时代课题的深入研究，深化了对共产党执政规律、社会主义建设规律、人类社会发展规律的认识，特别是通过全面从严治党这场伟大的自我革命，成功地挑战了西方国家所谓的没有"两党制"不可能反对腐败的普世价值论以及全盘西化论者散播的"反腐党亡，不反腐国亡"谬论，从而成为习近平新时代中国特色社会主义思想的主要标识。它是当代中国马克思主义最鲜活的理论成果。

（二）提出全面从严治党战略，这是执政党建设理论的重大创新

从严治党是我们党的一贯思想，也是我们党与其他政党的一个重要区别。"从严治党"是党的十三大报告最早讲的。随后由江泽民将治党与治国加以贯通，提出"治国必先治党，治党务必从严"思想。习近平总书记将从严治党作为重中之重的历史使命。2014年12月，习近平总书记提出全面从严治党战略。他解释这个新战略说：全面从严治党，核心是加强党的领导，基础在全面，关键在严，要害在治。"全面"就是管全党、治全党，覆盖党的建设各个领域、各个方面、各个部门，重点是抓住"关键少数"。"严"就是真管真严、敢管敢严、长管长严。"治"就是从党中央到基层党支部都要肩负起主体责任。全面从严治党，"不只是字面上的变化，更是实践的发展，认识的深化。"①全面从严治党是执政党建设理论的重大创新。

（三）提出思想建党和制度治党紧密结合的思想，这是对马克思主义党建理论的重大发展

"思想建党"是毛泽东在古田会议的伟大创造。制度治党治国是改革开放后邓小平提出的。习近平总书记在开展党的群众路线教育实践活动时提出思想建党和制度治党紧密结合的新思想。习近平总书记指出："从严治党靠教育，也靠制度，二者一柔一刚，要同向发力、同时发力。"思想教育要结合落实制度规定来进行，"要使加强制度治党的过程成为加强思想建党的过程，也要使加强思想建党的过程成为加强制度治党的过程。"②这是党的思想理论建设的一个重要新思想。它不是毛泽东思想建党理论和邓小平制度治党思想的简单相加，

---

① 习近平：《在第十八届中央纪律检查委员会第六次全体会议上的讲话》，人民出版社2016年版，第17页。

②《十八大以来重要文献选编》（中），中央文献出版社2016年版，第94、95页。

而是在科学综合中赋予了重要新内涵。这就丰富和发展了党的建设理论，也为全面从严治党提供了理论指导，是马克思主义党建理论的新篇章。

（四）提出依规治党与以德治党紧密结合，既是对思想建党和制度治党紧密结合思想的深化，也是依法治国和以德治国相结合思想的逻辑延伸，是对执政党建设理论的又一创新

思想建党和制度治党紧密结合思想是属于宏观层面的。依规治党与以德治党紧密结合思想就是思想建党和制度治党紧密结合思想的具体化和落脚点。依规治党，一是要求严明党的纪律特别是政治纪律和政治规矩，在指导思想和路线方针政策等原则问题上，全党必须同党中央保持高度一致；二是要求纪严于法、纪在法前，把执纪和执法贯通起来，使全体党员、干部严格执行党规党纪，模范遵守国家法律法规。以德治党，一要抓好思想理论建设，加强理想信念教育。既要提高理论素养，又要把理想信念作为共产党人精神上的"钙"，炼就"金刚不坏之身"。二要抓好思想道德建设，不断夯实党员、干部廉洁从政的思想道德基础，筑牢拒腐防变的思想道德防线，坚守共产党人的精神家园。三要抓好作风建设，既严以修身、严以用权、严以律己，又谋事要实、创业要实、做人要实。以德治党与依规治党是相互贯通的。依规治党蕴含着以德治党、思想建党的具体要求，以德治党又以依规治党、制度治党为支撑。

（五）提出强化巡视监督，充分发挥从严治党利剑作用

党的十八大以来，巡视监督开启了新的历史篇章。其创新性主要表现为：一是空前地提升了巡视监督的重要作用，将其视为党内监督的战略性制度。习近平总书记指出，巡视是党内监督的战略性制度安排。我们的巡视不是八府巡按，但必须有权威性，成为国之利器、党之利器。二是明确了巡视工作方针，剑指党风廉政问题。习近平总书记指出，重点就是"四个着力"，着力发现是

否存在违反党的政治纪律问题,着力发现领导干部是否存在权钱交易、以权谋私、贪污贿赂、腐化堕落等违纪违法问题,着力发现是否存在形式主义、官僚主义、享乐主义和奢靡之风等问题,着力发现是否存在选人用人上的不正之风和腐败问题。这就凸显了巡视的利剑锋利。中央纪委立案审查的中管干部,一半以上是根据巡视组移交的问题线索查处的。三是全面开展专项巡视,加快巡视节奏频率。巡视工作已经制度化、常态化。

(六)提出健全和完善监察制度,成立各级监察委员会,推进中国特色国家监察体制的形成

改革开放以来,党很重视建立监察制度。党的十八大以来,根据全面从严治党要求,于2016年10月印发了《中国共产党党内监督条例》。《中国共产党党内监督条例》将党的十八大以来关于加强党内监督的思想转化成为党内法规要求,强调完善权力运行制约和监督机制,实行权力清单制度,公开权力运行过程和结果,健全不当用权问责机制,把权力关进制度笼子,让权力在阳光下运行。《中国共产党党内监督条例》是在新的历史节点推进党的建设新的伟大工程的重要成果。与中国共产党加强党内监督制度相匹配,在国家层面也建立了各级监察委员会。这是从我国现实国情出发加强对公权力监督的重大改革创新。新建国家监察体系,成立各级监察委员会,代表党和国家对所有行使公权力的公职人员进行监察,具有鲜明的中国特色和时代特色。它标志着集中统一、权威高效的中国特色国家监察体制正在形成。

(七)党的十九届四中全会通过的《决定》构筑的中国特色社会主义制度建设伟大工程,也是改革开放40多年来,特别是党的十八大以来全面推进党的建设新的伟大工程的丰硕成果

中国共产党成立100年来,自党的六大始的中央全会迄今达93次。党的

十九届四中全会是中华人民共和国成立后和改革开放以来专门研究党和国家长治久安制度建设作出决定的唯一一次中央全会。这种独特性在党的历史上具有里程碑意义。

为什么说党的十九届四中全会通过的《决定》是改革开放40多年来，特别是党的十八大以来全面推进党的建设新的伟大工程的丰硕成果呢？

第一，它是邓小平提出的制度治党治国思想得到全面落实最充分的展现。《决定》构筑的根本制度、基本制度、重要制度达13个类别，遍及治党到治国的各个领域，集40多年来探索制度改革和建设成果之大成，初步形成了一整套更加成熟更加定型的制度。

第二，它突出了邓小平指出的"改善党的领导是为了加强党的领导，而不是削弱党的领导"这个根本指导思想。《决定》构筑的13个类别不是平行的，而突出了党的领导制度体系，是"1+12""制度"格局。所谓"1"，即将"党的领导"定位为"根本制度"，并将其明确为"制度体系"，且是中国特色社会主义制度体系的首要制度。其他12个"制度"，包括政治、经济、文化、社会、生态文明等各领域的制度和体制机制，涵盖改革发展稳定、内政外交国防等各个方面。党的领导作用贯穿于这些制度之中，且统率这些制度。这些制度的功能各异，组合在一起，就使党领导的中国特色社会主义制度形成相互衔接、相互联系的制度体系，使党的长期执政和国家长治久安有铜墙铁壁的制度保障。

第三，《决定》增设"坚持和完善党和国家监督体系，强化对权力运行的制约和监督"，强调重点加强对高级干部、各级主要领导干部的监督，完善领导班子内部监督制度，破解对"一把手"监督和同级监督难题。这就抓住了监督制度建设的要害，有利于构建一体推进不敢腐、不能腐、不想腐体制机制，是全面推进党的建设新的伟大工程的巨大收获。

党史百年，从古田会议决议到党的十九届四中全会通过的《决定》，这是中国共产党以思想建党为核心的党建理论,从奠基经过不断丰富发展到走向更加成熟更加定型的历程。党和国家的长治久安是一个很长的历史过程。旨在使党和国家长治久安的执政党的建设也将与时俱进,永远在路上。作为党的以思想建党为核心的党建理论初始根基的古田会议决议将永放光芒!

第四讲

遵义会议与红军长征胜利和长征精神

我从 2003 年初开始比较集中地"走走党史",断断续续地用了 10 年时间,对红军长征的主要路线和发生的重要事件都作了实地考察,而且那一年在贵州就是从遵义会议开始考察的,因为在那里召开了一次我主持的学术研讨会。那是我第一次到达这个向往已久的名城。关于遵义会议与红军长征和长征精神的历史内涵很丰富,这里讲几个主要问题。

一 怎样认识遵义会议是党的历史的伟大转折

党的两个历史决议都高度评价了遵义会议的历史地位。1981 年,党的十一届六中全会通过的《关于建国以来党的若干历史问题的决议》指出,遵义会议"在党的历史上是一个生死攸关的转折点"。这个评价异常凝重和鲜明。所谓"生死攸关",是因为长征出发时中央红军有 86000 多人,突破前三道封锁线时损失了 2.2 万人。湘江战役又损失了 3 万多人。这是人民军队创建以来在一次战役中受创最重、牺牲最多的。广大指战员无不对红军的前途和命运担忧。伍修权在《七律·历史转折》一诗中叹道:"强渡湘江血如注,三军今日奔何处？"国民党军前堵后追，中央红军几乎陷入绝境。然而遵义会议后，红军渐渐由被动转为主动，使国民党围堵之军疲于奔命。同一支军队，局面完全两样。所以说是"生死攸关的转折点"。但何以有这么巨大的变化？其实，最重要的是实现了三大改变。

（一）党中央领导核心改变了

此前的中央领导核心是党的六届五中全会形成的，毛泽东在党的六届五中全会上虽当选为中央政治局委员，但没有进入中央书记处（即中央政治局常委），不参与中央决策。从长征开始，他就是"跟着走"。尽管如此，他还是不时地提出建议，以改变长征过程中的被动局面。红军在湘江战役受到重创后，周恩来主持召开的通道会议、黎平会议和猴场会议，都采纳了他的意见，毛泽东实际上参与了中央决策（在后面将作较为展开的论及）。这可视为他在遵义会议上进入中央政治局常委的前奏。

1935年1月15日至17日，中共中央政治局在遵义召开扩大会议。博古作主报告，对第五次反"围剿"的失败主要强调客观原因，引起与会绝大多数人的不满。周恩来作"副报告"，指出第五次反"围剿"失败的主要原因是军事领导的战略战术错误，并主动承担责任，作了诚恳的自我批评。张闻天代表他和毛泽东、王稼祥作联合发言，以毛泽东的观点为主导，批评了"左"倾军事路线。毛泽东作长篇发言，展开地批评了错误军事路线。他指出，第五次反"围剿"失败的主要原因是军事路线和战略战术上的错误；博古、李德以单纯防御代替决战防御，以阵地战、堡垒战代替运动战，以所谓"短促突击"的战术原则支持单纯防御的战略路线，从而使敌人的持久消耗和堡垒主义的战略战术得逞，红军遭受重大损失。会议委托张闻天主要根据毛泽东发言内容，起草决议另行讨论。会议改组中央领导机构，选举毛泽东为中央政治局常委，取消博古、李德有最高军事领导权的"三人团"，改由最高军事首长朱德、周恩来为军事指挥者，而周恩来是党内委托的对于指挥军事上下最后决心的负责者。这样，遵义会议在长征的危急关头，结束了"左"倾教条主义统治，确立了毛泽东在党中央和红军的领导地位。他在遵义会议上进入党中央领导核心，是势所必至，众望所向，实至名归。

应当指出的是，对于遵义会议改组中央领导核心产生很大影响的，还有两次重要谈话，也是两个重要历史细节。一次是遵义会议前的"张王橘谈"。黎平会议后军委纵队到达黄平老城东门内橘林休息时，张闻天和王稼祥交流看法，认为仗这样打不行，还是要毛泽东出来，他打仗有办法。随后这个信息在高级将领中传开，大家都赞成毛泽东出来指挥。这为毛泽东进入中央政治局常委做了舆论准备。另一次是遵义会议后的"周博长谈"。遵义会议上严厉批评博古，推举毛泽东参与中央核心领导，这是博古未曾想到的。对此，他一直想不通。在红军一渡赤水到达"鸡鸣三省"村进一步改组中央时，周恩来同他有一次长谈。周恩来推心置腹地说，我们党必须找一个熟悉农村革命的人当统帅。我虽然长期做军事工作，但我有自知之明。你虽然有才华，但不懂军事，很难领兵打仗。你和我都是做具体业务的人，不适合做领袖、当统帅。毛泽东擅长农民运动，经过井冈山斗争，总结出打游击战、运动战的经验，很适合驾驭目前的战争，是一个很有智慧的帅才。宁都会议后，他离开了军队，但红一方面军不能没有他。从长征开始，我就在想办法让他尽快回到军事领导岗位。我深信，以他的才能，一定能率领红军走出困境。所以在遵义会议上我力主他进入政治局常委，参与军事领导。你的讲话不检讨军事路线错误，招致很多人不满，是因为大家憋了一肚子话要说。对毛泽东，要看大处，希望你能抛弃前嫌，同心同德，一切为了打败蒋介石这个大局。这一席谈话，使博古解开了思想疙瘩，他服从革命事业的需要，顺利实现了史称的"博洛（张闻天）交权"，张闻天成为"一把手"。张闻天、王稼祥、周恩来，特别是周恩来，对于毛泽东进入中央政治局常委起了重要作用。毛泽东这时不是"一把手"，为什么说他成了领导核心呢？还是如周恩来对博古说的，谁做"书记"并不重要，重要的是谁掌军权，谁来领导打好仗，只有在战争中不断得到军队拥护的人，才能真正成为党的领袖。遵义会议后，毛泽东起到了这个作用。正是基于此，遵义会议开始形成了以毛泽东同志为核心的中央领导集体。

（二）党的思想路线改变了

从20世纪20年代后期始，中国共产党内就盛行把马克思主义教条化、把共产国际决议和苏联经验神圣化的倾向。按照陈云的说法，就是唯书、唯上、不唯实。在博古负总责的临时中央到达中央苏区后，党的思想路线的错误更加突出。1934年1月，党的六届五中全会通过的决议等文件是一个典型。那时，由于错误的指导思想和对"福建事变"的错误处理，中央红军的反"围剿"斗争陷入非常困难的境地。党的六届五中全会上的报告和总结全然不顾这个困难形势，仍照搬共产国际对于形势的分析，不承认中国革命遭到严重挫折，硬说"蒋介石五次'围剿'的原有计划是失败了"。今后要"反对主要危险的右倾机会主义，和反对对右倾机会主义的调和态度"，在尽可能短的时间内，实现创造100万铁的红军的任务，保证"党与共产国际路线的澈底的实现"。[①] 这是唯上不唯实的思想路线的生动写照。别的不说，中央苏区在1933年第四次反"围剿"胜利后进入鼎盛时期的总人口才400多万，红军才只有13万。党的六届五中全会召开时，中央苏区已丢失一些区域，还要创造100万红军，显然是不可能的。最后红军开始长征时只有86000多人。

遵义会议后改变了这个状况，完全是不唯上、不唯书，只唯实的思想路线。例如，黎平会议在否定李德坚持去湘西的计划后，决定到川黔边建立新的苏区。所以，遵义会议的第一个议题不是讨论第五次反"围剿"的路线问题，而是审

---

① 《中共中央文件选集》第十册，中共中央党校出版社1991年版，第32、48页。

查黎平会议到川黔边的决定。从黎平会议到遵义会议召开，虽不到一个月时间，但敌情有变化，到川黔边建立苏区已不可能，决定红军北渡长江，到川西建立新的根据地。随后，北渡长江也不行了，这才有四渡赤水出奇兵。这就是一切从实际出发的指导思想。遵义会议否定了唯书、唯上、不唯实的思想路线，战争局面完全改观，蒋介石的几十万大军被红军牵着鼻子走，红军掌握了战争的主动权。因此，遵义会议挽救了红军、挽救了党。

（三）党的军事战略方针改变了

在李德到达中央苏区后，博古完全听从李德的指挥，不仅让他参与战略战术的制定，而且还让他发号施令，直接指挥前方军事，广昌决战就是这样招致失败的。遵义会议决议指出，敌人在五次"围剿"中，采用堡垒主义战略战术，企图逐渐消耗我们的有生力量与物质资财，寻求我主力决战，以达到消灭我们的目的。"在这种情形下，我们的战略路线应该是决战防御（攻势防御），集中优势兵力，选择敌人的弱点，在运动战中，有把握的去消灭敌人的一部或大部，以各个击破敌人，彻底粉碎敌人的'围剿'。然而在反对五次'围剿'战争中，却以单纯防御路线（或专守防御）代替了决战防御，以阵地战堡垒战代替了运动战，并以所谓'短促突击'的战术原则来支持这种单纯防御的战略路线。这就使敌人持久战与堡垒主义的战术，达到了目的。使我们的主力红军受到部分损失，并离开了中央苏区根据地。应该指出，这一路线，同我们红军取得胜利的战略战术的基本原则，是完全相反的。"[1] 遵义会议改组中央领导机构，决定周恩来是党内委托的对于指挥军事上下最后决心的负责者。后来，中央常委分工，又以"泽东同志为恩来同志的军事指挥上的帮助者"[2]。周恩来很注意听取和尊重毛泽东的意见，使毛泽东有了施展军事天才的平台，这样党的军事路线

---

[1]《遵义会议文献》，人民出版社1985年版，第5—6页。

[2] 同上书，第42页。

就完全改变了。中央红军在毛泽东、周恩来和朱德的正确指挥下,不仅二渡赤水后抢占娄山关、重进遵义城,取得了长征以来久盼的第一个大胜利,而且南渡乌江、佯攻贵阳、威逼昆明、巧渡金沙江,改变了国民党军队前堵后追局面,实现了中央红军由被动到主动、由愁眉苦脸到扬眉吐气的精神状态转变。

上述三大改变,最重要的是领导核心的改变。有了这个改变,才有思想路线和军事战略方针的改变,从而使遵义会议成为党的历史上的第一次伟大转折。

与此相关,还有一个遵义会议与其前后系列会议的关系问题。过去讲遵义会议实现党的历史伟大转折,往往只孤零零地讲在遵义召开的中央政治局扩大会议,而对此前和此后的其他会议则很少提及。2002年7月和2003年3月以后,我走了这一段长征路,了解到党中央在长征途中,召开了许多重要会议。这些会议对于遵义会议实现伟大转折,是起了一定历史作用的,如在前面提到的通道会议、黎平会议、猴场会议等,还有遵义会议后的"鸡鸣三省"会议、扎西会议、苟坝会议、会理会议等。这就有一个如何科学地认识遵义会议与这些会议的关系问题。通过考察,我形成了这样几点看法。

第一,遵义会议前的几个会议上,毛泽东已成为反对错误路线、指引长征正确方向的主角,为遵义会议实现中央领导核心改组做了重要准备。湘江血战后,中央领导层对今后的仗怎么打和红军向何处进军的路线发生了激烈争论。首先,是1934年12月12日的通道会议。不是领导核心成员的毛泽东应邀到会,他根据敌军在湘西集结近20万兵力的严峻形势,陈述了反对北上湘西改道去贵州的意见,得到主持会议的周恩来,还有张闻天、王稼祥的明确支持。这次会议第一次否定李德的主张,为遵义会议改组中央领导核心奠定了初步基础。其次,是1934年12月18日的黎平会议。毛泽东根据敌军正向黔东北集结的严重情况,进一步建议中央放弃北上湘西计划,向黔北遵义地区进军,建立新根据地。会议经过激烈争辩,接受毛泽东的建议,通过了在以遵义为中心的川黔边地区建立新根据地的决议。这就否定了原来的战略方针。黎平会议为遵义会议的召开作了直接准备。最后，是猴场会议。1934年12月31日，中央到达瓮安县乌江边猴场镇。部队正忙着准备抢渡乌江，挺进黔北。李德、博古提出可以在乌江南岸建立临时根据地，再徐图东进，与红二、红六军团会合。猴场会议与会者都反对他们的主张。毛泽东再次驳斥，重申红军应在川黔边建立新的根据地。会议决定，坚持黎平会议决议，并且限制博古、李德的军事指挥权限，为遵义会议改组中央领导核心作了组织准备。

第二，遵义会议后的几个会议进一步强化了毛泽东在党中央和红军的核心领导地位。这里主要讲四个会议。一是"鸡鸣三省"会议。遵义会议改组中央领导核心，并没有撤换博古，也没有明确毛泽东的具体分工。1935年2月5日，军委纵队到达川滇黔三省交界的"鸡鸣三省"村，中央政治局开会，常委作了新的分工。根据毛泽东提议，张闻天（洛甫）在党中央负总责，博古改任红军总政治部代理主任。前述提到的作出"泽东同志为恩来同志的军事指挥上的帮助者"的决定，也是在这次会议上。二是扎西会议。遵义会议上没有形成决议文字，只责成张闻天起草。扎西会议通过了张闻天起草的遵义会议决议。这个决议总结第五次反"围剿"失败的经验教训，肯定了毛泽东根据战争实践经验总结的正确战略战术的基本原则。这次会议决定向中央红军各部和其他各路红军，以及在中央苏区坚持斗争的中央分局传达贯彻。这就将遵义会议决定昭告全党全军的广大干部了。三是苟坝会议。红军二渡赤水后再次攻克遵义城，歼灭和击溃敌军两个师又八个团。这一胜利使红军将士情绪高涨，林彪等提出攻打遵义西的打鼓新场守敌建议。在3月10日召开的苟坝会议上，除毛泽东外，与会的20多人都赞同攻打鼓新场。深夜，毛泽东去找负责起草命令的周恩来，还有朱德，说服了二人。次日重新开会，毛泽东等三人说服了求战心切的红军高级将领。会后，根据毛泽东提议，成立三人小组，代表中央政治局全权指挥红军军事行动。它由周恩来、毛泽东、王稼祥三人组成。这个新"三人团"，毛泽东虽不是"团长"，但周恩来非常尊重毛泽东的意见，实际上毛泽东能起到决策人作用。此后的军事行动,他就是"总设计师"。四是会理会议。毛泽东指挥红军在黔川滇边穿插迂回,一些指战员对不打仗有怨言,林彪提出走山高路远的"弓背路"还是走平坦的"弓弦路"问题,并给中央写信,建议彭德怀代替毛泽东任前敌指挥。在会理会议上,毛泽东批评林彪说,你是个娃娃,你懂得什么。在那种情况下,不走弓背走弓弦行吗?这次会议统一了红军将领思想,维护了毛泽东的权威。此后,再没有人对毛泽东的核心地位提出异议。

第三,遵义会议是系列会议的标志和旗帜。讲遵义会议与其前后系列会议的关系时要讲两句话:一是遵义会议实现的伟大转折是一个历史过程,上述诸多会议都为推进这次伟大转折发挥了重要作用。这些会议可视为遵义会议实现伟大转折这段历史链条的一个环节。这些会议是一个接一个开的,其历史作用就是一环扣一环的。从这个意义上说,遵义会议发生的伟大转折,是这段历史链条各个环节共同推动前进的结果。二是遵义会议是党的历史上发生第一次伟大转折的系列会议的卓越代表和根本标志。上面讲系列会议,并不是说所有这些会议的作用是完全一样的;强调系列会议的合力作用,丝毫不会贬低其中主要会议的突出作用。一方面,合力与分力相辅相成,红花与绿叶相得益彰;另一方面,合力以分力为基础,绿叶乃为托出红花。因此,对这段历史,既要讲系列会议的作用,又不能模糊主要会议的突出作用。说遵义会议是这一系列会议中的卓越代表,是因为此前的几次会议都没有从根本上拨路线之乱,只有遵义会议才开始解决这个问题;此前的会议都没有解决组织领导问题,只有遵义会议才开始改组中央领导核心,逐渐形成以毛泽东为核心的领导集体;此前的会议都是小范围,只有遵义会议才扩大到主要军事将领,这有利于统一全军思想,坚决保证会议决议贯彻执行。遵义会议后召开的几次会议,归根结底是巩固和深化遵义会议的成果,完善其组织领导,更加凸显遵义会议决定毛泽东进入中央核心领导的正确决策,更有利于坚持其正确的指导思想和战略方针。讲遵义会议发生的伟大转折,既要讲系列会议的合力作用,还要突出遵义会议的标志和旗帜作用。

二　怎样理解惊天地泣鬼神的红军长征的历史图谱

2016年10月，纪念红军长征胜利80周年大会召开，习近平总书记发表了重要讲话，对长征历史、长征精神和怎样弘扬长征精神都提出很精辟的观点。2019年5月20日，习近平总书记来到中央红军长征集结出发地——江西于都进行考察时指出，"建立中华人民共和国，这是无数革命先烈们用鲜血换来的。当年党和红军在长征途中一次次绝境重生，凭的是革命理想高于天，最后创造了难以置信的奇迹"。党的十八大以来，习近平总书记多次考察红军长征的重大事件发生地，对红军长征和弘扬长征精神发表了许多重要讲话。这里，根据我的实际考察和学习习近平总书记讲话精神来谈谈对长征历史的一些看法。

（一）关于红军长征的几个基本概念和基本内涵

经过实地考察，我以为应当明确关于长征的若干基本概念，全面地把握红军长征的基本内涵。

第一，红军主体的长征是"3+1"的长征。这里说的"红军主体的长征"，是指到达陕北的四支部队进行的长征，即红一（中央红军）、红二（最初称红二、六军团）、红四方面军，再加上红二十五军的长征。我称之为"3+1"的长征。红军主体长征开始的时间，以1934年10月中央红军离开中央苏区算起；结束以三大主力红军（红二十五军于1935年11月并入红一方面军）于1936年10月在甘肃会宁和今属宁夏的将台堡会师为标志。

这个"3+1"的红军长征历时两个寒暑，纵横14个省（四川省分出重庆市，按现在地域应为15个省市），进行了600多次重要战役战斗，渡过了近百条江河，越过了约40座高山险峰，经过了10多个少数民族地区。其历时之久、规模之大、行程之远、沿途自然环境之恶劣、敌我兵力较量之悬殊，在人类战争史上不说绝无仅有，也极其罕见。中央红军走的长征路为2.5万里，"3+1"的红军主体长征总里程为6.5万多里。

第二，红军长征出发地不是一个，而是多元的。就中央红军言，瑞金是中央首脑机关的长征出发地；于都是中央首脑机关和红军主力四个军团的集结出发地。此外，还有红军部队从其他地方直接出发作战略转移进行长征的，属于这个层面的出发地，有好几个。不仅如此，其他红军长征也有各自的出发地，如红二、红六军团在湖南桑植，红四方面军在四川苍溪，红二十五军在河南罗山等。作为长征序曲的两大军团也有各自的出发地。因此，红军长征出发地是多元的。

第三，长征目的地尽管最初是有明确目标的，但后来是不断变化的。红军长征到达陕北，这不是预先设定的。进行战略转移，开始并没有打算走很远。长征的路线和目的地是根据军事形势和作战情况而不断变化的。这是一个动态过程。仅中央红军言，红军长征目的地，先后有8个设想，直到甘南在哈达铺了解到陕北有刘志丹，中央在榜罗镇会议上才决定以陕北为长征的最后落脚点。中央红军到达吴起镇后，宣告中央红军长征胜利结束。随后，陕北成为中国革命大本营。

第四，红军长征的基本内涵。它包括三个方面的严峻斗争：一是革命与反革命两种力量、光明与黑暗两种命运的大搏斗；二是在这场惊心动魄的搏击中，共产党内部的指导思想和政治军事路线有尖锐斗争；三是极端恶劣的自然环境，使红军一再面临着能否克服艰难险阻、经受饥寒伤病折磨的严重考验。这三方面的斗争和博弈，构成红军长征的基本内涵。红军长征在上述三方面的斗争中，既突破了反动派军队的围堵，又克服了党内错误指导思想招致的困难，还战胜了自然界的种种艰难险阻，实现了从东南至西北的战略大转移。

（二）关于红军长征受关注的三个重要历史问题

在"3 + 1"的红军长征征途上有很多重要历史问题。遵义会议在前面讲过了，这里着重再讲三个历史问题。

1. 关于惨烈的湘江血战。这次战役太令人震撼了。中央红军血战湘江9天伤亡达3万多人。这不仅是红军长征途中规模最大、鏖战最激烈、伤亡最严重、场面最惨烈的战斗，而且在人民军队90多年的战争史上，其残酷性、惨烈性也是罕见的。红军指战员的鲜血使碧绿的湘江成为"赤水河"。老百姓说，三年不喝湘江水，十年不食湘江鱼。仗打到如此程度，怎能不惊天地、泣鬼神！经过两次考察，我更加明确了这样几个问题：

第一，湘江战役为"3 + 1"战场的战斗。所谓"3"，是3个主战场，即灌阳新圩阻击战、兴安界首光华铺阻击战和全州觉山铺阻击战。对这3次阻击战，过去讲得比较多，人们比较清楚。所谓"1"，是以红五军团红三十四师为代表的后卫突围战，即在全军担任后卫任务的3支部队的突围战，另外两支是红三军团第六师第十八团和红八军团。红三十四师担任中央红军西征转移的全军最后总后卫队任务。他们在掩护红军主力过江后，陷入桂军3个师的重重包围，在遭受重大伤亡后，由陈树湘师长带领余部突围到湘南开展游击战争。在湘南转战时陈树湘腹部中弹被捕，敌人用担架抬着他准备去邀功领赏。他趁敌不备，用手从腹部伤口处绞断了肠子而牺牲。这支游击队被敌重兵包围，全军覆没。电视剧《绝命后卫师》讲的就是红三十四师突围壮烈牺牲的故事。

第二，要将湘江战役的作战指挥与通过湘江封锁线的领导决策区别开来。长期以来，一说起湘江战役打得那样惨烈，伤亡那么大，就以为是具体作战指挥不行，因而形成一种对实际负责指挥战斗的军事领导人的误解。我也是在两次现场考察之后，才弄清楚湘江战役作战指挥具体情况的。过去广为流传的一些看法，是将湘江战役的作战指挥与通过湘江封锁线的领导决策混为一谈了。

其实，这是两个问题，应当区别开来。就具体的作战指挥而言，主要是朱德和周恩来负责；而一意孤行要通过湘江封锁线的领导决策，则是博古、李德作出的。前者应对战情变化的作战部署是正确的，以三大阻击战展开湘江战役的作战是神勇的。

第三，湘江战役空前惨烈，根本原因在于领导决策错误。博古、李德在领导第五次反"围剿"作战时，坚持错误的军事路线，使红军遭受重大损失。在作战略转移时，他们不顾军事形势的变化，一心要去湘西北与红二、红六军团会合。蒋介石在了解到中央红军西进的路线和最终意图后，调动30万兵力，分五路围堵，张网锁江。博古、李德继续选择沿红六军团路线西进，就犯了方向路线错误。其时，毛泽东、彭德怀都提出过不必沿红六军团路线西进过湘江到桂北，可以避开敌军重兵部署，乘各路敌军正在调动之际，转战湘南、湘中，杀一个回马枪，寻歼国民党军一部，以扭转战局。但是，博古、李德顽固地拒绝了毛泽东、彭德怀的建议，硬要往敌军的罗网里钻，这岂能不败？阻击战打得再顽强，也改变不了必遭重创的结局。

博古、李德的领导决策还有一个致命错误，就是实行大搬家甬道式行军，将所有物品都带上，大到军工机器，小到卫生便盆，有1000多副挑担，严重影响了行军速度。战略转移本应是轻装前进急行军，但带着许多辎重和坛坛罐罐，每天至多只能走四五十里。彭德怀气愤地说，这样抬着棺材走路，哪像个打仗的样子！在过第四道封锁线时，为了搬运那些笨重的机器，拖延了很长时间。

第四，全面地科学地评价湘江战役。对湘江战役怎么评价，比较多的看法是失败，但是也有不同意见。我认为：其一，遭受了极为惨烈的损失，使红军濒临绝境，这是事实。其二，对是否失败要作辩证分析，毛泽东对整个长征的评价可以作为评价湘江战役的参考。他说，差不多一年半以来，中国的三支主力红军都在作阵地大转移。这三支红军，都放弃了原有阵地，转移到新地区去。

"这个大转移,使得旧区域变为游击区。在转移中,红军本身又有很大的削弱。如果我们拿着整个局面中的这一方面来看,敌人是得到了暂时的部分的胜利,我们是遭遇了暂时的部分的失败。这种说法对不对呢?我以为是对的,因为这是事实。但是有人说(例如张国焘):中央红军失败了。这话对不对呢?不对。因为这不是事实。马克思主义者看问题,不但要看到部分,而且要看到全体。""我们说,红军在一个方面(保持原有阵地的方面)说来是失败了,在另一个方面(完成长征计划的方面)说来是胜利了。敌人在一个方面(占领我军原有阵地的方面)说来是胜利了,在另一个方面(实现'围剿''追剿'计划的方面)说来是失败了。这样说才是恰当的,因为我们完成了长征。"①

参照毛泽东的这个逻辑,对湘江战役是否可以这样说,湘江战役的结果表明:其一,从博古、李德选择西进湘江路线的战略决策来讲,使红军蒙受伤亡过半的惨重损失,"我们是遭遇了暂时的部分的失败"。但这不是说红军广大指战员打了败仗,而是证明了错误路线的破产。其二,就蒋介石而言,他奢望将中央红军围歼在湘江两岸,但这个计划没能实现。从蒋介石的奢望落空了这一方面说,是其消灭红军战略计划的失败。其三,就红军广大指战员方面言,尽管付出了巨大牺牲,但湘江战役的领导指挥,包括三个主要战场的战术指挥,却是出色的。因而,突破了蒋介石处心积虑设置的第四道封锁线,粉碎了他欲将红军置于死地的罪恶企图。就此而言,红军"是胜利了"。对湘江战役作具体分析,辩证地看问题,我们必能作出科学的评价。

第五,惨烈的湘江血战为确立毛泽东在党中央和红军的领导地位提供了历史契机。湘江血战的空前惨烈,唤起了红军广大指战员的空前觉悟。过去对博古、李德的错误路线提出异议者只是毛泽东等少数领导干部,广大指战员并不清楚上层的路线争论。第五次反"围剿"战争失利以来,特别是湘江血战遭受惨重损失后,广大红军指战员开始觉悟了,对博古、李德的错误领导非常不满,

---

① 《毛泽东选集》第一卷,人民出版社1991年版,第149页。

对毛泽东领导反"围剿"战争不断取得的胜利更加想念。刘伯承回忆道,广大干部眼看反五次"围剿"以来,迭次失利,与反四次"围剿"以前的情况对比之下,"逐渐觉悟到这是排斥了以毛泽东同志为代表的正确路线,贯彻执行了错误的路线所致,部队中明显地增长了怀疑不满和积极要求改变领导的情绪。这种情绪,随着我军的失利,日益显著,湘江战役,达到了顶点。"①

历史的辩证法就是这样:祸兮福所倚。空前惨烈的湘江血战为遵义会议实现党的历史上第一次伟大转折提供了契机,为确立毛泽东在党中央和红军的领导地位奠定了最重要的实践基础和干部思想基础。

2. 关于张国焘另立中央分裂党的罪恶活动。这主要是"九九电报"(即"密电")和分裂党的两个会议。

——关于"密电",主要是两个问题:一是有没有1935年9月9日的"密电";二是"密电"的内容究竟是什么。我认为:其一,应当承认有"密电"。1937年3月,毛泽东在延安召开的中央政治局扩大会议上批判张国焘的错误时讲过此事。第一个看到"密电"的叶剑英多次说过此事具体情况。张国焘错误的要害是另立中央,在延安批判他时没有必要杜撰此事加害于他。否认此事者,主要以在中央档案馆没有找到这个电报为由。其实,这是个技术性问题。那个年代战事频繁,电报丢失不是没有可能。再则,若要讲保存电报,首先应查收电人和发报机关。该电报不是发给党中央和毛泽东的,而是发给陈昌浩的。查寻此电报下落,首先要问陈昌浩。若他没有交给党中央,在党中央文电档案里找不到没有什么奇怪。因此,否认有此电报的论据很难成立。还有,不妨设问,如果没有此电报,怎么解释毛泽东率军突然在半夜出走巴西和在俄界召开会议通过关于批评张国焘错误的决议。这是一个很大的军事政治行动,没有此电,解释不了。其二,关键是"密电"内容。现以1937年3月毛泽东在延安批判张国焘会议上讲的为准,即"南下,彻底开展党内斗争"。这是会议记录。最

---

① 《遵义会议文献》,人民出版社1985年版,第128页。

初讲的"武力解决",已查明源于1937年2月27日凯丰发表的《党中央与国焘路线的分歧在哪里》一文。他写道,"因为国焘自己对党与红军的关系,都是这样糊涂,所以他下面的干部不能不叫出'武力解决中央'的话来"。这就是说,"武力解决中央",出自张国焘部属之口,而非张国焘9月9日发出的电报。"武力解决"说,是"他冠张戴"了。第三,对"密电"不宜"炒作"。杨尚昆说,凡军用电报都是以专用密码拍发的,"密电"的密级没有特别之处。"密电"说法,若不作正确理解,会产生误导。因此,以后讲此事最好改用"九九电报"表述,以淡化其"猎奇"感。

张国焘主要有两大错误。一是另立中央,搞分裂主义。一是坚持"南下"路线,使红四方面军遭受许多挫折,影响北上进军。他的"南下"路线是其分裂主义的一个步骤。张国焘的要害是另立中央分裂党,不应舍本逐末,弱化他的主要问题。

——张国焘最严重的问题是另立中央分裂党。他召开了两个会议,即阿坝会议和卓木碉会议来进行这个罪恶活动。1935年9月中旬,在中共中央率右路军的红一军和红三军离开阿西北上向甘南俄界前进之后,徐向前、陈昌浩奉张国焘命令,率右路军的四军、三十军及红军大学部分人员,再度穿越草地南下。但是,还没等徐向前、陈昌浩率军到达阿坝,先期抵达这里的张国焘就在中共中央俄界政治局扩大会议的第二天(1935年9月13日),召开了公然反对中央分裂党的"阿坝会议"。会场外挂有写着"反对毛、张、周、博北上逃跑"字样的大横标。张国焘发表讲话,攻击中央的北上方针是"逃跑主义",只有"南下"才是唯一正确的路线。他说,北上是行不通的,还是要南下,相机向四川内地发展。声称,要对经过斗争和教育仍不转变的分子给予"纪律制裁",并对不赞成他的分裂活动的朱德展开围攻。接着,于1935年10月5日即中共中央率陕甘支队红军翻越六盘山之际,又在卓木碉(今马尔康市的脚木足乡)召开会议,明目张胆地亮出了成立第二中央的底牌。这时,从草地折回的陈昌浩、徐向前所率部队已与张国焘所率左路军会合。这个会议名叫"党的活动分子会议",出席会议的有军以上高级干部四五十人。张国焘自导自演,在讲话中继续攻击党中央是右倾逃跑主义路线,是分裂红军的罪魁祸首。他说,中央已"威信扫地","失去领导全党的资格"。应该仿效列宁与第二国际决裂的办法,组成新的"临时中央"。张国焘要与会者一一表态。朱德说,大敌当前,要讲团结嘛!天下红军是一家。中国工农红军在党中央统一领导下,是个整体。大家都知道,我们这个"朱毛"在一起好多年,要我这个"朱"去反"毛",我可做不到呀!不论发生多大的事,都是红军内部的问题,大家要冷静,要找出解决办法来,可不能叫蒋介石看我们的热闹!张国焘又让刘伯承表态,刘伯承说,要讲团结,不要搞分裂。张国焘见朱德、刘伯承都不支持他,就宣布了所谓《关于成立第二中央的组织决议》和由他本人自任"主席"的"中国共产党临时中央委员会"等组织机构名单。还宣布开除毛泽东、周恩来、张闻天、博古的党籍。这样,张国焘的反党行为,发展到了登峰造极的地步。

张国焘反对中央分裂党的阿坝会议和卓木碉会议,是中共党史、军史上的严重事件。此前,党内发生的分裂党的事件,还只是用"笔杆子"发表声明,"口诛笔伐"而已。张国焘反对中央分裂党的严重性在于,他掌握了"枪杆子",甚至有比中央还强大的武装力量,如果处理不好,会导致自相残杀的内乱。在以毛泽东为代表的中央正确方针的指引下,在共产国际代表张浩的努力疏导下,在朱德、刘伯承等原红一方面军干部的坚持斗争下,在徐向前等红四方面军干部的不懈规劝下,特别是在张国焘的南下路线不断遭到碰壁和失败的教育下,还有红二、红六军团即将前来会师的紧迫形势下,1936 年 6 月 6 日,张国焘在甘孜炉霍县不得不宣布"取消中央的名义"。至此,9 个多月分裂党、分裂红军的闹剧终于收场。

在党内,像张国焘这样拥兵自重,公然扯起第二中央旗号、另立中央委员会和中央政治局,自封为"中央主席"者,还没有第二例。这虽然已成为历史,但从党的十八大以来所查处的问题来看，这种野心家、阴谋家在党内并没有绝迹。重温这段历史，应引以为鉴、警钟长鸣。

3. 关于西路军与红军长征。2019年8月20日，习近平总书记专程到甘肃省张掖市高台县，瞻仰中国工农红军西路军纪念碑和阵亡烈士公墓，参观中国工农红军西路军纪念馆，向革命先烈敬献花篮，对西路军的历史功绩和革命精神作了充分肯定和高度评价。这为西路军"正名"、高度评价西路军的历史，起到了不可替代的重要作用。对西路军的认识，我以为应明确，有的是再明确，至少有这样几点。

第一，坚定不移地明确西路军绝不是张国焘路线的产物。将西路军说成张国焘路线的产物，是相当长时期内占主导地位的观点。1991年出版的《毛泽东选集》通过修改相关注文，纠正了过去的错误看法。随后，经过中共中央审定出版的《中国共产党历史》上卷和修订后的一卷本，对西路军历史作了新的评价，实际上给予了平反。但一部分人还坚持旧说，对此不予理会。习近平总书记对西路军的隆重祭奠和发表的讲话，无疑是中央的直接表态，而绝不应当只看作个人行为。这具有重大政治意义。据甘肃党史研究部门说，这是中华人民共和国成立70年来，由中央传媒公开报道的第一位党和国家主要领导人跋涉千里来奠祭西路军的。

第二，理直气壮地肯定西路军是红军长征的组成部分，是长征全史的尾声。我是研究党史的，主张"走走党史"。2013年10月，我专门沿着西路军的足迹对他们血战河西的历史作了比较具体深入的考察，从而在宏观上构建起了比较完整的红军长征和西路军血征的历史图谱。

根据实际考察，我认为红军长征可分为两个层面来认识。一是红军主体的长征。这在前面已经讲过了。二是作为全过程的红军长征。它包括长征序曲、上述红军主体的长征，还有长征尾声。这就是将"3 + 1"的长征向前往后延伸。向前延伸，应是1934年7月红七军团和红十军团作为北上抗日先遣队转战闽浙皖赣地区，以调动和牵制敌军，为中央红军长征作战略准备。随后，红六军团离开湘赣苏区，前往湘西与贺龙领导的红二军团会合（这是中央红军最早设想的战略转移的目的地），为中央主力红军长征进行探路。这两支先于中央红军的长征，是长征的序曲。往后延伸，就是西路军血战河西走廊的远征。

为什么将西路军血战河西看作长征的延伸呢？这是因为：其一，组建西路军是在1936年10月10日红四方面军与红一方面军在甘肃会宁会师后中央决定进行"宁夏战役计划"时提出的。这个计划不仅要夺取宁夏，巩固和扩大苏区，更重要的是打算从宁夏—内蒙古方向打通国际路线，获得苏联给予的700吨军援物资。但在1936年11月初，共产国际又电告中共中央，军援物资改经霍尔果斯口岸从新疆方向运送，让红军到哈密去取1600吨军火。这时，红四方面军总部和第三十军、第九军、第五军已渡过了黄河，由于甘肃靖远虎豹渡口被胡宗南部队占领，还有两个军未能过河。宁夏战役计划取消。在征求已过河的红四方面军总部同意远征河西去取军火后，才将河西部队改称中国工农红军西路军。显然，西路军挺进河西肩负着继续执行长征会师时中央给予的新的任务。这是将西路军血战河西视为红军长征的延伸的主要原因。其二，组建为西路军的两万多名将士（21800人）都是参加过红军长征的，他们一直认为挺进河西是在继续执行中央任务。组建为西路军的，既有原红四方面军的将士，还有原中央红军的将士。他们都多次翻越雪山和走过草地，经历的艰难困苦一点不比其他红军少。因此，从西路军远征河西的人员构成来看，它无疑是红军长征历史的继续。

习近平总书记参观中国工农红军西路军纪念馆时，非常动情地说，我心里一直牵挂西路军历史和牺牲的战士，太悲壮了！为有牺牲多壮志，这个是永载史册的。这里，习近平总书记虽然没有明确指出西路军是长征的延伸，但是，他给予的高度评价，无疑将这层意思含在其中了。我们应当理直气壮地将西路军血战河西作为红军长征的延伸，看作红军长征的组成部分。这样，红军长征的全过程才画上句号。

这里要说明的是,将西路军血战河西视为红军长征的尾声,与将红军三大主力在1936年10月会师作为红军长征胜利结束的纪念日是否矛盾呢?并不矛盾。因为以何时作为会师纪念日,那是标志性的;如同中国共产党的生日,我们以"七一"作为纪念日,但是成立中国共产党开会的时间并不在1921年7月1日那一天。同样,我们现在将长征的历史起点定在1934年10月,但红七军团和红六军团作为红军长征的序曲则在1934年7月就已经开始了。依据此理,将1936年10月会师作为红军长征胜利结束的标志,并不是说红军长征到此就完全结束了。我们如果将上述红军主体长征看作长征大剧的"主戏",西路军视为红军长征的尾声,那么,整个红军长征有序曲、有主戏、有尾声,这个震天撼地的大剧才算在历史上谢幕了。

第三,充分宣传西路军血战河西的历史功绩是"不可替代""不可磨灭"的。这"两个不可",是习近平总书记对西路军历史功绩的评价。

习近平总书记为什么对西路军作这么高的评价呢?根据我的研究,西路军的结局尽管很惨烈,但至少有这样五大功绩:一是消灭了"马家军"25000余人。"马家军"参加作战的有9个旅3万余人,还有民团9万余人,其主力是强悍的骑兵。能消灭这样多的强敌,对异常顽固的反动势力是沉重打击。二是牵制国民党中央军,策应了河东红军作战。河东红军正在准备山城堡战役,挺进河西的西路军,吸引了蒋军胡宗南等部约10万人扼守黄河岸边,减少了胡宗南等部对山城堡战役的兵力投入,从而使河东红军在山城堡得以歼灭胡宗南一部,取得土地革命战争最后一役的胜利。三是策应了西安事变的和平解决。西安事变爆发后,国内政局骤然紧张,南京政府准备攻打西安。为策应中央对西安事变的处置,西路军先是听令暂不西进,后又听令东返。这对西路军后来的命运会产生影响。但从另一方面来看,西路军服从中央统筹全局的战略调动,对和平解决西安事变起了积极配合作用。四是第一次在河西走廊建立了中国共产党的地方组织和县乡苏维埃政权。这些党组织和苏维埃政权在发动、宣传和组织群众方面做了不少工作，扩大了共产党和红军的影响。它们作为西路军撒下的革命种子，为党和人民军队在西北的发展发挥了重要作用。五是保存和培养了部分军事骨干。经过党的营救，西路军失散和被俘将士百折不挠的奋斗，有5000多人回到革命队伍，成为党和人民军队的骨干。特别是到达新疆的400多名将士，经过培训，初步掌握无线电通信、炮兵等技术，为我军技术兵种的建立打下了基础。这些历史功绩无疑是"不可替代""不可磨灭"的。

第四，西路军血战河西的革命精神就是长征精神。习近平总书记既充分肯定西路军的历史功绩，也高度评价西路军的革命精神。他指出，新中国是无数革命先烈用鲜血和生命铸就的。要深刻认识红色政权来之不易，新中国来之不易，中国特色社会主义来之不易。西路军不畏艰险，浴血奋战的英雄主义气概，为党为人民英勇献身的精神，同长征精神一脉相承，是中国共产党人红色基因和中华民族宝贵精神财富的重要组成部分。我们要讲好党的故事，讲好红军的故事，讲好西路军的故事，把红色基因传承好！前面说了，从红军长征全过程来看，西路军血战河西是红军长征的组成部分。既然如此，西路军的革命精神无疑就包括在长征精神之中。两者合为一体，既是逻辑使然，也是历史必然。习近平总书记对西路军革命精神的高度评价，丰富了长征精神的内涵。

三 怎样体悟豪情万丈的红军长征精神及其当代价值

2016年7月18日，习近平总书记在宁夏西吉将台堡考察三军会师纪念馆时指出，我们党领导的红军长征，谱写了豪情万丈的英雄史诗。

1935年10月，中央红军长征到陕北后，毛泽东曾四论长征，强调长征的意义说，长征是历史纪录上的第一次，长征是宣言书，长征是宣传队，长征是播种机。自从盘古开天地，三皇五帝到于今，历史上曾经有过我们这样的长征吗？十二个月光阴中间，天上每日几十架飞机侦察轰炸，地下几十万大军围追堵截，路上遇着了说不尽的艰难险阻，长征是以我们胜利、敌人失败的结果而告结束。我们红军经过严峻锻炼与考验，不仅要以一当十，而且要以一当百、当千，完成中国革命的伟大使命，开创中国革命新局面。

党的十一届三中全会以来，中央领导人将建设中国特色社会主义伟大事业比喻为新时代的新长征，对长征精神作了概括。习近平总书记在纪念红军长征胜利 80 周年大会上的讲话中，首先对长征的伟大意义与时俱进地作了新的发挥。他说，长征在我们党、国家、军队发展史上具有十分伟大的意义，对中华民族历史进程具有十分深远的影响。他着重讲了长征四个伟大的远征意义：长征是一次理想信念的伟大远征；长征是一次检验真理的伟大远征；长征是一次唤醒民众的伟大远征；长征是一次开创新局的伟大远征。

对于长征精神，习近平总书记仍然强调了江泽民、胡锦涛在纪念红军长征胜利 60 周年大会和 70 周年大会上讲过的五点：长征精神，就是把全国人民和中华民族的根本利益看得高于一切，坚定革命的理想和信念，坚信正义事业必然胜利的精神；长征精神，就是为了救国救民，不怕任何艰难险阻，不惜付出一切牺牲的精神；长征精神，就是坚持独立自主，实事求是，一切从实际出发的精神；长征精神，就是顾全大局、严守纪律、紧密团结的精神；长征精神，就是紧紧依靠人民群众，同人民群众生死相依、患难与共、艰苦奋斗的精神。

上述长征精神的五大内涵很丰富。这里，根据我走长征路的体验和采访一些老红军的认识作一点解读。

（一）对革命的无限忠诚和对党的坚定信念，是红军长征精神的根本要义

红军长征首先是革命与反革命两种力量、光明与黑暗两种命运的大搏斗。在这场惊心动魄的搏击中，共产党内部的指导思想也有尖锐斗争；同时，极端恶劣的自然环境，使红军一再面临能否克服艰难险阻、经受饥寒伤病折磨的严

重考验。红军长征,既要同围追堵截的几十万国民党军浴血奋战,又要与党内的错误思想展开斗争,还要克服无数道大川高山天然屏障的阻隔困厄,特别是爬雪山过草地极端恶劣的自然环境造成的那种世所罕见的艰难困苦。广大红军将士靠什么来战胜敌人、克服险阻、度过艰难?首要的一条就是对革命事业的无比忠诚和对党能够领导革命胜利的坚定信念。这是战胜敌人、克服险阻、度过艰难的原动力,是派生长征精神其他要义的初始源泉。中国革命能取得胜利,从思想意识层面上讲,理想信念起了决定性作用,因为它是一切精神动力之源。红五军军长董振堂奉命率2000多人孤守高台,无电台与总部联系,最后几乎全部战死。在敌军冲上城楼后,他还高喊:共产党员们,干部们,敌人上来了,为了民族和人民的解放,我们要血战到底!他本人壮烈牺牲后被敌人砍下头颅悬挂城门示众。红九军军长孙玉清在古浪之战后被免职,董振堂牺牲后接任红五军军长,西路军分散游击后在酒泉南山被俘。他被押往西宁,但仍鼓励被俘将士勇敢斗争,拒绝投降后被杀害。坚定的理想信念让他们视死如归。

(二)不怕任何艰难险阻,不惜付出一切牺牲,是红军长征伟大精神状态的集中体现

这是红军在长期革命斗争中基于理想、信念所铸成的革命英雄主义气概和英勇顽强的战斗作风。有了这种精神状态,在正确思想路线的指导下,长征就能取得胜利。没有这种精神状态,长征不可能取得胜利。各路红军都遭受国民党军队的围追堵截,与数倍于己的敌人进行过生死决战,尽管有巨大牺牲,但最后都摆脱了敌人的围堵。红一、红二、红四方面军都过了雪山草地,特别是红四方面军和编入其序列的原红一方面军部分指战员,有的是三次过雪山草地,每次都有不少同志长眠在那里,但幸存者都胜利地到了陕北。我问过一些老红军:你们在与敌人作战时,在过雪山草地时,想没有想过生死问题?他们回答说:在那种特殊环境下,早已将生死置之度外。我们参加红军,最初是为了找

条活路，以后受教育才懂得革命道理。我们现在吃苦，是为了子孙后代不再吃苦。我们牺牲了，是为了解放天下穷苦人，这种牺牲值得。因此，打仗个个奋勇争先，不怕死。毛泽东讲的"一不怕苦，二不怕死"，实际上当时就是这么做的。长征就是"一不怕苦，二不怕死"的革命进行曲。红军指战员有了这种精神状态，在党中央的正确领导下，就能无往而不胜。

（三）实事求是的思想路线和机动灵活的战略战术，是红军长征精神得以发挥的正确指南

对革命的忠诚和对党的坚信，不怕艰难困苦和流血牺牲的这种精神，是红军将士作为革命军人的基本素质。仅有这种精神，并不能使革命取得胜利。在错误路线指导下，红军将士并不知道其错误，也能发挥这种精神，并能谱写出惊天撼地的英雄史诗，但其结局是异常惨烈的。只有在正确的路线和战略战术的指导下，上述那种精神才能结出灿烂之果，引导革命取得胜利。因此，这是红军长征精神的题中应有之义。红军长征能够胜利会师陕北，找到开辟新局面的落脚点，要归功于遵义会议确立的毛泽东在党中央和红军的实际核心领导地位，从而红军长征才有了一套正确的思想路线、军事路线和战略战术，使红军最终摆脱几十万国民党军的前堵后追，变被动为主动，指战员的战斗力能得到充分发挥，仗打得虎虎有生气，取得一个又一个的胜利。

（四）顾全大局、严守纪律、紧密团结、互助友爱的高尚品德，是红军长征精神转化成凝聚力、战斗力的一个重要条件

红军是中国共产党领导的革命军队。这支军队与其他军队的一个重要区别，就在于它有严格的组织纪律性，能够顾全大局，服从整体利益，紧密团结，互助友爱，因而它具有其他军队所没有的巨大的凝聚力和战斗力。我在四川绵阳访问一位老红军，当年是搞宣传的红小鬼。他讲述了亲眼见到的一个同志过草

地被战友相救而战友牺牲的情况。他说，那个草地尽是水草，深一脚浅一脚地分不清哪里能走、哪里不能走。大家忙着赶路，一个同志不小心，陷进泥潭里了。我们那时不知道，掉进去后，不能往上挣扎，只要斜躺着蹬草茆，往浅处翻滚移动，就能脱离危险。那个同志拼命往上挣扎，结果越陷越深。这时，另一队不相识的年纪大一点的同志走到这里，见此情况，毅然地踏进泥潭将那个同志拉上来了，而那位老红军却栽倒在泥潭里，呛了有毒的草水，再也没有抢救过来。老红军对我们说，过雪山草地那么困难，在困难面前，在生死面前，我们红军战士想到的先是别人，而不是自己。这种同志情、阶级爱，是我们红军战胜困难的巨大精神力量。这位老红军的话，是对红军无私无我的阶级友爱精神的原真性解读。

（五）紧紧依靠人民群众，获得人民群众的支援与帮助，是红军长征精神得以形成的不可或缺的基础

红军是人民的军队，红军脱离了人民就无法生存。红军进行长征也是如此。没有粮食，没有必要的物质条件，任何精神力量都难以发挥。我考察雪山草地时，了解到红军经过阿坝藏族羌族自治州时向藏、羌等少数民族群众借粮的情况。阿坝辖域面积不足6万平方公里，人口仅20余万，人均年有粮不足600斤、有畜不到两头。从1935年4月至1936年8月，先是红四方面军接应中央红军到此开辟新苏区，接着是三个方面红军长征先后过境和留驻这里，总共16个月。阿坝地区藏、羌、回、汉各族人民，将支援供给前后在此的10万红军的粮食物资当作重要使命。红军纪律严明，所筹之粮，或打借条，或付银洋。阿坝人民总共为红军筹集粮食2000万—3000万斤，大小牲畜20万头，土盐5000余斤，还有大量干牛肉、猪膘、食油和蔬菜等。当时军民同吃草根、树皮，共同度过艰难岁月。阿坝各族人民为红军提供的巨量粮食和食用物资，是保证红军征服雪山草地等艰难险阻的基本物质基础。

豪情万丈的红军长征精神，不仅具有重要历史意义，而且具有极其重大的当代价值。习近平总书记2016年7月18日在宁夏西吉将台堡考察时讲完前面引述过的那段讲话之后，他还指出，伟大的长征精神是中国共产党人革命风范的生动反映，我们要不断结合新的实际传承好、弘扬好。推进中国特色社会主义事业的新长征要持续接力、长期进行，我们每代人都要走好自己的长征路。同年9月23日，他参观纪念红军长征胜利80周年主题展览时还说，现在，时代变了，条件变了，我们共产党人为之奋斗的理想和事业没有变。我们要铭记红军丰功伟绩，弘扬伟大长征精神，继续在实现"两个一百年"奋斗目标、实现中华民族伟大复兴中国梦的新长征路上万众一心、顽强拼搏、奋勇前进。同年10月21日，习近平总书记在纪念红军长征胜利80周年大会上发表的重要讲话中进一步强调，长征永远在路上。不论我们的事业发展到哪一步，不论我们取得了多大成就，我们都要大力弘扬伟大长征精神，在新的长征路上继续奋勇前进。2019年5月20日，习近平总书记在江西省于都县又讲了开头引述的那段话，并且在与大家告别时，还深情地勉励大家道："现在是新的长征，我们要重新再出发！"这说明以习近平同志为核心的党中央非常重视弘扬长征精神，号召全党为实现"两个一百年"奋斗目标和中华民族复兴的中国梦继续奋斗！

根据习近平总书记对红军长征的历次讲话，红军长征精神的当代价值，我以为应当强调这样几点。

第一，应不断坚持实事求是的思想路线，大力推进马克思主义中国化的新境界，为持续接力实现中国梦提供正确指南。红军长征能取得伟大胜利，从指导思想上言，就是坚持了马克思主义实事求是思想路线。党和国家的历史发展证明，坚持实事求是思想路线，革命、建设和改革事业就取得成功；背离这条思想路线，就会遭受挫折。坚持和发展中国特色社会主义，实现中华民族伟大复兴的中国梦，是一项极其艰巨复杂的伟大工程，要有效应对前进道路上可以预见和难以预见的各种困难与风险，迫切需要把握好不断变化的客观实际，从理论上作出新的科学回答，开辟马克思主义中国化新境界，以与时俱进的新的理论指导新的实践。弘扬长征精神，始终不渝地坚持实事求是思想路线，具有重要意义。

第二，应大力弘扬革命理想高于天的崇高精神，使建设中国特色社会主义始终具有强大精神支柱。过去靠坚定理想信念取得革命胜利，现在建设中国特色社会主义同样需要坚定理想信念。当下，我国面临近些年来少有的各种风险和挑战，更加需要强调理想、信仰、信念。2019年5月20日，习近平总书记在江西省于都县参观中央红军长征出发纪念馆时再次强调，理想信念之火一经点燃，就永远不会熄灭。在中央苏区和长征途中，党和红军就是依靠坚定的理想信念和坚强的革命意志，一次次绝境重生，愈挫愈勇，最后取得了胜利，创造了难以置信的奇迹。长征精神和长征故事，是坚定理想、信仰、信念的强力"钙片"。我们应当长期进行宣传和教育，使之成为理想、信仰、信念教育的必修课。

第三，应大力弘扬艰苦奋斗作风，在建设中国特色社会主义征途上战胜任何艰难险阻。坚定理想、信仰、信念，必须落实到作风上。80多年前长征取得胜利是如此，中国革命取得胜利也是如此，建设中国特色社会主义也需要这种作风。实现中华民族伟大复兴的中国梦既然是异常艰巨的任务，就更需要大力弘扬长征精神。在新长征路上，弘扬当年红军不惧任何艰难险阻的艰苦奋斗作风，踏踏实实地苦干，中华民族伟大复兴的奋斗目标就一定能够实现。

第四，应大力弘扬顾全大局、严守纪律、紧密团结的高尚品德，为实现中华民族伟大复兴的中国梦凝聚强大力量。建设中国特色社会主义，实现中华民族伟大复兴的中国梦，是全中国各族人民的共同事业，也是包括全世界华人在内的所有中华儿女的美丽愿景。习近平总书记指出，中国梦是民族的梦，也是每个中国人的梦。只要我们紧密团结，实现梦想的力量就无比强大，一切美好的东西都能够创造出来。大力弘扬长征精神，发扬顾全大局、严守纪律、紧密团结的高尚品德，必将凝聚起中国各族人民的强大力量为实现民族复兴的美丽愿景而持续接力、长期奋斗。

第五，应不断坚持群众路线，紧紧依靠人民群众，夯实党的执政基础，使建设中国特色社会主义、实现中国梦具有坚强的领导力量。长征胜利离不开广大人民群众的支持，党和红军紧紧依靠人民群众，战胜各种艰难险阻，取得了长征伟大胜利。在新的历史时期，党同样需要坚持这条生命线，夯实长期执政立于不败之地的强大根基。纪念红军长征伟大胜利，大力弘扬长征精神，坚持群众路线，紧紧依靠人民群众，夯实党的执政基础，使建设中国特色社会主义拥有坚强的领导力量。这是对长征胜利最好的纪念。牢记这一点，持续努力也就使实现中华民族伟大复兴的中国梦有了根本保证。

红军长征已成历史，但红军长征精神是永存的。红军长征精神是中国共产党人先进性之魂的集中反映，是中华民族精神之魂的最高体现，因而也是我们党取之不竭的宝贵的精神资源。这种精神，无论岁月如何更替，条件如何变化，都要发扬光大。中华民族伟大复兴中国梦的万里长征路必将大放异彩。

第五讲

抗日战争是为中国和世界而战的伟大战争

自世界历史进入20世纪后,资本主义比较发达的国家演变为帝国主义列强,不断寻求对外扩张,掠夺他国资源。为强占殖民地,重新瓜分世界,帝国主义列强之间先后发动两次世界大战。在第一次世界大战中,中国属于战胜国一方,不但没有收回德国在山东攫取的各种权益,反而被日本侵略者夺去。不仅如此,日本政府还强迫北洋军阀政府接受灭亡中国的"二十一条"。这对中国来说是奇耻大辱。10多年后,日本帝国主义随着经济的迅速发展,对外扩张的野心更加膨胀。它的直接目标首先是吞并中国,实现甲午战争的未竟之业。为此,日本先是蓄意制造九一八事变,强占我国东北地区和不断蚕食华北诸省。随后又在1937年7月7日悍然挑起卢沟桥事变,发动全面侵华战争。与此相呼应,德国、意大利法西斯在欧洲燃起战争大火,第二次世界大战陆续展开,中国的抗日战争便成为世界反法西斯战争在东方的主战场。中国抗战不仅是为中国而战,也是为世界而战。

一　如何认识中国国民党领导的中央政府为抗战时期的国家代表

　　由于历史原因，自1927年大革命推翻北洋军阀的统治以后，中国国民党就基本上领导着中国这个国家。当然，它代表大地主大资产阶级的利益，实行反动专制统治，残酷屠杀革命人民，中国共产党人和进步人士是不承认这个政府的。为此，中国共产党领导人民进行了长达10年之久的革命战争。全民族抗战爆发后，中国共产党捐弃前嫌，以民族大义为重，主动提出建立以国共合作为基础的抗日民族统一战线；只要不继续进行反共内战，中国共产党愿意承认国民党领导的中央政府。

　　过去讲国民党在抗战时期的作用，主要讲正面战场的作战，基本没有一个总体的全面评价。我以为，现在也应当有一个明确的说法了。大家知道，1937年9月22日，国民党中央通讯社发表《中共中央为公布国共合作宣言》。9月23日，蒋介石本人发表谈话，实际上承认了中国共产党的合法地位。这样，国民党领导的中央政府正式地为中国共产党所承认，这个政府也就成为抗战时期的国家代表。说这个政府是国家代表，与它的反动或者进步是两个范畴的问题。不能说它进步，我就承认；不进步，就不承认。在国内革命战争时期，国共两党对立，国民党政府宣布共产党为非法，残酷镇压，我们不承认，这没话说。但是，全民族抗战爆发后，我们发表声明，讲了合作抗日共同对敌的条件，人家答应了，我们也承认了人家。陕甘宁政府的名称改了，红军的帽徽摘了。从这时起，只要我们没有与人家完全破裂，宣布人家为非法政府，它就是国家代表。这应当是常识性问题。

　　国民党在抗战时期，尽管1939年后推行"溶共""防共""限共""反共"政策，不断挑起局部冲突，并与日本政府进行谋求妥协、投降的秘密谈判，而且越来越专制、腐败，但由于中国共产党和全国人民的强烈反对，国民党领导的中央政府在总体上坚持了抗战到底。国民党在抗战时期的积极表现，可以归结为这样四个方面。

（一）国民党军队主导的正面战场进行了一些有重要影响的大会战

全民族抗战爆发后，日本侵略军先是大举进攻华北、华东，后来又猖狂进攻华中、华南。国民党军队主导的正面战场在战略防御阶段进行了四大战役。一是淞沪会战，国民党集中70万兵力，顽强阻击日本侵略者。上海苏州河四行仓库谢晋元等800名壮士孤军奋战四昼夜，杀敌数以百计。这次会战历时3个月，歼敌4万余人，粉碎了日本侵略者3个月灭亡中国的狂言。二是忻口战役。1937年10月中旬，日军向忻口主阵地发起猛烈攻击，国民党守军顽强抵抗，军长、师长、旅长等在前线督战牺牲。三是台儿庄战役。1938年三四月间，国民党军将士在台儿庄地区对孤军深入的日军和前来增援的日军，进行英勇顽强的阻击和外线迂回包围，歼敌1万余人。这是抗战以来国民党正面战场首次最重大的胜利。四是武汉会战。1938年6月到10月，日军从东线向武汉进攻，继而从北面和南面实行包围，战场延及皖、赣、豫、鄂、湘5省，是抗战以来规模最大的战役。此次会战是中国抗日战争由战略防御进入战略相持阶段的转折点。

在战争进入相持阶段后，国民党当局虽然表现出对日妥协、进行秘密谈判和"溶共""防共""限共"乃至"反共"的两面性，但也继续进行了一些重要战役，如南昌战役、随（县）枣（阳）战役、第一次长沙战役、桂南战役、绥西战役、中条山战役等，给予日军相当大的打击。特别是在1940年5月开始的枣（阳）宜（昌）会战中，国民党第33集团军总司令张自忠将军在与日军的激战中率部冲杀，壮烈殉国。这是抗日战争中国民党军牺牲的最高将领。此后的第三次长沙战役和长（沙）衡（阳）会战，分别毙伤日军5.69万人和6万余人，是抗日战争中歼敌最多的两次战役。

（二）国民党军队直接参加了盟军在南亚的战争

1941年6月22日，德国法西斯突然对苏联发动大规模进攻，苏德战争爆发。12月8日，日本海军偷袭珍珠港，太平洋战争爆发。中国政府于次日正式对日本宣战，同时对德、意宣战，成为第二次世界大战世界反法西斯联盟的一方。苏德战争和太平洋战争爆发后，东西方反法西斯战场连成一片，中国成为世界反法西斯战争的东方主战场，蒋介石为中国战区最高司令。国民党军先后组成两批中国远征军赴缅作战。1942年2月，国民党军以3个军10万人的精锐组成第一批中国远征军，以保卫美英援华的国际交通要道滇缅公路和支援英军进入缅甸。4月中旬，取得仁安羌大捷，救出包括英缅军总司令亚历山大在内的被围英军7000余人和被俘人员500余人。5月，在东瓜地区作战的第5军第200师师长戴安澜率部与敌血战10余天，歼敌5000余人，他本人身负重伤殉国。此后，远征军一部赴印度整训，成为中国驻印军。1943年春，中国驻印军修筑中印公路，为缅北反攻作战进行准备。1944年5月，国民党军又以6个军10万人的兵力组成第二批中国远征军，进行滇西反攻作战。8月，中国驻印军占领缅北重镇密支那；在滇西作战的远征军，经过高黎贡山渡过怒江作战，到11月陆续攻克腾冲、龙陵、松山等日军重要据点。次年1月，打通中印公路，远征军与驻印军在畹町会师。至此，中国远征军和中国驻印军胜利完成缅北、滇西作战任务。这两支部队从1943年10月至1945年3月，历时17个月，解放缅甸国土13万平方公里，毙伤日军4.8万余人，是中国军队为世界反法西斯战争作出的重大贡献。

（三）国民党中央政府主导的外交争取到世界反法西斯战线的积极支持和援助

国民党政府最初寄希望于英美等国制裁日本，调停中日战争，但英美法等国采取绥靖主义立场。1937年8月，中苏两国签订互不侵犯条约，中国不仅得到了苏联政治上的支持，而且得到了大量军事和技术援助。特别是苏联派遣航空志愿队来华直接参加对日作战，包括轰炸机大队长库里申科和战斗机大队长拉赫曼诺夫在内的200多名飞行员，为中国人民的民族解放事业献出了宝贵生命。在日本南下将侵略矛头直指美英在太平洋的属地后，美英加大了对中国的经济和军事援助，批准美国志愿援华航空队（飞虎队）帮助中国与日本空军作战。太平洋战争爆发后，中美全面合作，成为坚定盟友。1942年10月，美英政府同时表示，废除在华治外法权，使中国至少在法理上获得了平等地位。随后，宋美龄代表蒋介石国民政府赴美访问七个月，对增进美国人民对中国抗战的了解，促进美国人民对中国抗战慷慨捐款，推动美国政府加强援华起了积极作用。

（四）国民政府代表中国赢得了大国地位

太平洋战争爆发后，1942年元旦，反德、意、日法西斯的26个国家在华盛顿举行会议，发表《联合国家宣言》，声明一致对抗德、意、日，决不与敌国单独媾和。中国外交部长出席会议，在签字国的顺序上，中国排在美、英、苏之后的第四位，成为《联合国家宣言》的四大领衔签字国之一。1943年11月下旬，中、美、英三国政府首脑举行开罗会议，蒋介石出席。会议商讨联合对日作战问题和日本战败后的处理问题，发表《开罗宣言》，强调战争的目的在于制止和惩罚日本侵略，剥夺日本自1914年第一次世界大战以来在太平洋所夺得或占领的一切岛屿，将日本窃取的中国领土——东北、台湾和澎湖列岛归还中国，明确确认了中国对台湾的主权地位。1945年4月下旬至6月下旬，根据《雅尔塔协定》，联合国制宪会议在美国旧金山举行，中国政府派出首席代表，中共元老董必武作为解放区代表参加中国代表团出席会议。会议讨论并签署了《联合国宪章》，中国成为联合国安理会五个常任理事国之一。

国民党中央政府的这些积极作用，应充分肯定。我们应以一年又一年地纪念抗战胜利为契机，高瞻远瞩并持之以恒地呼吁中华民族大团结，努力实现中华民族的伟大复兴。

二 为什么说中国共产党是全民族抗战胜利的实际核心

中国抗战有巨大的特殊性。除了国民党领导的中央政府代表国家和主导正面战场作战外，中国共产党领导的人民武装和抗日民主根据地也肩负着抗战历史重任，中国抗战实际上是两个中心。过去常说，中国共产党是抗日战争的"中流砥柱"。这是对中国共产党在抗日战争历史作用的形象性定位。在纪念抗战胜利70周年时，为了使中国共产党在抗日战争中的历史作用有更清晰的概念，我采用了1937年8月洛川会议决定的说法。洛川会议决定指出："共产党员及其所领导的民众和武装力量，应该最积极地站在斗争的最前线，应该使自己成为全国抗战的核心。"[①] 纵观全民族14年抗战历史全局，中国共产党在夺取中国人民抗日战争胜利的历程中践行了这个诺言，成为全民族抗战的实际核心。

（一）中国共产党高举抗日民族统一战线大旗，对凝聚民族精神、实行全民族抗战起了独一无二的指导作用

中华民族有爱国主义的历史传统。外敌入侵，国难当头，抗击侵略，救亡图存，成为中国各党派、各民族、各阶级、各阶层、各团体以及海外华侨华人的共同意志。在这种形势下，中国共产党顺应全国人民的愿望，倡导建立以国共合作为基础的抗日民族统一战线，对凝聚爱国主义的民族精神，实行全民族抗战起了本应当由国民党中央政府所起的但没有起的指导作用。这个作用，具体表现为奠定了全民族抗战的"三个基础"。

---

① 《建党以来重要文献选编》第十四册，中央文献出版社2011年版，第47页。

第一，中国共产党倡导的抗日民族统一战线，是实行全民族抗战的政治基础。日本帝国主义入侵中国后，中国共产党多次发表宣言，冀以民族革命战争抗击日本侵略军，并且号召全国人民弘扬爱国主义的民族精神，积极投入伟大的抗日斗争。在1937年七七事变后的次日，中国共产党迅即通电全国，指出只有实行全民族抗战，才是中国的出路，号召全国人民、军队团结起来，筑成民族统一战线的坚固长城，抵抗日本侵略。相比之下，蒋介石领导的国民政府在民族矛盾成为主要矛盾之后，却没有像中国共产党那样迅速地改变政策，号召举国抗击外侮侵略，而是继续奉行"攘外必先安内"方针，派重兵"围剿"中国共产党和工农红军。只是在1936年12月西安事变后，在全国上下强烈要求停止内战、共同抗日的巨大压力下，蒋介石才不得不改变政策，同意合作抗日。这样，历史的发展就让中国共产党高高地举起了抗日民族统一战线大旗，既成为弘扬爱国主义民族精神的实际载体，又为实行全民族抗战奠定了坚实的政治基础。

第二，中国共产党提出的持久战理论是全民族抗战的理论基础。全民族抗战开始后，抗日战争如何发展，中国抗战能否取得胜利，顿时成为全国人民关注的焦点。一段时期内，"亡国论""速胜论"等错误观点颇有市场。1938年5月，毛泽东发表《论持久战》，总结抗战以来的经验，提出持久战理论，阐明了中国共产党关于抗战的战略方针和争取抗战胜利的正确道路。该著作对中日双方的基本国情，包括军事力、经济力、政治组织力和自然资源状况，以及战争的性质和人心的向背等诸多要素作了精辟分析，充分地论证这场中日战争是持久的而不是速决的，最后的胜利属于中国而不是日本的结论，有力地批判了"亡国论"和"速胜论"等错误观点。该著作论述了中国抗战将经历三个发展阶段，强调相持阶段是中国持久抗战到最后胜利的"枢纽"。为了实现持久战这一总的战略方针，还提出了一套具体的作战方针：主动地灵活地有计划地实行防御战中的进攻战，持久战中的速决战，内线作战中的外线作战；在具体战斗中，我可集中优势兵力，由弱者变为强者，由劣势变为优势，取得战役战斗的胜利；积小胜为大胜，将逐渐改变总的敌我形势。这一理论不仅对共产党领导的敌后抗战和抗日根据地战场起了战略指导作用，而且对于国民党正面战场的抗战也有重大影响。时任国民政府军事委员会第五战区代理司令长官白崇禧认为，这是克敌制胜的最高战略方针。经蒋介石同意，由军事委员会通令全国，将持久战理论作为抗战的战略指导思想。

第三，促进民族觉醒、振奋民族精神，是坚持全民族抗战的群众基础。日本帝国主义野蛮侵略、疯狂掠夺、残暴屠杀的过程，经过揭露和宣传，能成为促进民族觉醒、振奋民族精神的过程。中国共产党的全面抗战主张就是要努力激发民族意识，促进民族觉醒，昂扬民族精神，掀起全民族的抗战热潮。还在华北危机加深之际，共产党员作家和作曲家田汉、聂耳就创作了后来成为中华人民共和国国歌的《义勇军进行曲》，立即成为唤起民族觉醒、激励民族精神的时代强音。全面抗战爆发后，各种形式的抗日救亡团体纷纷成立。支援前线，参军参战的热潮蓬勃兴起。连工商界也踊跃认购救国公债，为前线将士捐赠物资。散居世界各地的海外侨胞，热烈地开展抗日救国活动，积极支援祖国抗战。在武汉成为国民党统治区政治中心后，中共中央代表团领导进步文化人士开展抗日救亡宣传工作。1938年"七七献金活动"将广大民众的抗战热情推向了高潮。媒体形容献金的热情说，这捐献的不是钱，是中国人对敌军的仇恨，是对胜利的希望。"中国不会亡，中国一定复兴！"武汉抗战宣传是全国抗战宣传的缩影。当时，只有共产党开展广泛的抗战宣传活动，而国民党不开展。14年抗战，中国共产党始终利用一切宣传形式唤起全国人民的抗战热情，同仇敌忾，对凝聚爱国主义的民族精神起了巨大指导作用，为赢得抗日战争最后胜利奠定了深厚的群众基础。

（二）中国共产党领导的八路军、新四军等人民武装力量开辟敌后战场进行人民战争，对抗击日本侵略者夺取抗战胜利起了举足轻重的中坚作用

中国共产党在抗战路线和军事战略上有三大法宝，对打击日本侵略者起了中坚作用。

第一，中国共产党始终坚持全面抗战路线进行人民战争，是发挥中坚作用的一大法宝。国共合作抗日后，两党的抗战立场一致了，但两党的抗战路线却相反。中国共产党主张全民总动员，广泛发动和武装群众，实行全体人民参加战争、支援战争的全面抗战路线，即人民战争路线。八路军、新四军等人民武装力量，始终坚持这条路线，深入敌后，广泛发动群众，将一切青壮年男女组织到自卫军中。他们同主力部队一起，分别在所属战区参加作战，对国民党军队予以积极配合。或根据实际情况，抓住有利战机，独立自主地进行作战。到抗战中后期，尽管日军占领了大片中国领土，但侵略者及其培植的汉奸政权只能控制一些大中城市和主要交通线附近地区，广大农村始终掌握在以八路军、新四军为主的中国军队手中。正因为如此，在世界反法西斯战争胜利发展的形势下，抗日根据地军民最后承担了对日全面反攻作战的任务。与共产党相反，国民党表现出鲜明的两面性。一方面，有比较积极的抗战表现，打了上述许多著名战役；另一方面，又只实行单纯政府和军队的抗战，反对武装民众，十分害怕人民抗日力量发展壮大。这样，政府始终不实行全面抗战路线。国民党军队虽然打了很多大仗，但有些仗打得不好，军队损失很大；而且到抗战中后期，正面战场还出现大溃败。除了战略部署不当和战争指挥不力等原因外，得不到广大人民群众的充分配合和支持，也是重要原因。

第二，中国共产党将游击战争提到战略地位，始终实行"基本的游击战，但不放松有利条件下的运动战"的军事战略方针，坚持广泛而又持久的游击战争，是发挥中坚作用的另一大法宝。抗战伊始，中共中央坚持从党领导的人民

武装力量的实际战斗力出发,从人民战争路线的要求出发,强调游击战争在抗日战争中的战略地位,认为开展独立自主的游击战争,可以充分发挥人民军队的政治优势和军事优势,"在人类战争史上演出空前伟大的一幕"①。抗战进入相持阶段后,游击战争的作用愈发凸显。毛泽东指出:"不要看轻这'游击战争'四个字,这是我们十八年艰苦奋斗中得来的法宝。"②它是"人民武装队伍为了战胜武装的敌人、创造自己的阵地所必须依靠的因而也是最好的斗争形式"③。在华北地区正面战场的作战基本结束后,八路军实行大幅度分兵,向华北广大敌后区域发展游击战争,在战略上造成对日、伪军重点占领的城市和交通线的反包围态势。从抗战全局看,它构成了与正面战场相呼应,在战略上互相支持、互相策应的、独立的广大的敌后战场。这个敌后战场,不仅配合国民党军队正面战场作战,直接给予日本侵略者以有力打击,而且钳制大量日军,迫使日军将原先用于进攻的兵力转用于防守占领区,从而对停止日军的战略进攻起了重要作用,成为中国抗日战争在转入战略相持阶段后的基本形态。到1943年,解放区军民抗击着侵华日军的64%和伪军的95%。至抗战结束,中国共产党领导的人民抗日武装力量对日作战12.5万次,消灭日、伪军171.4万人,其中日军52.7万人。当然,中国共产党领导的人民军队也付出了很大代价。就牺牲的将领言,前有杨靖宇、赵一曼等烈士,后有左权、彭雪枫等将军。毛泽东说:"不管现在我们的正式军队比起国民党现存的军队来(包括中央系和地方系)在数量上要少得多,但是按其所抗击的日军和伪军的数量及其所担负的战场的广大说来,按其战斗力说来,按其有广大的人民配合作战说来,按其政治质量及其内部统一团结等项情况说来,它已经成了中国抗日战争的主力军。"④

第三,中国共产党领导人民军队开辟敌后根据地作为坚持人民战争的基地,

---

① 《毛泽东选集》第二卷,人民出版社1991年版,第499页。
② 《毛泽东年谱(1893—1949)》(修订本)中册,中央文献出版社2013年版,第132页。
③ 《毛泽东选集》第二卷,人民出版社1991年版,第609页。
④ 《毛泽东选集》第三卷,人民出版社1991年版,第1039页。

是发挥中坚作用的第三大法宝。在山西抗战期间和其后，八路军各师主力分别在华北广大敌后区域发展游击战争的同时，开辟敌后根据地。到1938年底，八路军各部在日伪军占领的广大地区开辟了晋察冀、晋西北和大青山、晋冀豫、晋西南、山东等抗日根据地。华中的新四军在皖南、苏南等地为建立抗日根据地打下了基础。这些根据地的发展，成为广泛开展游击战争、打击日本侵略者的重要依托。太平洋战争爆发后，日军对抗日根据地实行军事"扫荡"为主的毁灭性打击政策，敌后抗日根据地军民承受着空前巨大军事压力，出现严重困难局面。中共中央强调坚持独立自主、自力更生，充分发动群众，依靠根据地广大军民，正确处理各抗日阶级、阶层之间的关系，巩固和扩大抗日民族统一战线，努力战胜困难。经过一年多的艰苦奋斗，从1943年起，各抗日根据地的困难局面先后扭转。1944年，党领导的敌后军民在华北、华中、华南地区，对日、伪军普遍发起局部反攻，部分沦陷区还变成了根据地。在国民党军队正面战场遭遇1944年豫湘桂战役的溃败后，党领导的敌后军民抗战的战略作用更加凸显。各抗日根据地不仅得到完全恢复和巩固，而且还开辟了一些新的解放区。到1945年春，包括原有的抗日民主根据地在内，全国已有18个解放区，总面积近100万平方公里，人口近1亿，人民军队发展到近100万，还有民兵220万。这为对日全面反攻、夺取抗日战争的最后胜利准备了重要条件。

（三）中国共产党根据两国三方关系不断变化的特殊格局，适时调整政策和策略，正确把握民族矛盾与阶级矛盾的关系，对坚持国共合作抗战到底起了具有决定意义的主导作用

中国抗日战争不是孤零零的中日两国双方的战争，而是牵涉到多国关系和多方利益。前已指出，中国抗战实际上存在两个中心，对于这种两国三方关系的特殊格局，只有中国共产党能根据不断变化的国际和国内形势，适时调整政策和策略，正确把握民族矛盾与阶级矛盾的关系，才使国共两党坚持合作抗战

到底，从而对夺取中国抗战胜利起了具有决定意义的主导作用。

第一，深刻分析不断变化的中国抗战形势，正确处理两国三方关系，对引导中国抗战胜利起了领航性主导作用。随着抗战深入展开，中国的抗战形势越来越错综复杂。如果说日本帝国主义是企图吞并中国的疯狂侵略者，那么国民党顽固派则可称为国共两党关系紧张局势的麻烦制造者。处理不好这内外多方关系，中国抗战随时都有中途妥协乃至失败和重新爆发内战的危险。中国共产党表现出相忍为国的民族团结精神和高瞻远瞩的大局意识，使中国抗战不断克服困难乃至危机。在国内方面，国民党军队虽然进行了不少有影响的会战，但抵挡不住日军的强大进攻。在一年零三个月内，正面战场丢失了华北、华东、华中、华南的大片国土。与此相反，八路军、新四军等深入敌后开展游击战争，既有效地打击和牵制了日军进攻，且自身得到很大发展。两条抗战路线、两种抗战结果，必然影响两党关系。国民党政府对共产党力量的迅速和巨大发展忧心如焚，不断制造事端，乃至挑起局部严重冲突，致使到抗战结束两党关系时好时坏。从国际方面看，抗战进入相持阶段后，日本政府把对国民党政府以军事打击为主、政治诱降为辅的方针改变为以政治诱降为主、军事打击为辅的方针。汪精卫叛国投敌后，日本继续对蒋介石集团开展诱降活动。到1940年10月，国际上诸多力量对蒋介石或拉或诱或援的结果，使他顿时感到身价陡增，开始飘飘然了。这是他发动反共高潮的一个重要背景。这样，如何处理两党关系，维护抗日民族统一战线，对于共产党来说，就成为一个棘手问题。困难不在于要不要开展两方面斗争，而在于如何审时度势，使抵御阋墙之争不影响抗击外侮之敌。这时，中国共产党已经是成熟的党，对于抗战形势的逆转和两党关系的恶化，以及可能发生的突然事变已作了充分思想准备，并有相应的对付措施，因而两次打退反共高潮，一方面粉碎了国民党军队的进攻，另一方面又密切关注抗日战争的发展走势。不仅没有因两党关系恶化对两国三方的特殊格局失去掌控，而且迫使国民党政府回到继续抗日的正确方向。

第二，深刻分析不断变化的国内阶级关系，对团结最大多数的抗战力量起到了凝聚性主导作用。这非常突出地反映在对中国资产阶级的认识变化上。毛泽东在他的著作和讲话中，将亲日派大资产阶级与欧美派大资产阶级，大地主与中小地主及开明绅士加以区别，指出大资产阶级在抗战问题上分为三派：右派，投降派；中派，即顽固派，包括蒋介石、阎锡山，他们又要反共又要抗战，又抗战又准备投降；顽固派中的左派，是可变派。我们对投降派要打倒，完全孤立他们；对中派要团结，同时斗争；对左派要团结，要帮助。并且强调"我们的抗日民族统一战线是包括一切还在抗日的大地主大资产阶级在内的，是全民族联盟"。"在抗日过程中，不论在全国范围内在根据地内，除汉奸外，对大地主大资本家是一拉一打政策，拉其抗日，打其反共反民主，但目前拉还是主要的，打是辅助的，打是达到拉之手段。"① 对大资产阶级认识上的这个重大变化，有利于抗日民族统一战线的扩大和发展。不仅如此，中国共产党还对"中间势力"作了深刻分析，不断扩大中间势力的争取对象。在打退两次反共高潮过程中，中共中央明确地提出了发展进步势力、争取中间势力、反对顽固势力的策略，要求逐渐地扩大属于中间势力的对象范围，以争取一切可以争取的力量共同抗日。这无论在政治上还是军事上，无论对打退两次反共高潮还是在共同抗日的斗争中，都起了重要作用。

第三，深刻分析国民党政府不断变化的对日立场和对共产党的态度，提出"三个坚持、三个反对"等一整套政策和策略，对推动国民党抗战到底起了督促性主导作用。中共中央总结10多年来与国民党打交道的经验教训，深化了我党与国民党的又团结又斗争的策略原则，以推动蒋介石所领导的国民党共同抗日。择其最主要者有：一是提出坚持抗战、反对投降，坚持团结、反对分裂，坚持进步、反对倒退三大方针。自1939年始，国民党统治集团内的投降、分裂、倒退活动日益严重，与中国共产党的摩擦和冲突事件越来越频繁。中共

---

① 《毛泽东文集》第二卷，人民出版社1993年版，第356页。

中央指出，抗战出现了中途妥协和内部分裂两大危险，但由于中日民族矛盾仍然是主要矛盾，同时存在着团结抗战和分裂投降两种可能。中国共产党的任务是既要随时应付可能发生的突然事变，又要竭尽一切可能维护团结抗战局面。"三个坚持、三个反对"的方针，且成为抗日战争时期的一个基本方针。二是揭示了既团结又斗争的多层次多侧面关系，强调以斗争求团结。1940年7月，毛泽东在延安高级干部会议上就团结与斗争关系的不同情况作了具体分析，指出："1. 我们历来是强调团结的，今后还是一样——对付一切抗战派。2. 我们历来是强调斗争的，今后还是一样——对付一切投降派。3. 我们又强调团结又强调斗争——对付一切又抗日又反共的顽固派。4. 有时强调团结，有时强调斗争——依顽固派的态度是团结为主还是反共为主而定。5. 斗争为了团结——为了延长合作时间。6. 不论哪一方面（政治，军事，文化），目前时期都以团结为主，但不论哪一方面，都同时有斗争。因为国民党顽固派的反共政策是没有变化的。7. 即在目前时期，某些地方，反磨擦斗争还可表现为地方高涨。"[①]整个抗战期间，中国共产党坚持这些原则，既打退了国民党顽固派的进攻，又维护了以国共合作为基础的抗日民族统一战线。三是提出了同国民党顽固势力的斗争必须坚持"有理、有利、有节"原则。1939年12月，中国共产党正式提出这个原则。毛泽东解释说，"有理"是自卫原则，体现了斗争的防御性；"有利"是胜利原则，体现了斗争的局部性；"有节"是休战原则，体现了斗争的暂时性。"我们始终站在团结国民党抗日的立场上，但遇到反共磨擦则要同它斗争，使国民党既不能投降日本又不能大举进攻共产党，将国民党引导到对敌斗争一个目标上去。"[②]中国共产党的"三有"原则，为坚持国共两党合作抗日确立了准绳。正因为如此，两党才最后共同夺取了中华民族抗战的伟大胜利。

---

① 《毛泽东文集》第二卷，人民出版社1993年版，第290—291页。
② 《毛泽东文集》第三卷，人民出版社1993年版，第138页。

三 怎样看待中国抗战对第二次世界大战和世界历史的巨大影响

中国人民抗日战争是世界反法西斯战争的重要组成部分。九一八事变后，中国先是在东北地区进行反抗日本侵略的抗战。七七事变后，全民族抗战爆发。到抗日战争结束，中国反对法西斯的战争已进行了 14 年之久。完全可以说，中国的抗日战争是世界反法西斯战争发动最早、持续时间最长的战争。这在第二次世界大战中是无出其右的。

在这场战争中，中国付出了巨大的民族牺牲。中国军民伤亡总数在 3500 万以上，按 1937 年的比值折算，直接经济损失超过 1000 多亿美元，间接经济损失 5000 多亿美元。中国人民为世界反法西斯战争的胜利作出了不可磨灭的贡献，对世界历史的发展产生了重大又深远的影响。

（一）中国抗日战争长期打击并牵制日本侵略军，使其不能轻易冒险地北攻或南进，减轻了苏联和美英等盟国的军事压力，延缓了世界大战的全面展开

中国全面抗战展开后，日本侵略者妄图三个月灭亡中国的梦想完全破灭。它要将战争继续下去不能不大量投入兵力。从 1937 年至 1940 年，日军在中国的兵力占其全部总兵力的 85％以上。这首先阻止了日本北攻苏联的战略计划。从 1905 年日俄战争以来，日本就有侵占俄国远东地区的野心。1941 年，苏德战争爆发后，苏联面临德、日法西斯东西夹击的严重威胁。正是中国抗战牵制了大量日军，才使其无力配合德国一再希望它同时进攻苏联的请求。这对苏联是极大的援助。中国的抗战也延缓了日本南进的战略计划。日本早在 1936 年就制定了与欧美国家争夺东南亚地区的战略。1939 年，德国发动欧洲战争后，日本有多次南进机会，但由于多数兵力被束缚在中国战场上，才使它不敢贸然

开辟太平洋战场。即使在太平洋战争爆发后,日本投入东南亚战场的陆军兵力也不及侵华兵力的1/5。因此,中国抗战对于日军的巨大战略牵制作用,延缓了第二次世界大战的全面展开,使相关国家和地区的人民少受法西斯侵略的战争苦难。

(二)中国抗战的持久性和艰苦性粉碎了德、意、日法西斯轴心国妄想瓜分全球、称霸世界的图谋

欧洲战争爆发后,德、意、日三国为进一步扩大在欧、亚的侵略战争,于1940年9月,先在东京举行谈判,随后在柏林签订《德意日三国同盟条约》。该条约既对战时三国军事扩张行动作了相互支持和配合的明确规定,也对战后如何瓜分欧亚、"建立新秩序"确认了各自的领导权。但是,在欧洲,由于苏联对德国侵略的顽强抵抗、艰苦反攻和英美第二战场的开辟,希特勒的"第三帝国梦"和墨索里尼的"罗马帝国梦"破灭了。在亚洲,中国持久又艰苦的抗战,使日军难以分兵,不仅破灭了日本的北攻战略,也使其南进战略乏力展开。并且,中国还两度派远征军参与缅甸作战,直接援助英军打击日本侵略者,使其在南亚无立足之地。日本侵略军这头"野牛"最后被活活地烧死在中国战场的熊熊烈火之中,它的"大东亚梦"灰飞烟灭。德、意、日法西斯妄图瓜分全球、称霸世界的黄粱梦破灭,中国抗战立下了汗马功劳。

(三)中国抗战的胜利是中华民族伟大复兴的重要转折,对世界格局的变化产生了深刻影响

中国既是个大国,又是个弱国。自鸦片战争后100多年来,中国一直受帝国主义列强的欺负、侵略和践踏,沦为半殖民地。中国人民经过艰苦卓绝的浴血奋战,终于打败穷凶极恶、野蛮成性的日本侵略者,赢得了近代以来中国反抗外敌入侵的第一次完全胜利,开辟了中华民族伟大复兴的光明前景。它既空

前地提高了中国的国际地位,也极大地增强了实现中华民族伟大复兴的民族自信。民族独立、人民解放、国家富强、共同富裕,是近代以来中国人民梦寐以求的夙愿,也是中国共产党肩负的历史重任。中国抗战的胜利,加快了实现这一梦想的步伐。抗战胜利四年后,中国共产党带领人民取得了新民主主义革命的伟大胜利。一个崭新的中国,从此屹立在世界东方。这极大地改变了世界政治力量的对比。中华人民共和国艰苦探索的中华民族伟大复兴道路,对世界历史的发展将会产生深刻影响。

(四)中国抗战的胜利为世界殖民地半殖民地国家争取民族独立树立了榜样

近代以来,中国是世界上最大的半殖民地国家。中国全民族的抗战,促进了中华民族的伟大觉醒。如毛泽东所说,这个战争促进中国人民的觉悟和团结的程度,是近百年来中国人民的一切的伟大斗争没有一次比得上的。正因为如此,美、英等国在中国抗战期间就宣布废除历史上与中国签订的不平等条约,重新与中国签订新条约。中国抗战的胜利,创造了一个军事力量、经济力量的弱国战胜帝国主义强国的经验和范例。这就促使了同中国具有一样命运的殖民地、半殖民地国家人民的觉醒。德、意、日法西斯的失败,既为深受这三国压迫的殖民地、半殖民地人民的解放斗争创造了重要前提,也有力地唤醒了世界一切被压迫民族和被压迫人民为争取解放的斗争意识。第二次世界大战后,亚洲、非洲、拉丁美洲民族解放运动的兴起,中国起了重要的榜样作用。

第六讲

转战陕北是中国革命走向胜利的转折点

中国革命从中国共产党创建到中华人民共和国成立，历经28年。毛泽东自他参与建党的那一天起，就将自己的一生交给了中国的革命事业。毛泽东一生创造了无数奇迹，成功挑战了一个又一个不可能。对于决定中国革命前途和命运的奇迹来说，至少有两个：一是遵义会议后他成为中央领导集体的实际核心，用兵如神，摆脱敌人重兵围追堵截，使濒临绝境的红军化凶为吉、转危为安，成为中国革命的一次伟大转折。二是转战陕北，运筹帷幄于山峁沟壑之间，决胜于千里江河湖海之外，使中国人民革命战争走到了国民党反动统治和100多年以来帝国主义在中国的统治由发展到消灭的转折点。如果说遵义会议首先是党的历史的转折点，那么转战陕北，则是中国革命走向胜利的转折点。毛泽东转战陕北，对于中国共产党具有锁定乾坤得天下的意义。

一 怎样理解放弃延安是为了收复延安的辩证法

中国共产党酷爱和平，之所以进行革命战争，是因为反动统治者疯狂屠杀共产党人和革命群众，为了求生存求发展不得不进行反抗，以革命战争反对反革命战争，实现民族独立、人民解放、国家富强、人民幸福。异常残酷的十年土地革命战争，中国共产党挺过来了。14年的抗战，中国共产党作为中流砥柱得到了发展。抗战胜利后，全国人民迫切渴望和平，中国共产党也希望建立和平民主的新中国。但是，国民党反动集团依仗美国政府的支持和拥有大量美式装备的优势，不顾全国人民坚决反对，不顾中国共产党一再呼吁，悍然发动全面内战，扬言只需3个月就能消灭共产党领导的人民军队。

面对国民党军队不可一世的猖狂进攻，敢不敢进行自卫反击，这对中国共产党人来说是个严峻考验。毛泽东透过美蒋反动派貌似强大的外表，向全党揭示了其虚弱本质。在国民党军向解放区全面进攻后的一个半月，1946年8月上旬，毛泽东在会见美国记者安娜·路易斯·斯特朗时，提出了"一切反动派都是纸老虎"的著名论断。他说，看起来，反动派的样子是可怕的，但是实际上并没有什么了不起的力量。从长远的观点看问题，真正强大的力量不是属于反动派，而是属于人民。蒋介石和他的支持者美国反动派都是纸老虎！这是石破天惊之论。当然，对于这个论断也有异议者，但是，有这个卓越见识，且有胆量说出这个话的，只有毛泽东！

毛泽东这个论断，我将它视为非凡之人的非凡之论。这是他一贯辩证思想的升华。他多次说过，革命者必须在战略上，在全体上，藐视敌人，敢于同他们斗争，敢于夺取胜利；同时，又要在战术上，在策略上，在每一个局部上，在每一个具体斗争问题上，重视敌人，采取谨慎态度，讲究斗争艺术，根据不同的时间、地点和条件，采取适当的斗争形式，以便一步一步地孤立敌人和消灭敌人。从这方面看，反动派又是真老虎，一定要将反动派作为真老虎对待。反动派既是纸老虎又是真老虎，这就是革命的两点论。

战争的发展并不以国民党反动派的意志为转移。人民军队仅用8个月就粉碎了国民党军的全面进攻。战场形势发生了很大变化。毛泽东指出，我们现在还处于战略防御阶段，但国共双方力量对比发生了有利于我的变化。我们准备用三到五年，乃至十到十五年打倒蒋介石。但现在不提这个口号，只按这个目标去做。一方面，要藐视他们，非此不足以长自己的志气，灭他人威风；另一方面，又要重视他们，每一仗都要谨慎。

1947年2月，蒋介石集团为了摆脱战线过长和兵力不足的被动局面，对山东解放区和中共中央所在地延安实行所谓重点进攻。蒋介石以胡宗南的精锐之师和周边其他部队25万人围攻陕甘宁边区，并且要不惜一切代价占领延安。那时，彭德怀统率的西北野战兵团只有2.6万余人，敌我力量对比是十比一，边区形势非常严峻。对于延安，守还是不守？毛泽东作了两方面安排：一是力争守住，也很想守住，因为中共中央毕竟在这里经营了10多年。因此，采取了调动部队保卫延安的不少举措。如果一开始决定放弃延安诱敌深入，就不会有保卫延安的宣传和外围作战。二是在常驻延安的美军联络组飞离延安后，国民党飞机对延安狂轰滥炸，城内城外一片火海。我军保卫延安的实际兵力只有胡宗南攻延兵力的1/20。经过7天7夜抵抗，再很难坚守。党中央才最后决定撤离延安。

中共中央在延安地区驻足10多年，是全国人民向往的民主圣地和独自实施新民主主义建设的示范区。现在要主动放弃延安，不仅广大老百姓想不通，党内军内许多干部也想不通。毛泽东是不得已作出这一决定的。他带头做工作，对干部讲了一番道理，指出，蒋介石的阿Q精神十足，占领了延安，他就以为自己胜利了。但实际上只要他一占领延安，他就输掉了一切。首先，全国人民以至全世界就都知道了是蒋介石背信弃义，破坏和平，发动内战，祸国殃民，不得人心。另外须知，延安既然是一个世界名城，也就是一个沉重包袱。他既然要背这个包袱，那就让他背上吧。而且话还得说回来，你既然可以打到延安来，我也可以打到南京去。来而不往，非礼也嘛！① 他给老百姓用通俗语言解释道，譬如有一个人，背个很重的包袱，包袱里尽是金银财宝，碰见了个拦路

---

① 参见师哲：《在历史巨人身边》，中央文献出版社1991年版，第337—338页。

打劫的强盗，要抢他的财宝。这个人该怎么办呢？如果他舍不得暂时扔下包袱，他的手脚很不灵便，跟强盗对打起来，就会打不赢，要是被强盗打死，金银财宝也就丢了。反过来，如果他把包袱一扔，轻装上阵，那就动作灵活，能使出全身武艺跟强盗对拼，不但能把强盗打退，还可能把强盗打死，最后也就保住了金银财宝。我们暂时放弃延安，就是把包袱让给敌人背上，使自己打起仗来更主动，更灵活，这样就能大量消灭敌人，到了一定时机，再举行反攻，延安就会重新回到我们的手里。①

毛泽东讲的很普通的道理，既把广大指战员和各级干部说服了，也使乡亲们想通了这个理，于是开始作撤离延安的各种准备。中共中央作出最重要的两大决策：一是将中央领导机构一分为三，毛泽东、周恩来、任弼时等留在陕北，主持中共中央和中央军委工作，指挥全国解放战争；刘少奇、朱德等先到河北平山，组成中央工作委员会（工委），担负中央委托的任务；叶剑英、杨尚昆等率中央机关大部分工作人员到山西临县，组成中央后方工作委员会（后委）。二是决定彭德怀和习仲勋（中共西北局书记）率西北野战军在陕北依靠优越的群众条件和有利地形，采取"蘑菇战术"，与胡宗南主力周旋，寻机歼敌。

1947年3月18日，在延安的党政机关和广大群众基本疏散完毕后，毛泽东对彭德怀等作了交代后才依依不舍离开了他住了10多年之久的延安城，在黄昏踏上了转战陕北的征程。

二 怎样认识毛泽东在转战艰难险恶环境中作出扭转乾坤的三大非凡之谋

毛泽东率领中央纵队转战陕北371天，途经安塞、靖边、榆林、佳县、米脂、吴堡、绥德、清涧、延川、子长等12个县，住过38个地方（其中榆林地

---

① 参见阎长林：《警卫毛泽东纪事》，吉林人民出版社1992年版，第31页。

区33个），行程1000多公里。转战之地沟壑纵横，山峁林立，自然环境异常艰险恶劣，生活条件极其艰苦。在这371天里，他们经常遇到这三难：一是行军难，避开大道不走，专走崎岖蜿蜒山路，有的地方能骑马，有的窄道只能步行，要爬山又要下山就更困难；二是吃饭难，陕北地区物产不丰富，山区更是贫瘠，所带粮食有限。在佳县朱官寨近一个月里就只能同当地老乡一样，吃米糠、秕谷和瓜果合在一起再加几把黑豆片片熬成的"钱钱饭"。三是住宿难。山村老百姓生活困难，住的都是较小的窑洞。转战部队大多住在老乡家，老乡往往腾出窑洞，自己一家人挤着住，其余的让部队挤着住。毛泽东等领导人也一样，住得很挤。在天赐湾这个山峁上只有20几户人家的小村里，毛泽东、周恩来等就挤在一间小窑洞里住，很多随行人员只能在外露宿。但就是在这样极端艰难险恶的环境中，率领中央纵队转战的毛泽东不仅充分展现了他非凡的意志和毅力，而且显露出令人意想不到的非凡之胆略和奇谋。

（一）第一奇谋：与敌周旋，不过黄河

胡宗南攻占延安后，尽管获得了蒋介石的授勋，但延安是座空城，没有捕捉到中共中央的任何信息。蒋介石命令胡宗南要不惜一切代价地追捕。胡宗南表示，就是牺牲两个师也要捉到中共首脑。

毛泽东率领转战的中央纵队，由在中央的工作人员和警卫部队共800人所组成。毛泽东要以这800人转战陕北，指挥西北解放军以"蘑菇战术"——将敌磨得精疲力竭，十分疲劳、没有饭吃，拖垮了胡宗南的20多万精兵，粉碎了蒋介石的所谓重点进攻。陕北转战，酷似长征。党中央辗转行军，大迂回运动，走的是"十八拐路"，在强大敌人的紧逼追击下跋山涉水、栉风沐雨；在千山万壑中引领敌军"武装游行"，从一个沟壑转移到另一个沟壑。有时，两军相距仅四五里路，有时仅隔一个山头，有时毛泽东率部刚走一会儿，敌军就进了村。

最危急的时刻之一，是在安塞王家湾转移到靖边天赐湾那段时间里。一是敌军先头部队距离中央驻地王家湾这个小山村很近，敌军两支大部队向王家湾袭来，西北野战军主力已奉命进军陇东，远在六七百里地外，回师陕北这边救急不可能；二是那两天雷电交加，大雨滂沱，山道泥泞湿滑，战士们拉着毛泽东等领导人在狂风暴雨中跋涉山峁。这时，传来声声冷枪，敌人正在漫山遍野搜索。稍有不慎，就会被发现。这种险情时有发生。因此，作为中央纵队负责人的任弼时提出，还是过黄河暂避一下。但毛泽东坚决不同意，说中央留在陕北，首先我要留在陕北，什么时候打败胡宗南，什么时候过黄河。胡宗南正希望我过黄河哩！我不过黄河，就可以拖住他，即使他不能投入别的战场，减少别的解放区的压力，也能在这里消灭他。

随毛泽东转战的胡乔木亲历了这场争论和当时中央所处的险境。他回忆道："一听'过黄河'，毛主席就很火。他尽量克制地解释道，敌人就是……想把我们往东赶……即使消灭不了，也要把我们往黄河边赶，赶过黄河就是他们的胜利。""现在向东是绝路"，"就是要我们落入陷阱"。"差不多争论了一天，最后还是恩来同志出面打了圆场，提出先向北走一段，然后再向西北方向转移"。胡乔木描述了当时的险境，出发时，"天黑得伸手不见五指，山高坡陡，雨大路滑，马不能骑，警卫战士们连拉带推，有时架着毛主席往山上走，一个个浑身淋得湿透。驮电台的骡子滚下山摔死了，人们摸黑爬到山下把电台拖上来。半夜雨停了，队伍在一个小山村里休息。""敌人越来越近"，"连敌军的人喊马叫都听得清清楚楚"。"'三支队'有老乡做向导，在敌人的眼皮子底下悄悄地走过，于6月10日晨，到达天赐湾宿营。""人们惊叹毛主席神机妙算，成功地唱出了一出'空城计'。后来，毛主席指着地图介绍其中之奥妙：'我们现在的位置，正好处于胡宗南和马鸿逵防线的接合部，胡马钩心斗角，矛盾很深，各人都想保存实力，削弱对方，所以他们谁也不想来，让我们钻了空子。'"①

毛泽东不顾个人安危，以坚韧的毅力和高度的镇定转战陕北一年，既稳定了党心民心，也使蒋介石在河东消灭中共中央的图谋泡汤。胡乔木写道，毛主席力排众议，坚持要把党中央留在陕北，确是一个伟大的战略部署，也是他在书写自己一生历史的辉煌篇章中的"得意之笔"。

（二）第二奇谋：经略中原，指挥大军千里跃进

毛泽东转战陕北，不仅直接谋划西北战场，而且运筹全国解放战争。他后来说过，在陕北，我和周恩来、任弼时在两个窑洞里指挥了全国的解放战争。周恩来也说，毛主席是在世界上最小的司令部指挥最大的人民解放战争。这个"世界上最小的司令部"，当然是泛指转战陕北的许多地方。但是比较典型的，是毛泽东和任弼时发生争论的那个王家湾，他们在此住了53天。胡乔木对那两个窑洞生活、工作的情况写道："当时毛、周、任、陆定一、胡乔木住在一排两间半相通的'套窑'里。所谓'套窑'，就是一进两开，一进门的过道窑住着恩来、定一和乔木，三个人睡一个炕；毛主席住在左边的窑洞，靠窗户是炕，炕上放着小炕桌，他就日夜伏在小炕桌上办公；弼时同志住在右边只有一个炕的半截窑里。毛主席、弼时同志出入都要经过恩来他们中间的过道窑，平时开会、谈话，即使声音不大也能互相听得见。"② 代表党中央的3位书记就是在这样难以想象的艰苦条件下运筹帷幄，指挥最大的人民解放战争的。

毛泽东转战陕北时全国战场总的形势，人民解放军是战略防御。但就是在这个十分艰难的时候，毛泽东已在精心策划转入战略进攻。到1947年7月，人民解放军经过一年作战，在各个战场都取得重大胜利，歼敌110多万，国共两军兵力对比的悬殊情况有了很大改变，但敌强我弱的形势还没有发生根本变

---

① 胡乔木：《胡乔木回忆毛泽东》，人民出版社2014年版，第491、492页。
② 同上书，第490—491页。

化。就是在这种情况下,毛泽东决定由战略防御转入战略进攻。他的指导思想是,不要等到我们的作战力量超过敌人以后再来进攻,而是要不失时机地从内线作战转为外线出击,把战争引向蒋管区,向敌人进行战略进攻,使革命战争尽快地发生伟大的转折。为了使解放军主力打到外线去,将战争引向国民党统治区,他思虑再三,多次调整作战计划,最后下决心以刘邓、陈谢、陈粟三路大军挺进中原、开创新的中原解放区为主轴的"三军配合、两翼牵制,中央突破"的战略部署。

这里的中原是"大中原",地跨苏、皖、豫、鄂、陕五省,南临长江,北枕黄河和陇海路,东起运河,西迄伏牛山和汉水,人口4500余万,战略地位十分重要。如能掌控这片地区,就能南扼长江、逼近武汉,东慑南京和上海,西震西安。"三军配合"是:首先命令刘邓大军不要后方,大踏步南下,千里跃进大别山,在那里打运动战建立根据地。下这一步棋,毛泽东从1946年就开始考虑了,几经掂量,于1947年5月中旬组成以邓小平为书记的中共中央中原局,6月中旬下达挺进命令。6月底,刘邓大军12万余人在鲁南强渡黄河,由此揭开了我军战略进攻的序幕。这支大军寻歼鲁西南敌军后,经过艰苦跋涉,于1947年8月下旬进入大别山区,实行战略展开,创建了鄂豫皖根据地。关于陈(赓)谢(富治)大军,毛泽东对其安排多有变化。在刘邓大军向中原逐鹿后,毛泽东在7月下旬小河会议讨论进一步组织和发展战略进攻后,决定陈谢大军8万余人不到陕北参与西北决战,立即从晋南渡过黄河挺进豫西,创建豫陕鄂根据地。9月下旬,陈(毅)粟(裕)18万大军分多个地段越陇海路南下,在豫皖苏创建了根据地。"三军配合"雄踞广阔中原。

"两翼牵制",一翼为陕北。小河会议后,彭德怀挥师北上攻打榆林,以吸引胡宗南主力北进,以便陈谢大军挺进豫西,配合刘邓大军向大别山进军。另一翼为山东。小河会议后,毛泽东电令陈粟组织东兵团在胶东发动进攻,将敌军重兵吸引到海边,配合在山东西线作战的陈粟大军和挺进中原的刘邓大军。

这"两翼"配合"三军"逐鹿中原，起到了强有力牵制作用。

"中央突破"。在小河会议上，毛泽东解释他的战略决策说，蒋介石搞了个黄河战略，一个拳头打山东，一个拳头打陕北，想迫使我们在华北与他决战。可他没想到，自己的两个拳头这么一伸，他的胸膛就露出来了。我们呢，给他来个针锋相对，也还他一个黄河战略：紧紧拖住这两个拳头，然后对准他的胸膛插上一刀。贺龙指着地图说，太好了！刘邓对着前胸开刀，陈谢打他的肋骨，陈粟击其后背，这不是挺厉害的三把刀吗！这个阵势像个品字。

这样，三路大军近40万人马实施战略展开，纵横驰骋于江淮河汉之间，经过4个月作战，歼敌近20万人，解放县城近百座，吸引和调动南线敌军160个旅中的90个旅于自己周围，到1948年5月创建并巩固了拥有3000万人口的新中原解放区。这对于改变战争形势起了决定性的战略作用。因此，毛泽东高度评价中国革命已经达到了走向胜利的转折点。实现这样伟大的历史转变，谁能想到是毛泽东在转战陕北那种极端艰苦而险恶的环境中运筹的。

（三）第三奇谋：战场形势好转的曙光刚刚升起，就提出"打倒蒋介石，解放全中国"

非凡之人的非凡之处就在于，高瞻远瞩，眼光如炬，下第一步棋时就在布局后面的好几步棋。毛泽东在转战到佳县神泉堡后的1947年10月上旬，在起草《中国人民解放军宣言》中第一次提出了"打倒蒋介石，解放全中国"的口号。为了实现这个战略目标，他开始以主要精力研究和制定党在各方面的政策和策略，包括土地改革、工商业、统一战线、整党整军、新区工作等。12月下旬，中央纵队转移到米脂县杨家沟，这里居住条件比以往有很大改善。毛泽东主持召开中共中央扩大会议。参会人员较多，开的时间较长，是毛泽东在转战陕北以来举行的规模最大的会议，史称"十二月会议"。毛泽东作了《目前形势和我们的任务》报告，旨在回答怎样打倒蒋介石，怎样建立新中国。对于前者，毛泽东提出了十大军事原则，核心是打歼灭战，每一条都贯穿着打歼灭战思想。对于后者，毛泽东提出了新民主主义革命的三大经济纲领，这就是：没收封建地主阶级的土地归农民所有，没收官僚垄断资本归新民主主义国家所有，保护民族工商业。他告诫全党：现在敌人已经彻底孤立了，但是敌人的孤立并不就等于我们的胜利。我们如果在政策上犯了错误，还是不能取得胜利。因此，他发表了"政策和策略是党的生命，万万不可粗心大意"的至理名言。

西北战场在敌我力量对比极为悬殊的情况下，采取毛泽东确定的"蘑菇战术"，与胡宗南部在陕北高原盘旋打转。先是在 1947 年 3 月下旬至 5 月初在青化砭、羊马河、蟠龙镇连续三战三捷，歼灭敌军 1.4 万余人。接着在沙家店战役中歼灭胡宗南部主力 6000 多人，成为西北我军转入战略反攻的转折点。毛泽东亲去彭德怀司令部祝贺，说这一仗打得实在好，对西北战局有决定意义，最困难的时期已经过去了。十二月会议后，西北野战军转入外线作战，采取攻城打援战术，在宜川、瓦子街地区一举歼敌 3 万人。这是西北战场的空前大捷，胡宗南精锐之师再次遭受沉重打击，陕北形势完全改观。毛泽东决定可以过黄河了，去谋划夺取全国革命胜利大方略。

三　怎样看待一年转战奠定中国革命胜利之基

毛泽东转战陕北的一年，既是作战最艰难困苦的一年，也是战场形势实现根本转变、奠定中国革命胜利之基的一年。除三支大军逐鹿中原、两翼牵制实现战略反攻外，毛泽东指挥东北战场和华北战场也取得一连串胜利，以及解放区土地改革运动的发展和国民党统治区第二条战线的开辟等，从而奠定了中国革命胜利之基。

（一）关于东北战场

在转战陕北之初，毛泽东就十分关注东北战场。1947年4月初，东北民主联军取得了"三下江南、四保临江"战役胜利，粉碎了敌军在东北的进攻，扭转了战局。5月中旬到7月初，东北民主联军的夏季攻势结束，歼敌8万余人，收复县城40座，迫使敌军收缩于中长路和北宁路的狭长走廊地带转入所谓"重点防御"，改变了整个东北局势。9月中旬，东北民主联军又发动大规模秋季攻势，到11月初结束，历时50天，歼敌6.9万人，收复中长路和北宁路沿线广大地区。至此，东北之敌被我军完全孤立于长春、吉林、沈阳、营口、锦州等点线及其附近地区。这就为之后辽沈战役决战奠定了基础。

（二）关于华北战场

即晋察冀战场，在毛泽东具体指导下连续取得4个战役的胜利。一是1947年4月上旬，晋察冀野战军向石家庄外围发动进攻，歼敌1万余人。二是5月上旬，晋察冀野战军结束了正太战役，歼敌3万余人，收复阳泉、平定、寿阳等地，切断了太原与石家庄的联系，并使晋察冀与晋冀鲁豫连成一片。三是10月下旬，晋察冀野战军于清风店附近又歼敌1.3万人，生俘敌军长、副军长。四是11月中旬，晋察冀野战军历经12天的石家庄战役取得胜利，歼敌2.5万人，夺取了华北战略要地和交通枢纽，根本改变了战争局面，为之后的平津战役决战打下了基础。

（三）关于土改运动

自1946年5月中共中央发布"五四指示"到转战陕北期间，还有1/3的解放区没有进行土改。随着我军转入战略进攻新形势的到来，要求解放区更加普遍深入开展土改运动。在小河会议上毛泽东强调了这一点。1947年10月上旬，毛泽东修改并审定了《中国土地法大纲》，指出土地制度改革是完成中国革命的基本任务。在十二月会议上，他针对全面展开的土改运动中出现的对待中农、对待中小资产阶级、对待党外人士"左"的偏向，明确提出在"左"倾成为一种潮流的时候，共产党要反对这个潮流。根据毛泽东的指示，土改运动很快纳入正确轨道。轰轰烈烈的土改运动，在拥有1亿多人口的解放区基本消灭了封建土地制度，打碎了几千年来套在农民身上的封建枷锁，使农村各阶级占有的土地大体平均，贫雇农第一次获得了土地和其他生产资料。这一翻天覆地的变化使亿万农民在政治上经济上获得解放，踊跃参军参战，支援前线。土改运动为夺取全国胜利提供了源源不断的人力物力支持。

（四）关于统一战线

随着解放战争不断取得胜利，国民党反动统治的经济危机和政治危机愈发严重。转战陕北之始，中共中央就发出了在国统区要争取中间分子，利用合法形式，建立广泛的统一战线。1947年5月，南京、上海、杭州、苏州等地发生"五二〇血案"，学生的"反饥饿、反内战、反迫害"运动席卷全国60多个大中城市，推动了国统区工人、农民、市民斗争的发展。民主党派和进步人士也纷纷支持爱国学生运动和各界群众的反对内战、反对国民党专制独裁、反对官僚资本操纵国计民生的斗争，成为打击国民党反动统治的第二条战线的重要组成部分。在著名爱国民主人士李公朴、闻一多、杜斌丞等遭到杀害后，中国民主同盟总部被迫解散。1948年1月，中国民主同盟中央领导人在香港宣布今后要与共产党"携手合作"。同时，国民党内民主派在香港宣布成立中国国民党革命委员会（简称"民革"），推翻蒋介石卖国独裁政权，同共产党合作，为实现革命的三民主义而奋斗。其他民主党派明确表示参加共产党领导的新民主主义革命斗争。这使国民党统治集团陷于完全孤立，中国革命的胜利有了极为广泛的政治基础。

毛泽东转战陕北的一年，是中国革命形势发生巨大变化的一年。毛泽东在十二月会议上说，二十年未解决的优势问题，今天解决了，局面开展，胜利可期。日本投降时，我们还是一则以喜，一则以惧。喜的是日本投降，抗战胜利了；惧的是优势问题未解决，蒋介石很强大，严重的内战危险临头。对形势只能估计"有利于我"，或者是说"可能"，而不能作出结论。现在不同了，现在好了，不再胆战心惊了。现在能作出结论，不是估计，而是事实，我们确实是占了优势。"这是一个伟大的事变。这个事变所以带着伟大性，是因为这个事变发生在一个拥有四亿七千五百万人口的国家内，这个事变一经发生，它就将必然地走向全国的胜利。这个事变所以带着伟大性，还因为这个事变发生在世界的东方，在这里，共有十万万以上人口（占人类的一半）遭受帝国主义的压迫。中国人民的解放战争由防御转到进攻，不能不引起这些被压迫民族的欢欣鼓舞。同时，对于正在斗争的欧洲和美洲各国的被压迫人民，也是一种援助。"①

毛泽东就是毛泽东，他比我们一般人站得高，看得远，想得深，谋得奇。转战千里，既使陕北由被动转为主动，又使我党全国战局由防御转为进攻，久已企盼的中国革命高潮终于到来。他在1930年说过，"它是站在海岸遥望海中已经看得见桅杆尖头了的一只航船，它是立于高山之巅远看东方已见光芒四射喷薄欲出的一轮朝日"②。1948年3月下旬，毛泽东东渡黄河，告别他生活和战斗了13年的陕北，去迎接这轮光芒四射的朝日了！

---

① 《毛泽东选集》第四卷，人民出版社1991年版，第1244页。
② 《毛泽东选集》第一卷，人民出版社1991年版，第106页。

第七讲

新生的中国站起来了

中华人民共和国的成立是有着5000年灿烂文明历史的中华民族具有划时代意义的伟大事件。毛泽东庄严宣告：中国人从此站立起来了！它标志着中国人民从深受奴役和压迫的半殖民地半封建社会进入了人民当家作主的新时代，中华民族的历史发展从此开启了新的历史纪元。

中华人民共和国为什么能够站起来，中华人民共和国又是怎样站起来的？这可以从许许多多方面，列出很多很多理由进行分析。我以为，从宏观层面说，最根本的原因就是有了以毛泽东同志为核心的中国共产党的坚强正确的领导。

一 怎样认识中国共产党领导中国新民主主义革命的胜利是中华人民共和国能够站起来的历史基础

中华人民共和国成立时，经济社会发展是什么样的状况呢？可以用八个字简单概括：积贫积弱、一穷二白。1949年，工农业几个主要产品的年产量是：钢为15.8万吨，粮食为1.1亿吨，棉花为44.4万吨，对外贸易总额不到11.3亿美元，国内生产总值不到679亿元，人均国民收入只有27美元，在世界排名属于非常后列。毛泽东曾形象地说，现在我们能造什么？能造桌子椅子，能造茶壶茶碗，但是，一辆汽车、一辆拖拉机都不能造。就是这么一个底子，但中华人民共和国却昂首挺胸、笔直又笔直地站起来了！

为什么说以毛泽东同志为核心的中国共产党领导中国新民主主义革命取得胜利是中华人民共和国能够站起来的历史基础？这就不能不穿越近代中国的历史隧道，看一看当时的情况。

1840年鸦片战争后，由于封建制度的腐朽没落，在西方列强坚船利炮轰击下，大清帝国衰落，陷入半殖民地半封建社会的黑暗深渊。山河破碎、国不堪国，民不聊生、苦难深重。对世界文明进步作出过巨大贡献的中华民族，是个不甘任人宰割而要发愤图强的民族。无数志士仁人前仆后继、不懈探索，寻找救国救民道路，却无一不抱憾而终。几次大规模的斗争，从太平天国运动到辛亥革命虽接连而起，但农民起义、君主立宪、资产阶级共和制等种种救国之道都相继失败。战乱频仍，丧权辱国，危机四起，民生凋敝，成了旧中国长期无法消除的病疴。

对中国先进分子寻找救亡图存出路发生重大影响的，主要有两大事件：一是第一次世界大战将西方资本主义制度固有的矛盾暴露无遗。战争极端残酷，欧洲参战国衰败、社会混乱，广大人民群众的生活更加痛苦不堪。还有战争期间，西方列强疯狂掠夺中国资源和大量征集中国人去欧洲战场充当劳工，其劳动条件和生活环境极其恶劣。这些都促使先进的中国人对西方资本主义文明的认识走向觉醒，开始反思和批判资本主义制度。二是俄国十月革命的胜利极大地鼓舞了中国人民，特别是其先进分子。中国国情与俄国有相似的一面，尽管俄国的工业和资本主义经济比中国发达许多。在俄国布尔什维克党和列宁领导下，工农大众推翻沙皇和资产阶级政府，建立起新型社会主义国家，成了社会的主人。这使在苦苦求索救国救民真理、对资本主义制度感到失望的中国先进分子在茫茫黑暗中看到了光明。如毛泽东所说，十月革命一声炮响，给我们送来了马克思列宁主义。中国的先进分子开始用无产阶级的世界观作为观察国家命运的工具，重新考虑自己的问题。"一九二一年产生了中国共产党，中国就改变了方向，五千年的中国历史就改变了方向。"① "自从有了中国共产党，中国革命的面目就焕然一新了"②。中国共产党领导中国人民经过28年艰苦卓绝的斗争，取得了新民主主义革命的伟大胜利，建立了中华人民共和国，从而奠定了中国人民站立起来的历史基础。

讲中国共产党使中国人民站起来，为什么要强调毛泽东同志的核心作用呢？因为面对中国异常特殊的国情，选择一条什么样的道路才能把中国革命引向胜利，是个在任何本本上都找不到现成答案的难题。1935年1月，遵义会议以前的中国共产党历届领导人，特别是20世纪30年代初期的教条主义者，简单套用马克思列宁主义关于无产阶级革命的一般原理和照搬俄国十月革命城市武装起义的经验，使中国革命遭受严重挫折。遵义会议改组中央领导，逐步形成以毛泽东同志为核心的第一代比较成熟的中央领导集体，才使中国革命的面貌发生了巨大改变。如习近平总书记所指出的，毛泽东同志创造性地解决了马克思列宁主义基本原理同中国实际相结合的一系列重大问题，深刻分析中国社会形态和阶级状况，经过不懈探索，弄清了中国革命的性质、对象、任务、动力，提出通过新民主主义革命走向社会主义的两步走战略，制定了新民主主义革命总路线，开辟了以农村包围城市、最后夺取全国胜利的革命道路。毛泽东同志创造性地解决了在中国这种特殊的社会历史条件下建设马克思主义政党的一系列重大问题，把党建设成为用科学理论和革命精神武装起来的、同人民群众有着血肉联系的、思想上政治上组织上完全巩固的马克思主义政党。毛泽东同志创造性地解决了缔造一个在党的绝对领导下的人民武装力量的一系列重大问题，建成一支具有一往无前精神、能压倒一切敌人而决不被敌人所屈服的新型人民军队。毛泽东同志创造性地解决了团结全民族最大多数人共同奋斗的革

---

① 《毛泽东文集》第三卷，人民出版社1996年版，第397页。
② 《毛泽东选集》第四卷，人民出版社1991年版，第1357页。

命统一战线的一系列重大问题，为党和人民事业凝聚了一支最广大的同盟军。毛泽东同志带领我们党创造性地提出和实施了一系列正确的战略策略，及时解决了中国革命进程中一道道极为复杂的难题，引导中国革命航船不断乘风破浪前进。这几个"创造性"，就说明了强调毛泽东同志的核心作用的缘由。

前面讲过遵义会议和红军长征的历史、抗日战争和转战陕北的情况，也讲了毛泽东非凡之人关于一切反动派既是真老虎又是"纸老虎"的非凡之论，以及在转战陕北极其艰难险恶环境中提出的三大非凡之谋。这里再讲一段非凡之人的非凡之战，即在世界上最小的指挥所运筹帷幄世界级大决战，进一步体悟毛泽东的非同小可的核心作用。

1948年3月下旬，毛泽东东渡黄河，告别他生活和战斗了13年的陕北。5月下旬，到达中共中央机关所在地西柏坡后就与其他中央领导同志一起运筹，如何打破大别山乃至整个中原的僵持局面，谋划夺取全国革命胜利的大方略。中共中央几经磋商，并不断征求相关高级将领意见，博采众长，最后对战略部署作重大调整。1948年，在中共中央政治局九月会议上，就若干重大军事政治决策统一党内领导层认识后，对于中国革命最后胜利具有决定意义的大决战全面展开。

这次大决战，是由辽沈、淮海、平津三大战役环环相扣组成的。当时，国民党军的数量仍多于解放军，装备更强于解放军。国民党政府还统治着全国3/4的地区和2/3的人口。但以毛泽东同志为核心的党中央看透这个表面上庞然大物的虚弱实质，觉察出他们在考虑战略撤退正举棋不定。毛泽东抓住这个稍纵即逝的关键时刻，决定发动震惊世界的战略大决战。

大决战首先由辽沈战役拉开帷幕。这是因为东北战场已成为全国战局发展的关键，战场形势非常有利于我。国民党军55万人被分割在长春、沈阳和锦州三个孤立地区。我东北野战军已超过百万，装备通过缴获大有改善。毛泽东提出"封闭蒋军在东北加以各个歼灭"，"关门打狗"先克锦州的作战方针。我军只用31个小时即攻克锦州。被俘的国民党军镇守锦州最高指挥官坦承：锦州好比一条扁担，一头挑东北，一头挑华北。这一步棋，非雄才大略之人是下不出的。随后，对长春和沈阳之敌不战而胜。辽沈决战历时52天，歼敌47万多人，给国民党致命一击，加速了解放战争胜利进程。

大决战的关键之战是淮海战役。双方力量对比，我弱于敌。国民党军总兵力达80多万，我华东野战军、中原野战军总共兵力只有60多万人，不仅人少，而且装备和交通运输能力也不如敌。但在这种不利条件下展开的决战更具传奇性。一是决战规模和部署有个从小淮海到大淮海的演变过程。毛泽东称赞说，淮海战役打得好，好比一锅夹生饭，还没有完全煮熟，硬是被你们一口一口地吃下去了。二是开创了两支野战军协同作战成功范例。毛泽东说，两个野战军联合在一起，就不是增加一倍力量，而是增加了好几倍的力量。三是广大人民群众支前出色。陈毅有句名言，淮海战役是用独轮车推出来的。这一决战历时66天，歼敌55万多人。斯大林从新华社电讯中得知消息后说，淮海战役打得好，以60万的兵力打败国民党军80万的兵力，是个奇迹。这是中国革命战争史上的奇迹，在世界战争史上也是少见的。

大决战的压轴戏是平津战役。平津战役是毛泽东将军事斗争与政治斗争巧妙结合的杰作。在军事斗争上将"兵贵神速"和"出敌不意"的原则运用到了极致，对国民党傅作义部实行"围而不打"和"隔而不围"，然后选择时机歼灭主力，使其成笼中之鸟欲逃无路，展现了毛泽东军事指挥的高超艺术水平。在政治斗争方面，充分利用傅蒋矛盾，陈明利害，耐心工作，晓以大义，使其在和平解放北平、完整保存文化古都上立了大功。并且，创造了解决国民党军队的三种方式，即天津方式（用战争解决拒不投降的敌人）、北平方式（迫使敌军接受和平改编，是不流血的斗争方式）、绥远方式（基本原封不动地保留起义部队，以后择机改编）。平津战役并用这三种方式，以我军伤亡较小、破坏较少的代价取得胜利。这次战役历时64天，歼灭和改编52万余人。

周恩来回顾这段历史时说，西柏坡是毛主席和党中央进驻北平，解放全中国的最后一个农村指挥所，我们这个指挥所可能是世界上最小的指挥所。我们一不发人，二不发枪，三不发粮，只是天天发电报，就把国民党打败了。这话很诙谐，但也是实情。

大决战后，全国革命胜利指日可待。国民党当局最终拒绝和平谈判条件，毛泽东和朱德发布向全国进军的命令，百万雄师过大江，迅即解放了南京、上海。在此前后，解放军势不可当地分路进军中南、西南、西北，秋风扫落叶般地歼灭或改编国民党残余部队，解放广大国土，夺取了新民主主义革命胜利。

新生的中华人民共和国于1949年10月1日宣告成立，五星红旗在天安门上空冉冉升起。这一庄严历史时刻，标志着几代中国人梦寐以求的民族独立和人民解放终于实现了！

以上的历史回顾，就是中华人民共和国站起来的历史基础。

二 怎样看待中国共产党领导中国人民走社会主义道路，使中华人民共和国站起来有了稳定的政治、经济和社会基础

只有社会主义能够救中国，只有社会主义能够发展中国，这不是马克思主义本本上的先验结论，而是中华人民共和国成立70多年来所得出的颠扑不破的真理。从社会发展客观规律看，人类最终要实现社会主义和共产主义，这是不依任何人的意志为转移的，至于它叫什么，可依不同国情和文化历史有不同的称谓。

有一种观点认为：有的国家建设了几十年的社会主义最后还是倒了台，这怎么能说社会主义好？其实，邓小平早就指出，社会主义经历一个长过程发展后必然代替资本主义。这是社会历史发展不可逆转的总趋势，但道路是曲折的。

从一定意义上说，某种暂时复辟也是难以完全避免的规律性现象。一些国家出现严重曲折，社会主义好像被削弱了，但人民经受锻炼，从中吸取教训，将促使社会主义向着更加健康的方向发展。邓小平的这段话语重心长，精辟透彻。有的社会主义国家倒台，不是社会主义制度不好，而是领导建设社会主义的执政党没有能够将马克思主义基本原理与本国具体实际情况相结合，探索出具有本国特点的社会主义道路；加上外部因素和党的建设存在的诸如腐败等许多问题，人民不满意，"水可载舟，亦可覆舟"，因而顷刻倒台。

中华人民共和国成立时曾经面临过走什么道路、向何处去的选择。许多党外人士津津乐道于欧美资本主义制度，党内某些人也不是没有这种倾向。但是，在筹建新中国时，以毛泽东同志为核心的党中央明确表示，新中国成立后建设新民主主义国家，前途是社会主义。对此解释，大家非常赞同。因为不少人到延安和其他解放区考察过，印象都很好。就连美军观察组也称赞道，我们来到陕北后，发现这里是中国具有许多现代事物的地方。这里不存在铺张粉饰和礼节俗套，没有乞丐，也没有令人绝望的贫困现象，人们的衣着和生活都很俭朴，人民之间的关系是坦诚、直率和友好的。延安所在的陕甘宁边区是建设新民主主义的示范区，像这样由新民主主义走向社会主义，在中国人民政治协商会议上与会者没有异议，大家一致拥护地通过了《中国人民政治协商会议共同纲领》。

新中国新制度开启中华民族历史发展的新纪元，也揭开了建设梦寐以求的新社会的新篇章。

（一）中华人民共和国能够站起来而不倒，首先是因为建立了符合中国实际情况的人民民主专政制度，实现了国家空前的独立统一和民族团结

人民民主专政制度是中华人民共和国的国体，这在《中国人民政治协商会议共同纲领》中有明确规定。中华人民共和国的政体，即国家政权组织形式，

是人民代表大会制度并由各级代表大会选举政府。在前面提到的 1948 年 9 月召开的中央政治局扩大会议上,毛泽东还讲过,新中国既不采用资产阶级的议会制和立法、行政、司法三权鼎立等,又不能照搬苏联的苏维埃政权形式,而应该实行基于民主集中制的人民代表大会制度,由人民代表大会决定大政方针,选举政府。所以,不搞什么"三权鼎立",不是中华人民共和国成立后才讲的,早在筹建新中国之时就明确了。《中国人民政治协商会议共同纲领》还确认了新中国的政党制度是中国共产党领导的多党合作和政治协商制度,它的国家结构形式是统一的多民族国家和单一制国家中的民族区域自治制度。这些制度完整、系统地构成了新中国的基本政治制度。

正是这些完整、系统的基本政治制度,使中国人民从中华人民共和国成立伊始,就成为国家、社会和自己命运的主人。当时对统一国家和巩固新生的人民政权及社会秩序的主要举措有四个方面。

第一,解放全中国的大进军。中华人民共和国成立时,中南、西南和西北的许多地区还没有解放。中华人民共和国成立前后,即向这些待解放地区进军,至 1950 年 10 月,经过一年艰苦作战,歼灭大陆和海岛上残存和收编的国民党军近 300 万人,加上此前歼灭的,人民解放军总共歼灭国民党军达 807 万人,解放了除西藏、台湾和少数几个海岛以外的全部中国领土。一年后,根据与西藏地方政府达成的协议,人民解放军进藏部队和平解放西藏,结束了长期以来受帝国主义侵略势力羁绊的历史,捍卫了国家的主权和领土完整。

第二,肃清各种残存的反革命力量,建立地方各级人民政权。在新解放区,许多地方匪患严重,反革命残余势力猖獗。1950 年,全面开展大规模剿匪斗争,到 1953 年共歼灭匪特 260 余万人,结束了中国匪患久远、为害甚烈的历史。其间开展的镇压反革命运动,清查出了许多隐藏很深的反革命分子,进一步稳定了社会秩序。根据《中国人民政治协商会议共同纲领》,在新解放区,由各界人民代表会议代行人民代表大会职权,用民主选举方式产生了各级地方人民政府，从而有了比较完整的国家政权机构，使中华人民共和国成立初期纷繁复杂的政府工作迅速打开局面。

第三，实行反封建的土地改革和民主改革。新解放区从1950年冬季开始，掀起了一场空前规模的土改运动。至1952年底，广大新解放区的土改运动基本完成。在整个土地改革中，共没收征收约7亿亩土地，并将这些土地分给了无地和少地的农民。这使在中国延续了2000多年的封建土地所有制被彻底废除。同时，在工矿企业实行民主改革，废除了旧的官僚管理机构和封建把头制、搜身制等各种压迫工人的制度，初步建立了民主管理制度，这才使工人群众感到彻底解放了。

第四，实施民族区域自治政策。我国是一个统一的多民族国家。在旧中国，民族压迫、民族隔阂很深。根据《中国人民政治协商会议共同纲领》的要求，首先抓好落实民族区域自治政策和培养训练少数民族干部两项工作，在少数民族聚居地区从实际情况出发建立各种自治区。至1953年春，全国已建立县级及其以上的民族自治地方47个，并准备在新疆和宁夏建立相当于省级的民族自治区。这促进了民族地区各项事业的发展。

有了这些重大举措，国家的法律和政令普遍实施于全国各地区直到各基层单位，根本改变了旧中国四分五裂的局面，迅速实现和巩固了全国范围（除台湾等岛屿以外）的国家统一，实现和巩固了全国各族人民和各阶层人民的大团结，从而牢固地确立了中华人民共和国能够站起来的根本政治前提和制度基础。

（二）中华人民共和国能够站起来而不倒，还因为在迅速恢复国民经济之后，在大规模经济建设的同时进行了社会主义改造，社会主义制度在神州大地初步建立起来

第一，恢复国民经济。在这方面起定海神针决定性作用的是三项。

首先，没收官僚资本，组建领导国民经济恢复和发展的国营经济。到1951

年,包括金融、工矿、交通运输和招商局等系统的所有官僚资本企业都全部改造为社会主义性质的国营企业。这不仅构成了中华人民共和国成立初期国营经济物质技术基础的最主要部分,而且由此掌握了国民经济中大部分社会化的生产力。随着国营经济的组建和国营企业的建立,还有私营企业民主改革的推进,贯彻全心全意依靠工人阶级的方针,调动了广大工人群众的积极性和主动性,恢复和发展生产在短期内就取得了引人瞩目的成绩。

其次,打击不法资本,统一财经、稳定物价。为了解决国民党统治时期恶性通货膨胀造成的经济秩序混乱状况,党和政府采取了两大措施。一是进行打击不法资本的"经济战"。那时的投机资本非常猖狂,一大批不法投机商炒卖黄金、银元、外币,物价指数成倍暴涨。党和政府依靠国营经济力量,进行打击不法资本的"银元之战"和"粮棉之战"。这就是查封金融投机的大本营上海证券大楼,集中调运一大批粮食、棉花、棉布、煤炭等紧缺物资,在物价上涨最猛烈之时敞开抛售,市面行情大幅下跌,投机商蚀本吐出囤积物资时,由国营企业及时购进。经过这两次"经济战"较量,民族资产阶级开始认可中国共产党的治国理财能力,接受党和政府的领导。二是统一全国财经,平衡国家财政收支和市场物资供求。为从根本上稳定物价,实行两个"改变"和"四个统一"。两个"改变",即改变战争年代分散管理、各自为政的财政体制;改变新老解放区不统一的财经政策。"四个统一",即统一全国财政收入,统一全国物资调度,统一全国现金管理,统一全国编制和供给标准,做到令行禁止。这样,1950年就实现了财政收支当年平衡,物价趋于平稳,结束了旧中国长期物价飞涨的局面。毛泽东高度评价当年的经济斗争,认为"不亚于淮海战役"。

最后,贯彻"四面八方"政策。这是毛泽东在党的七届二中全会不久后的4月中旬进驻北京香山双清别墅时提出的。他说:"我们的经济政策可以概括为一句话,叫做'四面八方'。什么叫'四面八方'?'四面'即公私、劳资、城乡、内外。其中每一面都包括两方,所以合起来就是'四面八方'。这里所说的内外，不仅包括中国和外国，在目前，解放区与上海也应包括在内。我们的经济政策就是要处理好四面八方的关系，实行公私兼顾、劳资两利、城乡互助、内外交流的政策。"[1] 中华人民共和国成立后，它成为整个经济恢复时期的指导方针。党和政府采取许多强有力措施，调整各方面关系，贯彻落实这个政策，促进了国民经济的恢复和发展。

经过三年多艰苦努力，遭到严重破坏的国民经济全面恢复，并有初步增长。在农业方面，大力整修水利设施，千百年来的洪水灾害得到初步治理，全国的粮食、棉花总产量大幅超过历史最高水平。农业总产值比1949年增长近一半。工业生产和交通运输的恢复也很快。1952年工业生产总值超过历史最高水平近1/4。1952年工农业总产值比1949年大幅增长，平均年增长20%左右。这为大规模建设创造了条件。

第二，实行有计划的大规模经济建设，改变了旧中国工业极端落后、国民经济破败不堪的面貌。随着国民经济的全面恢复，从1953年始实行第一个五年计划，迈开了中国人民期盼已久的工业化步伐。

"一五"计划坚持社会主义工业化道路。这就是在社会主义制度下，发挥集中力量办大事的优越性，主要依靠内部积累，使现代工业能够完全领导整个国民经济并在工农业生产总值中占绝对优势，成为全部工业的主要基础，真正赢得经济上的独立。这是中国这样经济文化落后的大国实现国家工业化的正确选择。

"一五"计划实行优先发展重工业的战略方针。重点是用一切方法挤出钱来建设重工业和国防工业。优先发展重工业是尽快改变我国工业极端落后，实现国家工业化，成为经济强国，跻身世界先进民族之林的必由之路。优先发展重工业，不是只发展重工业，还要建设必要的轻工业和发展农业。后来，将其明确为"在优先发展重工业的前提下，工农业同时并举"的方针。

---

[1]《毛泽东传》第三册，中央文献出版社2011年版，第1026页。

"一五"计划的基本任务是：新建一批规模巨大、技术先进的新兴工业部门，用现代先进技术扩大和改造原有的工业部门；合理利用和改建东北、上海和其他沿海地区城市已有的工业基础，在内地建设一批新的工业基地。苏联援助中国新建和改建工业项目共156个。这些项目包括钢铁、有色冶金、煤矿、炼油企业，重型机器、汽车、拖拉机等制造厂，以及化工厂、火力发电站等，还有若干国防工业企业。这些项目的建设，构成20世纪50年代中国工业建设的核心和骨干，建成后使中国工业的门类和生产能力有较大增长，初步改变了旧中国遗留下来的工业落后面貌和工业布局极不合理的状况。

"一五"计划较好地处理了我国经济建设中的几个重大关系。一是优先发展重工业和相应地发展农业、轻工业等的关系，轻、重工业的投资比例为1∶7.3，被认为是比较合理的。二是改善经济发展布局，为了改变沿海与内地的7∶3之比，在内地安排的基本建设占全国投资额的一半左右，限额以上的工业建设单位有53%安排在内地。三是经济建设的规模、速度和效益，坚持从中国实际出发、与国力相适应、量力而行的原则，确定工业总产值平均每年递增14.7%，农业总产值平均每年递增4.3%，既积极又比较稳妥。四是坚持自力更生与争取外援。上述苏联援建的156个重点项目，对中国工业化的起步起的作用很大，但是仍然强调国家建设坚持"以独立自主、自力更生为主，争取外援为辅"的方针，凡能自己解决的就不依赖外援。上述关系的较好处理，既为我国工业化的起步发挥了重要作用，也为国家大规模经济建设的开展提供了宝贵经验。

"一五"计划实施后，全国人民以高度的政治觉悟和生产热情投入大规模的建设热潮中。一批重要企业和设施先后上马，建设工地风起云涌，生产纪录被不断刷新，各地都涌现了许多被誉为"走在时间前面"的先进模范人物。到1957年底，"一五"计划的各项指标大幅度地超额完成，重工业主要产品的产量大幅度增长，我国工业生产能力空前提高。工业生产取得的成就远远超过旧中国的100年，增长速度同世界其他国家同一时期相比名列前茅。农业、轻工业生产也得到相应发展，国民经济体系有了进一步发展的初始基础。

第三，全面实行社会主义改造，社会主义制度基本建立起来，实现了中华民族历史上最深刻的社会变革。毛泽东对于我国怎样由新民主主义走向社会主义，在中华人民共和国成立后一直不停地进行思考，到1953年实施"一五"计划之际，提出了过渡时期总路线。这就是："从中华人民共和国成立，到社会主义改造基本完成，这是一个过渡时期。党在这个过渡时期的总路线和总任务，是要在一个相当长的时期内，逐步实现国家的社会主义工业化，并逐步实现国家对农业、对手工业和对资本主义工商业的社会主义改造。这条总路线是照耀我们各项工作的灯塔，各项工作离开它，就要犯右倾或'左'倾的错误。"①这条总路线，将我们党过去思考的"两个转变"——由农业国向工业国的转变和由新民主主义社会向社会主义社会的转变，有机地融合在一起了。社会主义工业化，就是实现前一个转变，三大改造就是实现后一个转变。因此，这条总路线的总任务，简单地说，就是"一化三改"。

"一化"，在前面讲实施"一五"计划时说过了，就是逐步实现国家的社会主义工业化。现在讲讲"三改"。先看对农业的社会主义改造。在土改之后，鉴于不少地方出现了阶层分化、贫富差距拉大的情况，农产品的商品率仍然很低，农业有拉迅猛发展的工业后腿的趋势。1951年开始的农业互助合作运动，显示出互助合作强于单干的优势，此后就探索出由互助组到初级农业生产合作社，再到高级农业生产合作社的逐步升级发展生产的中国式农业集体化道路。1956年形成农业社会主义改造高潮。这年底，加入农业生产合作社的社员总数已达全国1.1亿农户总数的96.3%，其中高级社户数占87.8%。基本上实现了高级形式的农业合作化。

与农业合作化密切相关的是手工业合作化。我国工业基础薄弱，手工业在国民经济和社会生活中占有重要地位。在广大农村，农民生产资料和生活资料

---

① 《建国以来重要文献选编》第四册，中央文献出版社1993年版，第348—349页。

大部分是由手工业生产的，约占所需量的60%—80%。1952年，全国城乡手工业工人和手工业独立劳动者达1930余万人。手工业产值占全国工业总产值的20%多。手工业合作化也探索出由生产小组、供销合作社到生产合作社的逐步升级形式；在方法上从供销入手，实行生产改造；在步骤上则由小到大，由低级到高级。到1956年，手工业社会主义改造高潮也开始出现。是年底，加入手工业合作社（组）的占全部从业人员的91.7%。至此，全国基本实现了手工业合作化。经营方式经过初步调整后，手工业生产合作社普遍增加了生产，提高了收入，展现了集体经济的优越性。

"三改"中最引人注目的是对资本主义工商业的社会主义改造。前面说到总路线的总任务，既可简单地归为"一化三改"，还可归为"一体两翼"。"一体"与"一化"是一样的，不过它进一步表明了社会主义工业化的主体地位。从这个意义上说，它的内涵更丰富。"两翼"也蕴含这层意思。一翼是对个体农业、手工业的社会主义改造，另一翼就是对资本主义工商业的社会主义改造。由于个体农业与手工业有着"连体"似的联系，故被视为一翼。将对资本主义工商业的社会主义改造作为单独一翼，既显示出它们的区别，也有说明其特殊意义的味道。我国的资本主义工商业与许多国家的资本主义不一样，它有两面性。在中华人民共和国成立后，既有有利于国计民生的积极一面，也有不利于国计民生的消极一面，所以采取"利用、限制、改造"政策。随着国民经济的发展，它就成为被改造的另一翼。

对资本主义工商业的改造，也有一个低级到高级的发展形式。这就是由加工、订货、收购、包销、统购、统销到公私合营等。从生产力方面看，接受国家加工订货的私营企业都有较快发展，使国家能掌握其主要产品，有了保证商品供给和制定价格政策的物质条件。从生产关系方面看，由低级到高级形式的发展过程，就是对其逐步改造走向社会主义的过程，其中的公私合营是最有利于将私营企业过渡到社会主义的形式。随着农业合作化高潮的兴起，对资本主义工商业的改造也由单个的公私合营进入全行业公私合营的新阶段。到1956年底，全国原有的私营工业8.8万余户，有99%的企业实现了所有制改造；全国原有的240万余户私营商业，有82.2%的户数实现了改造。这一年，全国公私合营工业总产值，较1955年这些企业的总产值增加了32%，其劳动生产率较1955年提高了20%—30%；在商业方面，全国公私合营商店等企业的零售总额，较1955年这些企业的零售总额增加了15%以上。

"三大改造"的完成，说明亿万农民和上千万手工业者以及其他个体劳动者，已经成为社会主义的集体劳动者。资本家所有的资本主义私有制，基本上转变成国家所有的公有制；资本家不再是原来企业的所有者，而是按照他们的能力被接受为企业的职员；他们领取的定息，由国家根据合营时核定的私股资产按年息5%（略高于银行利率）固定利率付给，已同原有企业的利润没有联系。这样，全民所有制和劳动群众集体所有制，在我国国民经济中居于绝对统治地位。社会主义改造基本完成，标志着社会主义经济制度在我国已经建立起来。当然，"三大改造"后期也出现不少缺点和偏差，即对农业和手工业的改造要求过急、工作过粗、改变过快，形式过于简单划一；对资本主义工商业，涉及对一部分原工商业者的使用和处理不是很适当。这些缺点和偏差主要属于工作中的问题，在发现后得到了一定克服和纠正。

应当引为自豪的是，在我国这样几亿人口的大国能实现异常复杂、困难和深刻的社会变革，不但没有破坏生产力，而且明显地促进了生产力的发展；不但没有引发经济社会的动荡，而且是在保证国民经济基本稳定发展的情况下进行的；不但没有照搬照抄别国的改造模式，而且还创造了一系列由低级到高级的逐步过渡形式，特别是成功地实现了和平赎买政策。这"三个不但没有和而且"，在理论上是对马克思主义的巨大发展，在实践上则开辟了一条具有中国经验的社会主义改造道路。

当然，也不避讳，从20世纪50年代后期始，我们党在异常艰辛地探索建设社会主义过程中，犯过错误、发生过严重曲折和挫折。但是党不断总结经验教训，修正错误，经过调整和整顿，以及在特殊年代采取特别措施，仍独立研制出"两弹一星"，一些高科技项目取得重大突破。从总体上看，不但巩固了社会主义改造建立起来的以生产资料公有制和按劳分配为主体的经济制度，而且在经济建设方面，成为世界上不多的拥有独立的比较完整的工业体系和国民经济体系的大国。这自然是中华人民共和国站起来而不倒的强大经济基础。

（三）中华人民共和国能够站起来而不倒，还因为关系广大人民群众生存、生活和发展进步的各项社会事业得到很大发展，人民的基本需求有了一定保障

1949年，我国城镇居民人均现金收入不足100元，农村居民人均纯收入不足50元，多数人口长期处于饥饿半饥饿的状况，食不果腹、衣不遮体。旧中国的科、教、文、卫事业同经济一样异常落后，生活在社会底层的广大工人、农民多为文盲，全民族体质虚弱，疫病广为流行，被讥讽为"东亚病夫"。中华人民共和国成立后，科、教、文、卫、体等各项事业得到很大发展，社会风气有了很大改变。现在就来概略地了解一下这些方面的变化。

第一，解放妇女，改革旧的婚姻制度。妇女是半边天。在旧中国，长期沿袭以夫权为中心、压迫妇女，并剥夺男女婚姻自由的封建主义婚姻制度。中华人民共和国成立后，制定的民法，首先就是《中华人民共和国婚姻法》，这是共产党作为执政党后颁布的第一部基本法律。经过广泛宣传，在全国大部分地区，封建婚姻制度已被摧毁，婚姻自由、男女平等开始形成新的社会风气，民主和睦的新家庭大量涌现。占全国人口半数的广大妇女积极参加各种生产活动和社会活动，政治地位空前提高。改革封建婚姻制度，从根本上动摇了旧有家庭关系的根基，也从根本上触动了旧的传统思想观念和伦理道德，既真正解放了妇女，也解放了强大的生产力，在许多领域创造了不可思议的奇迹。在新中国，妇女解放是最彻底的。这受到了全世界进步人士的称道。

第二，教育科学文化事业的改革和初步建设。

——教育方面。党和政府革故鼎新，让教育转向为广大劳动人民服务，为恢复和发展国家的经济建设服务。大力发展小学和中学，让工农和贫民子弟读得起书。学校教育废除法西斯式的训导制度和反动的政治教育，建立革命的政治教育和适应新社会要求的进步知识教育。小学、中学、大学在校生成倍或数十倍增长。兴办了多种多样的工农速成中学、工农干部文化补习学校等，使一批工农干部、产业工人和解放军指战员达到中等文化程度，更好地投入生产和经济建设第一线。对高等教育实行院系调整和专业设置改革，使大多数省拥有一所综合性大学和工、农、医、师等专门学院。到1953年，全国初步形成学科、专业设置比较齐全的高等教育体系。整个"一五"计划期间，全国高校毕业生达27万，超过1912年至1947年36年间21万毕业生总和的28.5%。

——文化建设。首先从文学艺术方面入手，重点发展为了广大人民的文学、艺术、戏剧、电影等文化事业。鼓励广大文艺工作者积极投身于现实斗争，深入社会生活，创作以革命战争、民主改革、生产建设为主要题材的优秀作品。根据毛泽东提出的"百花齐放，推陈出新"方针，积极推进戏曲改革，鼓励"改戏、改人、改制"，努力净化戏曲舞台、整理传统剧目，剔除旧戏曲中的封建毒素，倡导各种戏曲形式的自由竞赛。许多戏曲艺人创作了一大批喜闻乐见的优秀剧目，获得社会好评。在书刊出版方面，注重出版有益于人民的通俗书刊，出版了一批激励广大人民群众、投入新社会激流中去的好书刊。

——科技建设。在起步阶段，主要是组建领导国家科学技术事业发展的两大机构。一是成立中国科学院。它是政府的一个部门，担负两大任务：其一，利用近现代科学成就，服务于工业、农业和国防建设，组织并指导全国科学研究，提高科研水平。其二，指导建立地方科研机构，加强科研队伍建设，配合高等院校、产业部门、国防部门的科研机构，逐步建立比较完整的科研体系，为中国科学事业走向振兴打下初步基础。二是成立中华全国自然科学专门学会联合会和中华全国科学技术普及协会。这两个全国性科技团体，在团结广大科技工作者，推动学术研究和学术交流，普及科学知识，提高人民群众科学技术水平等方面做了大量工作。1957年全国科研机构和研究人员比1952年增长了2倍多。

第三，医疗卫生体育事业的改革和发展。在医疗卫生方面，首先明确了中华人民共和国医疗卫生工作的三大原则：面向工农兵，预防为主，团结中西医。医疗卫生机构在广大农村基本建立，各级卫生部门在广大农村、城市街区和工矿企业积极建立基层卫生组织。全国还建立了各种专业防疫机构和队伍，加强医学教育，培养医药卫生人员。为消除中西医间隔阂，进行团结中西医教育，组织中西医师既发展现代医学又发展传统医学，提高医疗水平。大规模开展爱国卫生运动，许多城市清除了旧社会几十年积存的垃圾，整治了市区环境。1957年，全国县县有医院，乡乡有诊所，城乡环境卫生有显著改善。居民平均预期寿命延长了近30岁。群众性体育活动广泛开展，我国运动员获得20多项世界冠军，打破和超过170多项世界纪录。

第四，扫除旧社会痼疾的斗争。旧社会遗留了大量的痼疾，诸如卖淫嫖娼、贩毒吸毒、设庄赌博等，严重毒化社会环境和人们身心。党和政府迅速开展扫除各种社会弊病的斗争。经过全国人民"大扫除"，到1952年底，在旧中国肆虐的娼、毒、赌等社会痼疾基本禁绝。如邓小平所说，我们只花了三年时间，就将旧社会那些丑恶的东西一扫而光。"吸鸦片烟、吃白面，世界上谁能消灭得了？国民党办不到，资本主义办不到。事实证明，共产党能够消灭丑恶的东西。"[①]

第五，随着国民经济的根本好转，国家财政收入大幅度增加，人民收入逐年增长，生活普遍得到改善。据有关方面计算，1952年全国职工（包括家属）平均消费额比抗战前的1936年增加35%左右。各地农民收入，从1949年到1952年一般增长30%以上。1957年全国居民平均消费水平比1952年提高24.5%，全民所有制职工平均工资，比1952年实际增长30%以上；全国农民收

[①]《邓小平文选》第三卷，人民出版社1993年版，第379页。

入在"一五"期间增加30%。建立高级社后,农村"五保户"有了依靠,社员的生老死葬都有保障。全国居民人均消费水平,无论农村居民还是城镇居民,都翻了一番,初步满足了占世界1/4人口的基本生活需求。

中华人民共和国社会事业发生上述这样巨大变化,社会建设取得历史上从未有过的耀眼成就,生活在社会底层的广大人民群众拥护共产党领导的新中国,毫无疑问地使中华民族挺立在亚洲东方有了强大的社会基础。

三 怎样理解抗美援朝战争是中华民族站起来的国家安全基础

中华人民共和国能够站起来而不倒,还因为结束了旧中国屡受外国欺凌侵略的屈辱历史,党领导的人民武装力量挫败了帝国主义、霸权主义的侵略和武装挑衅,巩固的国防使祖国领土完整和人民安全有了绝对保障。特别是抗美援朝战争,中国人民志愿军经受了现代战争的洗礼,既打出了人民军队的军威,也打出了中华人民共和国的国威,使中国人民真正扬眉吐气地站起来了。这里就着重讲讲抗美援朝战争怎样成为中华民族站起来的国家安全基础。

中华人民共和国成立后不久,朝鲜内战爆发,以美国为首的"联合国军"迅速北进,战火烧到鸭绿江边,出现了我国是否应朝鲜政府请求出兵援助的问题。我们国家那时的情况是:经济恢复刚刚开始,物资极度匮乏,财政状况甚为困难,人民政权没有完全巩固,人民解放军武器装备相当落后,海、空军尚处于初创阶段。面对的美国是世界上经济实力最雄厚、军事力量最强大的国家。就综合国力言,1950年美国的工农业总产值是2800亿美元,而我国仅有100亿美元。论军事装备,美国拥有包括原子弹在内的大量先进武器和现代化的后勤保障,而我军基本还处于"小米加步枪"水平。敌我力量如此悬殊,出兵参战,能否打赢?国内经济建设还能否进行?这些是不能不考虑的重大问题。军情紧急，压力巨大，决策异常艰难。胡乔木说，要不要派志愿军抗美援朝，是毛泽东一生最艰难的决定之一。党中央多次讨论，在反复权衡利弊之后，毅然决定派遣中国人民志愿军参战，并作好应付最坏局面的准备。

1950年10月19日，中国人民志愿军在彭德怀司令员统率下跨过鸭绿江。10月25日，在两水洞、丰下洞地区全歼敌军几百人，取得初战胜利。这一天被确定为中国人民志愿军抗美援朝纪念日。抗美援朝战争包括两个方面，既有战场上的军事较量，也有谈判桌上的政治斗争；或者说，既打"武仗"，也打"文仗"。打"武仗"，毛泽东是运筹帷幄决胜于千里之外的最高统帅；打"文仗"，毛泽东是精心谋划停战谈判的总设计师。作为军事斗争的"武仗"，中国人民志愿军在入朝后的前八个月进行了五次战役，在谈判过程中又打了四次大仗；作为政治斗争的"文仗"，在两年停战和谈中，凡属实质性的谈判都极其艰辛，谈谈打打，以打促谈。

（一）空前残酷军事较量的五次战役

第一次战役打了10多天，是志愿军与敌军首次交战，歼灭"联合国军"1.5万余人，创造了以劣势装备打败现代化装备之敌的历史纪录，并将敌军从逼近鸭绿江赶回至清川江，扭转了朝鲜战争的局势。第二次战役，是应对"联合国军"总司令麦克阿瑟发起"圣诞节总攻势"的一场恶战。敌人调集22万军队、飞机1200余架，声称在圣诞节前占领全朝鲜后班师回国。志愿军第一线部队9个军约40万人，但装备太差，不能同敌人硬拼，只能避其锐气，边打边退，诱其深入，然后在运动中寻机歼敌。11月下旬，敌军在数百架飞机配合下发起全面进攻。在将其诱至预设战场后，我西线各军发起大规模反击，各部队穿插运动、分割包围在清川江北企图南逃的数万敌人。我38军113师一夜疾驰，孤军深入敌后80公里，切断了其主力第8集团军南逃的两条退路。该师在有严重伤亡的极端困难情况下，紧紧地挡住了突围之敌和北援之敌的两面进攻。他们以血肉之躯坚持 50 多个小时，使南逃北援之敌相距不到 1 公里却不能会合，为战役大胜奠定了基础。在东线，第 9 兵团向进犯长津湖之敌发起突然攻击，冒着近零下 30 摄氏度的严寒与敌连续战斗，收复了兴南地区及沿海港口。12 月 6 日，中朝军队收复平壤，逼近三八线。这次战役历时 1 个月，歼灭"联合国军" 3.6 万余人，其中美军 2.4 万余人，基本收复朝鲜全部领土。第三次战役，是在我军严重减员、冒着狂风暴雪和极度严寒与忍饥挨饿的不利情况下进行的。1951 年 1 月 4 日占领汉城（今首尔），5 日渡过汉江，将敌军驱赶至三七线附近。经过连续 8 昼夜追击，将战线向南推进了 80 至 110 公里，歼敌 1.9 万余人。第四次战役，从 1951 年 1 月下旬开始，双方投入兵力都是 20 多万，但敌军的飞机、大炮、坦克和物资供给占明显优势。我方主要是为第二番部队来接替作战，争取迟滞敌军进占三八线时间。3 月，敌军夺回汉城，向三八线以北推进。麦克阿瑟企图将军事行动扩展至中国，被解除"联合国军"总司令职务，由美军第 8 集团军司令李奇微接替。他了解到中朝军队主动后撤，准备实施大规模反击的意图，并发现志愿军第二番部队已抵达前线阵地，遂令部队停止进击。这次战役历时近 3 个月，歼敌 7.8 万余人，超过前 3 次战役歼敌人数总和。第五次战役是中国人民志愿军入朝后打的一次规模最大、投入兵力最多的大战。双方投入兵力都在百万之众。我军空中掩护和坦克、大炮等武器装备虽有改善，但敌军仍占优势。这是一场世界级的大战，就其战争规模和激烈程度言，丝毫不逊于第二次世界大战中任何一次战役。这次战役中朝军队奋战 50 天，歼敌 8.2 万余人，将"联合国军"又打回到三八线，迫使美国当局认识到，要想吞并朝鲜是根本不可能的，只有坐下来谈判才是结束战争的出路。

（二）异常艰难的两年停战谈判斗争

停战谈判从 1951 年 7 月 10 日拉开序幕，谈判地点在三八线附近的历史古都开城。我军在前方谈判的工作班子：一是谈判代表（公开露面的），以朝鲜人民军最高司令官金日成的代表南日大将为朝中方面谈判首席代表。二是谈判工作组（不公开露面的），由中国外交部副部长李克农率领，协助指导谈判工作。李克农是毛泽东的直接联系人，前方代表团的谈判情况都由李克农向毛泽东汇报，毛泽东的指示也主要通过李克农告知金日成和彭德怀等。

为时两年的谈判主要围绕以下几个问题展开：（1）通过议程；（2）确定双方军事分界线，以建立非军事区；（3）在朝鲜境内实现停火与休战的具体安排；（4）关于战俘的安排问题；（5）向双方有关各国政府建议事项。在这五项议程谈判期间，还打了四次大仗。两年谈判全过程，充分展现了毛泽东作为统领停战谈判总设计师的超人谋略。这里着重介绍谈谈停停、打打谈谈的几次谈判。

关于划分军事分界线问题的博弈与粉碎敌人的夏秋攻势。划分军事分界线的谈判，是双方的第一个实质性谈判。它从1951年7月27日始，直到11月27日达成协议，整4个月。我方最初提出的方案是以三八线为界，南北各划若干公里，建立非军事地区。为了继续掌握谈判主动权，我方又提出调整划分军事分界线的新方案，即将三八线定为双方军事分界线的基线，依此基线建立非军事区，可依地形便利，就双方军事形势画一条线在三八线南北附近，即临津江以东划在三八线以北，临津江以西划在三八线以南，南北地区大致相等，以此叫军事分界线。但美方代表非常狂妄，企图不战而攫取我方占有的数百平方公里土地，并蛮横地以武力相威胁：那就让炸弹、大炮和机关枪去辩论吧！这样，双方在谈判桌上的博弈转变为战场上的搏杀。从8月到10月中朝军队先后粉碎敌人的夏季攻势和秋季攻势，歼敌15.7万余人。敌人并没有得到想在谈判桌上得到的利益，只好灰溜溜地回到谈判桌前继续讨论。1951年11月下旬，双方代表团基本上在我方调整新方案的基础上达成军事分界线议程的协议。

关于揭露美军使用细菌战和战俘遣返问题的艰难舌战。战俘问题谈判是所有谈判中最艰难的。讨论的核心内容，一个是遣返原则，另一个是遣返数量。美方公然违反《日内瓦公约》，蛮横无理至极。在谈判过程中，还实施惨无人道的细菌战。对此,我方针锋相对进行了斗争。

——开展反细菌战斗争。美军实施细菌战蓄谋已久,还在从三八线撤离时,就决定试验细菌武器。1952年初,美方在谈判桌上未能得逞,就对朝鲜北方和中国部分地区实施细菌战。中央军委电告志愿军司令部:美国细菌战的行动,其意图是"进行恫吓和威胁,并试验细菌武器的效能"[1]。"坏事变好事。"美军实施细菌战对于中国人民来说是很好的反面教材。党中央一方面动员全国人民全面展开反细菌战斗争,向全世界揭露美军灭绝人性的罪行;另一方面在朝鲜战场前线及我国国内进行反细菌战防疫工作,在全国开展防疫卫生运动,为中华人民共和国卫生事业打下广泛群众基础。

——抗议对朝中战俘残酷迫害的斗争。美方置《日内瓦公约》规定的全部遣返原则而不顾,坚持"一对一"的交换,进行"自愿遣返"。这与我方根据《日内瓦公约》提出的有多少遣多少的原则南辕北辙,遭到我方坚决驳斥。并且,美国当局对朝中被俘人员使用威胁利诱、动用酷刑等各种手段进行所谓"甄别"。这种罪恶行径遭到我被俘人员的强烈反抗。1952年2月和5月发生了两起残酷迫害我被俘人员的严重事件。这里说一下5月爆发的"杜德事件"。被关押在巨济岛上美军战俘营的朝中战俘,抗议对他们实施酷刑和屠杀的"自愿遣返"而举行示威游行。该岛17个战俘营的10余万战俘的40多名代表还召开代表大会控诉美方虐杀战俘、秘密利用战俘做细菌战、化学战、核子战试验品的罪行。美方新任战俘营负责人表示接受战俘们提出的停止实行"自愿遣返"等四项要求后,成为"战俘的战俘"的美军战俘营前长官杜德准将才被释放。但是,"联合国军"新任总司令克拉克撕毁"杜德事件"达成的协议,对战俘营血腥镇压,并继续对朝中战俘强行"甄别"。在7月中旬停战谈判会上,美方报告"甄别"情况说,要求遣返的战俘为8.3万。其中,朝鲜人民军战俘

---

[1] 中国军事科学院军事历史研究所:《抗美援朝战争史》下卷,军事科学出版社2014年版,第98页。

有 7.66 万人，约占应遣返人民军战俘的 80%；中国人民志愿军战俘 6400 人，约占应遣返志愿军战俘的 32%。这意味着要强行将大量志愿军被俘人员不予遣返，并离间中朝两国。美方这个包藏祸心的方案遭到我方代表严厉驳斥，美方代表单方面宣布谈判无限期休会。

关于上甘岭战役的较量和旷日持久谈判的结束。会场上不见，战场上见。1952 年 10 月，美军在上甘岭地区发动空前激烈的"金化攻势"，我军坚决反击，这就是上甘岭战役。

金化处于三八线中段，上甘岭与金化相距只有几公里。上甘岭是志愿军构筑中部防线的战略要地，与盘踞金化的"联合国军"遥相对峙。美军发动"金化攻势"，企图突破中朝部队的中部防线，进入平康平原。上甘岭地区的两个高地（597.9 高地和 537.7 高地），是扼守中部战线的前沿据点。从 1952 年 10 月 14 日至 11 月 25 日，在这个不足 4 平方公里的阵地上，敌人动用一切现代化军事手段，投入 4 万余人，还有 300 多门火炮、近 200 辆坦克、3000 余架次飞机，对志愿军阵地轮番进攻和轰炸。两个高地遭受了近 200 万发炮弹和 5000 余枚炸弹的蹂躏，土石被炸掉 1 至 2 米，成为一片焦土。志愿军也投入了 4 万余人，动用各种炮近 500 门，发射了 35 万余发炮弹。外电评论，此战兵力、火力之密集，在世界战争史上罕见，是中国军队炮火最强大最猛烈的一次。

上甘岭战役持续 43 天，志愿军防守部队依托以坑道为骨干的坚固防御阵地，在炮兵火力支援下打得英勇顽强，愈战愈神勇。我军以伤亡 1.1 万余人的代价，胜利击退了敌军大小近 700 次冲击，歼敌 2.5 万余人，击落击伤敌机近 300 架。这次战役涌现了黄继光、孙占元、胡修道等一批战斗英雄，成为最可爱的人的卓越代表。1953 年 6 月，毛泽东在接见上甘岭战役主要指挥员秦基伟时说，你们在上甘岭打得好，上甘岭战役是个奇迹，它证明了中国人民志愿军的骨头比美国的钢铁还要硬。这奇迹是你们创造的。

美帝国主义者在战场上打不赢，只好回到谈判桌上来。先是 1953 年 6 月

8日双方谈判代表在1951年12月11日开始的谈了一年半多的战俘问题达成的协议上签字。7月27日,"联合国军"总司令克拉克、朝鲜人民军最高司令官金日成和中国人民志愿军司令员彭德怀分别在《关于朝鲜军事停战的协定》等文件上签字。全世界人民渴望的朝鲜停战终于实现。历时三年一个月的朝鲜战争与两年九个月的抗美援朝战争终于结束了!就抗美援朝战争言,共歼敌71万余人,自身作战减员36.6万余人。美国开支战费400亿美元,消耗作战物资7300余万吨。我国开支战费62.5亿元人民币(相当于当时25亿美元),消耗作战物资560余万吨。美中两国的这个比差非常之大,完全可以说是轻量级举重选手打败了重量级举重选手!

(三)抗美援朝战争胜利的历史意义和时代价值

毛泽东在朝鲜停战后一个半月的讲话中指出,抗美援朝战争的胜利是伟大的,有很重要的意义。第一,和朝鲜人民一起,打回到三八线,守住了三八线。如果不打回三八线,前线仍在鸭绿江和图们江,沈阳、鞍山、抚顺这些地方的人民就不能安心生产。第二,取得了军事经验。我们摸了一下美国军队的底,跟它打了33个月,美帝国主义并不可怕,这是一条了不起的经验。第三,提高了全国人民的政治觉悟。由于以上三条,就产生了第四条:推迟了帝国主义新的侵华战争,推迟了第三次世界大战。"帝国主义者应当懂得:现在中国人民已经组织起来了,是惹不得的。如果惹翻了,是不好办的。""我们是不是去侵略别人呢?任何地方我们都不去侵略。但是,人家侵略来了,我们就一定要打,而且要打到底。中国人民有这么一条:和平是赞成的,战争也不怕,两样都可以干。"①

毛泽东对抗美援朝战争的意义讲得平实、通俗、生动、自然,寓伟大真理

---

① 《毛泽东军事文集》第六卷,军事科学出版社、中央文献出版社1993年版,第355、356页。

于平凡之中，融高深之理而直白浅出。他讲的上述意义不仅经受住了历史检验，而且凸显重要时代价值。有感于毛泽东的凿凿之言，观照历史的变迁、国家的发展、话语的俱进，我将毛泽东的论述概括为这样五点：第一，抗美援朝战争的胜利，使中华民族扬眉吐气地站起来了，既为中华人民共和国建设创造了和平的国际环境，也为改革开放以来走向富起来、新时代走向强起来奠定了坚实根基。第二，抗美援朝战争的胜利，取得了新形势下以弱胜强的丰富军事经验，表明党领导的人民军队在长期革命战争年代形成的人民战争思想仍然适用于现代化战争。第三，抗美援朝战争的胜利，提高了中国人民的政治觉悟，增强了民族自信心和自豪感，凝聚起了伟大的抗美援朝精神。第四，抗美援朝战争的胜利，巩固了处于帝国主义殖民体系中具有重要战略地位的半殖民地大国的胜利，推动了第二次世界大战后民族民主运动的高涨。第五，抗美援朝战争的胜利，极大地推动了世界走向和平与发展，使其逐渐成为20世纪下半个世纪以来的时代主题。

当初，谁也没有想到，两年零九个月极其艰苦军事政治较量的抗美援朝战争，会成为第二次世界大战后进行的第一场大规模的国际性局部战争，其时间之长、参战国之多，为第二次世界大战以来罕见。它的历史意义和时代价值既在中华民族战争史上，也在世界战争史上占据重要位置。

第八讲

党的八大与20世纪中国两次伟大革命的关系

毛泽东在党的七大上的口头政治报告中指出,要准备革命转变,夺取像北平、天津这样大的中心城市。"我们一定要在那里开八大,有人说这是机会主义;恰恰相反,八大如果还在延安开,那就近乎机会主义了。"[1] 历史的发展像毛泽东所预言的那样,11年后,中国共产党果真在北京召开了第八次全国代表大会。

在党的八大召开36年之后,党的十四大指出,在我们党的历史上先后进行过两次伟大的革命。第一次是以毛泽东同志为核心的第一代中央领导集体进行的新民主主义革命,并在革命胜利后建立起社会主义基本制度,把100多年受尽外国侵略欺凌的半殖民地半封建的旧中国变成了独立的人民当家作主的社会主义新中国。第二次是以邓小平同志为核心的第二代中央领导集体在十一届三中全会以来,以过去革命取得的成功和社会主义建设取得的成就为基础,进行改革开放,进一步解放和发展生产力,"把中国由不发达的社会主义国家变成富强民主文明的社会主义现代化国家"[2]。中国正在进行这场伟大的革命。

---

[1]《毛泽东在七大的报告和讲话集》,中央文献出版社1995年版,第137页。
[2]《十四大以来重要文献选编》(上),人民出版社1996年版,第3页。

党的八大与中国共产党在20世纪进行的这两次伟大的革命是什么关系呢？我有一个不成熟的看法：党的八大是可以成为这两次伟大革命的交会点的，但是后来历史的发展拐了个弯，使这个可能性没能变成现实。这里，试就这个问题作些探讨。

一 怎样看待党的八大召开的 1956 年在世界和中国发展历史坐标上的位置

对于 20 世纪 50 年代中国共产党的历史，一个时期人们比较感兴趣的是 1956 年以后。1956 年以后的几年在党的历史上是很沉重的，应当反思并引以为鉴。但是，1956 年在党和国家的历史发展上也有重要地位，同样应当加强研究。从研究党的八大来说，它更具有不可替代性。

（一）从世界范围看，在 1956 年至少有三件大事对党的八大和党的其他决策产生了不可忽视的影响

第一，国际形势趋于缓和。第二次世界大战结束后不久，国际局势出现"冷战"态势。冷战没维持多久，出现朝鲜战争那样的局部"热战"，一打就是三年，最后还是不得不转向"冷战"。民族解放运动的兴起进一步推动世界格局向有利于和平方面转变。1954 年日内瓦会议和 1955 年万隆会议的成功召开，说明反对战争、和平共处越来越成为许多国家人民的强烈愿望。国际形势日趋缓和的走向渐渐显露出来。这为中国开展大规模经济建设提供了有利的国际环境，是党的八大召开的重要外部条件。

第二，世界性的新科技革命潮流。战争是科技发展的催生婆。在第二次世界大战中，用于军事目的的科学技术有重大突破。第二次世界大战后，用于和平目的的科学技术飞速发展。作为这个时期新科技发展重要标志的原子能的和

平利用，带动了一大批新兴产业的涌现。各种新材料、新技术、新工艺、新流程和新设备的争相面世，为生产力的飞跃发展开辟了从未有过的宽广前途。科学技术正在经历着革命性变革，并使世界的面貌发生了巨大变化。战争使资本主义经济遭到严重破坏，而新科技革命却使资本主义世界的经济逐渐得到调整、恢复，并进入一个新的发展时期。社会主义国家也在利用科技革命的成果医治战争创伤，努力恢复和发展经济。这种环境为我国经济和社会的发展带来了机遇。中共中央密切注视着新科技革命的潮流，1956年1月召开的全国知识分子问题会议，发出向现代科学进军的号召，随后制定了12年科学发展规划。这对于党的八大尊重科学，尊重人才，确立正确的政治路线不能不产生一定影响。

第三，苏共二十大的召开。斯大林领导苏联的党和国家近30年之久，既有很大功劳，也犯有严重错误。1956年2月召开的苏共第二十次全国代表大会，在面对战后的新形势提出一系列新的国际国内政策的同时，赫鲁晓夫作的《关于个人崇拜及其后果》的秘密报告，把斯大林"一棍子打死"，在世界上产生了巨大影响。中共中央政治局研究了苏共二十大的文件和赫鲁晓夫的秘密报告，于同年4月以《人民日报》编辑部名义发表了《关于无产阶级专政的历史经验》长文，一方面对苏共二十大那些具有积极意义的决策给予肯定评价，另一方面对全盘否定斯大林的错误倾向表明了中国共产党的原则立场。文章对斯大林的个人崇拜现象及其发生的原因进行了辩证的分析，认为这是国际共产主义运动的历史现象，主要应着眼于吸取教训。从苏共二十大召开获得的正面效应，对于党的八大的召开产生了积极影响。

（二）从国内情况看，至少也有三个因素对党的八大的召开产生了重要影响

第一，社会主义改造的基本完成。1953年提出过渡时期总路线后，社会主义工业化和社会主义改造同时并举进行。但自1955年下半年反对右倾保守思

想、掀起农业合作化高潮之后,对生产资料私有制的社会主义改造以从未有过的规模和声势迅猛展开。到1956年6月,全国加入农业合作社的农户占总农户的91.7%,个体手工业者加入各种合作社的占其从业人员的90%,私营工业已有占产值99%和占职工总数98%的企业实现了公私合营,私营商业也有68%的户数和74%的从业人员实现了改造。这意味着三大改造的任务已超前许多年基本完成。它产生了两个方面的影响:一是改造工作中由于急促加速的缺点和偏差遗留下许多问题,二是它表明我国的无产阶级和资产阶级之间的矛盾已基本解决。这为在党的八大上提出国内主要矛盾已发生变化,要实现党的工作重心转移提供了基本依据。

第二,既反保守又反冒进的建设方针的制定。在1955年下半年反对右倾保守思想的高潮之中,中共中央根据毛泽东的意见曾决定:把反对右倾保守思想作为党的第八次全国代表大会的中心问题,要求全党在一切工作部门展开这个斗争。但是,随着反对右倾保守思想的政治空气的日益凝重,在农业生产和整个经济建设中出现了急躁冒进的倾向。到1956年4月,已形成各条战线、各个行业盲目发展,造成基本建设规模过大、职工总数增长过快、生产秩序混乱、资金供应紧缺、货币发行量剧增,从而使整个国民经济出现全面紧张的局面,第一个五年计划的实施和第二个五年计划的制订都受到了影响。为扭转这个局面,党中央和国务院负责经济工作的周恩来、陈云等领导同志,从1956年初就开始进行反对急躁冒进的斗争。6月10日,刘少奇主持中央政治局会议,确认了5月中央会议讨论的我国经济发展要实行既反保守、又反冒进,在综合平衡中稳步前进的方针。6月20日,《人民日报》发表了宣传中央政治局会议精神的《要反对保守主义,也要反对急躁情绪》的社论。经过几个月的努力,盲目冒进的势头得到了遏制。既反右倾保守,又反急躁冒进,实际上成为党的八大的一个重要指导思想。

第三,执政党建设的良好态势。随着中国革命的胜利,它的领导者中国共产党成为在全国范围内执政的党。到 1956 年党的八大召开前，全国有党员 1073 万名，比党的七大时增加近 8 倍，比 1949 年全国胜利时增加 2 倍多。这就是说，90% 以上的党员是党的七大以后入党的，60% 以上是中华人民共和国成立后入党的新党员。这既壮大了党的力量，又提出了加强党的建设的任务。对于执政党建设，毛泽东早在党的七届二中全会上就提出"两个务必"[①]思想和警惕"糖衣炮弹"的告诫。中华人民共和国成立后，为吸取李自成等农民起义军失败教训，克服已经产生的腐败现象，先后开展了整风整党和"三反""五反"运动，取得了较好效果。对刘青山、张子善事件的处理和对高岗、饶漱石事件的揭露，对加强党的建设，增进党的团结和统一起了警钟长鸣作用。这为党的八大的召开提供了较好的党内氛围。

1956 年在世界和中国发展的历史坐标上处于什么位置？有哪些特点？这无疑可以从这样那样的视角进行分析。但上述几点，对于中国共产党召开第八次全国代表大会来说，起了难得的好作用。这是党的八大能够制定正确的路线和比较好的决策，开成求实、民主、团结、奋进的大会的重要客观基础。

二 怎样看待党的八大与中国共产党领导的第一次伟大革命

刘少奇在党的八大的政治报告中开宗明义地指出："从我们党的第七次代表大会以来，十一年已经过去了。我们的祖国在这十一年内经历了两次有世界意义的伟大历史事变。在一九四九年，我们党领导人民推翻了帝国主义、封建主义、官僚资本主义的反动统治，建立了中华人民共和国。在去年下半年和今年上半年，我们党又领导人民取得了农业、手工业、资本主义工商业的社会主

[①] "两个务必"，即"务必使同志们继续地保持谦虚、谨慎、不骄、不躁的作风，务必使同志们继续地保持艰苦奋斗的作风"。见《毛泽东选集》第四卷，人民出版社 1991 年版，第 1438—1439 页。

义改造的全面的决定性的胜利。由于这两次胜利,我们国家的内外关系发生了一系列的根本变化。"① 这里讲的两次有世界意义的伟大历史事变,就是后来党的十四大概括的第一次伟大革命的基本内容。这就是说,党的八大的召开意味着中国共产党领导的第一次伟大革命已胜利完成,党的八大实际上担负着总结第一次伟大革命的任务。

党的八大与第一次伟大革命的关系,可从这样三个方面作具体分析。

(一) 党的八大召开的 1956 年是第一次伟大革命 20 年连续辉煌的鼎盛时期

第一次伟大革命从建党到党的八大召开历时 35 年。其间,1935 年 1 月召开的遵义会议确立毛泽东在党中央的领导地位,是这次革命的一个生死攸关的转折点。在遵义会议前 14 年,虽然有过大革命时期的辉煌,却连续遭受两次严重失败。特别是王明路线在中央长达 4 年之久的统治,使中国革命濒临绝境,不仅丢掉了经过艰苦卓绝斗争开辟的一个又一个革命根据地,被迫进行长征,而且在长征中还屡遭挫折,红军损失惨重。遵义会议后,在毛泽东的正确领导和指挥下进行的长征,局面大为改观,不仅迅即摆脱了前堵后追的被动,打了一个又一个振奋军心的胜仗,而且克服了像过雪山草地那样的巨大困难,实现了三大主力的会师,胜利到达陕北,使中国革命有了新的立足点和出发点。自此以后,第一次伟大革命由挫转顺,由危转安,由小转大,由弱转强,取得了连续 20 年的辉煌胜利。

第一,抗日战争的辉煌。在遵义会议后形成的以毛泽东同志为核心的第一代中央领导集体,抓住全民族要求抗日的历史机遇,果断地实行战略转变,建立以国共合作为基础的抗日民族统一战线,团结全国人民进行伟大的抗日战争。经过英勇抗战,中华民族取得了自 1840 年以来抗击外国侵略者的第一次全面胜利。中国共产党是抗日战争的中流砥柱,并且通过抗日战争得到了空前的发

---

① 《刘少奇选集》下卷,人民出版社 1985 年版,第 202 页。

展与壮大。这次辉煌使中国共产党成为决定中国命运的强大政治力量，为领导人民取得新民主主义革命的全面胜利奠定了坚实基础。

第二，解放战争的辉煌。抗战胜利后，中国共产党一方面顺应广大人民的愿望，力争同蒋介石领导的国民党继续合作，努力实现和平建国的局面，另一方面也做好了蒋介石翻脸不认人的准备。毛泽东在党的七大结束时讲了17个方面的困难，就有这个意思。蒋介石发动内战之初，党所领导的解放区和军队确实非常困难。放弃延安、转战陕北是迫不得已而为之。但是到第二年由战略上的防御转入进攻后，局面很快扭转过来。以毛泽东为首的党中央，牢牢地掌握了战争主动权。第三年战略决战，三大战役加上渡江战役，打得那样漂亮，在中国乃至世界战争史上都是罕见的。原来国内外朋友都担心共产党打不赢。党中央对胜利充满信心，准备打五年，结果仅用三年结束了。这是一个奇迹。

第三，中华人民共和国成立初期的辉煌。从中华人民共和国成立到党的八大召开的七年间，国民经济的恢复，经济建设的成就，社会面貌的变化，同第二次世界大战后的发展中国家乃至发达国家相比，都属于前列。中华人民共和国的进步举世瞩目。中国人民从未像那几年雄赳赳，喜洋洋，高昂地抬起了头。社会主义改造工作尽管有这样那样的缺点和偏差，但是多少年梦寐以求的社会主义基本制度毕竟建立起来了。在一个几亿人口的大国实现这样异常复杂、困难和深刻的变革而没有出现大的社会动乱和生产力的破坏，这本身就称得上历史的惊人之笔。

召开中国共产党第八次全国代表大会，就是对发生在第一次伟大革命期间的两次有世界意义的伟大历史事变的连续辉煌胜利（当然，主要是党的七大以来）进行总结。党的八大的总结本身也是辉煌的。邓小平指出："一九五六年召开的党的第八次全国代表大会，分析了生产资料私有制的社会主义改造基本完成以后的形势，提出了全面开展社会主义建设的任务。八大的路线是正确的。"① 党的八

---

① 《邓小平文选》第三卷，人民出版社1993年版，第2页。

大是第一次伟大革命连续 20 年辉煌的顶点。

（二）党的八大前后，第一次伟大革命经历了一次新的思想解放运动

中共中央宣传部原副部长周扬在纪念五四运动 60 周年时曾讲过三次思想解放运动的观点，即五四运动、延安整风运动和关于真理标准问题的讨论。我想，就社会影响力来说，这三次可能是"最大当量"的（请允许我借用化学的爆炸力概念来形容）。若讲"次大当量"的，还有一些。比如，在周扬所说的二、三次之间，还可以再加上党的八大前后由于苏共二十大反对个人崇拜引发的一次。

为什么说党的八大前后反对斯大林的个人崇拜，引发了中国共产党的思想解放运动呢？延安整风运动那次思想解放运动，批判王明路线，破除对共产国际的迷信，强调把马克思列宁主义理论与中国具体实际相结合，解决了中国怎样革命的思想路线问题。中华人民共和国成立以后，怎样搞经济建设，没有实践经验。当时是两大阵营格局，在外交上倒向苏联一边，搞经济建设没有经验就只好照抄照搬苏联的。这样就在不少实际工作部门中产生了建设中的教条主义。但是苏联的情况，无论其历史、文化和经济的基础都与中国的情况很不一样，即使成功的经验搬到中国来也不一定成功，何况苏联经验中还有不少明显不合适的。这种情况，在斯大林去世后虽然有所改变，但只是在苏共二十大批判斯大林的个人崇拜、揭露苏联社会主义建设中的错误后，才对有关社会主义的许多问题重新思考。对于赫鲁晓夫的秘密报告，毛泽东除了认为捅了娄子，在内容和方法上都有严重错误外，还认为它揭了盖子，表明苏联、苏共、斯大林并不是一切都正确，这就破除了迷信，有利于反对教条主义。1956 年 3 月，他在主持起草《关于无产阶级专政的历史经验》文章的中央政治局会议上指出，"不要再硬搬苏联的一切了，应该用自己的头脑思索了。应该把马列主义的基本原理同中国革命和建设

的具体实际结合起来,探索在我们国家里建设社会主义的道路"①。半年之后,在党的八大召开期间,毛泽东的这个思想更加明确。他在接见南斯拉夫代表团时说,这种批评是好的,它打破了神化主义,揭开了盖子,这是一种解放,是一场"解放战争",大家都敢讲话了,使人能想问题了。可以自由思考,独立思考了。周恩来对外国朋友也说,过去斯大林的观点是压倒一切的,现在打倒了偶像,也就是中国人说的破除迷信以后,各国共产党的思想都动起来了,不沉闷了。打倒了个人崇拜,大家的思想都解放了。这对于各国共产党人来说是一个很大的进步,这是共产党的思想解放。

毛泽东、周恩来所讲的苏共二十大批判斯大林的个人崇拜之后引发的思想解放的巨大作用,在当时的报刊上虽没有作大张旗鼓的宣传,但是对于党的指导思想所起的这个作用是实际的。它不是抽象地存在于理论分析中,而是具体体现在对社会主义的认识和探索的各个方面。这里仅举数例。

比如,我们熟悉的《论十大关系》,不就是破除迷信、解放思想直接引发的巨大成果吗?这篇讲话充满了解放思想的气息,体现了独立思考,从各方面考虑如何按照中国情况来办事的精神。它批评了那种"以为社会主义就了不起,一点缺点也没有"②的陈旧观念,对国内最重要的政治经济关系提出了一系列方针政策,使探索适合中国情况的社会主义建设道路有了一个良好开端。

又如,在党的八大之后的1956年12月,毛泽东会见民主党派负责人,讨论如何搞活经济的问题。他提出只要社会需要,可以允许雇工,让资本家开设私营大厂,让华侨来投资,订个条约,20年、100年不没收。开投资公司,可以国营,也可以私营。可以消灭资本主义,又搞资本主义。这段议论就是从批判斯大林结束新经济政策太早讲起的。这就是思想解放之果。尽管随后没有将这些想法付诸实践,但这些话至今听起来还是振聋发聩。刘少奇的想法比毛泽

---

① 吴冷西:《忆毛主席》,新华出版社1995年版,第6—7页。
②《毛泽东著作选读》下册,人民出版社1986年版,第740页。

东还明确,他在 1956 年底的全国人大常委会上说,如果资本家要盖工厂,可以批准。"我们国家有百分之九十几的社会主义,有百分之几的资本主义,我看也不怕。""有这么一点资本主义,一条是它可以作为社会主义经济的补充,另一条是它可以在某些方面同社会主义经济作比较。"①1957 年 3 月,刘少奇在湖南视察时还说,我们现在有一个迷信思想:"'我是社会主义,就比私人资本主义先进'。这种迷信思想要不得,一定要去掉,实际上现在在某些方面社会主义比私人资本主义落后。只要我们去掉这种迷信思想,我们有人有钱,社会主义的名声又好,靠这样多的优越条件,再加上学习私人资本主义的先进经验,社会主义就一定会竞争赢资本主义。否则,就是资本主义优越于社会主义。"②这些议论,尽管是针对实际工作中的一些具体问题发挥的,但是所触及的却是一个重大的理论问题。在几十年前,这样认识社会主义与资本主义的关系,能说不是思想上的大解放吗?

因此,不应当低估这次思想解放的作用。可不可以说,没有这一次的思想解放运动,就不可能有我们所知道的党的八大前后对社会主义建设道路的那些探索?我以为是可以这样说的。当然,这次思想解放运动在规模性、持续性和深刻性上,与那三次不完全在同一个层面上。但是在党的历史上,这毕竟是一次重要的思想解放运动。

(三)党的八大前后,第一次伟大革命的理论成果——毛泽东思想得到新的发展

中国共产党在 20 世纪领导的两次伟大革命,有两大理论成果。第一次伟大革命的理论成果就是毛泽东思想,它在党的七大上被确定为全党的指导思想,中华人民共和国成立以后还在继续发展。

---

① 《刘少奇年谱(1898—1969)》下卷,中央文献出版社 1996 年版,第 383 页。
② 《刘少奇论新中国经济建设》,中央文献出版社 1993 年版,第 333 页。

当然，党的八大没有使用"毛泽东思想"提法，但是党的八大不提"毛泽东思想"，并不是说党内对此有什么争论。事实上，自1948年11月以后，毛泽东就将送他审阅的文件中有"毛泽东思想"的字样删去，或改为别的说法。对此，在一些干部中难免产生疑问。1954年12月，中共中央宣传部根据中央书记处指示起草了一个通知（经毛泽东修改，刘少奇、周恩来、朱德、陈云、邓小平传阅后发出），对如何解释毛泽东思想问题指出："毛泽东同志曾指示今后不要再用'毛泽东思想'这个提法，以免引起误解，我们认为今后党内同志写文章做报告时，应照毛泽东同志的指示办理。""在写文章做讲演遇到需要提到毛泽东同志的时候，可用'毛泽东的著作'等字样。"后一句话是毛泽东本人加写的。正是根据这样的精神，10个月后，即1955年10月在由胡乔木执笔写成的八大新党章的修改稿初稿中，已经没有"毛泽东思想"提法了。[①] 对于毛泽东为什么一再不用"毛泽东思想"的提法，包括党的八大不提"毛泽东思想"，胡乔木有一个解释。他说，通过延安整风，毛泽东思想在全党的指导地位确定了。那时为什么要提毛泽东思想？有这个需要。提毛泽东思想是针对苏共的。共产国际尽管解散了，但是共产国际的影子、它对中国共产党的影响始终没有断。"为什么八大没有提毛泽东思想？也是因为苏联的关系。苏联始终拒绝承认毛泽东思想，在苏联报刊上绝口不提毛泽东思想。凡是中共文件中提了的，他们刊用的时候都给删掉。这成了一个禁区。"[②] 既然苏共是如此态度，而中国的革命和建设又离不开苏联的帮助，即使斯大林去世后也是这样，那么从大局出发，就必须搞好与苏联的团结（这在当时是首先要考虑的），因此，有十多年的时间我党没有提"毛泽东思想"。直到20世纪60年代初，中苏两党、两国关系恶化了，中共中央才恢复使用"毛泽东思想"提法。

[①] 参见齐德平：《中共八大未提"毛泽东思想"的若干情况》，载《中共党史研究》1996年第5期。

[②] 胡乔木：《胡乔木回忆毛泽东》，人民出版社2014年版，第10页。

党的八大不提毛泽东思想，也不等于毛泽东思想在党的八大时期没有发展。事实上，在党的八大前后，包括党的八大本身，对毛泽东思想有很大发展。毛泽东思想关于社会主义革命和社会主义建设理论的主要内容，如社会主义时期的人民民主专政的理论、社会主义改造的理论、社会主义建设道路探索的思想理论，加强执政党建设的思想理论，社会主义基本矛盾的理论和正确处理人民内部矛盾的理论等，就是在这个时期或提出，或得到丰富与发展，或加以总结与升华的。毛泽东的《论十大关系》和《关于正确处理人民内部矛盾的问题》，刘少奇在党的八大的政治报告，周恩来在党的八大关于发展国民经济的第二个五年计划的建议的报告，邓小平在党的八大关于修改党章的报告，陈云、董必武、彭德怀、李富春、薄一波等在党的八大的发言，以及党的八大关于政治报告的决议和八大党章，是这个时期体现毛泽东思想新发展的有较大影响的文献。肯定以这些为代表的文献对发展毛泽东思想的贡献，并不是说就只有这些文献才发展了毛泽东思想，也不是说这些文献就没有缺陷，而是从总体上说达到了那个时期所能达到的高度。

纵观毛泽东思想在第一次伟大革命中发展的历史，同任何事物的发展一样，也呈曲线状，而不是直线上升式。对于这种曲线状，学界有不同的表述方式。一是波浪式的向前发展。这是毛泽东本人的语言。它是有别于列宁讲否定之否定规律时使用的"螺旋式上升"说法。它的优点是"中国化"，更为通俗，更加形象，更能为中国人所理解。二是将水平曲线的高位部分称为"高潮"，如发展经历了几个高潮云云。这是波浪式的另一种说法，为了突出"浪尖"状，将其改为"高潮"，更具恢宏气势。三是将水平曲线的高位部分称为"高峰"。这是将曲线由"水"状改为"山"状的一种形象的表述法。所要说明的那个实质没变，只是将"潮"型换成了"峰"型。在研讨毛泽东哲学思想的发展时，我试着提出一种"高原"说，即将"高峰"型改为"高原"型。所谓"高原"，顾名思义，不是单个高山，而是高山群体；也不只是一个尖尖的山峰，而是大面积的突出"峰"状。或者说，它不仅有高度，还有广度、长度，其三维空间优于"高峰说"。如果将空间坐标置换成时间坐标，那么经历"高原"需要比经历"高峰"的时间长，更能说明持续过程。

我以为，就毛泽东思想发展的曲线而言，它的高部形成的是两个"高原"状。毛泽东思想发展的第一"高原"，就是延安时期。其代表作，仅举毛泽东个人，就有哲学、军事、政治、文艺等诸多方面的一大批名著。在这个时期形成了较为完整的第一代中央领导集体的核心。这个核心的其他成员，对作为党的集体智慧结晶的毛泽东思想的多方面展开也作出了不可磨灭的贡献。这是毛泽东思想得到系统总结而成熟的时期。这个时期历经十年左右，形容为"高原"也许比"高峰"更合适一些。当然，取"高原"说，并不排斥其他表述。上述几种形容法，可以兼容。取哪种说法，与研究者的语言习惯很有关系，这不是重要问题。如果把延安时期或者说抗日战争时期、解放战争时期，视为毛泽东思想发展的第一"高原"，那么，从中华人民共和国成立到党的八大召开前后，则是毛泽东思想发展的第二"高原"。作为理论体系，毛泽东思想的大架构，在党的七大已经明确了。它的主要内容是关于中国怎样进行革命并夺取胜利的理论政策、战略策略。中华人民共和国成立以后，随着实践发展，毛泽东思想的理论内容也在发展。到党的八大前后，就形成了上述关于社会主义革命和社会主义建设的诸多思想理论。这就把毛泽东思想发展到一个新的"高原"状，也就是毛泽东思想发展的第二"高原"。这是第一次伟大革命在党的八大时期的巨大理论收获。与革命实践的辉煌相同步，也展现出了理论的辉煌。

三 怎样看待党的八大与中国共产党领导的第二次伟大革命

第二次伟大革命的起点，现在看来是 1978 年底的党的十一届三中全会。但是从历史的走向而言，这个起点其实很有可能是 1956 年党的八大。有谁能料到，后来的历史发生了大曲折，这个理论的起点没能变成历史的现实。那么，应当怎样认识党的八大与第二次伟大革命的关系呢？我以为，主要表现为下述四个方面。

（一）社会主义初级阶段的历史起点

社会主义初级阶段理论的提出，是从《关于建国以来党的若干历史问题的决议》到党的十三大，党的理论建设的一个重大成果。它明确了我国经过这些年的建设之后所处的历史方位，为制定和执行党的路线和政策提供了带根本性的依据。提出这个理论，蕴含了对几十年历史经验的深刻反思，也有许多思想的孕育和积累。根据这个理论来看我国社会主义发展的历史进程，社会主义初级阶段始于何时呢？也就是说，它的历史起点在哪里？不在别处，正在党的八大。因为它是我国社会主义改造基本完成，进入社会主义全面建设阶段的历史界碑。社会主义改造的超前完成，虽然表现了一定的急性病，如邓小平所说，搞革命的人最容易犯急性病，"用心是好的，想早一点进入共产主义"①，但是毛泽东在当时毕竟将进入社会主义与建成社会主义作了严格区分，这又表现了理论上的清醒。

1956年1月，毛泽东在全国知识分子问题会议上说：现在已经进入社会主义，对不对呢？比如北京市，我说进入是进入了，你说还没进入？比如北京这么一个城，火车从天津开进了城没有呢？进了城了，完成了没有？还没有。这个社会主义社会已经进入，尚未完成。是不是这样？全国都是这样。②按照传统标准，消灭了生产资料私有制，消灭了剥削制度，就意味着是社会主义了。当时社会主义改造已经基本完成，全国都在敲锣打鼓，隆重庆祝进入社会主义。毛泽东当时不可能超越这个传统标准。尽管他对召开大会宣布、举行隆重庆祝

---

① 《邓小平文选》第三卷，人民出版社1993年版，第139—140页。
② 毛泽东在中共中央召开的全国知识分子问题会议上的讲话，1956年1月20日。

这样的具体做法不一定赞同，但他不能不对这个为之长期奋斗的新的社会制度的到来感到异常兴奋。庆幸的是，他在兴奋状态中发表的上述讲话，对后来继续为建设社会主义而奋斗留下了很大余地。至于1958年搞"大跃进"、人民公社化运动、要准备进入共产主义等，那是陷入了超越阶段的一种问题，另当别论。在1956年初，毛泽东对社会主义的进入与建成作的可贵区分，为后来提出社会主义初级阶段问题留下了理论余地。党的十三大报告指出："我国从五十年代生产资料私有制的社会主义改造基本完成，到社会主义现代化的基本实现，至少需要上百年时间，都属于社会主义初级阶段。"[①] 毛泽东当时讲的进入社会主义，准确地说，就是进入了社会主义初级阶段。党的八大作为党和国家历史发展的一个界碑，自然成了我国进入社会主义初级阶段的历史起点，尽管它没有能够成为第二次伟大革命的历史起点。

（二）党的十一届三中全会路线的历史参照

党的十一届三中全会的路线是什么？实际上就是党在社会主义初级阶段的基本路线，其主要内容，概括地说就是"一个中心、两个基本点"。换句话说，"党的十一届三中全会路线"是"党在社会主义初级阶段的基本路线"的简称，"党在社会主义初级阶段的基本路线"则是"党的十一届三中全会路线"的全称。这条路线的内容无疑有一个丰富、完善的过程，到党的十三大作了规范性的表述。但是，它的基本思想在党的十一届三中全会期间就已事实上存在了。党的十四大报告指出："我们党在十一届三中全会上毅然抛弃'以阶级斗争为纲'这个不适用于社会主义社会的'左'的错误方针，把党和国家的工作中心转移到经济建设上来。这是政治路线的拨乱反正。在确定工作中心转移的同时，作出了实行改革开放的伟大决策，并针对拨乱反正过程中出现的错误思潮，旗帜鲜明地强调必须坚持社会主义道路、坚持人民民主专政、坚持中国共产党的

---

① 《十三大以来重要文献选编》（上），人民出版社1991年版，第12页。

领导、坚持马克思列宁主义毛泽东思想。'一个中心、两个基本点'的思想开始形成，奠定了新时期党的基本路线的基础。"① 这也说明了党的十一届三中全会路线的形成情况。

那么，党的十一届三中全会路线的提出有无历史的参照呢？有。其中最重要的，就是党的八大及其前后的正确决策。党的十一届三中全会明确指出："毛泽东同志一九五六年总结我国经济建设经验的《论十大关系》报告中提出的基本方针，既是经济规律的客观反映，也是社会政治安定的重要保证，仍然保持着重要的指导意义。"② 就邓小平来说，他在党的十一届三中全会时期讲的"一个中心、两个基本点"的内容，就是从恢复党的八大时期的路线和政策来提出问题的。在被视为党的十一届三中全会的主题报告《解放思想，实事求是，团结一致向前看》中，他呼吁的解放思想、开动脑筋、实事求是、一切从中国的实际出发，不也体现了对1956年党的八大前后思想解放运动的历史回应吗？他要求努力实现党的工作重心的转移，高级干部带头钻研现代化经济建设，不使我们感到回到了党的八大的那个历史氛围吗？他提出的注意研究和解决管理方法、管理制度和经济政策方面的问题，实际上包括了重申《论十大关系》和党的八大制定的一些政策。随后，他在《坚持四项基本原则》中讲的"四个坚持"和提出的我国社会的基本矛盾、主要矛盾、中心任务等，既包含了党的八大政治报告和修改党章报告中的思想，也恢复了《关于正确处理人民内部矛盾的问题》中的科学思想。从理论认识上说，"一个中心、两个基本点"的基本内容，就是从恢复包括党的八大时期，而且主要是党的八大时期的正确思想起步的。从实践上看，也是如此。拨乱反正、改革开放的实际进程，从恢复和继承中华人民共和国成立以来特别是党的八大的路线和政策开始向前推进，并随着实践的发展不断地加以超越。《关于建国以来党的若干历史问题的决议》指

---

① 《十四大以来重要文献选编》（上），人民出版社1996年版，第4—5页。
② 《三中全会以来重要文献选编》（上），人民出版社1982年版，第5页。

出:"'八大'的路线是正确的,它为新时期社会主义事业的发展和党的建设指明了方向。"① 这既是为党的八大路线恢复了名誉,也在一定意义上反映了党的八大路线与党的十一届三中全会路线的历史关系。胡乔木在关于叶剑英在建国30周年讲话起草情况的说明中指出:"在经济方面我们现在所执行的政策基本上没有超出《论十大关系》的范围。政治上也都是按照毛主席在八大提出的去做的。"② 这也说明了两者之间的关系。

(三)邓小平理论的历史因素

党的八大前后,在破除对苏联经验的迷信之后,对于在中国怎样建设社会主义实际上进行了全方位的探索。那个时期的实践,有如上述,是党的十一届三中全会以后探索有中国特色社会主义建设道路的先声,在理论上则为后来邓小平建设有中国特色社会主义理论的形成孕育了思想胚胎。

这里不妨就党的八大时期以毛泽东同志为核心的第一代中央领导集体对于怎样建设社会主义所获得的思想认识,同党的十一届三中全会后逐步形成的邓小平建设有中国特色社会主义理论进行一些方面的极其概略的比较。这种比较丝毫无意论证邓小平理论在党的八大那时早已有之,只是为了说明当时的好的和比较好的思想、观点和实践经验,与邓小平理论有某种渊源关系,即怎样被继承而又怎样得到发展的关系。

关于建设社会主义思想路线。把马克思主义与中国实际相结合,在整风运动之后经过党的七大就被确立为党的指导思想。建设社会主义,也要解放思想,实事求是,走中国自己的路,这个指导思想在批判斯大林的个人崇拜之后,从《论十大关系》开始的探索就是明确的。在党的八大政治报告中也对这条思想路线进行了分析。后来成为邓小平理论的思想路线的基本内涵,同党的八大时

---

① 《三中全会以来重要文献选编》(下),人民出版社1982年版,第802页。
② 《胡乔木文集》第二卷,人民出版社2012年版,第133页。

期的思想路线是一脉相承的。

关于社会主义社会发展阶段。社会主义初级阶段的思想在党的八大时期没有,但是当时对于中国建设社会主义的基本国情还是有一定认识的。毛泽东从哲学角度谈论过共产主义(包括社会主义)要分阶段的意见。到20世纪50年代末,他进一步认为,社会主义可能分为不发达的和比较发达的两个阶段。当然,这些思想都没有成为制定政策的依据,与党的十一届三中全会后的情况不能同日而语。

关于社会主义的根本任务。党的八大对于社会主义的主要矛盾和主要任务还是有一定认识的。党的八大关于政治报告的决议和《关于正确处理人民内部矛盾的问题》中已有我们国家的"根本任务"是要"在新的生产关系下保护和发展生产力"的思想。毛泽东甚至说过,我们上半个世纪搞革命,下半个世纪搞建设。

关于社会主义建设的发展战略。在党的八大之前,周恩来提出过初始形态的四个现代化思想。① 这个思想写进了八大的党章。在党的八大以后的《关于正确处理人民内部矛盾的问题》中,毛泽东提出工业、农业和科学文化的三个现代化,随后加上国防现代化,从而形成了比较完整的现代化思想。这个时期也有了"两步走"的战略步骤的安排,即第一步用三个五年计划打下现代化的基础,第二步是用10个至20个五年计划来建成伟大的社会主义国家。到20世纪80年代前期,这个"两步走"的设想在邓小平的思想里进一步明确起来。邓小平理论的发展战略就是以这些设想为基础发展起来的。

关于社会主义经济建设方针。从《论十大关系》到《关于正确处理人民内部矛盾的问题》,都明确地提出了"中国工业化的道路"。党的八大的经济建设方针符合当时中国的实际。关于工业和农业的关系、既反右倾保守又反急躁冒

---

① 周恩来在1954年的政府工作报告中提出的四个现代化是:现代化的工业、现代化的农业、现代化的交通运输业和现代化的国防。

进以及综合平衡等思想，对邓小平理论的社会主义经济建设方针的形成起了积极作用。

关于社会主义经济体制改革。《论十大关系》的一个重要内容就是讲经济体制改革。党的八大时期在这方面进行的许多探索，成为党的十一届三中全会以后改革的前奏曲。1957年春天，刘少奇提出的关于社会主义经济既要有计划性又要有多样性、灵活性的思想，已模糊地涉及计划与市场的关系。陈云关于所有制、生产和流通方面的"三个主体、三个补充"的改革构想，对党的十一届三中全会以后的改革做了重要准备。

关于社会主义民主政治建设。扩大民主，建设民主政治，是党的八大讨论的重要议题之一。毛泽东强调大会发言对工作要有批评，自我批评，净讲一套歌功颂德，没有生气。党的八大充分体现了党内民主。对于党和国家的领导制度，党的八大也有一些改革设想。毛泽东已明确提出不当国家主席，在适当时候不当党的主席，只当名誉主席。取消领导职务终身制已在中央的考虑之中。和民主党派的长期共存、互相监督问题也是在这个时期提出的，中国共产党领导的多党合作体制和政治协商制度已很明确。邓小平的政治体制改革理论吸取了当时许多好的思想。

关于社会主义精神文明建设。这个概念及其内涵的规定，在党的八大时期没有，但是，有关精神文明建设的若干重要思想和要求在那时已经有了。从文化教育层面说，1956年1月召开的全国知识分子会议，体现了尊重知识、尊重人才的精神。关于我国知识分子的绝大多数已成为工人阶级的一部分，号召向现代科学进军，就是在这次会议上提出的。随后还提出了"百花齐放，百家争鸣"方针。从思想道德层面看，马克思主义的指导地位，加强思想政治工作，对广大人民特别是青年进行思想、道德、文化、纪律等方面的教育，这些内容在那时已被提到了比较重要的位置。

关于社会主义建设的政治保证。这是我们党一贯强调的。党的八大政治报告有专门一节就是分析政治保证问题的。《关于正确处理人民内部矛盾的问题》发表稿关于鉴别香花、毒草的"六条标准",被视为四项基本原则的雏形。当然,它的内涵是随着后来实践的发展而更加丰富和深刻的。

关于社会主义的对外开放和外交政策。我们国家从 20 世纪 50 年代末到 70 年代末的 20 年间,由于种种原因形成某种封闭的局面。但是在党的八大时期的思想是相当开放的。党的八大之前,毛泽东的《论十大关系》和《同音乐工作者的谈话》,表明了思想文化的开放政策。党的八大就是一个开放的大会。在实际工作中,无论从经贸还是文化的交流看,也是一种开放态势。至于外交,自成立以来,中华人民共和国一直奉行独立自主的和平外交政策,到 1954 年已提出和平共处五项原则。党的八大政治报告及其决议,都强调要争取更长的和平时间,为经济建设创造有利的国际环境。

关于社会主义的依靠力量和领导核心。这也是我们党的一贯思想。在党的八大的三个报告和许多发言中,在毛泽东那时的讲话和著作中,对这个问题讲得相当充分。当然,那时的思想内涵没有后来丰富和深刻。党的十一届三中全会以来新的实践经验对这个方面也作了很大发展。

关于祖国统一的构想。提出"一个国家,两种制度",这是邓小平的又一个重大理论创造和统一祖国的政治战略。但是,这个构想的基本内容在党的八大前后已经有了。在 1955 年,中国共产党提出了用和平方式解放台湾的问题。从 1956 年开始,中国大陆和台湾的关系有所松动。党的八大召开前,周恩来提出可以进行第三次国共合作。党的八大开过后,毛泽东明确表示,如果台湾和平统一,"一切可以照旧",台湾可以继续搞"三民主义"。后来又提出了一些具体设想。邓小平的"一国两制"构想,就是对这些思想胚胎的继承和发展。

上述比较无疑是不全面的。一是进行比较的内容不可能在较短的篇幅里作更为周到、缜密的分析;二是有相当重要的内容没作比较,如社会主义市场经济理论等，因为当时没有；三是为了说明历史渊源，比较时着重讲两者的连续性、继承性一面，而对后来的发展和飞跃一面讲得较少，但这里绝没有贬低和否定这一面的意思。前面的定位交代已很清楚，这种比较是说明"历史因子"，而不是"因袭历史"。

（四）第二次伟大革命的干部的历史准备

从党的七大到党的八大，党的地位、任务和成分都发生了很大变化。为了适应这个变化，需要选举新的中央委员会。党的八大中央比党的七大中央扩大了一倍多。它的绝大多数都是各个方面的优秀领导干部，经受了后来历史发展的严峻考验。从组织路线方面说，党的八大为党的十一届三中全会后第二次伟大革命的开展做了重要的干部准备。从党的十一届三中全会起的一项重要工作，就是与恢复正确的思想路线和政治路线相适应，在组织路线上也拨乱反正，平反冤假错案，解放干部，并让他们重新走上领导岗位。其中许多都是党的八大时期的重要领导干部。

党的八大为第二次伟大革命所做的干部准备，主要表现在两个方面。

第一，为第二代中央领导集体准备了核心成员。尽管经历了"文化大革命"时期惊心动魄的斗争，但仍然比较成功地实现了由第一代中央领导集体向第二代中央领导集体的转变。

第一代中央领导集体到党的八大得到了充实。在酝酿中央领导机构成员时，毛泽东在党的八大预备会议期间召开的党的七届七中全会上，就设中共中央副主席和总书记的问题发表了谈话，其中一个重要内容是推荐邓小平和陈云。毛泽东说，总书记准备推举邓小平，他本人说不行，"我可以宣传宣传"。毛泽东宣传邓小平的优点，连着讲了七个"比较"，即比较公道、比较有才干、比较能办事、比较周到、比较顾全大局、比较厚道、处理问题比较公正。"他说他不行，我看行。"毛泽东还把邓小平同他本人相比较说："邓小平不是没有缺点，也不是样样事情都办得好，但是他犯了错误对自己很严格。"① 对于陈云，毛泽东的评价也很高："我看他这个人是个好人，他比较公道、能干，比较稳当，他看问题有眼光。我过去还有些不了解他，进北京以后这几年，我跟他共事，我更加了解他了。不要看他和平得很，但他看问题尖锐，能抓住要点。所以，我看陈云同志行。"毛泽东还特地指出："他是工人阶级出身，不是说我们中央委员会里工人阶级成分少吗？我看不少，我们主席、副主席五个人里头就有一个。"②

毛泽东为什么向全党推荐邓小平和陈云进入新的中央领导核心呢？除了他们有上面的那些优点，还因为"他们是少壮派"，"对于我们这样的大党，这样的大国，为了国家的安全、党的安全，恐怕还是多几个人好"。在他看来，多几道"防风林"，"提前见马克思，那末总还有人顶着，我们这个国家也不会受影响"。③ 历史的发展正像毛泽东所预料的，第一代领导核心的其他成员"见马克思"之后，以邓小平为核心、陈云鼎力相助的第二代中央领导集体在党的十一届三中全会后迅即组成。从这个意义上说，党的八大为党的两代中央领导集体的交接奠定了难得的基础。

第二，为第二次伟大革命准备了大批高层领导干部。在酝酿党的八大中央委员会的组成人员时曾规定了一个提名原则，即主要是提"三八"式以前的干部④，"三八"式干部一般不选。毛泽东在党的七届七中全会开幕的会上就选举中央委员时讲道，这次选举中央委员，"三八"式一般不选。"三八"式确有大批优秀干部，但牵连太多，我们现在的方针是说服他们，让他们等几年，这样他们更成熟，更孚众望。现在还是让"三八"式以前的什么式的掌一下中央委员会的权。在党的八大预备会议上，毛泽东还用"名落孙山"的典故开导一些

---

① 《毛泽东在中共七届七中全会第三次会议上的讲话》（1956年9月13日），载《党的文献》1991年第3期。

② 《毛泽东传（1949—1976）》上，中央文献出版社2003年版，第521页。

③ 同上书，第520页。

④ "三八式"干部是对全民族抗日战争初期参加革命的干部的一种习惯性称呼。

同志说，我们这个名单大概只管到 20 世纪。"也许是孙山以内的人将来起很大作用"，也许"今天没有列上名单的同志，即名落孙山的同志，很可能是将来在中国起很大作用的同志"。① 根据已确定的原则选举的中央委员，绝大多数是"老资格"。经历了"文化大革命"的劫难，许多人故去，个别人上了林彪、"四人帮"的贼船，还有的身体不行了。但是，在党的十一届三中全会后重新走上领导岗位的党的八大中央委员，据不完全统计，占党的八大中央委员总数的 1/3 以上；属于候补中央委员会的，占其总数的 2/5。他们在第二次伟大革命的历史洪流中进入了高层领导，或在中央，或在地方，都发挥了重要领导作用。就是那些没有选进党的八大中央委员会的"名落孙山"的"三八"式的优秀干部，在第二次伟大革命中也都纷纷走上重要领导岗位，同那些"老资格"一起，成为推进第二次伟大革命的中流砥柱。他们发挥了承上启下、继往开来的巨大历史作用。

四 党的八大的不足与两次伟大革命没能实现交会的历史原因

充分肯定党的八大的历史地位，并不等于说党的八大没有缺陷。邓小平指出，"由于当时党对于全面建设社会主义的思想准备不足，八大提出的路线和许多正确意见没有能够在实践中坚持下去"②。这就说明，要历史地辩证地认识党的八大，研究党的八大。

从中华人民共和国成立到党的八大召开仅仅七年，我们党对于什么是社会主义和怎样建设社会主义的认识，较多地来自马克思列宁本本的概念和苏联模式的经验。虽然有一些实践经验，在破除迷信、解放思想之后也有过一些新的

---

① 《毛泽东文集》第七卷，人民出版社 1999 年版，第 107—108、107 页。
② 《邓小平文选》第三卷，人民出版社 1993 年版，第 2 页。

观念、新的设想，提出了一些新的方针、新的政策，但是其中有的或不完整，或不稳定，因而不可能没有一定的历史局限。

比如，党的八大决议关于国内主要矛盾的表述。在正确地提出国内主要矛盾是人民对于经济文化迅速发展的需要同当前经济文化不能满足人民需要的状况之间的矛盾后，又将这"矛盾的实质"归结为"先进的社会主义制度同落后的社会生产力之间的矛盾"，这种表述容易引起歧义。因为从历史唯物主义原理讲，生产力是最活跃的因素，生产关系和社会制度都有些滞后性。只有生产关系去适应生产力发展的要求，不能提出要生产力去适应生产关系变化这样的问题。这就是说，生产关系和社会制度不可能跑到生产力前面去。讲先进的制度与落后的生产力发生矛盾，不符合历史唯物主义基本原理的规范表述。从毛泽东个人的思路看，他历来认为生产关系需要不断调整，甚至进行变革，不存在一种生产关系已很先进了，只需等待生产力赶上去适应生产关系的要求这种情况。在他看来，已经建立起来的社会主义的生产关系同生产力的发展是既相适应，又存在矛盾的。这种矛盾主要是由于生产关系在某些方面的不完善造成的。因此，作为社会主义的主要任务，既要发展社会生产力，又要改革生产关系和上层建筑，使之不断完善，适应生产力发展的需要。党的八大决议对"矛盾的实质"表述的这个理论疏漏，当即被毛泽东敏锐地抓住，提出了批评。在这一点上，毛泽东的批评是正确的，其理论水平确实高人一头。还应当指出，毛泽东在当时只是批评这句话有毛病，并没有反对党的八大关于国内主要矛盾的基本精神。

又如，关于知识分子问题，党的八大虽然肯定了知识界的进步，认为它"已经改变了原来的面貌，组成了一支为社会主义服务的队伍"[①]，但是党的八大不仅没有重申半年多前关于知识分子的绝大多数已成为"工人阶级的一部分"的观点，而且仍把知识分子列为"资产阶级和小资产阶级"范畴。这个认识的

[①]《刘少奇选集》下卷，人民出版社1985年版，第203页。

变化又成为半年多后发生反右派斗争严重扩大化的认识根源之一。

再如，在民主与法制问题上，党的八大虽然提出了扩大民主和健全法制的任务，发出了党的十一届三中全会以前在这方面的最强音，但是对于这个问题的极端重要性缺乏认识，未能把发展和完善社会主义民主当作战略目标，因而民主的制度化、法制化问题在长时期内一直是我们国家政治生活的薄弱环节。

党的八大对于全面建设社会主义思想准备不足，更为重要的是，表现在对于建设社会主义前进道路上将会遇到的困难、曲折和艰险，远没有像在党的七大时那样对于完成民主革命任务的困难程度有充分的认识，也缺乏实际的经验。这突出地表现在两个问题上。

第一，关于阶级斗争问题。党的八大认为，我国的无产阶级同资产阶级之间的矛盾基本解决后，"革命的暴风雨时期已经过去了"①。继续存在的阶级斗争主要表现为：解放台湾；彻底完成社会主义改造，最后消灭剥削制度；继续肃清反革命残余势力。这就表明，党的八大对于新形势下的阶级斗争的范围、性质、特点及规律缺乏明确的认识。阶级斗争的实际状况远比党的八大的这种认识复杂得多。随后发生的国外的匈牙利事件，特别是国内的大鸣大放后引起的政治波澜，完全出乎党的领导人的意料。尽管这个时期已经提出了严格区分两类矛盾的理论，也在着手加强民主政治建设，但是直面敌我矛盾和人民内部矛盾的交错，阶级斗争因素与非阶级斗争因素的混杂，党对于国内政治形势作了错误的估计，对于突发事件作了过度反应，不仅认为国外和国内的突发事件都是阶级斗争，而且认为国内的阶级斗争是与国外的阶级斗争相呼应的。在这种思想的支配下，对于国内的突发事件既夸大了大鸣大放运动中的阶级斗争成分，又夸大了阶级斗争成分中的敌我矛盾比重。这样，党的领导人的指导思想就发生了逆转，在党的八大时以为基本结束了的阶级斗争，这时看来不但远没有结束，而且需要发动大规模的急风暴雨式的群众性的阶级斗争来解决大鸣大

---

① 《刘少奇选集》下卷，人民出版社 1985 年版，第 253 页。

放问题。1957年召开的党的八届三中全会，完全否定了党的八大决议关于国内主要矛盾的论断，重新肯定两个阶级、两条道路的斗争是我国社会的主要矛盾。在1959年召开的庐山会议上彭德怀的"意见书"，又是一个突发事件。对此也作了错误反应，进一步强化了两个阶级的斗争是主要矛盾的观点，并把它引入党内。经过1962年召开的党的八届十中全会，这个观点更加系统化和理论化。这样，1956年党的八大路线实际上就被否定了。

第二，关于经济建设问题。党的八届三中全会虽然否定了党的八大关于国内主要矛盾的论断，但并没有同时否定经济建设是党的主要任务，而且认为在取得了政治战线和思想战线上的社会主义革命的基本胜利之后，党的工作的着重点要转移到技术革命和文化革命方面。就毛泽东来说，他从来没有像在1958年那样全力以赴地抓经济建设；但是他对于经济建设的速度和方法却坚持自己的一套。党的八大前确定的反冒进方针，他是不满意的，但服从了中央政治局大多数同志的意见。经过反右派斗争扩大化后，他以所谓反冒进为右派进攻提供口实为由，重新提出发展速度问题，并在1958年初召开的南宁会议、成都会议上大批反冒进。毛泽东认为，不仅建设要加快，大干快上，超英赶美，而且可以大搞群众运动。他批评反冒进说，打仗可以发动群众，社会主义建设，群众可以发动得更充分，"搞工业、农业、比打仗还厉害些，我就不相信"。抽象地讲，毛泽东的看法，不能说没有一点道理。问题在于经济建设的规模和速度都要从客观实际出发来确定，而不能仅凭主观的良好愿望来规划。无论发展工业还是农业，都要依靠群众，这也是无疑义的，但是首先要尊重客观经济规律，正确处理政治与技术、群众与专家的关系，不能只强调这一面，否定那一面。毛泽东大批反冒进，恰恰是这种历史效应。特别是因此造成的那种政治氛围，产生的那种政治压力，实际上是把他本人长期倡导的实事求是的思想路线和作风批掉了。党的八大确定的关于经济建设的一系列正确方针政策因而也被否定了。在三年"大跃进"运动以后，面对国民经济的巨大困难，尽管提出了实行调整的"八字方针",但始终没有再肯定党的八大,要求回到党的八大路线上来。

阶级斗争和经济建设这两个问题,在1957年反右派斗争扩大化以后长期困扰着我们党。不能正确处理这两个问题及其关系,是我们党没有弄清什么是社会主义和怎样建设社会主义的主要表现。但是应当说,20世纪50年代末到60年代初的错误认识,主要是受以往经验的困扰而得出的。自中苏大论战、国际共运大论战展开后,情况就发生了变化。当时论战的基本问题,就是如何理解过渡时期?社会主义是否是过渡时期?在这个时期究竟有无阶级斗争?等等。这就不能仅凭经验,而要去找理论根据。各方都到马列著作中去找理论根据。为了压倒对方,证明自己的"正确",就难免对马列著作缺乏客观的、实事求是的理解。我们党既有把马列著作(特别是列宁的著作)中的某些论点教条化,又有作了某些曲解的问题。在经典著作中"找到"的理论根据,反过来强化了原来的错误理论观点。最初,接受斯大林的观点,我们党持"小过渡"论,即进入社会主义以前是过渡时期,但这以后逐渐地转变为"大过渡"论,即直到进入共产主义社会高级阶段以前,都属于无产阶级专政的过渡时期。按照"大过渡"论,在这整个社会主义历史时期,两个阶级、两条道路的斗争始终都是主要矛盾。这样,原来的凭政治经验而否定党的八大关于国内主要矛盾论断的观点,到这时就有了"充足的"理论根据。"文化大革命"爆发后,它具备了似乎更为完整的理论形态,即无产阶级专政下继续革命的理论。根据这个理论,党的八大路线不仅被彻底否定,而且被作为修正主义路线在党的九大、党的十大被大加挞伐。这种情况在党的十一届三中全会拨乱反正之后才得到根本改变。在新的历史时期,党的八大路线被恢复,并得到巨大发展。一场新的伟大革命在中国大地上汹涌澎湃地展开。

怎样认识这段历史的曲折呢?一般地讲,谁都希望历史直线发展。就毛泽东而言,他懂得历史的发展是"之"字形。中华人民共和国成立后,他多次告诚全党，要努力把马克思主义基本理论与中国具体实际相结合，希望搞社会主义比搞革命少犯错误，少走弯路。在党的八大的预备会议上他还说："我们希望建设中所犯的错误，不要像革命中所犯的错误那么多、时间那么长。我们搞建设，是不是还要经过二十四年的曲折，也要栽那么多筋斗呢？我说可以避免栽那么多筋斗。"① 但是，历史的发展有自己的规律走向和运动轨迹。其曲折，不是人们想避免就能避免的。掌握了规律，"之"字形的曲折可以小点；不认识规律，"之"字形的曲线则是大号的。两次伟大革命在党的八大交会的可能性没能转化成现实，第二次伟大革命的历史起点后移至1978年党的十一届三中全会，虽然与主观因素有密切关系，但放在历史的长河中看，又具有一定的客观性，这说明我们党对于社会主义的认识实际上还处在幼年阶段。

说中国共产党在党的七大时期就成熟了，并不等于说成熟以后就不犯错误；说以毛泽东同志为核心的第一代中央领导集体是成熟的，也不等于说对所有问题的认识和处理都是成熟的。事实上，那时的实践主要是民主革命的实践。说是成熟的，主要是指对中国民主革命的规律和特点的认识，当然，也包括一些上升到一般的理论和方法。搞社会主义，对于我们那个时候的党来说，是陌生的、不懂得的，哪里谈得上什么成熟！这在探索实践中就难免犯错误，甚至是大错误。

历史的发展往往表现出惊人的相似之处。中国共产党在中华人民共和国成立后搞社会主义的历史发展曲线，同民主革命时期的历史发展曲线有如"似曾相识燕归来"。研究历史最忌讳将历史简单类比，但科学的比较却有助于发现和深入认识历史现象。我们党搞民主革命的历史发展曲线，按照毛泽东的说法，经历过两次胜利和两次失败。第一次胜利是1924年至1926年的北伐战争。接着就是1927年大革命的失败。20世纪20年代末和30年代初的土地革命战争曾经取得了很大胜利，但后来三次"左"倾路线的错误，特别是王明路

---

① 《毛泽东文集》第七卷，人民出版社1999年版，第101页。

线，使革命遭到惨重失败。1935 年 1 月的遵义会议，是民主革命历史发展的伟大转折。这以后，党领导的革命事业从失败走向胜利。社会主义时期历史发展的曲线是什么状况呢？从中华人民共和国成立到党的八大召开，是个辉煌时期。"八大以后，我们取得了社会主义建设的许多成就，同时也遭到了严重挫折。"① 如同遵义会议对民主革命的发展所起的作用一样，党的十一届三中全会是中华人民共和国成立以后社会主义时期历史发展的伟大转折。民主革命的曲折发展教育全党掌握了民主革命的规律，而党的八大以后 20 多年的曲折发展同样深刻地教育了全党。党的十一届三中全会以后的历史发展，同遵义会议以后的历史发展也很相似，都是党的事业发展的长时期的辉煌。为什么会出现曲折和重新走向辉煌呢？也都是一个道理，即对客观规律的认识由必然王国逐渐走向自由王国。对于党的十一届三中全会以后的辉煌与党的八大的关系，邓小平明确指出，从十一届三中全会以来，我们党在经济、政治、文化等各方面的工作中恢复了正确的政策，而且研究新情况、新经验，制定了一系列新的正确政策。"和八大的时候比较，现在我们党对我国社会主义建设规律的认识深刻得多了，经验丰富得多了，贯彻执行我们的正确方针的自觉性和坚定性大大加强了。"② 这就是说，如同遵义会议标志着我们党对民主革命规律的认识在走向成熟一样，党的十一届三中全会以后，我们党对于社会主义发展规律的认识也在走向成熟。应当指出的是，这个成熟不是一劳永逸的。在这个问题上成熟了，碰到新的问题又不成熟；这一代人成熟了，新一代人不一定会自然成熟。这里没有"遗传密码"。因此，仍然需要"学习、学习、再学习"，"奋斗、奋斗、再奋斗"。

邓小平说："不坚持社会主义，不改革开放，不发展经济，不改善人民生

---

① 《邓小平文选》第三卷，人民出版社 1993 年版，第 2 页。
② 同上。

活，只能是死路一条。基本路线要管一百年，动摇不得。"[1] 这是一个很重要的政治嘱托。要实现这个嘱托，一个重要方面就是要"以史鉴今"，吸取党的八大路线未能坚持下去的深刻教训。我们要认真总结这个教训，不断增强坚持"一个中心、两个基本点"的基本路线的自觉性和坚定性。

---

[1]《邓小平文选》第三卷，人民出版社1993年版，第370—371页。

第九讲

社会主义艰辛探索的三次纠"左"

"世界上的事情就是这样，要走弯路，就是 S 形。"这是 1970 年 12 月中旬毛泽东会见斯诺时讲的话，也是毛泽东一生洞察世界、研究人类社会历史发展规律的哲学结论。这个结论也形象地说明了我们国家走过的历史道路。实际上，毛泽东生前对中国社会主义现代化建设道路的探索也是这样。

胡乔木和胡绳在主持研究和编纂中共党史时曾经提出一个很重要的观点，认为党的历史之所以发生曲折，是因为党的指导思想存在"两个发展趋向"，不仅新民主主义革命的历史有这个问题，中华人民共和国成立后 30 年的历史也有这个问题。胡绳主编的《中国共产党的七十年》论述社会主义建设在探索中曲折发展的历史有两个发展趋向指出，这两个发展趋向为，一个发展趋向是正确的和比较正确的趋向，这就是党在探索中国自己的建设社会主义道路的过程中，形成的一些正确的和比较正确的理论观点和方针政策，积累的一些正确的和比较正确的实践经验。另一个发展趋向是错误的趋向，这就是党在探索中国自己的建设社会主义道路的过程中，形成的一些错误的理论观点、政策思想和实践经验。当然，这两个发展趋向"并不是截然分开的，许多时候都是相互渗透和交织的，不但共存于全党的共同探索过程中，而且往往共存于同一个人的认识发展过程中。在全党有时这种趋向比较占上风，有时那种趋向比较占上风，或者不同趋向在不同领域同时并存"①。前一种趋向居于主导地位，历史的发展就比较顺畅；后一种趋向占上风，历史的发展就会发生曲折和挫折。

龚育之在主持编写《中国共产党历史（第二卷）》时进一步阐发了这个观点，认为"两个发展趋向"有助于说明中华人民共和国成立后29年曲曲折折的发展历史。他说这个思想"提供了贯串起来观察和分析建国以来党的全部历史的一个重要的思路和方法。往前延伸，建国初的七年中也存在这两种发展趋向，并且分别同其后十年中的两种发展趋向相接续，不过前七年中错误的发展趋向不像其后十年中那么占据重要地位罢了。往后延伸，在'文化大革命'十年中错误的趋向暂时压倒了正确的趋向，而正确的东西仍然不绝如缕；从更加长远的历史来看，正确的趋向终归克服了错误的趋向，从而结束了'文化大革命'，开创了十一届三中全会以来这十多年的历史新时期"。这是这段历史发展的基本脉络。为了说明毛泽东的思想认识在这个时期的频繁变化，龚育之还提出指导思想内部存在两个侧面的观点。他说，"文化大革命"前10年有几次大反复。怎样分析这10年的大反复？就要揭示指导思想内部矛盾的两个侧面，一个时候这个侧面占主导地位，过一个时候另一个侧面占主导地位；对形势估计的巨大变化，影响着指导思想两个侧面的主导地位的转换，从而历史的进程发生大转弯、大反复。"这是对'两个发展趋向'思路的一个深化"②。

这一讲，就根据"两个发展趋向"思想来说说我们党在艰辛探索社会主义建设道路过程中是怎样纠正一个时期的"左"的错误而取得成就和历史经验的。为了更好说明这个问题，我们先看邓小平是怎样评述这段历史的。

---

① 《中国共产党的七十年》，中共党史出版社1991年版，第419页。
② 《龚育之论中共党史》上，湖南人民出版社1999年版，第437—438页。

一 邓小平是怎样评述党的八大以后 20 年的历史的

邓小平不仅亲历了这段历史的全过程,而且在党的八大担任总书记后就是这个时期前 10 年党和国家第一代中央领导集体的核心成员。他了解许多重大事件的原委,对这段历史的论述具有许多人不具备的权威性。

邓小平在总体上对这段历史作了肯定性评价,指出中华人民共和国成立以来近 30 年取得了旧中国几百年、几千年所没有取得的进步。具体表现为:一方面,社会的阶级状况发生了根本变化,国家获得从未有过的统一,各民族实现了空前的团结,建立起了包括代表各个阶层的各民主党派、各人民团体在内的广泛的爱国统一战线,人民民主专政的国家政权得到了巩固;另一方面,经济建设曾经有过较快的发展速度,工农业生产和科学技术得到了很大发展,基本上解决了 10 亿人口的吃饭穿衣问题,粮食达到自给,建立起了比较完整的工业体系和国民经济体系,奠定了实现社会主义现代化建设的物质基础和社会主义制度的初步基础。这个时期取得的巨大成就确实改变了中国的面貌。同时,邓小平也毫不讳言党所犯的错误,认为几经折腾,干了不少蠢事,犯过一些大的错误。为什么会发生这个问题呢?邓小平总结这段历史时指出:"我们建设社会主义的方向是完全正确的,但什么叫社会主义,怎样建设社会主义,还在摸索之中。"[①]

(一)邓小平认为应当充分肯定 1956 年至 1966 年党的历史

这 10 年是中华人民共和国成立后党的历史比较曲折的一段。其间,正确的和比较正确的指导思想同错误的指导思想的主导地位反复交替多次。邓小平对这段历史有一个基本评价。他说,这 10 年"应当肯定,总的是好的,基本

[①]《邓小平文选》第三卷,人民出版社 1993 年版,第 227 页。

上是在健康的道路上发展的。这中间有过曲折，犯过错误，但成绩是主要的。那个时候，党和群众心连心，党在群众中的威信比较高，社会风尚好，广大干部群众精神振作。所以，尽管遇到困难，还是能够比较顺利地渡过。经济上发生过问题，但总的说还是有发展"①。

（二）邓小平对1957年下半年以后的"左"和"大跃进"、人民公社化运动的评述

在中华人民共和国成立以后的社会主义前期29年里，党的指导思想发生失误，是从1957年反右派斗争扩大化开始的。邓小平对此论述很多，由于侧重点不同，归纳起来，大致有这样几种说法。

——就党的指导思想发生失误的时间起点言，邓小平认为，"一九五七年以前，毛泽东同志的领导是正确的，一九五七年反右派斗争以后，错误就越来越多了"②。

——就党的指导思想的错误与党的八大路线的关系言，邓小平认为："从一九五七年下半年开始，实际上违背了八大的路线，这一'左'，直到一九七六年，时间之长，差不多整整二十年。"③"左"的终点，在有的地方又说是到1978年党的十一届三中全会以前。

——就错误思想的状态言，有一个渐进发展过程。邓小平说："一九五七年后，'左'的思想开始抬头，逐渐占了上风。"④这说明"开始抬头"和"占了上风"应有所区别。所谓"占了上风"，即错误的指导思想或指导思想的错误发展趋向占据主导地位。

——就错误思想的表现形态言，邓小平认为："一九五七年开始有一点问

---

① 《邓小平文选》第二卷，人民出版社1994年版，第302页。
② 同上书，第294—295页。
③ 《邓小平文选》第三卷，人民出版社1993年版，第253—254页。
④ 同上书，第115页。

题了，问题出在一个'左'字上。""社会主义时期我们的失误主要来自'左'的方面，而'左'的事情从一九五七年就开始了"①。

——"左"的错误的内涵是什么？邓小平也说得很明确："从一九五七年下半年开始，我们就犯了'左'的错误。总的来说，就是对外封闭，对内以阶级斗争为纲，忽视发展生产力，制定的政策超越了社会主义的初级阶段"②。这是就"左"的错误的总体而言，至于具体的表现形态在不同的时间、不同的问题上也要作具体分析。

1957年下半年反右派斗争以后的"左"，最突出、最严重的表现就是1958年的"大跃进"和人民公社化运动。这可以说是"左"的错误指导思想在全局上第一次"占了上风"。邓小平对这个时期"左"的思想的严重发展及其造成的比反右派斗争更为严重的危害也都有具体论述，这里就不一一论列了。

（三）邓小平对1966年到1976年党的历史的评述

这10年是错误时间最长的一段历史，无论是党本身、整个国家，还是人民群众都遭到了严重的挫折和损失。邓小平一生中的"三落"，有"两落"就在这段时间。这是他一生最痛苦的时候。但他强调应该科学地全面地历史地看待这段历史。

第一，强调对"文化大革命"的性质要科学把握，不能极端化、简单化。邓小平说："'文化大革命'同以前十七年中的错误相比，是严重的、全局性的错误。它的后果极其严重，直到现在还在发生影响。说'文化大革命'耽误了一代人，其实还不止一代。"③对这段历史是不应当淡忘的，更不应当模糊。同时他指出："就是'文化大革命'这样严重的错误，它的确被反革命集团所利

---

① 《邓小平文选》第三卷，人民出版社1993年版，第136、253页。
② 同上书，第269页。
③ 《邓小平文选》第二卷，人民出版社1994年版，第302—303页。

用,但也决不能简单地把这整个历史事件说成是'反革命'。必须毫不动摇地坚持这种实事求是的立场。"①

第二,强调要客观地分析发动"文化大革命"的主观动机。马克思主义者是效果与动机统一论者,既要充分认识效果的严重性,也不能忽视动机的真实性。邓小平指出:"毛泽东同志发动这样一次大革命,主要是从反修防修的要求出发的。"②不肯定这一点,就不可能对毛泽东作出实事求是的评价,也不可能科学地历史地看待"文化大革命"。

第三,强调要肯定"文化大革命"时期的抗争力量。在那10年中,占主导地位的是错误的理论和路线,这是一方面。另一方面也存在着各种形式、各种程度对"文化大革命"的抵制和抗争。尽管它不是完整地体现在某一个代表人物身上,却自始至终有这股力量存在着。1967年的所谓"二月逆流"就是影响较大的一次抗争。邓小平谈及要对"文化大革命"时期进行分析时说,"这十年中间,也还有健康的方面。所谓'二月逆流',不是逆流,是正流嘛,是同林彪、'四人帮'的反复斗争嘛"③。

第四,强调对军队介入"文化大革命"要作全面分析。"文化大革命"期间,军队实行支左、支工、支农,搞军管、军训,即"三支两军",这是当时迫不得已的一项措施,后来有不少遗留问题。邓小平明确表示,对这个问题,一定要讲两句话。"第一句话:当时军队不出面不能维持局面,出面是正确的,'三支两军'是起了积极作用的。第二句话:'三支两军'给军队造成的危害是很大的,带来了许多坏的东西,对军队的威信损害很大。"④

第五,强调外事工作取得很大成绩,对外关系有重大突破。"文化大革命"的理论和路线是错误的,但是这不等于说在"文化大革命"期间没有做一件好

---

① 《邓小平文选》第二卷,人民出版社1994年版,第365页。
② 同上书,第149页。
③ 同上书,第303页。
④ 同上书,第381页。

事。就对外关系而言,一是美国总统尼克松访华,实现了中美关系正常化;二是日本首相田中角荣访华,恢复了中日外交关系;三是恢复了中华人民共和国在联合国的合法席位,我国政府代表团出席联合国大会第六届特别会议受到热烈欢迎。这三件事影响巨大。邓小平指出:"'文化大革命'期间,外事工作取得很大成绩。尽管国内动乱,但是中国作为大国的地位,是受到国际上的承认的。中国的国际地位有提高。"[1] 这方面成就的取得,是游离于"文化大革命"的理论和路线本身的逻辑的。肯定这些,并不意味着要对这个理论和路线作某些肯定。

第六,强调在"文化大革命"期间党还存在。怎样看待"文化大革命"中的党?邓小平明确指出:"有的同志说,'文化大革命'中党不存在了。不能这样说。党的组织生活停止过一段时间,但是党实际上存在着。否则,怎么能不费一枪一弹,不流一滴血,就粉碎了'四人帮'呢?'文化大革命'中间,我们还是有个党存在。如果现在否定了八届十二中全会和九大的合法性,就等于说我们有一段时间党都没有了。这不符合实际。"[2]

邓小平的这些看法是我们研究1956年以后20年党的历史的重要参照。依据这个参照,本讲着重分析党在这20年艰辛探索社会主义建设道路过程中的三次纠"左"。

二 怎样看待1958年下半年到1962年上半年的第一次纠"左"

过去讲纠"左",一般都是将1966年前的纠"左"与1966年后的纠"左"分开来讲。既然邓小平讲从1957年后一"左"就是20年,那么也就可以将这

---

[1]《邓小平文选》第二卷,人民出版社1994年版,第305页。
[2] 同上书,第304—305页。

两个历史时期打通来讲纠"左"。比较重要的大范围的纠"左",有三次。第一次就是1958年下半年到1962年上半年的纠"左"。

按照传统讲法,这是两次。但是,由于它们的主题是相同的,都是纠正"大跃进"和人民公社化运动中的"左",只是中间被庐山会议和党的八届八中全会所打断,才成为两次。若从历史主题看,其实是一次。它是一个主题分两个时段进行的。这里,放在20年的大背景下来研究,故视为第一次艰辛的纠"左"。

（一）第一个时段即1958年下半年到1959年庐山会议前期的初步纠"左"

邓小平谈及这段时间纠"左"的情况,说:毛泽东"召集的两次郑州会议,就是纠正大跃进中'左'的错误的"。"一九五九年上半年,是在纠正'左'的错误。庐山会议前期还讨论经济工作。彭德怀同志的信一发下来,就转变风向了。彭德怀同志的意见是正确的,作为政治局委员,向政治局主席写信,也是正常的。尽管彭德怀同志也有缺点,但对彭德怀同志的处理是完全错误的。"[1]

这个时段纠"左"的基本情况是这样的:毛泽东是"大跃进"和人民公社化运动的积极倡导者和推动者,也是党中央较早觉察到问题并采取措施加以纠正的领导人。1958年11月起至翌年7月,在毛泽东主持下,党中央先后召开了五六次会议,着手纠正发现了的"左"的错误。在这些会议上,毛泽东带头压缩政治空气,号召"降温"。面对不少地方出现的缺粮、断粮乃至饥荒问题,与会者总的说开始冷静下来,积极研究采取措施,调整某些政策和指标,使"大跃进"和人民公社化运动引发的混乱局面得到初步遏制。毛泽东在第二次郑州会议上说:从1958年9月起,有一个很大的冒险主义错误,党内主要倾向还是"左"。中央可以不讲,我个人可以讲,我一讲,我就没有包袱了。

---

[1]《邓小平文选》第二卷,人民出版社1994年版,第380、295页。

毛泽东领导全党初步纠"左",有几个突出特点:一是奔波视察,研究情况,及时指导,在外地视察、召开会议、研讨解决问题时间总计达4个多月。这就是说,这段时间9个月纠"左",毛泽东不是在北京发号施令,而是有一半时间身处一线,直接了解实际情况来作出调整决策。二是坦诚交流、对话基层、谆谆诱导。他说:包产能包多少,就讲能包多少,不讲经过努力实在做不到而又勉强讲做得到的假话。在10年内,一切大话、高调,切不可讲。"老实人,敢讲真话的人,归根到底,于人民事业有利,于自己也不吃亏。爱讲假话的人,一害人民,二害自己,总是吃亏。应当说,有许多假话是上面压出来的。上面'一吹二压三许愿',使下面很难办。因此,干劲一定要有,假话一定不可讲。"[1] 这彰显了毛泽东努力以马克思主义实事求是的思想路线来纠正"左"的错误的决心。三是强调读书,学习理论,尊重科学。纠"左"伊始,他写信给中央、省区市、地、县四级党委干部,建议"联系中国社会主义经济革命和经济建设"来读书,"使自己获得一个清醒的头脑,以利指导我们伟大的经济工作"[2]。庐山会议初始,他还把读苏联《政治经济学教科书》列为会议首要议题。1959年12月至1960年2月,他带头领导全党学习苏联《政治经济学教科书》。

9个月初步纠"左",毛泽东领导全党在理论认识和实践指导上初步取得的最重要成果,就是对商品生产、商品交换和价值规律问题有了全新的认识。他在第一次郑州会议上指出,有些同志,避开使用还有积极意义的资本主义范畴——商品生产、商品流通、价值法则等来为社会主义服务,"这是对马克思主义不彻底、不严肃的态度","是不承认客观法则的表现"[3]。他认为不能把商品生产与资本主义混为一谈,商品生产与资本主义相联系就出资本主义,和社

---

[1]《毛泽东文集》第八卷,人民出版社1999年版,第50页。
[2]《毛泽东文集》第七卷,人民出版社1999年版,第432页。
[3] 同上书,第437页。

会主义联系就出社会主义。"不要怕,不会引导到资本主义,因为已经没有了资本主义的经济基础。商品生产可以乖乖地为社会主义服务"①。在社会主义建设时期,要"有计划地大大发展社会主义的商品生产"②。对于价值规律,他在第二次郑州会议上说:价值法则是客观存在的经济法则,我们对于社会产品,只能实行等价交换,不能实行无偿占有。他提议对县级干部、特别是公社干部进行教育,"使他们懂得价值法则、等价交换,这是个客观规律,违反它,要碰得头破血流"③。1959年三四月间,他在给山西省委一个报告的批注中指出:客观存在的价值法则"是一个伟大的学校,只有利用它,才有可能教会我们的几千万干部和几万万人民,才有可能建设我们的社会主义和共产主义。否则一切都不可能"④。一年多后,学习苏联《政治经济学教科书》读书活动,结合中华人民共和国成立以来特别是"大跃进"和人民公社化运动以来丰富的实践经验研读社会主义经济理论,进一步总结经验教训,深化了初步纠"左"以来对在中国这样一个落后大国建设社会主义具有重要意义的上述问题的认识,成为马克思主义中国化曲折发展过程中的一个重要环节。这期间提出的一些正确的理论观点和政策思想,对于后来的社会主义建设起了重要作用。

此外,对于人民公社的整顿,毛泽东强调反对平均主义和过分集中两种倾向。在他看来,平均主义倾向是否认各个生产队和各个个人的收入应当有所差别,即否认按劳分配、多劳多得的社会主义原则;过分集中倾向是否定生产队的所有制。据此,上海会议制定的关于人民公社的文件,进一步规定生产队下面的生产小队作为包产单位,也应当有部分的所有制和管理权限;将以公社为基本核算单位改为以生产队为基本核算单位,并在一定范围内肯定生产小队部分所有制。对于生产指标问题,毛泽东多次承认,北戴河会议以来出了许多乱

---

① 《毛泽东文集》第七卷,人民出版社1999年版,第440页。
② 同上书,第437页。
③ 《毛泽东传(1949—1976)》(下),中央文献出版社2003年版,第922页。
④ 《毛泽东文集》第八卷,人民出版社1999年版,第34页。

子。不晓得讲了多少年的有计划按比例发展,就是不注意,不是综合平衡。各个工业部门的联系,工业部门跟农业部门的联系,重、轻、农的联系,就没有顾到。明年的工业指标切记不可高。①毛泽东尽管对"大跃进"以来的问题还缺乏深刻认识,但这个初步总结为庐山会议继续纠"左"做了思想动员。

(二)第二个时段即1960年下半年到1962年党的八届十中全会前的全面调整

庐山会议后期由纠"左"变为反右后,在经济上打断了第一次郑州会议以来的纠"左"进程,使"大跃进"和人民公社化运动中许多已被指出、有待纠正的"左"的错误重新泛滥,有的更加恶性发展。再加上自然灾害和中苏关系恶化导致的苏联政府背信弃义地撕毁合同,国民经济的严重困难在20世纪60年代初突出出来。经济发展的几个主要比例(如积累和消费、工业和农业、工业内部等)失调,农业和轻工业生产大幅下降,市场供应空前紧张,特别是粮食严重短缺,农村出现大饥荒,危害着人民群众的生命健康。

在严峻的现实面前,以毛泽东为核心的党中央,率领全党和全国人民齐心协力,同甘共苦,克服困难。首先是决心停止"大跃进"和人民公社向基本社有制过渡,继续进行从郑州会议到庐山会议前期的纠"左"努力,进行各个方面、各个领域的大调整,努力制定符合实际情况的政策条例,端正马克思主义中国化的方向,进一步探索中国自己的建设社会主义道路。

第一,提出国民经济的调整方针和大兴调查研究之风,端正思想路线。1960年6月,毛泽东在上海会议期间写了《十年总结》,概略回顾中华人民共和国成立10年来经济建设走过的道路,试图重新认识"大跃进"以来的经验教训。他指出,对于社会主义时期的革命和建设,还有一个很大的盲目性,还有一个很大的未被认识的必然王国。要以第二个10年时间去调查它去研究它,

---

① 参见《毛泽东传(1949—1976)》(下),中央文献出版社2003年版,第948—949页。

从其中找出它的固有的规律。根据会议精神,周恩来、李富春在主持研究1961年国民经济计划时,提出"调整、巩固、充实、提高"八字方针。国民经济的调整从农村开始,周恩来主持制定《关于农村人民公社当前政策问题的紧急指示信》(以下简称《指示信》),规定了12条政策,强调"三级所有,队为基础,是现阶段人民公社的根本制度",允许社员经营少量自留地,恢复农村集市等。这些政策成为扭转农村严重形势的起点。

1960年底至1961年初,党的八届九中全会召开。毛泽东指出,这几年错误的发生,直接源于思想方法上的主观主义和片面性,我们的同志调查研究不做了,只凭想象办事。建国以来,特别是最近几年,我们对实际情况不大摸底了,大概是官做大了。我这个人就是官做大了,我从前在江西那样的调查研究,现在就做得很少了。他要求恢复实事求是和调查研究的优良传统,把马列主义的普遍真理同中国实际相结合。他号召全党大兴调查研究之风,一切从实际出发,1961年成为实事求是年、调查研究年。会后,他直接组织和指导三个调查组,分赴浙江、湖南、广东农村调查。刘少奇、周恩来、朱德、陈云、邓小平等也分别到湖南、河北、四川、上海、北京等地,深入基层调查研究。遵照毛泽东的指示,全党兴起调查研究之风。各省区市党委的负责人、中央和地方各部门的负责人,纷纷到县、社、队进行重点调查。深入的调查使全党在诸如食堂、供给制、家庭副业、自留地等问题上逐渐统一认识,直接推动了农村政策的调整,带动了其他各条战线工作的调整。

深入的调查研究,使毛泽东对社会主义的认识又深化了。他说,对搞社会主义经济建设的精神准备非常不够,对社会主义如何搞法没有研究,没有经验。我们谁也没有干过,"未有先学养子而后嫁者也",没有先学会社会主义的具体政策而后搞社会主义的。对社会主义,我们搞了12年,有些了解,但不甚了了。我们没有自己的一套。不讲客观规律,你违反了它,就一定要受惩罚。我们就是受了惩罚,最近三年受了大惩罚。现在要总结经验。毛泽东、党中央强调从调查研究入手总结经验,恢复实事求是思想路线。"认真调查研究,对具体问题作出具体的分析,而不是抽象的主观主义的分析,这是马克思主义的灵魂。"① 从而奠定了全面调整的思想基础。

第二,全面调整与对社会主义认识的深化。20世纪60年代的全面调整是中华人民共和国成立后规模空前巨大、工作空前深入、条例空前系统的一次成功的调整。它主要包括这样一些方面。

关于农业调整。1961年3月,毛泽东在广州主持制定《农村人民公社工作条例(草案)》("农业六十条"),在当年6月发出的试行修正草案中,取消了农民普遍反对的部分供给制和公共食堂。这个决策受到农民的极大欢迎。1962年中央作出的《关于改变农村人民公社基本核算单位问题的指示》,又指出:农村人民公社以生产队为基础的三级集体所有制,是一个长时期内实行的根本制度。从《指示信》到修订后的"农业六十条",党对人民公社体制进行的重大调整,虽然未能彻底解决人民公社的根本问题,但在调动农民积极性、恢复和发展农业生产方面,发挥了重要作用。

关于手工业、商业的调整。1961年6月,中共中央发出《关于城乡手工业若干政策问题的规定(试行草案)》("手工业三十五条")和《关于改进商业工作的若干规定(试行草案)》("商业四十条")。"手工业三十五条"明确指出,在整个社会主义阶段的手工业,集体所有制是主要的,个体所有制是社会主义经济的必要补充和助手。"商业四十条"肯定现阶段我国商品流通渠道除了国营商业、供销合作社商业,还有农村集市贸易,它是前两条渠道的必要补充。这些政策的制定和实行,纠正了"大跃进"以来取消农村集市贸易和小商小贩、将集体性质的手工业和商业向全民所有制过渡的错误。

关于工业调整。1961年9月,在庐山中央工作会议上,周恩来强调:指标要坚决退够,留有余地,今年应下决心退下来整顿。邓小平提出,调整的总

---

① 《建国以来毛泽东文稿》第九册,中央文献出版社1996年版,第605页。

方针是保农业，保轻工业市场，兼顾国防，应据此缩短战线。邓小平还多次强调要整顿工业企业，要治乱。并且在他主持下，制定了《国营工业企业工作条例（草案）》（"工业七十条"）。"工业七十条"系统地总结了中华人民共和国成立以来特别是"大跃进"以来工业管理工作的经验教训，提出了国营企业管理工作的一些指导原则，并作出许多具体规定。它要求建立各方面和各环节的严格的责任制度，实行全面的经济核算，讲求经济效果；不仅恢复了被"大跃进"否定和打乱的工业企业规章制度和正常生产秩序，而且建立了一些"大跃进"以前未曾建立的制度，使工业企业的管理走向规范和健全。它的实行，对于工业企业落实调整的八字方针发挥了积极作用。

关于科学、教育、文艺的调整。文化领域的调整是从制定科学、高教、文艺等方面的工作条例入手的。在聂荣臻主持下，1961年制定了《关于自然科学研究机构当前工作的十四条意见（草案）》（"科学十四条"）。在教育方面，由邓小平主持，制定了《教育部直属高等学校暂行工作条例（草案）》（"高教六十条"）；后来还制定了《全日制中学暂行工作条例（草案）》（"中教五十条"）和《全日制小学暂行工作条例（草案）》（"小教四十条"）。在周恩来督促下，1962年还制定出"文艺八条"。上述这些条例，总结了中华人民共和国成立以来特别是"大跃进"以来的经验教训，提出一系列调动知识分子积极性的政策。这些条例的核心，是调整党与知识分子的关系，做好知识分子工作。它的另一个重要内容，是贯彻落实科学和文艺工作的"百花齐放，百家争鸣"方针，鼓励不同学派和不同学术见解自由探讨；强调不能用政治斗争、更不允许用对敌斗争方法处理人民内部在学术、艺术问题上的不同观点。

第三，"七千人大会"后的进一步深入调整。经过一年多调整，严重经济困难局面开始转变，生产秩序有所恢复，但整体形势依然十分严峻。为进一步总结1958年以来的经验教训，统一和提高认识，增强团结，动员全党更坚决地执行调整方针，党中央于1962年1月11日至2月7日在北京召开扩大的中央工作会议，与会的有中央和省、地、县委四级主要负责人和部分大厂、军队负责人，共7118人，史称"七千人大会"。刘少奇在书面报告中，比较系统地初步总结了"大跃进"经济建设工作的基本经验教训。毛泽东的讲话，一是强调切实贯彻落实民主集中制。要克服面临的困难，没有民主集中制是不行的。二是强调对社会主义经济我们还有许多未认识的必然王国。今后要下苦功夫调查它、研究它，在实践中逐步地加深对它的认识。三是强调建设强大的社会主义国家在中国需要100多年时间，因为我国人口多，底子薄，经济落后，要赶上和超过世界上最先进的资本主义国家，没有100多年时间是不行的。邓小平、周恩来在大会上讲话，分别代表中央书记处和国务院作自我批评。大会思想比较解放，气氛比较民主，对缺点、错误采取了比较实事求是的态度，比较深入地总结了经验教训。大会的民主精神和自我批评精神给全党以鼓舞，广大党员心情比较舒畅，在动员全党为战胜困难而团结奋斗方面起了积极作用。

"七千人大会"后，党中央领导全党对经济工作作了进一步调整。

——大力精减职工，减少城镇人口。与此相关，压缩基本建设规模，停建缓建大批基本建设项目；缩短工业战线，实行必要的关、停、并、转；从各方面支援农业，加强农村基层领导力量；加强财政管理，稳定市场，回笼货币，抑制通货膨胀，等等。周恩来直接抓精减职工工作，到1963年6月，全国精减职工约2000万人，减少城镇人口2600万。他说，下去这么多人，等于一个中等国家搬家。由于采取这些果断措施，调整工作较快取得成效。1962年底，国民经济形势开始好转：农业生产回升，农、轻、重的比例关系得到改善，国家财政收支平衡，市场商品供求紧张状况走向缓和，城乡人民生活有所改善。

——在农村，各种形式的农业生产责任制再次出现并迅速扩展。到1962年7月，全国有超过20%的农村实行各种形式的"包产到户"，效果大都较好，很受农民和许多基层干部的欢迎。刘少奇、陈云、邓小平、邓子恢等中央和有关部门的一些领导人在调查研究中也对它表示出积极支持。陈云认为包产到户是"非常时期的非常办法"。邓小平认为:"生产关系究竟以什么形式为最好,恐怕要采取这样一种态度,就是哪种形式在哪个地方能够比较容易比较快地恢复和发展农业生产,就采取哪种形式;群众愿意采取哪种形式,就应该采取哪种形式,不合法的使它合法起来。"① 这个思想为后来提出生产力标准奠定了理论基础。

——调整政治关系,着重恢复国家正常的政治生活,改善与民主党派和非党人士的关系。"七千人大会"后,党中央大力调整中国共产党与民主党派和非党人士的关系。1962年在二届全国人大三次会议和全国政协三届三次会议上,周恩来代表国务院就政府工作中的错误作了自我批评;阐述了我国人民民主统一战线的新形势,要扩大民主生活。那些敢于提出不同意见和批评的人,不是畏友,而是诤友。出席会议的各界人士,为中国共产党襟怀坦白、敢于承认和认真纠正错误的郑重态度所感召,纷纷表示愿与共产党同舟共济,克服困难。随后召开的全国统战工作会议和全国民族工作会议指出,要做好对在政治运动中受到伤害的党外人士的甄别平反工作;做好对摘去右派帽子的人和还戴着帽子的人的安置工作,其家属和子女在上学、就业、生活等方面不得歧视;在侨务政策上,撤销所谓"海外关系"提法,对历次运动和政治审查中因此关系而被错误处理的,应迅速切实纠正;在民族工作方面,制定的《关于少数民族牧业区工作和牧业区人民公社若干政策的规定(草案)》("牧区工作四十条"),对少数民族地区政策进行了若干调整,调动了各族人民的积极性,集中力量恢复和发展生产。

——"脱帽加冕",调整党同知识分子的关系。1961年制定和实施的科学、教育、文艺等条例,逐步明确了知识分子工作的方向,初步调动了广大知识分子的积极性。这势必涉及对我国知识分子阶级属性重新作出判断。1962年3月,周恩来在广州召开的全国科技工作会议和文艺工作会议上发表讲话,从实质上

---

① 《邓小平文选》第一卷,人民出版社1994年版,第323页。

恢复1956年全国知识分子会议上党对我国现在的知识分子的阶级状况所作的基本估计，肯定我国知识分子的绝大多数已经是属于劳动人民的知识分子，而不是属于资产阶级的知识分子。陈毅在讲话中特别强调，经过12年考验，尤其是这几年严重困难的考验，证明我国广大知识分子是爱国的，相信共产党的，跟党和人民同甘共苦的。他宣布给广大知识分子"脱帽"（脱"资产阶级知识分子"之帽），"加冕"（加"劳动人民知识分子"之冕）。在随后召开的二届全国人大三次会议上，周恩来在政府工作报告中再次宣布这一科学论断。这个政策调整，极大地调动了知识分子的积极性。他们又有了1956年那样舒畅的精神状态。

——纠正反右倾运动的某些错误，调整党内政治关系。1961年6月，党中央发出关于对几年来在反右倾运动中受过批判和处分的党员和干部的甄别平反的指示。"七千人大会"后，党中央加快了这项工作进度。1962年4月，中央书记处建议对全国县以下干部一揽子解决，除个别有严重问题者外，都不"留尾巴"。到1962年8月，全国有600多万干部、党员和群众得到平反。

——纠正外事工作中"左"的倾向。1962年春，针对外事工作逐渐发展起来的"左"的倾向，中联部部长王稼祥向中央建议，不要只讲民族解放运动，还应该重视和平运动；有必要争取对外关系的相对和缓，在同美国、苏联等斗争中要注意策略；对外援助必须实事求是，量力而行；支援别国国内革命运动，须慎之又慎；等等。这些意见是对当时已经露头的在国际斗争中打击面扩大、调门越唱越高倾向的修正。

"七千人大会"后半年中，调整工作呈现强劲发展势头。这不仅涉及面广泛，而且在实践和理论上达到一定的深度，实际上对传统社会主义模式有某些改革，体现了马克思主义中国化的许多具体思想和政策，获得了某些具有实质意义的进展。

从1958年下半年到1962年上半年的两度纠"左"，表明党的指导思想的正确和比较正确的发展趋向占据主导地位。但随后党的八届十中全会的召开对国内政治经济形势的认识发生逆转。此后,全党全国的工作出现一种复杂情况:一方面,政治和思想文化方面阶级斗争扩大化的"左"倾错误在进一步发展;另一方面,经济上调整和恢复的任务基本上还能按原订计划继续执行。毛泽东一方面强调要重提阶级斗争,并以阶级斗争为纲进行社会主义教育运动;另一方面又提出把 1963 年到 1965 年作为一个过渡阶段,坚持调整国民经济"八字方针",再搞一个 15 年设想,基本上形成一个初步的独立的国民经济体系,或者说工业体系;然后再有 15 年左右,建成一个现代化强国。这就是随后正式提出四个现代化奋斗目标的由来。这两个方面无疑是一种矛盾格局,这种格局是党的指导思想的两个发展趋向在不同领域同时并存的表现。它暂时被控制在一定范围之内共处了。但是到了 1966 年上半年,另一种发展趋向占了上风,这种格局不存在了。

三 怎样看待 1972 年批判极左思潮和落实党的政策的第二次纠"左"

1971 年"九一三"事件后,广大党员、干部和群众愤怒声讨林彪反革命集团分裂党和国家、外逃叛国的严重罪行,坚决拥护毛泽东、周恩来粉碎其反革命政变阴谋的一系列重要决策。同时,也希望以此为契机纠正"左"的错误,落实党的有关政策,调整和改善党内外各种关系。

"九一三"事件的尖锐性和突发性是毛泽东始料未及的。他对此进行深度思考,开始批评那些极左派,赞同纠正过去的一些错误。1971 年 10 月上旬,他会见新成立的中央军委办公会议成员说:林彪他们反党,大的事情多得很,就是要夺权。"文化大革命,整几位老帅,是林彪搞的。"我和斯诺谈话说过了,"什么四个伟大,讨嫌!顶峰问题,六六年七月份我就给林彪打过招呼,他不听，还是那么写。"对军委办公会议的工作，他对叶剑英说："凡讨论重大问题，要请总理参加。"①1972年6月下旬，他会见外宾时说，"我们的'左派'是些什么人呢？就是火烧英国代办处的那些人。今天要打倒总理，明天要打倒陈毅，后天要打倒叶剑英……这些所谓'左'派，其实就是反革命"②。

毛泽东上面这些话，反映了他思想的不小变化。周恩来自"文化大革命"开始后，一直在可能的范围内努力抑制极左思潮的泛滥，以减轻这场运动造成的损失。还在那时的夺权高潮中，周恩来根据毛泽东的指示就对几个不可一世的"中央文革"成员采取断然措施，遏制了极左派的嚣张气焰，对极左思潮有所抑制。党的九届二中全会后的1971年上半年，周恩来在一系列专业会议上几乎逢会必讲要反对极左思潮。"九一三事件"后，根据毛泽东的决策，周恩来因势利导，在批判林彪反革命集团罪行时，在更大范围、以更大力度展开对极左思潮的批判，不断落实党的干部政策、经济政策、知识分子政策、教育政策、科学文化政策等。

以此为基础，对各地区、各部门也展开一系列工作的调整和整顿。在当时的历史条件下，1972年周恩来领导的对极左思潮的批判和落实党的各项政策的努力，在不长时间里取得了明显成效，得到广大干部、群众的衷心拥护。

（一）加快落实干部政策，推动一大批老干部重新走上领导岗位

"九一三"事件后，毛泽东在一定程度上改变了对党内一大批老同志的看法，并直接过问一些高级干部的落实政策工作。1972年1月6日，毛泽东同周恩来、叶剑英谈话时表示，现已证明根本不存在"二月逆流"，今后不要再讲"二月逆流"了。1月10日，他临时决定参加陈毅追悼会，对陈毅夫人说："陈毅同志是一个好人，是一个好同志。"7月下旬，他在陈云请求中央分配给些力

---

① 《毛泽东传（1949—1976）》（下），中央文献出版社2003年版，第1606—1607页。
② 《毛泽东年谱（1949—1976）》第六卷，中央文献出版社2013年版，第438页。

所能及工作的信上指示：可以同意。8月中旬，他在邓小平提出愿做一些工作的信上批示：他没历史问题，有战功，没有屈服于苏修。这些事我过去讲过多次，现在再说一遍。这个批示，就是希望尽快解放邓小平，落实政策，安排工作。12月下旬，他还提出要给贺龙、罗瑞卿、杨成武等人平反。

在毛泽东支持下，周恩来把握机会，精心安排，加快了落实干部政策的进程。还在1971年10月，他就指示公安部对监狱情况进行一次全面调查，严肃批评看管人员的宁"左"勿右思想，使许多一时不能解放仍被监禁的老干部受虐待的情况有所改善。在毛泽东过问下，他努力解除对一些老同志的监禁，指示有关部门对他们及时进行治疗和妥善安置，同时有意安排一些被打倒的老干部公开露面，以扩大影响，推动全国落实干部政策的工作。对被林彪一伙迫害致死的老干部，他想方设法要求查明情况，准备为死者恢复名誉或解决其他遗留问题。对各地那些被打倒的老干部，他尽量采取措施改善他们的生活条件。先后得到他关照的不仅有老干部，还有一些爱国民主人士和文艺界人士。1972年4月，周恩来痛感一些老同志因病救治不力而去世，要求卫生部尽快解决老干部的医疗问题，并指示《人民日报》发表题为《惩前毖后，治病救人》的社论，阐明毛泽东历来倡导"对人的处理问题取慎重态度"等政策，强调经过长期革命斗争锻炼的老干部是党的宝贵财富，要求排除干扰，积极落实中央关于干部工作的指示。

这些举措，在全国引起广泛影响，许多省专门召开会议，结合本地实际落实干部政策和知识分子政策。湖南、山西等省被解放的老干部都在90%以上，进入领导班子或安排工作的也在90%以上。一大批被打倒的党政军领导干部重新走上重要领导岗位，极大地加强了党内抵制和纠正"文化大革命"错误的力量。

（二）落实党的各项经济政策，调整和整顿国民经济

1970年，国民经济开始恢复。为整顿纪律、恢复秩序，在周恩来主持下，国务院及其所属各部委召开一系列专业会议，开始批判极左思潮和无政府主义，强调落实政策，恢复和发展生产，扭转了一些行业生产连续下滑的局面。"九一三事件"后，在全国计划会议上，周恩来首次提出整顿企业的任务。整顿企业，那时着重抓了两项：一是抓产品质量，二是抓经济核算。

先看抓产品质量。全国计划会议纪要强调加强统一计划，整顿企业管理，反对无政府主义，把产品质量放到第一位。根据会议精神，《人民日报》发表社论，提出社会主义的企业管理需要合理的规章制度。多数省市的企业先后展开与反对无政府主义、加强企业管理密切相关的社会主义劳动竞赛，除了提出政治学习、纪律、作风等"大指标"外，还规定在生产领域比产量、比质量、比出勤、比安全、比消耗等"小指标"，并要有物质奖励。针对援外飞机、汽车质量下降问题，周恩来听取汇报时明确提出，质量这样下降，如何援外，如何备战？这是路线问题，要放在议事日程来解决。他还抓了出口照相机等日用工业品和广交会展品的质量问题，指出，现在我们出口数量不大，质量却这么差！这怎么向国家交代，向人民交代？从产品质量问题入手，他还指出：新产品质量不稳定，就是规章制度执行不好，要遵守好的规章制度、好的工艺流程，就要反对无政府主义，批判极左思潮，领导机关要敢讲话。根据周恩来等的指示，国务院对有关产品的质量问题专门发出通报，召集有关方面人员调查研究，找出问题原因。通过大力整顿，一些产品质量明显提高。

再看抓经济核算。1972年10月至11月，国务院有关部门召开加强经济核算、扭转企业亏损会议。会议针对"政治可以冲击一切""只算政治账，不算经济账"等谬论，提出要切实抓好企业管理。要允许国营企业在完成计划指标后，从利润中提取一定比例的奖励基金，用于职工的集体福利和给先进生产者

以物质奖励。会后，国家计委起草了《关于坚持统一计划，加强经济管理的规定》，经周恩来批准，提交1973年全国计划会议讨论。该规定对改进经济管理提出了许多重要思想，如加强国家统一计划，搞好综合平衡；严格控制基建规模，不许乱上建设项目；企业实行党委领导下的厂长负责制，建立强有力的生产指挥系统；坚持按劳分配原则，广泛推行计时工资加奖励，少数重体力劳动可实行计件工资；等等。这些都旨在整顿企业，恢复多少年来行之有效的管理制度。

在整顿工业企业的同时，农村也开始纠正一些"左"的经济政策。国务院召开一些涉及农业、农村的会议，根据周恩来多次讲话精神，对农村工作中的极左思潮和"左"的错误提出不同程度的批评。国家通过调高部分农产品的收购价，降低支农产品的出厂价、销售价，以及实行粮食征购价一定五年不变等政策，鼓励农民发展生产、改善生活。这些政策对于遏制极左思潮泛滥、调动农民积极性、保护和发展农业生产力，起了重要作用。1971年12月下旬，中共中央发出《关于农村人民公社分配问题的指示》，强调坚持按劳付酬原则，采用群众自己创造的简便易行的分配办法；注意农业的全面发展，不能把党的政策允许的多种经营当作资本主义批判。各省区都召开专门会议落实该指示。《人民日报》也根据该指示精神，发表多篇批评极左思潮在农业方面的表现以及落实农村政策的社论和文章，产生较大影响。

经过调整，1970年经济冒进造成的危害，到1973年下半年得到较大程度缓解，经济形势明显好转。1973年，国民经济计划的主要指标都完成或超额完成。全国工农业总产值比1972年增长9.2%，国民收入比1972年增长8.3%，财政收入实现收支平衡。1973年是那些年中国民经济形势最好的一年。

（三）对外经贸工作取得新突破，开启开放交流大门

1972年批判极左思潮，也使我国对外经济工作出现重要转机。此前，江青

一伙人大批所谓"崇洋媚外",给对外经贸工作造成巨大干扰。随着中美关系缓和,也为逐步发展两国间贸易提供了便利。按照毛泽东的战略构想,从1972年初起,周恩来加大了在对外经济工作中批判极左思潮的力度。他与李先念及相继恢复工作的陈云、邓小平等一起,顶住来自极左派的种种压力,为打开对外经济工作新局面进行了一系列卓有成效的工作。

1972年1月,根据周恩来指示,李先念等决定抓住西方资本主义国家在经济危机中急于出口的有利时机,建议引进我国急需的化纤新技术成套设备4套、化肥设备2套,以及部分关键设备和材料,约需4亿美元。2月上旬,周恩来报告毛泽东批示同意后,立即着手购进。以此为突破口,中共中央根据当时的有利条件,进一步扩大对外引进规模,包括发展钢铁工业急需的1.7米大型钢板轧机。还批准了进口6亿美元的23套化工设备。1973年批准了在今后三五年内引进43亿美元的成套设备,即"四三方案"(后来又追加一批项目,进口总额达51.4亿美元)。这是继"一五"计划后第二次引进外国先进技术设备规模最大、种类最多的一次。在周恩来支持下,国家计委还组织有关部委派出多个考察小组,出国考察进口设备;全国恢复举办技术贸易展览会,介绍国外先进科学技术,突破了封闭、禁锢的藩篱。这次大规模引进,是在特殊年代背景下面向西方资本主义国家的大规模经济交流,也可以说是批判极左思潮、落实党的经济政策、开拓对外经济技术交流的一大成就。我国利用这些设备,加上国内通过自力更生的生产和改造,共兴建了26个大型工业项目,到1982年全部投产。这次大规模引进,为我国20世纪70年代中期完成初期工业化奠定了基础,对今后经济发展和技术进步发挥了重要促进作用。

(四)落实党的教育、科技、文化政策,改善党与知识分子的关系

教科文系统是受极左势力摧残的"重灾区"。1972年5月上旬到6月中旬,国务院科教组召开综合大学和外语院校教育革命座谈会。这个会开了40天,

北京、上海等地15所高校及教育部门的代表参加。会议提出：要全面落实知识分子政策，发挥教师业务专长，合理安排他们工作，鼓励教师为革命刻苦钻研科学技术。会议还要求，加强基础理论教学，理科的基础课一般要单独授课，系统学习，知识面要宽一些，保证教学时间；文科要使学员在实践基础上着重学习理论；外语院校要加强基本功训练。会议还强调，努力开展科研，重视科研人才的培养和基础科学的发展；理科要加强基础理论研究，抓紧实验室、研究室的改造和建设。座谈会提出的这些问题，具有鲜明的针对性，是对"教育革命"中"左"的错误和极左思潮的批评和纠正。

1972年7月，周恩来在会见美籍华裔科学家杨振宁时讲道：杨先生说我们的理论太贫乏了，而且我们也不跟人家交流，恐怕这话有道理。不久，他向北京大学副校长提出，要认真清理教学和科研工作中的极左思潮，提高基础理论水平，办好综合大学的理科。根据周恩来提议，8月召开了全国科学技术工作会议。这是在特殊年代召开的第一次全国性的讨论科技工作的会议。一些著名科学家反映，不少研究单位的大部分时间是在搞运动、劳动和其他社会活动，科研人员不敢搞科学实验和理论研究，在科研问题上应当提倡不同意见的争论等。这些意见得到周恩来等领导人的支持。会后，周恩来写信给第二机械工业部两位科学家，赞同发展高能物理研究的建议，不能再延迟了。"科学院必须把基础科学和理论研究抓起来，同时又要把理论研究与科学实验结合起来，高能物理研究和高能加速器的预制研究，应该成为科学院要抓的主要项目之一。"[1]10月，他会见美籍华裔科学家李政道时，再次强调培养科研人才，指出："对学习社会科学理论或自然科学理论有发展前途的青年，中学毕业后，不需要专门劳动两年，可以直接上大学，边学习、边劳动。"[2]

对于知识分子的境遇，毛泽东、周恩来也很关切。1973年初，一向被视为

---

[1]《周恩来选集》下卷，人民出版社1984年版，第473页。
[2] 同上书，第473—474页。

"白专典型"的科学院数学研究所陈景润病重的情况被反映到毛泽东那里,他当即指示要给陈景润进行检查治疗。周恩来十分关注文化、卫生、体育等系统的情况。针对文艺界万马齐喑局面,他指出:极左思潮不肃清,艺术质量提不高。现在要提倡毛泽东思想指引下的"百花齐放"。随后,北京市新华书店开始发行《红楼梦》等中国古典文学名著。南京举行了特殊年代以来第一次全国田径运动会。教科文方面开始出现一些新气象,各界文化人的状况有所改变。

(五)落实党的民族、统战等政策,政协工作得到一定恢复

1972年一二月间,周恩来批示在北京召开宁夏固原地区工作座谈会,研究该地区执行民族政策方面的问题。会议根据当时情况重新强调:要在一切工作中坚持民族平等、民族团结;要挑选懂得民族政策的同志到少数民族地区工作,要尊重少数民族的宗教信仰和生活习惯,积极培养少数民族干部,满腔热情地帮助各少数民族得到发展和进步。3月,国务院有关部门根据周恩来指示,先后派出五个调查组分赴宁夏、内蒙古、新疆、西藏、云南等少数民族地区调查了解民族政策执行情况和当地群众生活、生产中的问题。7月,中央在批转固原地区工作座谈会报告和公安部等联合调查组报告的通知中指出:在某些同志中间,由于受极左思潮影响,对党的民族政策的观念十分淡薄,有的甚至发生严重违反民族政策的事件,各地应当对执行民族政策情况进行一次检查。8月,周恩来还指示农林部赴青海调查了解该省农牧业生产情况。这一年,经过一系列深入工作,党的民族政策得到一定程度恢复,一些错案得到纠正,受到严重破坏的民族关系得到初步改善。

在周恩来领导的整顿中,全国政协工作开始恢复。1972年10月,在他过问下,政协建立了各民主党派和无党派人士学习领导小组。12月,全国政协机关成立临时领导小组,恢复了政协机关部分工作。有的省市还召开有省委领导参加的爱国人士座谈会,广泛听取与会者的意见和要求。

批判极左思潮在 1972 年下半年达到高潮。周恩来在一次谈话中指出,"极左思潮是有世界性的。中国也有极左思潮,在我们的鼻子下面也有嘛","实际上各单位的极左思潮都是林彪放纵起来的"。极左思潮就是"空洞、极端、形式主义,空喊无产阶级政治挂帅"。其实,"无产阶级政治挂帅挂在什么地方呢?就是要挂在业务上""运动就是要落实在政策和业务上"。①那时,《人民日报》由周恩来直接领导。10 月中旬,该报以一个整版发表三篇批判极左思潮和无政府主义的文章,以鲜明的立场、犀利的语言揭露了那个年代盛行的"怀疑一切""打倒一切""群众运动天然合理"等谬论,告诫人们警惕极左思潮会"重新出现"。这些文章在全国产生了较大影响。

四 怎样看待 1975 年全面整顿的第三次纠"左"

1975 年初,四届全国人大一次会议闭幕后,周恩来病情加重,邓小平受命主持国务院工作。他根据毛泽东提出的要安定团结、把国民经济搞上去的指示,明确提出要对被搞乱了的各条战线进行整顿,提出摆脱动乱、加快经济恢复和发展的一系列措施,进行了当时条件下所能进行的拨乱反正。

(一)整顿军队

根据毛泽东提出"军队要整顿"的指示,已任中央军委副主席兼总参谋长的邓小平将毛泽东的指示作为推动军队深入整顿的依据,也成为全面整顿的开端。1 月下旬,他在总参谋部机关作了《军队要整顿》的讲话,指出,我们这个军队有好传统。从井冈山起,毛泽东同志就为我军建立了非常好的制度,树立了非常好的作风。现在,好多优良传统丢掉了,军队臃肿不堪。军队膨胀起

---

① 《周恩来年谱(1949—1976)》下卷,中央文献出版社 1997 年版,第 541、542 页。

来，不精干，打起仗来就不行。要整顿。军队的总人数要减少，编外干部太多要处理；优良传统要恢复。这些年来，我们军队出现了一个新的大问题，就是闹派性，有的单位派性还很严重。要安定团结，就必须消除派性，增强党性。再一个问题是军队的纪律很差，要加强纪律性。我们要增强党性，消除派性，加强纪律性，提高工作效率。①

1975年6月至7月，中央军委召开扩大会议。邓小平讲话指出，军队有"肿、散、骄、奢、惰"问题；要抓编制、抓装备，还要抓战略。叶剑英作总结讲话说：军队需要高度的集中统一，决不允许派性存在，不容许任何野心家插手军队，搞阴谋活动。叶剑英向大多数高级干部打招呼，要求听从指挥，注意形势，站稳立场，看清方向。会后，叶剑英主持对军队25个大单位的领导班子进行调整配备，对驻北京市及附近战略要地的部队进行整顿和调动。这些措施有力地稳定了军队，对于抵制"四人帮"夺取军队起了重要作用。

（二）整顿铁路部门

这是在经济领域进行整顿、扭转混乱局面的突破口。四届全国人大一次会议后，万里担任铁道部长。邓小平多次约他汇报情况，研究解决铁路问题，指出，看来有几个问题要解决。第一，关于体制问题，应当实行铁路运输的集中统一领导，把权力集中到中央。第二，关于干部管理，由铁道部统一管理调配使用，与地方脱钩。第三，关于运输生产，要建立健全规章制度，加强组织纪律性，保证安全正点。对于派性问题，要求不能拖，用最快的速度、最坚决的措施，迅速扭转形势，改变面貌。2月下旬至3月上旬，邓小平在解决铁路运输问题的全国各省、区、市主管工业的书记会议上说：当前的薄弱环节是铁路。铁路运输的问题不解决，生产部署统统打乱，整个计划都会落空。全国工业书

---

① 参见《邓小平文选》第二卷，人民出版社1994年版，第1—3页。

记会议后，万里同江苏省委负责人到全国最乱的徐州铁路分局，对搞打砸抢的帮派核心人物采取强制措施，召开各种会议传达、宣传中央精神，建立健全各项规章制度，有效地保证运输的安全正点。仅半个月时间，徐州铁路分局生产开始好转。过去连续20个月不能完成运输任务，4月份提前3天完成了任务。徐州地区问题的解决，为整顿全国铁路提供了经验。4月底，堵塞严重的几个铁路分局的所辖路段全部畅通，全国20个铁路局中有19个超额完成计划。这是铁路部门5年来第一次完成生产计划。

（三）整顿工业系统，推动起草"工业二十条"

3月下旬，邓小平主持国务院全体会议指出：铁路运输迅速好转，对各行各业都有很大影响和推动。铁路部门的主要经验，就是放手发动群众，同派性进行坚决斗争，生产就能搞上去。在铁路整顿的带动下，其他部门的整顿陆续展开。煤炭工业抓整顿，批派性，解决重点煤矿的问题，生产形势日渐好转。4月，全国洗精煤平均日产量创历史最高水平。为解决钢铁生产落后的问题，5月，中央召开全国钢铁工业座谈会，邓小平指出，解决钢铁问题，第一，必须建立一个坚强的领导班子，要找一些不怕打倒的人进领导班子，一不软，二不懒，三不散，说了话大家都能听，都能指挥得动。第二，必须坚决同派性作斗争，要敢字当头，对坚持闹派性的人该调的就调，该批的就批，寸步不让。第三，必须认真落实政策，要特别注意那些老工人、技术骨干、老劳模，要把这一部分人的积极性调动起来。第四，必须建立必要的规章制度，执行规章制度宁可要求严一些，不严就建立不起来。根据邓小平讲话精神，中央从上到下加强了对钢铁部门的领导，对冶金部和一些问题多的大钢铁企业的领导班子进行了调整和充实，对派性严重的领导干部和头头儿坚决调离。经过整顿，鞍钢、武钢、太钢等重点企业的生产形势开始好转。6月，全国钢的平均日产量就超过全年钢计划的平均日产水平，开始补还亏产部分。其他部门整顿后，经济形势也明显好转。

随着工业状况的好转,邓小平提出着眼于工业问题长远规划,从方针政策入手,从总体上扭转工业现状。7月中旬,国务院委托国家计委起草"工业二十条"文件,邓小平提出了七条指导性修改意见,其中主要有:一是确立以农业为基础、为农业服务的思想。工业支援农业,促进农业现代化,是工业的重大任务。工业越发展,越要把农业放在第一位。二是引进新技术、新设备,扩大进出口。这是一个大政策,要争取多出口一点东西,换点高、精、尖的技术和设备回来。三是加强企业的科学研究工作。随着工业的发展,企业的科技人员数量应当越来越多,在全部职工中所占的比例应当越来越大。四是整顿企业管理秩序。五是抓好产品质量。提高产品质量是最大的节约,要想在国际市场上有竞争能力,必须在产品质量上狠下功夫。六是恢复和健全规章制度。七是坚持按劳分配原则。这个条例虽然未能正式下发,但主要精神在全面整顿中得到贯彻执行,对工业整顿和发展产生了积极影响。

(四)整顿财经系统

四届全国人大一次会议后,张劲夫任财政部长,组建了比较坚强的领导班子。针对财政工作的混乱状况,财政部重申财经纪律,整顿财政工作秩序。1975年1月,国务院发出通知,要求扭转财政收支不正常情况,纠正违反财经纪律现象。2月和3月,财政部和中国人民银行分别在北京和上海召开工作碰头会,要求理直气壮地抓社会主义积累,努力做到收支平衡,略有节余。4月,召开全国税务工作会议,强调加强税收管理,严肃纳税纪律,坚决堵塞漏洞,维护国家财政收入。8月,又起草"财政十条",强调划清社会主义积累同"利润挂帅"的界限,切实做好经济监管工作,建立经济核算制;规定对未能按期扭亏增盈的企业,财政不补贴,银行不贷款。财政整顿的开展,促使工业部门和商业部门开始树立起企业要讲经济效益的观念,促使企业加强管理,严格财经纪律。

经过几个月整顿，1975年7月中旬，党中央转发国务院报告指出：3月以来，工业生产和交通运输，一个月比一个月好，5月和6月，原油、原煤、发电量、化肥、水泥、铁路货运量等，创造了历史上月产的最高水平。

（五）整顿国防科技系统

1975年3月，中央任命张爱萍为国防科委主任，以加强国防科技领导力量。他坚定地开展整顿工作，对干部群众说，现在处在艰难时期，每个人都要挺身而出，排除一切阻力，把局面扭转过来。他奔走在国防科委基层单位和试验点上，激励大家"抢时间"，一定要把耽误的时间抢回来，完成国防尖端武器的研制。5月中旬，邓小平听取国防科委等单位汇报说：只要你们大胆工作，错了我们负责。要特别培养一批年轻的、有发展前途的科技人员，放到适当的领导岗位上。要主动给科技人员创造好的工作条件和生活条件。在中央军委支持下，国防科委果断清除了各种帮派组织，恢复了党的各级工作机构。连续严重混乱八年的国防科委，在几个月内科研、生产走上了正常轨道。7月，我国成功发射一颗人造地球卫星；10月，我国第17次地下核试验爆炸成功；11月，我国成功发射返回式遥感人造地球卫星。为了提高和改善部队现有装备，还对国防工业进行了整顿。邓小平听取国防工业重点企业汇报指出：军队的装备问题很多，质量不过关，性能落后，装备不配套，失修严重。他针对重生产不重维修的问题强调说：这个问题不能再拖了，一定要解决。第一，宁可少生产一点，也要把维修问题解决好；第二，要搞一个维修保养计划，海军、空军、装甲兵统一解决；第三，要按一定比例生产零配件，否则不算完成计划。在整顿过程中，对有关部门和400多个重点企业的领导班子作了调整，对产品质量大检查，科研、生产秩序有所好转。

（六）整顿党组织，进一步落实干部政策

1975年7月，邓小平对中央读书班学员发表讲话指出，毛泽东同志讲军队要整顿，整个党也有这个问题，特别是在党的领导和党的作风方面。现在，相当一部分地方党的领导没有建立起来。解决的关键是建立省委一级的领导。省委领导建立起来，省委说话有人听，就能帮助地委、县委。这样，我们党就能够实现自己的领导了。党中央在批转浙江省委的报告中还指出，在整顿党组织过程中要划清两个界限：一个是敌我界限；一个是无产阶级先进分子和一般的"反潮流"分子、"造反派"分子的界限。对于混进来的个别坏人必须坚决清除，一切共产党员决不容许参加任何党派活动。邓小平在党中央批示上还加了一句话：在全国范围内"对党组织从思想上、组织上进行一次整顿是十分必要的"①。随后，进行整顿试点，为在全国开展整顿作准备。邓小平还提出，整顿的核心是党的整顿，只要抓住整党这个中心环节，各方面的整顿就不难。"整党主要放在整顿各级领导班子上。"根据中央意见，中组部在9月召开了云、闽、川、鄂等6省组织部负责人会议，并派出三个组到贵、吉、宁调查研究。在此基础上，中组部起草了《关于整党问题的汇报提纲》，还代中央起草了一个整党文件。

这项工作后来中断了，但是党中央在组织工作中还是采取了比较大的举动。这就是进一步落实干部政策，使被打倒的老干部尽快恢复工作。1975年4月，中央决定，除与林彪集团有关的审查对象和其他极少数人外，对绝大多数关押受审查者予以释放。7月初，毛泽东对周扬一案写下批语，"可从宽处理，分配工作，有病的养起来并治病。久关不是办法"②。4月中旬，因周扬案而被关押、监护的六七十人全部释放。在此期间，长期被关押的高级干部350人被释放；在特殊年代被关押的几百名干部全被解除监禁，许多人被安排工作或住院治疗。

---

① 《中国共产党历史》第二卷（1949—1978）下册，中共党史出版社2011年版，第932页。
② 《毛泽东年谱（1949—1976）》第六卷，中央文献出版社2013年版，第595页。

(七) 整顿中国科学院和教育战线

1975年7月，党中央批准国务院关于中国科学院要整顿的报告。此前，邓小平已派人着手恢复和整顿该院哲学社会科学学部的工作。时任中国科学院党组织负责人的胡耀邦，到中国科学院后召开各种座谈会，着手落实科技政策和知识分子政策。他提出，"实现四个现代化"是"我们伟大的新长征"；"科学院就是搞科学研究的"，"搞业务这个风要吹起来"，"刮八级风不行，得刮十二级台风"。[①] 在调查研究基础上，胡耀邦主持起草了《关于科技工作的几个问题（汇报提纲）》（简称《汇报提纲》）。《汇报提纲》明确肯定新中国成立以来科技战线上成绩是主要的，绝大多数科技人员是好的和比较好的，是做了大量工作的，并指出"科学技术也是生产力。科研要走在前面，推动生产向前发展"。《汇报提纲》还强调，要引进国外先进技术和设备，加强自然科学理论研究。邓小平听取了胡耀邦等人汇报，赞同《汇报提纲》的观点和加强科研工作的各项措施，并说："科学技术叫生产力，科技人员就是劳动者！"[②] 还说，这个文件很重要，不单管科学，而且对文化教育各部门都有用处。

邓小平在讨论中国科学院《汇报提纲》时直接讲到教育整顿问题。他指出，"要后继有人，这是对教育部门提出的问题""有些大学只是中等技术学校水平""科学院要把科技大学办好。""一点外语知识、数理化知识也没有，还攀什么高峰？""我们有个危机，可能发生在教育部门，把整个现代化水平拖住了""要解决教师地位问题。几百万教员，只是挨骂，怎么调动他们的积极性？""教育战线也要调动人的积极性"[③]。新任教育部长周荣鑫重提两年前周恩来批极左思潮时关于教育工作的意见，明确指出，把过去17年培养的学生都

---

① 《中国共产党历史》第二卷（1949—1978）下册，中共党史出版社2011年版，第935页。
② 《邓小平文选》第二卷，人民出版社1994年版，第34页。
③ 同上书，第33—34页。

说成挖社会主义墙脚的资产阶级知识分子是错误的。"我们教育革命的片面性和形而上学的倾向很严重，非出问题不可。"他主持酝酿起草了《教育工作汇报提纲》。文件指出：目前相当数量的学校没有坚持以学为主，劳动和各项活动搞得太多，要注意防止和纠正轻视理论、轻视读书的倾向。形势的发展要求把教育整顿好。后来由于形势逆转，这个文件没有出台。

（八）整顿文艺，调整文化政策

1975年7月初，毛泽东同邓小平谈话说："样板戏太少，而且稍微有点差错就挨批。百花齐放都没有了。别人不能提意见，不好。"① 邓小平反映现在文艺不活跃时，毛泽东说，怕写文章，怕写戏。没有小说，没有诗歌。随后，毛泽东找江青谈话说："党的文艺政策应该调整一下，一年、两年、三年，逐步逐步扩大文艺节目。缺少诗歌，缺少小说，缺少散文，缺少文艺评论。"②

毛泽东的多次谈话，为邓小平促进文艺工作的整顿创造了条件。他提出，文艺要搞百花齐放，不要一花独放。除百花齐放外，还有一个百家争鸣的问题。要防止僵化，现在的文章千篇一律，是新八股。"双百"方针没有贯彻执行。文学艺术不是更活跃、更繁荣。毛泽东收到转呈的文艺界人士的信件和材料，反映了文艺界的一些状况，对影片《创业》编剧来信批示道："此片无大错，建议通过发行。不要求全责备。而且罪名有十条之多，太过分了，不利调整党的文艺政策。"③ 毛泽东的批示使长期受到压制、打击的文艺工作者欣喜异常，奔走相告。经中央批准，一批被打入"冷宫"的电影陆续开禁，反映红军长征的话剧《万水千山》和组歌《红军不怕远征难》重新出现在舞台上，纪念聂耳、冼星海的音乐会隆重举行，《鲁迅书信集》得以出版。沉寂多年的文化

---

① 《毛泽东思想年编（1921—1975）》，中央文献出版社2011年版，第952页。
② 同上。
③ 《毛泽东年谱（1949—1976）》第六卷，中央文献出版社2013年版，第601页。

领域显露出一丝生机。

（九）提出农业要整顿问题

1975年9月中旬到10月中旬，国务院在山西召开大规模的全国农业学大寨会议。邓小平代表党中央和国务院讲话说，现在全国存在各方面要整顿的问题。毛主席讲过，军队要整顿，地方要整顿。地方整顿又有好多方面，工业要整顿，农业要整顿，商业也要整顿，文化教育也要整顿，科学技术队伍也要整顿。文艺，毛主席叫调整，实际上调整也就是整顿。① 其间，中央召开农村工作座谈会。邓小平出席，指出，当前，各方面都存在一个整顿的问题。要通过整顿，解决农村的问题。现在问题相当多，要解决，没有一股劲不行。要敢字当头，横下一条心。② 这次会议原定讨论国务院主管农业副总理关于人民公社基本核算单位，及推广大寨"政治工分"等问题，由于农业部门和地方不少同志不赞成上述做法，会议没有对此作出决定。这样，农业的整顿只是提出了问题，并没有进行调整。

（十）提出思想理论方面的整顿问题

在整顿全面推开过程中，7月成立国务院政治研究室。按照邓小平的指示，国务院政治研究室成立之初除了进行调查研究，收集文化、科学、教育、出版方面的情况以外，还配合各方面整顿，起草、撰写一些重要文件和文章。5月下旬，邓小平在钢铁工业座谈会上指出，毛主席最近有三条重要指示，一条是关于理论问题的，要反修防修，再一条是关于安定团结的，还有一条是要把国民经济搞上去。这三条重要指示，就是我们今后一个时期各项工作的纲。这三

---

① 参见《邓小平年谱（1975—1997）》上卷，中央文献出版社2004年版，第98—99页。
② 参见《邓小平年谱（1975—1997）》上卷，中央文献出版社2004年版，第105页。

条是互相联系的，不能分割的，一条都不能忘记。[①] 这就是"三项指示为纲"的由来。他随后不止一次地强调"三项指示为纲"思想，特别是将后两项指示提到"纲"的高度，使强调发展经济有了理论支撑，从而成为全面整顿的有力武器。国务院政治研究室写的《论全党全国各项工作的总纲》，就是对邓小平"三项指示为纲"思想的阐发。它的针对性很强，那时"四人帮"就是只讲学习无产阶级专政理论、而不提毛泽东关于要安定团结和把国民经济搞上去这两条指示。《论全党全国各项工作的总纲》批判"四人帮"的一些谬论，着重阐述了毛泽东把国民经济搞上去的指示，指出，我们一些同志至今还是用形而上学来对待政治和经济、革命和生产的关系。只讲政治，不讲经济，只讲革命，不讲生产，一听到要抓好生产，搞好经济建设，就说人家搞修正主义。这种观点是根本站不住脚的。这篇文章传开后，社会反响十分强烈。它在为那时的全面整顿呐喊、护航。

  1975 年全面整顿，是那个特殊年代令人难忘的岁月。在毛泽东支持下，整顿的力度很大，政治经济形势和人们的精神面貌都有不小变化。它进行了当时历史条件下有限度的拨乱反正，孕育着一种新思路，为把党的工作重点转到社会主义现代化建设的轨道上来作了某些思想准备。邓小平后来说，"拨乱反正在一九七五年就开始了"[②]。"说到改革，其实在一九七四年到一九七五年我们已经试验过一段"，"那时的改革，用的名称是整顿，强调把经济搞上去"[③]。全面整顿取得了明显成效。1975 年全国工农业总产值都有较大的增长，粮食产量创历史最高水平。这一年是"文化大革命"期间经济发展最好的一年。

---

① 参见《邓小平年谱（1975—1997）》上卷，中央文献出版社 2004 年版，第 50 页。
② 《邓小平文选》第三卷，人民出版社 1993 年版，第 81 页。
③ 同上书，第 255 页。

第十讲

邓小平对开创改革开放伟业作出的历史性贡献

习近平总书记在纪念邓小平同志诞辰110周年座谈会上的讲话中指出:"邓小平同志留给我们的最重要的思想和政治遗产,就是他带领党和人民开创的中国特色社会主义,就是他创立的邓小平理论。"谈起中国改革开放,我们不能不怀念邓小平。党和国家能有今天,中国特色社会主义能迅速崛起,抚今追昔,可以说,邓小平立有首功。伟大的改革开放,主要是由他拉开历史帷幕的。他对于开创改革开放伟业至少有十大贡献。

一 第一个反对"两个凡是",支持和领导真理标准问题大讨论,推动党的十一届三中全会实现伟大转折,使改革开放伟业具有正确的理论基础和历史前提

1977年2月提出的"两个凡是"("凡是毛主席作出的决策,我们都坚决维护,凡是毛主席的指示,我们都始终不渝地遵循")指导方针,既使揭批"四人帮"的罪恶遇到重重阻力,又使党和国家的许多工作特别是经济建设难以

顺利开展。还没有恢复工作的邓小平在5月指出，"两个凡是"不符合马克思主义，必须用准确的完整的毛泽东思想来指导我们全党。现在讲批判"两个凡是"、开展真理标准问题讨论的缘起，邓小平的这个谈话是这段历史的最初起点。

一年后，媒体发表的两篇特约评论员文章，是打响真理标准问题大讨论的"开场锣鼓"。这时遇到的阻力很大。邓小平连续发表讲话支持真理标准问题群众性讨论。他在年底发表的《解放思想，实事求是，团结一致向前看》讲话中指出，这是要不要解放思想的争论。一个党，一个国家，一个民族，如果一切从本本出发，思想僵化，迷信盛行，那它就不能前进，它的生机就停止了，就要亡党亡国。他的讲话对真理标准问题讨论的展开起了决定性作用。

关于真理标准问题的讨论，最重要的是涉及党和国家的政治路线和发展战略。邓小平在1978年11月至12月召开的中央工作会议上指出，只有思想解放了，我们才能正确地解决过去遗留的问题和新出现的一系列问题。如果现在再不实行改革，我们的现代化事业和社会主义事业就会被葬送。随后召开的党的十一届三中全会，作出了关系党和国家前途的五大历史性决策：一是坚决批判"两个凡是"方针，重新确立解放思想、实事求是的马克思主义思想路线。二是停止使用"以阶级斗争为纲"提法，确定把全党工作着重点转移到现代化建设上来，作出改革开放的重大决策。三是提出了健全社会主义民主和加强社会主义法制的任务，不允许任何人有超越法律之上的特权。四是讨论了"文化大革命"中和"文化大革命"前发生的一些重大政治事件，解决了一大批重大冤假错案。五是增选中央领导机构成员，实际形成了邓小平作为第二代中央领导集体的核心地位。上述重大决策，表明党的十一届三中全会结束了党和国家工作在徘徊中前进的局面。党在各个领域全面展开拨乱反正，我们国家进入改革开放新时期。

二 主持制定《关于建国以来党的若干历史问题的决议》，完成了党在指导思想上的拨乱反正，使伟大的改革开放有了政治准绳

《关于建国以来党的若干历史问题的决议》（简称《决议》）的起草，自始至终由邓小平主持。他指出，写好《决议》，最核心的是确立毛泽东同志的历史地位，坚持和发展毛泽东思想。《决议》由胡乔木负责，经过多方征求意见和反复修改，于1981年6月提交党的十一届六中全会通过。《决议》有四大功绩。

第一，对党的历史特别是中华人民共和国成立后的历史作了科学总结，实事求是地评价了若干重大历史事件和历史人物。《决议》指出，党在新中国成立以后的历史，总的来说是社会主义革命和建设取得巨大成就的历史。后来，由于理论迷误和经验不足等复杂的主客观原因，犯了阶级斗争扩大化和经济建设急躁冒进等错误，特别是"文化大革命"这样全局性的、长时间的严重错误。但是党和国家的成就是主要的。

第二，从根本上否定了"文化大革命"的错误理论和实践。《决议》指出，发动"文化大革命"的主要论点不符合马克思列宁主义，在一系列重大理论和政策问题上混淆了是非。它造成新中国成立以来的最严重损失，不是任何意义上的革命或社会进步，而是一场由领导者错误发动，被反革命集团利用，给党、国家和各族人民带来严重灾难的内乱。但是，要将毛泽东晚年的错误同林彪、"四人帮"两个集团的罪恶区别开来，要将"文化大革命"的错误理论和实践同那10年历史区别开来。彻底否定"文化大革命"的理论和实践，并不是说那10年没有任何成就。那个时期的成就不是"文化大革命"的成果，没有"文化大革命"成就会更大更多。

第三,实事求是地评价毛泽东的历史地位,充分肯定了毛泽东思想的伟大意义。《决议》指出,毛泽东是伟大的马克思主义者,是伟大的无产阶级革命家、战略家和理论家。就他的一生来看,他对中国革命的功绩远远大于他的过失。他的功绩是第一位的,错误是第二位的。《决议》还将毛泽东晚年的错误与他的正确思想即毛泽东思想加以区别,指出毛泽东思想是被实践证明了的关于中国革命的正确理论原则和经验总结,是集体智慧的结晶。《决议》对毛泽东思想多方面的内容和活的灵魂——实事求是、群众路线、独立自主作了科学概括,强调毛泽东思想将长期指导党的行动。

第四,第一次对党在十一届三中全会后确立的适合我国情况的社会主义现代化建设道路的基本点作了概括。它包括 10 个方面:我国所要解决的主要矛盾是人民日益增长的物质文化需要同落后的社会生产之间的矛盾;社会主义经济建设必须从我国国情出发,有步骤分阶段地实现现代化目标;社会主义生产关系的变革和完善必须有利于生产的发展;阶级斗争已经不是主要矛盾,只在一定范围内存在;逐步建设高度民主的社会主义政治制度;必须有高度的精神文明;改善和发展社会主义的民族关系;加强现代化的国防建设;坚持反对帝国主义、霸权主义、殖民主义和种族主义,维护世界和平;建设具有健全的民主集中制的党。这个概括,初步提出了在中国建设什么样的社会主义和怎样建设社会主义的问题,为中国特色社会主义道路、理论体系和制度的提出奠定了基础。

《决议》的制定,标志着党在指导思想上完成了拨乱反正的历史任务,使改革开放的健康发展有了政治准绳。

三 提出三个"大政策",为改革开放的中国特色社会主义道路披荆斩棘,开启征程

第一个"大政策"是允许一部分人、一部分地区先富起来,先富帮后富,

走向共同富裕。这是邓小平在党的十一届三中全会期间提出的。改革开放40多年的实践证明,这是正确的政策。那些非议、责难和反对这个政策的看法是错误的。那些看法完全曲解了邓小平的本意。他多次说过,走社会主义道路就是要逐步实现共同富裕,但共同富裕绝非平均发展、同时富裕。过去搞平均主义,吃"大锅饭",实际上是共同落后、共同贫穷。改革首先要打破平均主义。目前出现的穷富差别扩大,主要是实际工作中的问题,党和政府在不断调整政策。全面建成小康社会就是要缩小这个差别,整个社会主义初级阶段就是解决共同富裕问题。

第二个"大政策"是实行家庭联产承包责任制,将土地所有权与经营权分开。这是个伟大创造。8亿农民获得土地经营自主权,加上其他政策调整,农业生产摆脱了长期停滞的困境,农村经济向着专业化、商品化、社会化方向发展,农民生活渐渐好起来。邓小平指出,农村改革的成功增加了我们的信心,我们把农村改革的经验运用到城市经济体制改革中去,进行以城市为重点的全面改革。这是决定中国命运的一招。

第三个"大政策"是倡导兴办经济特区,推动形成全国对外开放格局。中国的经济开放政策是邓小平提出来的。他坚决支持广东和福建省委办经济特区。中央没有钱,可以给些政策,你们自己去杀出一条血路来!他两次到特区作调查研究后指出,深圳特区是个试验,一切有利于发展社会生产力的方法都可采用。现在可以大胆地说,建立经济特区的决定不仅是正确的,而且是成功的。

改革开放之初上述三个"大政策",既是提出最早的,又是影响最大的。正是有了以三个"大政策"为代表的一系列正确政策,在党的十二大上,邓小平才信心满满地说,走自己的道路,建设有中国特色的社会主义。上述三个"大政策"对开辟中国特色社会主义道路,迈步改革开放的伟大征程,具有披荆斩棘的意义。

四 提出改革党和国家领导制度,成为伟大的改革开放建设中国民主政治制度的历史起点

1980年8月,邓小平发表的《党和国家领导制度的改革》讲话,石破天惊,振聋发聩。他指出,我们建立的社会主义制度是个好制度,必须坚持。但是,现行的一些具体制度包括领导制度、干部制度,还存在不少的弊端,严重妨碍社会主义优越性的发挥。如果不坚决改革这些弊端,过去出现过的一些严重问题今后有可能重新出现。为了适应社会主义现代化建设的需要,必须改革党和国家各方面的制度。

邓小平着重提出要改革党和国家领导制度。他分析官僚主义和特权现象的弊端时指出,官僚主义同我们长期认为社会主义制度和计划管理制度必须对经济、政治、文化、社会都实行中央高度集权的管理体制有密切关系。官僚主义还有思想作风问题的一面,但是制度问题不解决,思想作风问题也解决不了。对于特权现象,他指出,这既要解决思想问题,也要解决制度问题。

邓小平提出改革党和国家领导制度问题,是由对"文化大革命"的深刻反思引发的。他指出,我们过去发生的各种错误,固然与某些领导人的思想、作风有关,但是领导制度、组织制度问题更带有根本性、全局性、稳定性和长期性。这种制度问题,关系到党和国家是否改变颜色。对于怎样改革领导制度,他特别强调两点:一要有群众监督制度,让群众和党员监督干部,特别是领导干部。二要建立干部退休制度,废除实际存在的领导干部职务终身制,以保证国家治理的连续性和稳定性。他指出:建立和健全党和国家的根本制度,要使社会主义成为世界上最好的制度。"我们进行社会主义现代化建设,是要在经济上赶上发达的资本主义国家,在政治上创造比资本主义国家的民主更高更切

实的民主,并且造就比这些国家更多更优秀的人才。"①

《党和国家领导制度的改革》,对于建设什么样的中国特色社会主义政治制度具有顶层设计意义。它既是改革开放以来提出建设中国民主政治制度的历史起点,又是后来习近平总书记提出制度治党思想的历史源头。

五 提出一切从社会主义初级阶段实际出发,明确"三步走"发展战略,强调坚持党的基本路线一百年不动摇,使改革开放伟业始终走在阳光大道上

这是关系我国改革开放 40 多年能够创造伟业的一个带有全局性的问题,也是邓小平开创我国改革开放伟业最为关键的一条。

对于社会主义初级阶段,邓小平主持制定的《决议》中就提出来了。1987年春,准备召开党的十三大,他肯定了大会报告以社会主义初级阶段作为主题立论的设想。他会见外宾时说:我们党的十三大阐述中国社会主义是处在初级阶段。社会主义的初级阶段就是不发达阶段。一切都要从这个实际出发,根据这个实际来制定规划。

对于社会主义的根本任务和"三步走"发展战略,邓小平的思想远远超乎一般人的认识。他谈到解放思想时说,不解放思想不行,甚至于包括什么叫社会主义这个问题也要解放思想。经济长期处于停滞状态总不能叫社会主义,人民生活长期停止在很低的水平总不能叫社会主义。他反复强调,社会主义阶段的最根本任务就是发展生产力。我们要发达的、生产力发展的、使国家富强的社会主义。基于这个理念,他提出到 21 世纪中叶,人均国民生产总值达到中

---

① 《邓小平文选》第二卷,人民出版社 1994 年版,第 322 页。

等发达国家水平,人民生活比较富裕,基本实现现代化。这个发展战略,为当代中国的发展进步明确了大致的时间表和实现民族复兴的路线图。

关于坚持党的基本路线100年不动摇,这是邓小平开创改革开放伟业非常重要的思想,是党在社会主义初级阶段政治路线的真谛。党的十三大,根据他的思想对党的基本路线作了概括。此后,他不断强调坚持基本路线不能改变,在南方谈话中明确指出,基本路线要管100年。谁要改变三中全会以来的路线、方针、政策,老百姓不答应,谁就会被打倒。改革开放40多年的历史充分证明,"一个中心、两个基本点"的基本路线是使社会主义得到发展、使人民生活走向富裕的唯一正确路线。

六 不断推动社会主义精神文明建设,强调只有两个文明都搞好,才是有中国特色的社会主义,是改革开放健康发展的指针

1980年12月,邓小平首次阐明了社会主义精神文明的内涵,既包括科学文化,也包括思想道德和革命理想。党的十二大报告以邓小平的思想为基础,建构了社会主义精神文明理论的初步轮廓。在他的指导下,党的十二届六中全会通过的《关于社会主义精神文明建设指导方针的决议》,明确了社会主义精神文明在我国社会主义现代化建设总体布局中的战略地位,第一次说明了共产主义理想、道德同广大群众现阶段的"共同理想"(建设有中国特色的社会主义)、社会主义道德建设基本要求(爱祖国、爱人民、爱劳动、爱科学、爱社会主义)之间的关系,把先进性的要求同广泛性的要求辩证地结合起来,更加有利于团结各界人士来建设社会主义。

改革开放之初,邓小平就提出"两手抓、两手都要硬"的思想。1992发表南方谈话时,他将这个思想应用到两个文明建设,指出:"广东二十年赶上

亚洲'四小龙',不仅经济要上去,社会秩序、社会风气也要搞好,两个文明建设都要超过他们,这才是有中国特色的社会主义。"①这不仅是对广东的要求,也是对建设什么样的社会主义才是中国特色社会主义的更为具体的要求。这是对建设中国特色社会主义历史经验的重要总结,也是保证改革开放沿着正确轨道运行的指导方针。

七 破天荒地提出社会主义可以搞市场经济,为改革开放伟业持续发展指明了方向,创造性地发展了马克思主义

改革开放40多年最大的理论成就,就是挑战了社会主义搞市场经济的不可能,创造性地发展了马克思主义。2010年,经过改革开放30多年,我们国家从经济发展相当落后的窘迫状况一跃而成为世界第二大经济体,得益于发展了社会主义市场经济。这首先要归功于邓小平,是他成功地挑战了理论上的这个不可能。

长期以来,社会主义被认为只能实行计划经济。老祖宗是这么讲的,苏联社会主义是这么干的。我们国家也是这么做的。改革开放以后,邓小平没有被社会主义只能实行计划经济的"紧箍咒"束缚住,一直在不停地思考这个问题。从1979年到1992年的南方谈话,他对这个问题的谈话至少有12次之多。他明确指出,社会主义和市场经济之间不存在根本矛盾。我们必须从理论上搞懂,资本主义与社会主义的区分不在于是计划还是市场这样的问题。计划多一点还是市场多一点,不是社会主义与资本主义的本质区别。不要以为搞点市场经济就是资本主义道路,没有那回事。计划经济不等于社会主义,市场经济不等于资本主义。计划和市场都是经济手段,都是方法。计划和市场都得要。只要对

---

① 《邓小平文选》第三卷,人民出版社1993年版,第378页。

发展生产力有好处，就可以利用。它为社会主义服务，就是社会主义的；为资本主义服务，就是资本主义的。社会主义可以搞市场经济，社会主义要吸收和借鉴当今世界各国包括资本主义发达国家的一切反映现代社会化生产规律的先进经营方式、管理方法。

邓小平对社会主义可以搞市场经济的鲜明回答，为随后召开的党的十四大确立社会主义市场经济目标奠定了坚实的理论基础。此后，我们国家掀起了新一轮更加波澜壮阔的改革开放浪潮，经济社会发展走上了快车道，越来越多的普通百姓开始富起来。改革开放至今充满活力，这是一个核心推进器。

八 提出"一国两制"构想，推进中华民族和平统一大业，为伟大的改革开放构建了一个全民族的大平台

"一个国家，两种制度"构想的含义有三。首先，"一个国家"，就是中华人民共和国。"一个国家"是实行"一国两制"的根本基础。其次，"两种制度"的一个主要方面，作为国家主体的是社会主义制度，这是不变的。最后，"两制"的另一个方面，就是社会主义国家里允许香港、澳门和台湾等特殊地区搞资本主义。这不是搞一段时间，而是几十年、成百年。

"一国两制"构想是由解决台湾问题提出的，用于解决香港和澳门问题获得成功。香港、澳门是英国、葡萄牙殖民主义者侵略中国造成的历史遗留问题。1981年12月，中共中央作出1997年7月1日收回整个香港的决定。1982年9月，中国政府与英国政府开始就解决香港问题举行谈判。1984年6月，邓小平对来访的香港知名人士阐释了"一国两制"的构想和对香港问题的基本立场。他说，我国政府在1997年恢复行使对香港的主权后，香港现行的社会、经济制度不变，法律基本不变，生活方式不变，香港自由港的地位和国际贸易、金

融中心的地位也不变,香港可以继续同其他国家和地区保持和发展经济关系。北京除了派军队以外,不向香港特区政府派出干部,这也是不会改变的。我们派军队是为了维护国家的安全,而不是去干预香港的内部事务。他还指出:对于香港来说,这个高度自治权还包括实行"港人治港"。这个"港人",应该是爱祖国、爱香港的香港人,并由以爱国者为主体的港人来治理香港。

由于邓小平反复阐明中国政府对香港问题的立场,并直接指导关于香港问题的中英谈判,1984年12月,中英两国政府在北京正式签署了关于香港问题的联合声明。关于澳门问题同葡萄牙政府的谈判比较顺利。1987年4月,中葡两国政府签署了关于澳门问题的联合声明。随后,全国人民代表大会分别通过了《中华人民共和国香港特别行政区基本法》和《中华人民共和国澳门特别行政区基本法》。"一国两制"构想迈出了从理论转化为实践的关键性一步。

邓小平在直接推动香港、澳门回归祖国的同时,也在为台湾实现"一国两制"构想和改善大陆与台湾的关系,积极开展工作。台湾政局动荡多变,两岸关系面临许多不确定因素。邓小平为解决台湾问题而提出的"一国两制"构想,将会继续推动两岸同胞共同反对一切分裂国家的活动,为实现中华民族最后统一和推进改革开放伟业历久不衰而奋斗。

九 在国际风云的急剧变幻中,提出和平与发展是当代世界的两大问题和一整套指导我国外交战略的基本方针,为改革开放营造了良好的外部环境

邓小平作为第二代中央领导集体的核心,直接负责制定党和国家的外交战略,指导一切重大对外关系活动。这对于推进改革开放伟业有四大贡献。

第一,明确规定中国特色社会主义包括"和平"内涵,强调集中力量搞建

设需要长期的和平环境。邓小平指出，我们建设的有中国特色的社会主义，是主张和平的社会主义。我们把争取和平作为对外政策的首要任务。他对于中国特色社会主义的这个新界定，不仅更加突出了坚持社会主义与坚持世界和平的内在统一性，而且更加突出了国内经济建设同国际和平环境的内在统一性。

第二，通过对国际形势的深刻观察，及时调整我国的对外政策。一是改变了原来认为战争的危险很迫近的看法。认为在较长时间内不发生大规模的世界战争是有可能的，维护世界和平是有希望的。二是改变了过去针对苏联霸权主义，实行的从日本到欧洲一直到美国的"一条线"战略。根据独立自主的对外政策，在中美建交之后，适时改善中苏关系，我国的国际活动空间非常开阔，影响力愈发增大。

第三，提出和平与发展是当代世界两大问题的著名论断，为确立党在新时期的中心任务和改革开放政策提供了时代依据。邓小平不断指出，现在世界上带全球性的战略问题，一个是和平问题，一个是发展问题。和平问题是东西问题，发展问题是南北问题。南北问题是核心问题。我们中国实行改革开放政策，争取在 50 年到 70 年内发展起来。我们主张所有发展中国家应该加强相互间的合作。这些年来，党始终坚持邓小平这个战略思想。目前的"一带一路"战略，推动东西南北联手发展，就是以此为理论根据提出的。

第四，面对东欧剧变、苏联解体和西方国家制裁，提出一整套外交战略基本方针，成为我国在世界上的自处之道。20世纪80年代中后期，世界上出现了罕见的国际风云急剧变幻。面对东欧剧变、苏联解体，西方国家对我国实行制裁，邓小平高瞻远瞩地指出，西方国家正在打一场没有硝烟的战争，对社会主义国家实行和平演变。我们要顶住这股逆流，要维护我们独立自主、不信邪、不怕鬼的形象。他多次对中央领导同志说，对于国际局势，概括起来就是三句话：冷静观察，稳住阵脚，沉着应付。要埋头实干，做好我们自己的事。还说，帝国主义肯定想把中国搞垮。我们唯一的办法是自己不乱，认真地把改革开放搞下去。只要这样搞下去，谁也压不垮我们。只要中国不垮，世界上就有五分之一的人口在坚持社会主义。他的一系列讲话，指明了中国在世界上的自处之道。

上述四大贡献，为以习近平同志为核心的党中央提出人类命运共同体奠定了重要的理论基础。

十　坚持把思想政治建设摆在党的建设的首位，强调在整个改革开放过程中都要反对腐败，是改革开放伟业行稳致远的根本保证

邓小平密切关注和重视党的建设。为了推进改革开放伟业，他在党的建设新的伟大工程方面作了巨大努力，从理论和实践的结合上强调了这样三大问题。

第一，提出为了坚持党的领导，必须努力改善党的领导。邓小平认为，建设有中国特色的社会主义，必须而且只能由中国共产党来领导。但是，为了坚持党的领导，必须努力改善党的领导。怎样改善党的领导？他认为应当着重解决三个问题：一是改善党的领导工作状况，对许多具体事务不能包办代替、干预太多，最重要的是加强政治领导。二是改变权力过分集中现象，坚持和健全民主集中制与集体领导制，坚决纠正一言堂、个人说了算等现象。三是通过健全各种制度来防止和克服党内各种错误倾向。

第二，坚持把思想政治建设摆在党的建设的首位。邓小平高度重视党的思想政治建设，特别强调坚持解放思想、实事求是的思想路线，提高全党的马克思主义理论素养。他不断指出要把"人民拥护不拥护""人民赞成不赞成""人民高兴不高兴""人民答应不答应"作为制定各项方针政策的出发点和归宿。这"四个人民"，就是号召全党要坚持"全心全意为人民服务"的价值标准。他号召全党坚持群众路线，发扬党的艰苦朴素、密切联系群众的优良传统。随

着历史发展，邓小平的这些思想在不断得到落实，党的状况在朝着让广大群众比较满意的方向发生变化。

第三，强调在整个改革开放过程中都要反对腐败，将"聚精会神地抓党的建设"作为重要政治交代。邓小平高度关注腐败问题，指出反对腐败是一个长期的斗争，廉政建设要作为大事来抓。要坚持"两手抓"，打击种种犯罪活动，扫除各种丑恶现象。他对以江泽民同志为核心的党中央作政治交代说，要聚精会神地抓党的建设、坚持不懈地反对腐败。"我们要反对腐败，搞廉洁政治。不是搞一天两天、一月两月，整个改革开放过程中都要反对腐败。"[①] 这是一个重要战略思想。这些年来坚持不懈地进行反腐败斗争，特别是以习近平同志为核心的党中央提出并推动全面从严治党，使反腐败斗争取得压倒性胜利，党和国家的面貌发生了巨大变化。

邓小平的上述十大贡献，只是就其开创改革开放伟业的主要方面而言。40多年来，党和人民正是沿着邓小平开创的中国特色社会主义道路，践行邓小平理论，并与时俱进不断丰富和发展它，才有目前举世艳羡的成就。今后，我们党将继续沿着邓小平开创的中国特色社会主义道路前进，在以习近平同志为核心的党中央领导下，为实现新时代中国特色社会主义的远大目标努力奋斗！

---

① 《邓小平文选》第三卷，人民出版社 1993 年版，第 327 页。

第十一讲

深刻理解邓小平关于"整个改革开放过程中都要反对腐败"的思想

腐败问题一直是人们深恶痛绝的问题。一个时期，在坊间，流传一种看法，认为这是改革开放带来的，是那个时期放纵的结果，因而对改革开放持怀疑乃至否定的偏激之论不时充闻于耳。但是，这样看待改革开放不但不公平，而且还有不小的片面性。其原因有二：一是改革开放具有两面效应，邓小平在改革开放伊始就讲了这个问题；二是自改革开放之始就强调反对腐败。这是邓小平建设有中国特色社会主义理论的一个重要内容。如同对于怎样建设社会主义的诸多问题一样，对于反对腐败也是经过长期探索才逐渐形成了一些重要的思想观点和实践经验。

就邓小平本人来说，改革开放以后，他一直高度关注腐败问题。特别是在1989年之后，他代表中央在组建新的领导集体时说：这次事件促使我们很冷静地考虑一下过去，也考虑一下未来。在这次事件中，没有反对改革开放的口号，口号比较集中的是反对腐败。当然，这个口号对某些人来说是一个陪衬，其目的是用反腐败来蛊惑人心。但对我们来说，要整好我们的党，实现我们的战略目标，不惩治腐败，特别是党内的高层的腐败现象，确实有失败的危险。他强调指出："常委会的同志要聚精会神地抓党的建设，这个党该抓了，不抓不行了。"①

邓小平这个讲话的分量很重。就我所知,中国共产党在中华人民共和国成立以来,除"文化大革命"那个特殊年代外,以这样极大的尖锐性和鲜明性讲党的问题,只有两次。第一次是 1957 年 5 月党决定开展整风之初,毛泽东看到上海《解放日报》发表的小学教师帮助党整风的意见后指出,"不整风党就会毁了","这是天下第一大事",并将写过上述批语的报纸转给包括邓小平、陈云在内的中央领导同志"过细一看"。②再就是这一次,讲"这个党该抓了,不抓不行了",用语都几乎一样。也就是在这个时候,他再次强调:"整个改革开放过程中都要反对腐败。"③这可以说是邓小平对新的中央领导人的一个重要的政治交代。因此,这里要讲的关于"整个改革开放过程中都要反对腐败"思想,对于中国共产党人深入开展反腐败斗争具有重要指导意义。

一 为什么反腐败是一个长期斗争的过程

党的十一届三中全会以后,以邓小平同志为核心的第二代中央领导集体一直对整顿党风、反对腐败问题高度重视。1979 年 1 月初,中纪委第一次全体会议讨论的议题就有党风问题。随即中央作出了《关于高级干部生活待遇的若干规定》和《关于党内政治生活的若干准则》。1980 年 11 月,陈云提出了关于"执政党的党风问题是有关党的生死存亡的问题"④的著名观点。1981 年 6 月,十一届六中全会通过的《决议》吸纳了这个观点。

邓小平与陈云的思路完全一致。1977 年 7 月,他在重新恢复工作后的首次讲话(在党的十届三中全会上)中就指出:"要搞好我们的党风、军风、民风,

---

① 《邓小平文选》第三卷,人民出版社 1993 年版,第 314 页。
② 《建国以来毛泽东文稿》第六册,中央文献出版社 1992 年版,第 468 页。
③ 《邓小平文选》第三卷,人民出版社 1993 年版,第 327 页。
④ 《陈云文选》第三卷,人民出版社 1995 年版,第 273 页。

关键是要搞好党风。"① 随着改革开放的展开，他不断告诫全党特别是党的高级干部，干部特殊化势必导致发生腐化，必须坚决反对。在党的十二大前夕，他明确指出，不坚决刹住一部分干部中日渐猖獗的经济犯罪活动和消极腐败现象，"我们的党和国家确实要发生会不会'改变面貌'的问题。这不是危言耸听"。因此，"这是一个长期的经常的斗争"，"至少是伴随到实现四个现代化那一天"。② 在1989年9月，他明确指出，我们要反对腐败。不是搞一天两天、一月两月，整个改革开放过程中都要反对腐败。在1992年初的南方谈话中，他进一步强调了反对腐败是长期的这个观点。

为什么邓小平反复强调反对腐败的长期性呢？这个问题，许多人都在思考。因为现实生活中的腐败现象是过去未曾想到过的。其实，这个问题并不玄奥。因为反对腐败的长期性是由腐败现象存在的长期性决定的。

腐败现象，从本质上说是剥削制度、剥削阶级的产物，是历史上的私有制社会遗留下来的。从理论上讲，社会主义基本制度同任何腐败现象不能相容；社会主义社会中腐败现象的根源不在社会主义政治、经济的基本制度自身。但是，我们生活的现实社会既不能割断历史，也不是与世隔绝的孤岛；既不是没有任何微生物的真空，也不是尽善尽美、纯而又纯的理想王国。它具有的产生腐败现象的土壤和条件，不是在短的历史时期内能够消灭的。具体来说，可以从这几方面来分析。

（一）多种所有制长期存在是滋生腐败现象的客观条件

我们国家处在社会主义初级阶段，是一个以公有制为主体的多种经济成分长期共同发展的社会。一方面，完善的社会主义公有体制和运行机制不会成为滋生腐败现象的沃土，但是它的完善有一个历史过程。现实的不完善状态，即

---

① 《邓小平文选》第二卷，人民出版社1994年版，第46页。
② 同上书，第403页。

公有制的具体形式和管理体制的不明晰、不健全，为腐败现象的滋生留下了许多空隙；另一方面，在现阶段虽然从总体上消灭了剥削制度，但多种经济成分的存在还不能完全消灭剥削现象。日益发展的私有经济成分及其剥削行为，很难使它不成为产生腐败现象的经济基础。多种所有制状态长期存在呈现的异常复杂性，能够不成为腐败现象滋生的某种客观条件吗？当然不可能。

（二）经济体制转型过程中的负面效应不是短时期内能克服的

我们国家处在由高度集中的计划经济体制向建立社会主义市场经济体制的转轨过程之中。一方面，旧体制的消失和新体制的完备需要一定的时间，两种体制的衔接空白或冲撞摩擦造成的不协调乃至无序状态，也是滋生腐败现象的土壤。另一方面，由于市场机制的两面效应（所谓"双刃剑"）的固有特点，即使社会主义市场经济体制经过二三十年完备起来之后，也只能使其正面效应得到比较充分的发挥，并最大限度地遏制其负面效应，而不可能完全消灭这个负面效应。只要其负面效应存在，腐败现象滋生的可能性就会存在。市场机制的利和弊是相伴并生的，使它和社会主义基本制度相结合，就是为了最大限度地趋其利减其弊。任何一个国家的改革，目前都还没有找到只有利而无弊的万应灵药。

（三）对外开放的"两手"政策的协调和磨合是一个长期过程

我们国家的对外开放政策，是一个有很大风险但又要长期坚持的基本国策。现在的世界是一个开放的世界。各国经济文化的发展都搞开放。中国的发展也不例外，既要在自力更生的基础上吸收国际的技术、资金、经验和资源来发展经济，又要通过对外文化交流来发展科教文卫事业，以便用较短的时间赶上时代，跻身于先进民族之林。但是，对外开放也会引进来一些西方的不好的东西，包括资本主义的一些腐朽的价值观念和生活方式，使一部分党员和干部受到腐蚀，对党风和社会风气产生不良影响。对于这一点，邓小平有着清醒的认识。

他说:"我们从来没有估计不足。""风气如果坏下去,经济搞成功又有什么意义?会在另一方面变质,反过来影响整个经济变质,发展下去会形成贪污、盗窃、贿赂横行的世界。"实行对外开放,"要说有风险,这是最大的风险。"①这是有可能滋生腐败现象的又一个外部条件。怎样解决这个问题呢?是关上大门还是继续开放?邓小平明确回答:关门可不行啊。要比过去更加开放,"大开放"②。但是,这个"大开放",不是"大撒把",而是准备了"两手"政策,即"一手抓改革开放,一手抓惩治腐败,这两件事结合起来,对照起来,就可以使我们的政策更加明朗,更能获得人心"③。在实践过程中,这"两手"政策的协调和磨合也需要一个过程,旧的问题解决了,新的情况出来后还需要"两手"政策的协调和磨合。

(四)现实社会有腐败行为长期存在的思想基础

我们现在的社会还存在产生腐败行为的利己主义的人生观和价值观念。在任何一种社会制度下,腐败行为的主观动机都是为了牟取私利。极端个人主义、利己主义的人生观价值观是产生腐败的思想根源。不用说历史上几千年遗留下来的利己主义思想不可能随着剥削制度的消灭而在短的历史时期内消失,何况我们现实社会中大量存在的私有经济成分和市场经济机制的负面效应又是不断地产生利己主义的思想基础。既然有腐败行为长期存在的思想基础,那么就决定了与之开展斗争的长期性。

(五)对权力腐败的治理是一个长期过程

我们现实社会中的权力也不是不会被腐蚀的。它将随着权力监督机制的完

---

① 《邓小平文选》第三卷,人民出版社1993年版,第306、154、156页。
② 同上书,第297页。
③ 同上书,第314页。

备而减弱，但不可能完全根除。自进入阶级社会以来，腐败就是权力的伴生物。本来，社会主义制度下的一切公共权力都是维护国家利益，维护社会主义公有制经济基础，并为最广大的人民群众服务的。但是，由于上述滋生腐败现象的经济基础、思想根源和外部条件等诸多因素的存在，一部分权力就有可能发生异化而变质。政治权力的负效应和市场经济的负效应相结合，就很难不产生以权谋私、权钱交易。这部分权力就会蜕变成为腐败的工具。权力腐败是危害最大的腐败。在现阶段，我们虽然不可能完全根除这种腐败现象（那只有当权力同古铜器一并送入历史博物馆之时才有可能），但完全能够逐渐把它限制到最小影响。这是决定反对腐败斗争长期性的又一个重要原因。

综上所述，邓小平关于反对腐败的长期性思想，不是空泛的虚指，而是有具体内涵的实指。一是所需的历史时间确实很长。它远不是过去人们天真地以为只需经过三年五载抓几次就能解决的问题，而是贯穿整个改革开放过程的始终。实际上，也就是贯穿整个社会主义现代化建设的始终。中国特色社会主义的一个显著特点，就是改革开放的社会主义，因而反对腐败的斗争也贯穿建设中国特色社会主义过程的始终。二是反对腐败的斗争不可能直线式地向前发展。它既以波浪形式前进，也可能在前进中遇到种种曲折和艰险。这种艰险既有客观的实在根据，也可能由主观的失误造成（如反腐不力引发社会动乱）。因此，邓小平告诫全党，建设艰难垮容易，"垮起来可是一夜之间啊"。"巩固和发展社会主义制度，还需要一个很长的历史阶段，需要我们几代人、十几代人，甚至几十代人坚持不懈地努力奋斗，决不能掉以轻心。"[1] 这个谆谆告诫，也包括反对腐败的长期性思想。这个长期性就蕴含曲折性、艰险性之意。

---

[1]《邓小平文选》第三卷，人民出版社1993年版，第379—380页。

二 怎样认识邓小平对新的历史条件下反腐败斗争的总体战略的思考和设计

应当指出,说明腐败现象存在的长期性,绝不是在论证腐败现象存在的合理性;也绝不是要为一个时期一些方面的反对腐败斗争的不力进行辩护。腐败现象已经成为广大人民深恶痛绝的社会公害,有百弊而无一利,没有任何"合理性"可言。一个时期反腐不力已是不争的事实,为其辩解只能不得人心。但是,反对腐败不能仅限于愤懑的谴责、激昂的声讨,更需要冷静的思索和研究。分析腐败现象存在的长期性,正视这个现实,是为了揭示新的历史条件下反对腐败的特点和规律,确定反腐败斗争的总体战略,制定有效防治的系统对策,"标""本"兼治,综合调理,扼制腐败现象的多发高发势头,使之减少到可能的最低限度,从而牢牢地掌握反腐败斗争的主动权,立于不败之地。

在整个改革开放过程中坚持反对腐败,从战略上讲,尤其需要坚持不懈地解决好这样三个问题。

(一)反对腐败,要牢牢地围绕和保证经济建设这个中心,坚持党的基本路线不能动摇

我们对我国国家安全面临的不利形势是有充分认识的。在国外,妄图主宰世界的那股政治势力对我国会长期不变地、挖空心思地推行西化、分化、"和平演变"的政策;在国内,奉行私有化、腐化、资产阶级自由化的势力也会长期存在。这不能不对我国的国家安全构成威胁。忽视、无视这种形势是极端错误的,必须坚决反对。这是一方面。另一方面,无限夸大这种不利形势,把一些问题提到不适当的位置也是不可取的。腐败无疑是"和平演变"的温床。反对"和平演变"必须反对腐败。但是,无论是反对"和平演变"还是反对腐

败，都必须放在全党工作的大系统、总格局之中。如同其他各项工作都要服从经济建设这个中心、围绕这个中心一样，反对腐败也必须服从并服务于经济建设这个中心，而不能干扰这个中心；必须寓于党的基本路线之中，而不能游离于其外，另搞一套。无论其主观意愿如何，另搞一套的结果，势必冲击经济建设这个中心，动摇党的基本路线。邓小平总结中华人民共和国成立以来的历史教训时指出："多少年来我们吃了一个大亏，社会主义改造基本完成了，还是'以阶级斗争为纲'，忽视发展生产力。'文化大革命'更走到了极端。"[1] 这个教训是异常沉重的。对于开展反对腐败这样的政治斗争务必牢记这个教训，把它置于经济建设和改革开放的大环境中去思考，而不能回到历史上用政治冲击经济的"以阶级斗争为纲"的老路上去。还是邓小平说得好："发展才是硬道理。""把经济搞上去才是真正治本的途径。"[2] 经济搞上去了，"处理各种矛盾和问题时就立于主动地位。"[3] "离开了经济建设这个中心，就有丧失物质基础的危险。"[4] 这是开展反腐败斗争的正确指导思想。

还有一种看法，认为开展反对腐败的斗争会冲击经济建设、影响改革开放的进程。这也是不对的。这种看法是把反对腐败同经济建设和改革开放对立起来或割裂开来的另一种表现形式。事实上，不是开展反对腐败的斗争，而是腐败现象的蔓延，才影响经济建设的发展和改革开放的进展。坚持反对腐败，有利于正确贯彻党的基本路线，保持改革、发展、稳定之间的相互协调和相互促进。

（二）反对腐败，要完善制度建设，加强社会主义民主和法制建设

早在中华人民共和国成立之前，毛泽东就已明确指出，要靠民主新路，"让

---

[1]《邓小平文选》第三卷，人民出版社 1993 年版，第 141 页。
[2] 同上书，第 377、89 页。
[3] 同上书，第 377 页。
[4]《邓小平文选》第二卷，人民出版社 1994 年版，第 250 页。

人民来监督政府"防止腐败，跳出历史上"其兴也勃焉""其亡也忽焉"的"周期率"。中华人民共和国成立以后，以毛泽东同志为核心的第一代中央领导集体为防止腐败虽然作了不少努力，但是没有真正坚持民主新路。发动"文化大革命"，搞"大民主"，实际上是对民主新路的严重破坏，既给党和国家造成了巨大的灾难，也没能解决防止腐败的问题。对于中国共产党人来说，要跳出历史上的那个"周期率"，恐怕面临着两个最为严峻的考验。一个是在党的七届二中全会就已指出的执政的考验，即掌握权力后会不会脱离人民群众？再一个是国家富裕了，还能否保持艰苦奋斗的传统，坚持社会主义的价值观念及社会主义方向？说得尖锐点，就是富了会不会变"修"？毛泽东晚年提出"富则变修"在理论上是站不住的。如果社会主义与富裕不能兼容，那么为社会主义而奋斗以至抛头颅、洒热血，还有什么意义呢？我们追求的社会主义首先应当是富裕的，当然是共同富裕，还有其他目标。但是从一些地区现实情况来看，富裕了，就挥金如土、花天酒地、骄奢淫逸，拜金主义观念泛滥，享乐主义思想"走红"，许多为社会主义价值观不容许的丑恶现象都衍生开来了。这实际上是社会主义在朝另一个方向变形或扭曲。目前，这虽然是局部性的，但不能不引起人们的忧虑。所谓腐败问题，从根本上说，是两个腐蚀（即权力腐蚀和金钱腐蚀）在起作用。反对腐败，跳出历史上那个"周期率"，归根结底是要解决这两个腐蚀的问题。

反对腐败，消除权力腐蚀和金钱腐蚀，邓小平特别强调通过制度建设，加强社会主义民主和法制建设，积极推进政治体制改革来解决。邓小平认为，社会主义的基本制度是好的，但在具体的经济制度、组织制度、干部制度和工作制度等方面则存在着许多重大缺陷。过去犯的许多错误，都与这些制度方面存在的问题有关。"制度好可以使坏人无法任意横行，制度不好可以使好人无法充分做好事，甚至会走向反面。"有些问题虽然属于思想作风上的，但制度问题不解决，思想作风问题也解决不了。他强调指出，制度问题"带有根本性、全局性、稳定性和长期性""关系到党和国家是否改变颜色，必须引起全党的高度重视"。① 基于这个思想，他把制度建设、加强社会主义民主和法制建设视为反对腐败的两个主要手段之一。

党的十一届三中全会以来，党和国家的制度建设，经济体制、政治体制等诸多方面的改革取得了有目共睹的成就。但是，消除旧体制的弊端，健全和完善新体制需要一个过程，即使旧的矛盾解决了，新的矛盾又会产生。何况目前处在由高度集中的计划经济体制向社会主义市场经济体制的过渡时期，两种体制在转换交替中会出现碰撞、无序、失控状态。特别是当一部分人的经济生活超前而相应的政策、制度跟不上时，更会造成许多空当和漏洞。改革开放后，制度建设最突出的问题是：机构改革、干部人事制度改革等属于政治体制方面的许多改革，相对于经济体制改革表现滞后；许多制约性制度软弱无力，没有形成有效的各种监督制约机制；具有可操作的职责管理性制度不配套，不完善；有些改革法规（主要是地方性或部门性的）缺乏稳定性、连续性，甚至朝令夕改；有法不依，执法不严，没有树立法治的权威。这些都使腐败行为大有可乘之机。因此，进一步加强制度建设，健全各种法制，努力完善民主政治建设，对于深入持久地开展反腐败斗争具有重要意义。1992年初，他在南方谈话中指出："对干部和共产党员来说，廉政建设要作为大事来抓。还是要靠法制，搞法制靠得住些。"②

（三）反对腐败，要加强思想政治教育，特别是要加强对领导干部的共产主义思想道德教育

现实社会存在的产生腐败现象的土壤，是不会在短时期内消除的。但这只是产生腐败现象的可能性条件，而不是必然性条件。在同样的客观状况和外部

---

① 《邓小平文选》第二卷，人民出版社1994年版，第333页。
② 《邓小平文选》第三卷，人民出版社1993年版，第379页。

环境下，有的腐败，有的不腐败，原因何在呢？还是毛泽东说的，外因只是条件，内因才是根据。可能性变成现实性，关键在于内因根据。土壤要长庄稼，必须撒播种子。没有种子，再肥沃的土壤也长不出庄稼。发生腐败也是一样。只是撒播的不是"良种"，而是"劣种"。对搞腐败的共产党人（如果变成了腐败分子，就已经失去了当共产党员的资格）来说，作为内因根据的"劣种"，就是放松了对自己的思想道德要求和党性修养锻炼，改变了对真善美的人生价值追求，背叛了共产主义理想信念，抛弃了全心全意为人民服务的奉献精神，滋长了享乐主义、拜金主义、极端个人主义。这种思想支配的结果，必然是以权谋私、权钱交易，掉进腐败深渊。

改革开放以后，不少干部腐败变质，特别是一些身居高位的领导干部腐败变质，对社会的震动、对人们思想的冲击是巨大的。毫无疑问，他们思想蜕变，搞腐败，主要是由上面所讲的"内因"决定的。但是，从党总结教训来说，也不能不承认，在一个时期，对于思想政治教育放松了。本来，我们党有一个优良传统，也是政治优势所在，就是十分重视思想政治教育，强调理想、信仰、道德、纪律和艰苦奋斗的作风。这是我们党能够克服物质极端缺乏的困难，在异常艰苦的条件下战胜敌人，夺取革命胜利的强大精神动力。我们党过去犯"左"的错误的一个方面，不在于重视思想政治教育本身，而是对思想政治教育输入了许多错误的内容和要求，不仅不进行法制建设，而且还大肆破坏法制。党的十一届三中全会后拨乱反正，改变了这个倾向。但是，在加强制度建设时（这方面还不健全、不完善）又放松了思想建设，走到了另一个极端。邓小平对这个教训作了深刻总结。他说："教育和思想政治工作太差。""十年最大的失误是教育，这里我主要是讲思想政治教育，不单纯是对学校、青年学生，是泛指对人民的教育。"① 这里的"泛指"，当然包括共产党员和领导干部在内。邓小平对腐败现象原因的分析切中要害。

---

① 《邓小平文选》第三卷，人民出版社 1993 年版，第 305、306 页。

邓小平认为，加强思想政治教育，对广大党员特别是领导干部来说，最重要的是加强共产主义思想和共产主义道德教育。早在1980年12月，他就指出，要教育全党同志发扬大公无私、廉洁奉公、全心全意为人民服务的精神，坚持共产主义思想和共产主义道德，没有这些宝贵的精神，怎么能建设社会主义？"党和政府愈是实行各项经济改革和对外开放的政策，党员尤其是党的高级负责干部，就愈要高度重视、愈要身体力行共产主义思想和共产主义道德。"[①] 邓小平的这个教导是任何时候都不应当忘记的。

三 对坚持不懈地反对腐败，邓小平是怎样向新的中央领导集体作政治交代的

在20世纪80年代末，世界形势复杂多变，苏联和东欧社会主义国家政局动荡不断加剧。一些西方国家的政治势力乘机对社会主义国家积极推行"和平演变"的战略。国内经济社会发展过程中积累的问题突出显现，反对共产党的领导和社会主义制度的资产阶级自由化思潮不断滋长蔓延。在这种国际大气候和国内小气候的影响下，邓小平对以江泽民同志为核心的中央领导集体作了全面政治交代。坚持不懈地反对腐败是一个重要内容。邓小平着重讲了这样三个问题。

（一）扎扎实实地抓些重要案件，体现党真正反对腐败，取信于民

邓小平说，这场政治风波迟早要来。这是国际的大气候和中国自己的小气候所决定了的，是一定要来的，是不以人们的意志为转移的。为什么迟早要来呢？就国内小气候言，当时国家正在深入开展治理整顿，物价波动凸显，腐败

---

①《邓小平文选》第二卷，人民出版社1994年版，第367页。

现象突出。于是，极少数人利用党和政府工作中的失误，还有人民群众对市场物价上涨的焦虑，对一些党员干部特别是高级干部家属存在的腐败现象的不满情绪进行蛊惑煽动，从而导致事态逐渐升级。

邓小平对新的中央领导集体交代说："这次出这样的乱子，其中一个原因，是由于腐败现象的滋生，使一部分群众对党和政府丧失了信心。"①这话看起来说得很重，但这反映了实际情况。在1989年政治风波中，口号比较集中的是反对腐败。按照邓小平的话说，这在某些人来说是一个陪衬，其目的是用反腐败来蛊惑人心。但对我们来说要整好我们的党，这是不能动摇的。因此，他强调，惩治腐败，至少抓一二十件大案，透明度要高，处理不能迟，体现出我们是真正反对腐败，不是假的。腐败的事情，一抓就能抓到重要的案件，就是我们往往下不了手。这就会丧失人心，使人们以为我们在包庇腐败。这个关我们必须过，要兑现。是一就是一，是二就是二，该怎么处理就怎么处理，一定要取信于民。还说，腐败、贪污、受贿，有的是省里的，有的是全国范围的。"要雷厉风行地抓，要公布于众，要按照法律办事。该受惩罚的，不管是谁，一律受惩罚。"②这充分说明了邓小平惩治腐败的决心。

（二）将一手抓改革开放、一手抓惩治腐败结合好，更能获得人心

邓小平在组建新的领导班子时指出，在这次事件中，没有反对改革开放的口号。新的中央领导机构要使人民感到面貌一新，感到是一个实行改革的有希望的领导班子。这是向人民亮相啊！一个是组成具有改革开放形象的中央领导班子，使人民放心。这是取信于民的第一条，体现我们不但不会改变改革开放的政策，而且要继续深化改革、扩大开放，这样人民的心里才会平静下来。做几件事使人民满意，主要是两个方面，一个是更大胆地改革开放，另一个是抓

---

① 《邓小平文选》第三卷，人民出版社1993年版，第300页。
② 同上书，第297页。

紧惩治腐败。"不惩治腐败,特别是党内的高层的腐败现象,确实有失败的危险。""我们一手抓改革开放,一手抓惩治腐败,这两件事结合起来,对照起来,就可以使我们的政策更加明朗,更能获得人心。"① 这个交代对以江泽民同志为核心的新的党中央树立良好形象、确立权威起了重要作用。

(三)整个改革开放过程中都要反对腐败

这是邓小平始终坚持的一个重要思想。在改革开放后不久,他就不断地强调这一点。在建立以江泽民为核心的新的党中央以后,这也是他的一个重要政治交代。他说:"我们要反对腐败,搞廉洁政治。不是搞一天两天、一月两月,整个改革开放过程中都要反对腐败。"② 在南方谈话中,他回顾历史,进一步强调这个问题。他指出:"开放以后,一些腐朽的东西也跟着进来了,中国的一些地方也出现了丑恶的现象,如吸毒、嫖娼、经济犯罪等。要注意很好地抓,坚决取缔和打击,决不能任其发展。新中国成立以后,只花了三年时间,这些东西就一扫而光。吸鸦片烟、吃白面,世界上谁能消灭得了?国民党办不到,资本主义办不到。事实证明,共产党能够消灭丑恶的东西。在整个改革开放过程中都要反对腐败。"③

邓小平关于"整个改革开放过程中都要反对腐败"的政治交代,是一个重要战略思想。只要坚持这个战略思想,坚持不懈地进行反腐败斗争,那么,我们党高擎的用革命先烈鲜血染就的旗帜将永葆鲜红颜色。

---

① 《邓小平文选》第三卷,人民出版社 1993 年版,第 313、314 页。
② 同上书,第 327 页。
③ 同上书,第 379 页。

第十二讲

邓小平关于改革开放的
两大历史遗产与习近平的新发展

邓小平对开辟中国特色社会主义的伟大贡献已铭刻青史，邓小平理论已成为指引中国共产党和中国人民继续奋斗的伟大遗产。在以习近平同志为核心的党中央领导全党和全国人民进入为实现中华民族伟大复兴奋斗目标的新阶段的今天，重新学习邓小平的两大历史遗产——一是1980年8月18日发表的《党和国家领导制度的改革》讲话，二是1992年春天的南方谈话，对于深入领会和践行以习近平同志为核心的党中央治国理政的一系列新思想、新战略具有重要现实意义。

一 怎样认识《党和国家领导制度的改革》是我国建设社会主义民主政治的伟大纲领性文献

2017年初，《环球人物》为策划第2期邓小平专栏采访了我，问"邓小平给当代中国留下了怎样的遗产"。我说："改革开放后，直至邓小平去世前，他的思想理论光芒集中在一头一尾的两次讲话：1980年8月18日关于《党和国家领导制度的改革》讲话，1992年春的南方谈话。前者大体决定了今天的政治走向，后者基本决定了今天的经济面貌。"《环球人物》第 2 期发表这个谈话后，有朋友来电问道：邓小平有那么多重要文章，为什么突出《党和国家领导制度的改革》和南方谈话为两大历史遗产？在《环球人物》采访时，我没有展开讲这个问题，这里来作回答。

先看"一头"。在党的十一届三中全会前后至党的十二大以前，邓小平约有 60 篇重要谈话和文章，尽管都谈到了许多重要问题，但从总体而言，最重要的莫过于三篇：一是《解放思想，实事求是，团结一致向前看》；二是《坚持四项基本原则》；三是《党和国家领导制度的改革》。在这三篇中，《解放思想，实事求是，团结一致向前看》被视为党的十一届三中全会的主题报告，是改革开放的宣言书，揭开了新的历史时期的光辉篇章。《坚持四项基本原则》提出了走中国式现代化道路的基本原则，既明确了实现四个现代化的根本前提，又为开创中国特色社会主义道路奠定了政治思想基础，因而被称为立国之本。显然，这两篇是很重要的文章和讲话。但我为什么没有选这两篇，而突出了《党和国家领导制度的改革》讲话呢？因为一是提问的背景在强调"今天看来"的现实意义，不完全是讲"过去时"，更注重当下的进行时。就此而言，我以为，解放思想问题、坚持四项基本原则问题，尽管还有重要现实意义，但相比之下，对于我们时下坚持全面建设社会主义现代化国家、全面深化改革、全面依法治国和全面从严治党而言，《党和国家领导制度的改革》的现实指导性更强。二是前两篇谈到的一些重要问题，在这一篇包括进去了，并且有的更展开、更深入、更具有根本性，还提到了新的高度。这对于建设什么样的中国特色社会主义制度具有顶层设计意义。

（一）《党和国家领导制度的改革》是提出建设中国民主政治制度的历史起点

我们不是讲"制度自信"吗？现在明白了，中国特色社会主义制度很优越。但在 40 多年前，对于我们国家走什么样的道路，建设什么样的制度，面临向何处去的重要抉择。从哪里入手，怎么破题，需要慎之又慎作决断。就在不少人十分茫然的时候，邓小平发表的这个讲话石破天惊，振聋发聩。他比别人站得高、看得远、想得深，提出了一般人想都不敢想、根本不可能提出的问题。乍听起来，"要改革党和国家的领导制度，这还了得？这不是反革命，就是右派！"但是，认真地学习了讲话，绝大多数人由衷地表示佩服。他把这个问题讲清楚了，消除了人们的疑虑。按照现在的话说，没有充分的理论自信、制度自信，没有高瞻远瞩的战略思维，是根本提不出这个问题的。

邓小平指出，我们建立的社会主义制度是个好制度，必须坚持。但是，现行的一些具体制度包括组织制度、干部制度，还存在不少弊端，妨碍甚至严重妨碍社会主义优越性的发挥。比如，官僚主义，权力过分集中，家长制，干部领导职务终身制和形形色色的特权现象，以及思想政治方面的封建主义和资产阶级影响等。如果不坚决改革这些弊端，就很难适应现代化建设的迫切需要，过去出现过的一些严重问题今后有可能重新出现，党就会严重脱离广大人民群众。为了适应社会主义现代化建设的需要，为了适应党和国家政治生活民主化的需要，为了充分发挥社会主义制度的优越性，为了兴利除弊，必须改革党和国家各方面的制度。

邓小平着重强调要改革党和国家领导制度。他说，改革并完善党和国家各方面的制度，是一项艰巨的长期的任务，"改革并完善党和国家的领导制度，是实现这个任务的关键"[①]。他特别分析了官僚主义和特权现象与制度要求的某些不实际、不合理、不完善的关系。对于官僚主义，他说，这是我们党和国家政治生活中广泛存在的一个大问题。不少问题，无论在我们的内部事务中，或是在国际交往中，都已达到令人无法容忍的地步。它同我们长期认为的社会主义制度和计划管理制度必须对经济、政治、文化、社会都实行中央高度集权的管理体制有密切关系。我们的各级领导机关，都管了很多不该管、管不好、管不了的事，这可以说是目前我们所特有的官僚主义的一个总病根。当然，官僚

[①]《邓小平文选》第二卷，人民出版社1994年版，第342页。

主义还有思想作风问题的一面，所以必须从根本上改变权力过分集中的制度。"制度问题不解决，思想作风问题也解决不了。"① 对于特权现象，他说，"文化大革命"中，林彪、"四人帮"大搞特权，给群众造成很大灾难。还有一些干部，不把自己看作是人民的公仆，而把自己看作是人民的主人，搞特权，特殊化，引起群众的强烈不满。如不坚决改正，干部队伍势必发生腐化。还说，旧中国留给我们的，封建专制传统比较多，民主法制传统很少。解放以后，我们也没有自觉地、系统地建立保障人民民主权利的各项制度，法制很不完备，特权现象没有解决。"克服特权现象，要解决思想问题，也要解决制度问题。"② 他还提出，要有群众监督制度，让群众和党员监督干部，特别是领导干部。要有专门的机构进行铁面无私的监督检查，凡是搞特权、特殊化，人民就有权依法进行检举、控告、弹劾、撤换、罢免，要求他们在经济上退赔，并使他们受到法律、纪律处分。邓小平的这些话，放到现在依然具有很强的针对性。

怎样改革党和国家领导制度？邓小平强调，总体上来说，在政治上，充分发扬人民民主，保证全体人民真正享有通过各种有效形式管理国家的权力，健全社会主义法制，正确处理人民内部矛盾，打击一切敌对力量和犯罪活动，调动人民群众的积极性，巩固和发展安定团结、生动活泼的政治局面。具体而言，他提出：要建立干部退休制度，设立作为过渡措施的中央和省级的顾问委员会，废除实际存在的领导干部职务终身制，以保证国家治理的连续性和稳定性。"要使我们的宪法更加完备、周密、准确，能够切实保证人民真正享有管理国家各级组织和各项企业事业的权力，享有充分的公民权利，要使各少数民族聚居的地方真正实行民族区域自治，要改善人民代表大会制度，等等。"③ 显然，这些都涉及党和国家的根本制度。

建立和健全党和国家的这些根本制度，要达到什么样的目标呢？邓小平提

---

① 《邓小平文选》第二卷，人民出版社 1994 年版，第 328 页。
② 同上书，第 332 页。
③ 同上书，第 339 页。

出,为了改革并完善社会主义制度,"将吸收我们可以从世界各国吸收的进步因素,成为世界上最好的制度"。"我们进行社会主义现代化建设,是要在经济上赶上发达的资本主义国家,在政治上创造比资本主义国家的民主更高更切实的民主,并且造就比这些国家更多更优秀的人才。""党和国家的各种制度究竟好不好,完善不完善,必须用是否有利于实现这三条来检验。"①毫无疑问,这是一个非常高的标准。因此,他又说:"这个任务,我们这一代人也许不能全部完成,但是,至少我们有责任为它的完成奠定巩固的基础,确立正确的方向。"②

正是因为有了邓小平这个全新视野的讲话,建设中国特色社会主义的民主政治制度才开始扬帆起航。

(二)《党和国家领导制度的改革》是提出制度治党思想的历史起点

全面从严治党的顶层设计,一是思想建党,二是制度治党。思想建党的思想是由毛泽东1929年在主持制定古田会议决议时首次提出的。制度治党的思想则不能不说是邓小平在《党和国家领导制度的改革》中最先萌发的。

邓小平提出改革党和国家领导制度这个带有根本性问题,是由对"文化大革命"的深刻反思引发的。过去,对于我们党历史上犯的各种错误,现实社会生活中存在的许多弊端,长时期的习惯性思维,往往只认为是思想作风不端正产生的,因而只在加强思想教育方面下功夫。邓小平反思"文化大革命"后,第一次从全新角度来思考这个问题。他破天荒地指出,我们过去发生的各种错误,固然与某些领导人的思想、作风有关,但是组织制度、工作制度方面的问题更重要。这些方面的制度好,可以使坏人无法任意横行,制度不好可以使好人无法充分做好事,甚至会走向反面。即使像毛泽东同志这样伟大的人物,也受到一些不好的制度的严重影响,以至对党对国家对他个人都造成了很大的不

---

① 《邓小平文选》第二卷,人民出版社1994年版,第337、322、323页。
② 同上书,第343页。

幸。他还语重心长地说："我们今天再不健全社会主义制度，人们就会说，为什么资本主义制度所能解决的一些问题，社会主义制度反而不能解决呢？这种比较方法虽然不全面，但是我们不能因此而不加以重视。斯大林严重破坏社会主义法制，毛泽东同志就说过，这样的事件在英、法、美这样的西方国家不可能发生。他虽然认识到这一点，但是由于没有在实际上解决领导制度问题以及其他一些原因，仍然导致了'文化大革命'的十年浩劫。这个教训是极其深刻的。"[1] 因此，他强调，不是说个人没有责任，而是说领导制度、组织制度问题更带有根本性、全局性、稳定性和长期性。这种制度问题，关系到党和国家是否改变颜色，必须引起全党的高度重视。

这就是制度治党思想的源头。邓小平第一个提出并高度重视这个问题，但制度治党是一项极其艰巨而复杂的特大工程。40多年过去了，这些论述还是那样鲜活，魅力仍在！

正是因为《党和国家领导制度的改革》讲话，既是提出建设中国民主政治制度的历史起点，又是提出制度治党思想的历史起点，故将其作为邓小平留给我们的伟大历史遗产。

二　南方谈话是马克思主义中国化发展到一个新阶段的标识

南方谈话是《邓小平文选》第三卷的终卷篇，也是公开结集出版的邓小平全部著述的结语之作。邓小平本人对他的文集编选到这一篇结束非常满意，认为"结尾不错"，"编到南方谈话为止，这样好，段落比较清楚。"[2]

我个人对南方谈话一直非常推崇，给予很高评价。自南方谈话发表以来的

---

[1]《邓小平文选》第二卷，人民出版社1994年版，第333页。
[2]《邓小平年谱（1975—1997）》下卷，中央文献出版社2004年版，第1362页。

20多年间,我先后发表了专门和着重论述它的论文10多篇。我为什么这样看重南方谈话,将其突出为邓小平的历史遗产呢?从宏观言,主要有四点理由。

(一)南方谈话集邓小平理论之大成,是对建设中国特色社会主义诸多理论问题作了比较全面论述、并对马克思主义理论作了创新性发展的著作

《邓小平文选》第二卷、第三卷,是邓小平理论的主要载体。两卷加起来有179篇文章和讲话。南方谈话前的诸多文献,就每篇言,谈的多是某个问题或某几个问题,有的是谈历史,有的是谈某些具体问题,专题性较强。唯有南方谈话是将综合性、理论性、鲜明性、体系性集于一体的大著。它深刻回答了什么是社会主义和怎样建设社会主义这两个重大问题。诸如思想路线、发展道路、发展阶段、根本任务、战略步骤、发展速度、发展特点、发展动力、外部条件、政治保证、廉政建设、领导核心、依靠力量、主要倾向等都涉及了。特别是提出和强调的许多重要理论观点,比如,"改革也是解放生产力","三个有利于标准","发展才是硬道理","科学技术是第一生产力","社会主义本质","社会主义可以搞市场经济"等,开拓了马克思主义中国化的新境界,将社会主义的认识提高到新的科学水平,大大地丰富和发展了马克思主义理论。不是说邓小平理论将马克思主义发展到了一个新阶段吗?这个新阶段无疑要通过邓小平的全部著作来体现,但南方谈话可视为其理论精华的凝聚篇或浓缩本,堪称邓小平理论的代表作。如果说邓小平个人思想理论的发展有"顶峰"的话,毫不夸张地说,南方谈话就是邓小平思想理论发展的顶峰。因而,它是邓小平将马克思主义中国化发展到新阶段的标识性著作,是中国特色社会主义理论体系的代表性文献。

(二)南方谈话在党和国家历史发展再次处于向何处去的紧要关头起到了拨正航向的指针作用,是又一个解放思想、实事求是的宣言书

历史进入20世纪90年代,东欧社会主义国家发生剧变,苏联宣告解体,

我国周边一些国家和地区出现经济加速发展的势头，世界格局呈现政治多极化和经济全球化趋势；国内发生了政治风波，遭受西方国家强大政治压力，经济发展速度减缓乃至滑坡，一些人出现思想困惑，对改革开放产生疑虑，对社会主义前途缺乏信心。正是在这样极端危险的历史关头，邓小平发表了南方谈话。它犹如一声惊天春雷，炸开了神州大地上空的乌云；又似一阵高级别强风，吹散了人们心中的雾霾。它及时地明确地回答了长期困扰和束缚人们思想的许多重大问题，站在了历史前沿的高地上。比如：

——要不要继续搞社会主义，坚持改革开放问题。南方谈话开门见山地指出：不坚持社会主义，不改革开放，不发展经济，不改善人民生活，只能是死路一条。此前，邓小平还说过："坚持改革开放是决定中国命运的一招。"[1] 在这次谈话的最后明确表示：我坚信，世界上赞成马克思主义的人会多起来的，一些国家出现严重曲折，不要惊慌失措，"不要认为马克思主义就消失了，没用了，失败了。哪有这回事"[2]！

——改革姓"资"姓"社"问题。它一度成为社会舆论和媒体炒作的热点，对扩大改革开放造成巨大压力。南方谈话一针见血地点出问题实质，指出："改革开放迈不开步子，不敢闯，说来说去就是怕资本主义的东西多了，走了资本主义道路。要害是姓'资'还是姓'社'的问题。"邓小平还举特区和"三资"企业的情况说，"特区姓'社'，不姓'资'"。深圳的建设成就明确回应了那些有这样那样担心的人。那种认为"三资"企业多了就是发展了资本主义的人，连基本常识都没有。"三资"企业"受到我国整个政治、经济条件的制约，是社会主义经济的有益补充，归根到底是有利于社会主义的"[3]。

——"左"与右的倾向问题。这也是当时的热门话题。南方谈话辩证地阐

---

[1]《邓小平文选》第三卷，人民出版社1993年版，第368页。
[2] 同上书，第383页。
[3] 同上书，第372、373页。

述了这个问题,指出:现在,有右的东西影响我们,也有"左"的东西影响我们,但根深蒂固的还是"左"的东西。他还严厉批评一些不正确的宣传说:"有些理论家、政治家,拿大帽子吓唬人的,不是右,而是'左'。'左'带有革命的色彩,好像越'左'越革命。'左'的东西在我们党的历史上可怕呀!一个好好的东西,一下子被他搞掉了。右可以葬送社会主义,'左'也可以葬送社会主义。中国要警惕右,但主要是防止'左'。"[①]一个时期,对这个论断有很多异议。应当怎样看待呢?从理论上说,历史发展到今天,应当超越"左"与右的思维定式。然而,历史印迹的消除需要相当长的历史过程。在现实社会生活中,这种倾向那种倾向的出现,往往不以人们的意志为转移。如果出现了,在实际工作中就应当有右批右,有"左"批"左"。但根据历史经验,"左"比右难以识别、难作批判。"左"比右好的历史惯性不是短时期能够克服的。邓小平的许多论断是立足于我们国家处于社会主义初级阶段的国情来讲的。在整个社会主义初级阶段,邓小平的这些论断具有战略性意义,需要高度重视。

正是在批判了上述的各种观点之后,人们的疑虑消除了,思想认识开始统一了,改革开放的信心也增强了。中国特色社会主义的航船在茫茫大海中朝着正确方向破浪前进。

(三)南方谈话是发展社会主义市场经济的定海神针

按照马克思主义的传统观念,社会主义只能实行计划经济,不能实行市场经济。在20世纪50年代,有的东欧国家对社会主义能否搞市场经济进行了探讨,但没有取得积极成果。在我们国家,党的第一代中央领导集体曾想使计划经济体制有所改善,使之具有一定的灵活性和机动性。毛泽东甚至还提出过消灭了资本主义,还可以搞资本主义等闪烁着耀眼光芒的思想,但那不过是昙花

[①]《邓小平文选》第三卷,人民出版社1993年版,第375页。

一现，并非从根本上去否定计划经济。因此，囿于传统观念束缚或"左"的思想影响，在相当长时期，鼓吹市场经济被视为离经叛道，走资本主义道路，搞资产阶级自由化。邓小平的伟大就体现在这里。他没有被"紧箍"所束缚，改革开放伊始，就在探讨社会主义能否搞市场经济问题。10多年间，他前后讲了十二三次之多。最初，曲高和寡，响应者寥寥。历史的发展是个渐进过程，他个人的认识在不断深化、愈发成熟坚定；人们的认识在不断提高，逐渐赞同、接受他的观点。这个过程大体经历了三个阶段。

第一阶段是1984年10月党的十二届三中全会通过的《关于经济体制改革的决定》。这个决定，第一次提出社会主义经济是在公有制基础上有计划的商品经济，必须自觉运用价值规律。这是对社会主义认识的一个飞跃。因为过去认为社会主义是产品经济社会，不承认商品经济和价值规律。所以，邓小平高度评价这个文件讲了我们老祖宗没有说过的新话，是马克思主义基本原理和中国社会主义实践相结合的政治经济学；没有前几年的实践不可能写出这样的文件，写出来也很不容易通过，会被看作"异端"。

第二阶段是党的十三大前后。在党的十三大前，邓小平有两次重要谈话。一次是1985年10月，他会见美国企业家代表团时说：社会主义和市场经济之间不存在根本矛盾，把计划经济和市场经济结合起来，就更能解放生产力，加速经济发展。另一次是1987年2月，他同中央负责同志谈话时说：为什么一谈市场就说是资本主义，只有计划才是社会主义呢？计划和市场都是方法嘛。只要对发展生产力有好处，就可以利用。它为社会主义服务，就是社会主义的；为资本主义服务，就是资本主义的。我们以前是学苏联的，搞计划经济。后来又讲计划经济为主，现在不要再讲这个了。据此，党的十三大报告明确提出利用市场调节绝不等于搞资本主义，计划和市场的作用范围都是覆盖全社会的，要加快建立和培育社会主义市场体系。这实际上已经提出建立社会主义市场经济问题了。

第三阶段是20世纪90年代初。为了振兴经济，加速发展，从1990年始，邓小平连续三年都在讲社会主义可以搞市场经济问题。首先是1990年底，他对中央负责同志说：我们必须从理论上搞懂，资本主义与社会主义的区分不在于是计划还是市场这样的问题。社会主义也有市场经济，资本主义也有计划控制。不要以为搞点市场经济就是资本主义道路，没有那么回事。不搞市场，连世界上的信息都不知道，是自甘落后。其次是1991年初，他对上海市负责同志说：不要以为，一说计划经济就是社会主义，一说市场经济就是资本主义，不是那么回事，两者都是手段，市场也可以为社会主义服务。最后就是1992年春的南方谈话。他进一步强调："计划多一点还是市场多一点，不是社会主义与资本主义的本质区别。计划经济不等于社会主义，资本主义也有计划；市场经济不等于资本主义，社会主义也有市场。计划和市场都是经济手段。"[①]并且指出："社会主义要赢得与资本主义相比较的优势，就必须大胆吸收和借鉴人类社会创造的一切文明成果，吸收和借鉴当今世界各国包括资本主义发达国家的一切反映现代社会化生产规律的先进经营方式、管理方法。"[②]

这样，根据邓小平对社会主义和市场经济关系的多次谈话，在准备党的十四大报告过程中，江泽民到中央党校作了一个报告，主张使用"社会主义市场经济体制"的提法。江泽民向邓小平汇报了此事。邓小平赞成这个提法，并说，实际上我们是在这样做，深圳就是社会主义市场经济。他还建议江泽民，在党校的讲话可以先发内部，反映好的话，就可以讲。这样党的十四大也就有了一个主题了。[③]据此，党的十四大报告正式提出社会主义市场经济理论，这是对马克思主义理论的重大发展。此后，改革开放和社会主义现代化建设出现了崭新局面，党和国家的面貌发生了举世瞩目的巨大变化。从某种意义上也可

---

① 《邓小平文选》第三卷，人民出版社1993年版，第373页。

② 同上。

③ 参见《邓小平年谱（1975—1997）》下卷，中央文献出版社2004年版，第1347—1348页。

以说，没有邓小平对社会主义可以搞市场经济的 10 多次谈话，特别是南方谈话的鲜明态度，我们国家不可能有现在的"天翻地覆慨而慷"面貌，超过日本成为世界第二大经济体，并紧紧地追赶美国。

（四）南方谈话是邓小平带有政治交代意义的重要文献

1993 年 8 月下旬至 9 月初，《邓小平文选》第三卷基本编好后，邓小平很高兴，认为"大功告成"，对南方谈话作该卷结尾很满意，交代编辑组将文选印成清样后发一些同志看看。并说："实际上，这是个政治交代的东西。"[①] 讲政治交代，邓小平在 1989 年夏天负责建立第三代中央领导集体过程中就开始说了。当时讲政治交代，主要是对新的领导集体交代一些当务之急，要他们抓好哪些重要工作。在南方谈话编完、《邓小平文选》第三卷"大功告成"之后，再说"这是个政治交代的东西"，就有异常丰富的内涵了。这个政治交代，既体现在整个《邓小平文选》第三卷中，也集中地体现在南方谈话中，因为它是精华中的精华。从南方谈话看，邓小平的政治交代最重要的有这么几点。

——坚持党的基本路线不动摇。邓小平明确指出：基本路线要管一百年，动摇不得。只有坚持这条路线，人民才会相信你，拥护你。谁要改变三中全会以来的路线、方针、政策，老百姓不答应，谁就会被打倒。当然，"随着实践的发展，该完善的完善，该修补的修补，但总的要坚定不移。即使没有新的主意也可以，就是不要变，不要使人们感到政策变了。有了这一条，中国就大有希望"[②]。

——突出地提出和解决贫富差距问题。邓小平在这次谈话中的一个重大理论贡献，就是对社会主义的本质作了新的概括，强调走社会主义道路是要逐步实现共同富裕。一部分地区先发展起来以后要带动后发展的地区。在 20 世纪

[①]《邓小平年谱（1975—1997）》下卷，中央文献出版社 2004 年版，第 1363 页。
[②]《邓小平文选》第三卷，人民出版社 1993 年版，第 371 页。

未达到小康水平的时候,要突出地提出和解决这个问题,解决沿海同内地贫富差距的问题。这期间,他还指出:"少部分人获得那么多财富,大多数人没有,这样发展下去总有一天会出问题。""要利用各种手段、各种方法、各种方案来解决这些问题。"①

——坚持两手抓,两手都要硬。这就是一手抓改革开放,一手抓打击各种经济犯罪活动。邓小平要求"这两只手都要硬。打击各种犯罪活动,扫除各种丑恶现象,手软不得"。坚持两手抓,社会主义精神文明建设就可以搞上去。要赶上亚洲"四小龙",不仅经济要上去,社会秩序、社会风气也要搞好,"两个文明建设都要超过他们,这才是有中国特色的社会主义"②。

——为把我们的制度建设好、国家发展好而埋头苦干。邓小平实际上提出了"两个一百年"奋斗目标。在谈到改革开放要有一点闯的精神,要有一股劲,否则走不出一条新路,干不出新的事业时,他说,只要敢闯、敢试,"恐怕再有三十年的时间,我们才会在各方面形成一整套更加成熟、更加定型的制度。在这个制度下的方针、政策,也将更加定型化"③。

这就是第一个百年奋斗目标。在南方谈话最后,他说:"如果从建国起,用一百年时间把我国建设成中等水平的发达国家,那就很了不起!从现在起到下世纪中叶,将是很要紧的时期,我们要埋头苦干。我们肩膀上的担子重,责任大啊!"④这就是第二个百年奋斗目标。尽管"两个一百年"的表述是后来概括的,但其奋斗目标的内容则是南方谈话提出和强调的。

——把共产党建设好,国家才能长治久安。邓小平明确指出,中国的事情能不能办好,社会主义和改革开放能不能坚持,国家能不能长治久安,从一定意义上说,关键在人。我们这些老一辈的人在,有分量,敌对势力知道变不了。

---

① 《邓小平年谱(1975—1997)》下卷,中央文献出版社 2004 年版,第 1364 页。
② 《邓小平文选》第三卷,人民出版社 1993 年版,第 378 页。
③ 同上书,第 372 页。
④ 同上书,第 383 页。

但我们这些老人呜呼哀哉后，谁来保险？所以，要把我们的军队教育好，把我们的专政机构教育好，把共产党员教育好，把人民和青年教育好。中国要出问题，还是出在共产党内部。对这个问题要清醒，要注意培养人，选拔德才兼备的人进班子。"我们说党的基本路线要管一百年，要长治久安，就要靠这一条。"① 此前，他还强调："中国问题的关键在于共产党要有一个好的政治局，特别是好的政治局常委会。只要这个环节不发生问题，中国就稳如泰山。""最关紧要的是有一个团结的领导核心。这样保持五十年，六十年，社会主义中国将是不可战胜的。"② 这些讲话如洪钟巨响，声犹在耳，需要我们永远牢记！

南方谈话虽然过去近 30 年，但它的理论价值不会磨灭，它的重大现实意义令人震撼。它无疑是邓小平给我们留下的伟大历史遗产。

三 习近平总书记的"四个全面"战略布局是对邓小平两个讲话的创新性发展

党的十八大以后，习近平总书记作为新一代中央领导核心，全面落实邓小平的政治交代，并对邓小平两个讲话有创新性发展。他提出的"四个全面"战略布局就是对邓小平两个讲话精神的继承、践行和创新。

（一）全面建成小康社会思想是全面落实邓小平关于建设小康社会的历史嘱托

从 20 世纪 70 年代末到 80 年代，邓小平把小康社会作为中国式现代化的奋斗目标，并提出了"三步走"发展战略。在南方谈话中，邓小平进一步强调在达到小康水平时要解决贫富差距，逐步实现共同富裕。习近平总书记在十八

---

① 《邓小平文选》第三卷，人民出版社 1993 年版，第 380 页。
② 同上书，第 365 页。

届中共中央政治局常委同中外记者见面时即表达了邓小平的这个嘱托和广大人民群众的这个愿望。他以非常朴实的语言表示："人民对美好生活的向往，就是我们的奋斗目标。""中国已经进入全面建成小康社会的决定性阶段。实现这个目标是实现中华民族伟大复兴中国梦的关键一步。"①

党的十八大以来，以习近平同志为核心的党中央就不断地为在2020年实现全面建成小康社会的奋斗目标呕心沥血地运筹谋划。一是在顶层设计上，丰富了小康社会的内涵，明确了全面建成小康社会的基本要求，并通过"十三五"规划制定了全面推进经济建设、政治建设、文化建设、社会建设、生态文明建设，促进各个方面协调发展的路线图。所谓全面小康是"三个全面"，即覆盖的领域要全面，是"五位一体"全面进步的小康；覆盖的人口要全面，是惠及全体人民的小康；覆盖的区域要全面，是城乡区域共同的小康。这"三个全面"，充分说明全面建成的小康社会是一个高标准的小康社会。二是落实全面建成小康社会任务的重点主要在农村、少数民族和其他贫困地区。习近平总书记一再强调，最艰巨最繁重的任务在农村、特别是在贫困地区；小康不小康，关键看老乡；一个民族都不能少，决不能让一个苏区老区掉队；农村贫困人口脱贫是全面建成小康社会的基本标志。三是底层实施操作，要求精准扶贫、精准脱贫，逐一落实到位。在特别困难的村、乡镇，由县里派出第一书记，加强领导力量，确保我国现行标准下农村贫困人口实现脱贫、贫困县全部摘帽，解决区域性整体贫困，缩小城乡区域发展差距。这不仅要缩小国内生产总值总量和增长速度的差距，而且还要缩小居民收入水平、基础设施通达水平、基本公共服务均等化水平、人民生活水平等方面的差距。这些要求，使全面建成小康社会的奋斗目标不再被一些人视为一个宣传口号。

经过一代又一代人的历史接力，以习近平同志为核心的党中央吹响了全面建成小康社会的集结号，打响了精准扶贫、精准脱贫的攻坚战。

---

① 《习近平谈治国理政》第一卷，外文出版社2018年版，第4页。

2017年，江西省宣布，经第三方评估确认，中国共产党创建的第一个革命根据地所在地井冈山市（县级）率先脱贫了。这意味着已经奏响了实现第一个百年奋斗目标的胜利进行曲。①

（二）全面深化改革思想将邓小平的改革、发展和社会主义可以搞市场经济的伟大创新提高到了新的水平

社会主义中国能发展到今天，得益于改革开放，而开放本身就是改革。邓小平说，改革是决定中国命运的一招，是中国的第二次革命。当然，改革本身不是目的，从经济方面言，它是为了发展，为了解放生产力，使国家发展更快，使人民生活得更好。基于此，邓小平又说，发展才是硬道理。但是，怎么样才能使国家发展更快，改革要改到什么地步？这又涉及管理体制和机制。于是，邓小平提出了社会主义可以搞市场经济这个革命性变革，讲了老祖宗没有讲过的新话。"改革——发展——市场经济"这个思路，可视为邓小平思想发展的逻辑。当然，也可以从另外角度来梳理改革、发展和社会主义市场经济的思路。

---

① 根据2016年4月中共中央办公厅、国务院办公厅印发的《关于建立贫困退出机制的意见》规定，贫困县退出以贫困发生率为主要衡量标准，原则上贫困发生率降至2%以下（西部地区降至3%以下）。截至2016年底，井冈山市贫困发生率已降至1.6%。

2021年2月25日，习近平总书记在全国脱贫攻坚总结表彰大会上指出，"经过全党全国各族人民共同努力，在迎来中国共产党成立一百周年的重要时刻，我国脱贫攻坚战取得了全面胜利，现行标准下9899万农村贫困人口全部脱贫，832个贫困县全部摘帽，12.8万个贫困村全部出列，区域性整体贫困得到解决，完成了消除绝对贫困的艰巨任务"。

2021年7月1日，习近平总书记在庆祝中国共产党成立100周年大会上代表党和人民庄严宣告："经过全党全国各族人民持续奋斗，我们实现了第一个百年奋斗目标，在中华大地上全面建成了小康社会，历史性地解决了绝对贫困问题，正在意气风发向着全面建成社会主义现代化强国的第二个百年奋斗目标迈进。"

"四个全面"战略布局虽然是在全面建成小康社会历史进程中提出来的，但它不只是全面建成小康社会这一阶段的战略，而是实现中华民族伟大复兴的长期性战略。因此，在实现中华民族伟大复兴历史进程的不同阶段，"四个全面"的内涵会与时俱进地发生变化。2020年10月，基于全面建成小康社会取得决定性成就、将要开启全面建设社会主义现代化国家新征程的实际，党的十九届五中全会将"四个全面"战略布局中的"全面建成小康社会"调整为"全面建设社会主义现代化国家"。

以习近平同志为核心的党中央提出的全面深化改革战略部署将邓小平的改革、发展和社会主义市场经济的思想，全面推进到了新的境界。它集中体现在党的十八届三中全会制定的《中共中央关于全面深化改革若干重大问题的决定》等文件和讲话中。其显著标志有这样几点：一是第一次将全面深化改革的总目标，确定为"完善和发展中国特色社会主义制度、推进国家治理体系和治理能力现代化"。它的创新在于：将过去长期从经济社会发展基础层面讲的现代化，提升到了从未涉及过的属于社会制度上层建筑层面也要与时俱进的现代化。它是现代化思想的创新性发展，被称为第五个现代化。二是第一次明确市场在资源配置中起决定性作用。自党的十四大明确提出建立社会主义市场经济体制以来，长期将其定位为"市场在资源配置中的基础性作用"。党的十八届三中全会讲"市场在资源配置中起决定性作用"，无疑是对经济社会发展规律认识的一大飞跃。同时还明确指出"要更好发挥政府作用"。这使作为经济体制改革核心的政府和市场的关系进一步明晰起来，谁发挥主导作用的争论迎刃而解。三是第一次要求到2020年在重要领域和关键环节改革上取得决定性成果，形成系统完备、科学规范、运行有效的制度体系，使各方面的制度更加成熟更加定型。这是直接回应邓小平在南方谈话中的政治交代，要求使其得到精准落实。

在南方谈话提出"发展才是硬道理"后，全党对扭住以经济建设为中心不动摇这个兴国之要统一了认识。此后，随着实践中出现的新问题、新矛盾，对新形势下实现什么样的发展和怎样发展等重大问题的认识在深化。继胡锦涛提出科学发展观后，在党的十八届五中全会审议"十三五"规划时，以习近平同志为核心的党中央进一步提出了"创新、协调、绿色、开放、共享"的新发展理念。这就是要崇尚创新、注重协调、倡导绿色、厚植开放、推进共享。它凝聚着习近平总书记对经济社会发展规律的深入思考，体现了在"十三五"时期乃至更长时期我国的发展思路、发展方向、发展着力点。新发展理念，在新的历史阶段将邓小平的发展思想提到了新的高度。①

(三) 全面依法治国思想是对邓小平的民主和法制思想的全面发展

早在改革开放伊始,邓小平就提出没有民主就没有社会主义;进行现代化建设,一定要发扬社会主义民主,健全社会主义法制。在南方谈话中,他强调用法制来保护和促进经济发展。1997年党的十五大明确提出将"实行依法治国,建设社会主义法治国家"作为"党领导人民治理国家的基本方略"。

党的十八大以来,以习近平同志为核心的党中央提出全面依法治国的新理念,并在党的十八届四中全会制定了《中共中央关于全面推进依法治国若干重大问题的决定》。习近平总书记指出,没有全面依法治国,我们就治不好国、理不好政,我们的战略布局就会落空。改革开放40多年中,中国共产党召开了50多次中央全会,以一次中央全会专门讨论通过关于法治和法制的决定,这是头一次。这个决定有两个重要亮点。

第一,明确全面推进依法治国的总目标,是建设中国特色社会主义法治体系,建设社会主义法治国家。这就是在中国共产党领导下,坚持中国特色社会主义制度,贯彻中国特色社会主义法治理论,形成完备的法律规范体系、高效的法治实施体系、严密的法治监督体系、有力的法治保障体系和完善的党内法

---

① 邓小平认为制度"更带有根本性、全局性、稳定性和长期性"。他充分认识到制度建设对于党和国家发展的重要意义,善于从制度建设的角度思考和推进改革。改革和完善党和国家各项制度是邓小平推进改革伟业的题中应有之义,他关于党和国家领导制度的讲话,成为国家治理体系现代化的重要起点;他关于政治体制改革问题总体设想,构成中国特色社会主义制度的雏形。党的十八大以来,以习近平同志为核心的党中央领导人民统筹推进"五位一体"总体布局、协调推进"四个全面"战略布局,推动中国特色社会主义制度更加完善、国家治理体系和治理能力现代化水平明显提高。继党的十九大提出全面深化改革必须坚持和完善中国特色社会主义制度,不断推进国家治理体系和治理能力现代化,坚决破除一切不合时宜的思想观念和体制机制弊端后,党的十九届四中全会进一步提出:"推进全面深化改革,既要保持中国特色社会主义制度和国家治理体系的稳定性和延续性,又要抓紧制定国家治理体系和治理能力现代化急需的制度、满足人民对美好生活新期待必备的制度,推动中国特色社会主义制度不断自我完善和发展、永葆生机活力。"这些观点深化了邓小平关于国家治理体系和治理能力现代化的认识。

规体系，坚持依法治国、依法执政、依法行政共同推进，坚持法治国家、法治政府、法治社会一体建设，实现科学立法、严格执法、公正司法、全民守法，促进国家治理体系和治理能力现代化。要求到 2020 年全面建成小康社会之时，如期实现法治国家、法治政府、法治社会一体建成。

第二，强调依法治国首先是依宪治国，依法执政关键是依宪执政，健全宪法实施和监督制度。该决定要求不仅中国特色社会主义法治体系要以宪法为核心来制定和完善，而且必须宣传和树立宪法权威，决定建立宪法宣誓制度。习近平总书记指出："这样做，有利于彰显宪法权威，增强公职人员宪法观念，激励公职人员忠于和维护宪法，也有利于在全社会增强宪法意识、树立宪法权威。"①

如果说邓小平关于加强民主和法制建设的思想为我们国家的民主政治建设奠定了坚实基础，那么完全可以说，以习近平同志为核心的党中央关于全面依法治国战略的提出和实施，标志着我国民主政治建设进入了新的历史阶段。②

（四）全面从严治党思想将邓小平敲响的"这个党该抓了，不抓不行了"的警钟和"关键是我们共产党内部要搞好"的政治交代，特别是制度治党的思想真正地落到了实处，党的建设新的伟大工程走向了新阶段

加强中国共产党的自身建设，一直是我们党能够长期成为马克思主义先进政党的特殊品格。毛泽东提出了思想建党，并将党的建设作为"伟大的工程"

---

① 《十八大以来重要文献选编》（中），中央文献出版社 2016 年版，第 148 页。
② 党的十八大以来，以习近平同志为核心的党中央以前所未有的力度推进全面依法治国进程，高度重视宪法在治国理政中的重要地位和作用，明确坚持依法治国首先要坚持依宪治国，坚持依法执政首先要坚持依宪执政，把实施宪法摆在全面依法治国的突出位置，采取一系列有力措施加强宪法实施和监督工作，为保证宪法实施提供了强有力的政治和制度保障。为更好发挥宪法在新时代坚持和发展中国特色社会主义中的重大作用，把党和人民在实践中取得的重大理论创新、实践创新、制度创新成果上升为宪法规定，党的十九届二中全会专门研究审议通过《关于修改宪法部分内容的建议》，为新时代坚持和发展中国特色社会主义、实现"两个一百年"奋斗目标和中华民族伟大复兴的中国梦提供有力宪法保障。

不断向前推进。邓小平提出了制度治党治国思想，对加强党的建设作出了一系列重要决策，强调在整个改革开放过程中都要反对腐败。到了20世纪末，他进一步尖锐地指出，常委会的同志要聚精会神地抓党的建设，这个党该抓了，不抓不行了。在南方谈话中，他还不无担心地说，现在还不放心啊！说到底，关键是我们共产党内部要搞好，不出事。中国要出问题，还是出在共产党内部。

党的十八大以来，以习近平同志为核心的党中央高度重视党的建设。党的十八大闭幕后两天，习近平总书记在十八届中共中央政治局第一次集体学习时就指出，形势的发展、事业的开拓、人民的期待，都要求我们以改革创新精神全面推进党的建设新的伟大工程，全面提高党的建设科学化水平；特别是新形势下加强和改进党的建设，落实党要管党、从严治党的任务比以往任何时候都更为繁重更为紧迫。以习近平同志为核心的党中央推进全面从严治党，取得了辉煌成就。

第一，在理论层面，丰富和发展了邓小平的制度治党治国思想，将党的建设理论推到了新的高度。具体来说：一是首次将毛泽东的思想建党理论和邓小平的制度治党治国思想加以结合，提出了坚持思想建党和制度治党紧密结合的新论断。尽管两者都是多少年前提出的重要思想，但长期以来，没有人提出要将两者结合的问题。习近平总书记面对党的建设的艰巨、繁重任务，从新的角度提出了这个问题，将党的建设理论向前推进了一大步。他认为，两者须臾不可分离，要同向发力、同时发力。既要使加强制度治党的过程成为加强思想建党的过程，也要使加强思想建党的过程成为加强制度治党的过程。这就不是简单的两者相加，而是赋予了新内涵，"一加一大于二"了。二是提出依规治党与以德治党紧密结合，具体落实思想建党和制度治党紧密结合的战略性要求，使管党治党既从思想教育上严起来，又从制度上严起来。所谓依规治党，最根本的是严明纪律，不但要严明党的组织纪律，增强组织纪律性，更重要的是严明政治纪律和政治规矩，把党的纪律和规矩挺在前面，用纪律和规矩管住大多数，使所有党员干部严格执行党规党纪、模范遵守法律法规。对于以德治党，习近平总书记强调"三个抓好":抓好思想理论建设,加强理想信念教育,使理想信念成为共产党人精神上的"钙",用坚定理想信念炼就"金刚不坏之身";抓好思想道德建设,加强党性修养教育,不断夯实党员干部廉洁从政的思想道德基础,筑牢拒腐防变的思想道德防线,坚守共产党人精神家园;抓好思想作风建设,使"三严三实"教育常态化,即保持常抓的韧劲、长抓的耐心,在坚持中见常态,净化政治生态,营造廉洁从政的良好环境。以上两个紧密结合是党的建设新的伟大工程走向新阶段的重要理论支撑。

第二,在制度层面,大力加强并努力完善党内法规制度体系建设,不断推进制度治党战略要求的力度。习近平任总书记后两个月就提出,要加强对权力运行的制约和监督,把权力关进制度的笼子里。在加强党内法规制度体系建设过程中,一是强调注重党内法规同国家法律的衔接和协调,构建以党章为根本、若干配套党内法规为支撑的系统完备的法规制度体系。二是强调完善对权力运行的制约和监督体制机制,要强化制约、强化监督、强化公开、强化责任追究,形成不敢腐的惩戒机制、不能腐的防范机制、不易腐的保障机制。三是深化党的纪律检查体制改革,强化上级纪委对下级纪委的领导,实行查办腐败案件以上级纪委领导为主;各级纪委书记、副书记提名和考察,以上级纪委会同组织部门为主,明确了"党委负主体责任,纪委负监督责任"的党风廉政建设责任制。这几个方面制度建设的不断推进,对于强化权力运行制约和监督体系将产生深远影响。

第三,在实践层面,深入开展党内教育活动和反腐败斗争,干部作风明显好转;坚持"老虎""苍蝇"一起打,反腐惩恶,取得显著成绩,风清气正的政治生态正在形成。党的十八大以来,以习近平同志为核心的党中央首先抓作风建设,以制定实施中央八项规定为抓手,以反对群众深恶痛绝的形式主义、官僚主义、享乐主义和奢靡之风的"四风"为突破口,相继开展了党的群众路线教育实践活动、"三严三实"专题教育、"两学一做"学习教育和"不忘初心、牢记使命"主题教育。党内教育的开展,横扫了长期存在的陈垢积弊,激浊扬清,群众反映强烈的不良作风得到了有力整治,党风、政风和社会风气为之一新。习近平总书记强调,作风建设永远在路上,各级党组织狠抓作风建设的工作成为新常态,持之以恒不懈怠,保持力度、保持韧劲,善始善终、善作善成,以优良的党风带动民风社风,展现时代新风。

以习近平同志为核心的党中央之所以深得广大群众衷心拥护,很重要的一条,就是持续进行的反腐败斗争取得了超乎人们想象的伟大成果。这些年来,以习近平同志为核心的党中央可以说是以雷霆万钧之力,以无所畏惧、一往无前的精神,"打虎""拍蝇",从严查处。习近平总书记讲过一段很得人心的话,不得罪腐败分子,就必然会辜负党、得罪人民。是怕得罪成百上千的腐败分子,还是怕得罪十四亿人民?这是一笔再明白不过的政治账、人心向背的账!因此,对腐败分子不能放过去,"查处腐败问题,必须坚持零容忍的态度不变、猛药去疴的决心不减、刮骨疗毒的勇气不泄、严厉惩处的尺度不松,发现一起查处一起,发现多少查处多少,不定指标,上不封顶,让那些想搞腐败的人断了念头、搞了腐败的人付出代价"[①]。有了这样的对人民、对党的绝对忠诚之心和敢于担当的精神状态,坚持反腐利剑高悬,既坚决查处领导干部违纪违法案件,又切实解决发生在群众身边的腐败问题,多少年来一直遏制不住的腐败现象多发高发势头终于得到有效遏制,反腐败斗争的压倒性态势成为定局。这是一个伟大的胜利,党的形象迅即飙升。当然,还要"宜将剩勇追穷寇,不可沽名学霸王"。目前全党全国人民拥护确立习近平总书记作为党中央的核心、全党的核心,就说明以习近平同志为核心的党中央是值得信赖、可以放心的。这就能告慰邓小平等老一辈革命家的在天之灵。这也说明以习近平同志为核心的党中央交了一份满意的答卷。

---

① 《习近平关于协调推进"四个全面"战略布局论述摘编》,中央文献出版社2015年版,第147页。

四　坚决捍卫毛泽东和邓小平的崇高历史地位

老百姓说得好：毛泽东使中国人民站起来了，邓小平使中国人民富起来了。没有毛泽东和邓小平，就不会有中国人民的今天，不会有中华民族的今天。这反映了广大人民群众对中国共产党改变近代中国历史发展进程和民族命运的充分认同。

但是，在坊间也不时地流传一些另类声音，有的全盘否定毛泽东，有的中伤谩骂邓小平。这些声音尽管影响的群体有限，但对社会生态的干扰恶劣，破坏性极大。研讨邓小平的历史遗产，不能对此充耳不闻。

2012年8月，我在全国毛泽东哲学思想学术研讨会上曾经说过：毛泽东和邓小平与中国共产党是命运共同体。动摇了毛泽东和邓小平的历史地位，中国共产党就失去了执政资格。在这个意义上可以说，毛泽东和邓小平是中国共产党长期执政的"守护神"。几年过去了，今天还想就此谈点看法。

（一）讲"守护神"是形象比喻，不是要重新将两位历史伟人拉上神坛搞顶礼膜拜

历史已经翻过了将伟人当作神的一页，那是特殊年代的产物。但是，反对将伟人神化，并不是要否定他们的伟大历史功绩和崇高历史地位。2013年12月26日，习近平总书记在纪念毛泽东同志诞辰120周年座谈会上的讲话中指出，毛泽东同志的思想博大深邃、胸怀坦荡宽广，文韬武略兼备、领导艺术高超，心系人民群众、终生艰苦奋斗，为中华民族和中国人民建立了不朽功勋。他最突出最伟大的贡献，就是领导我们党和人民找到了新民主主义革命的正确道路，完成了反帝反封建的任务，建立了中华人民共和国，确立了社会主义基本制度，并从中国实际出发探索社会主义建设的道路，为古老的中国赶上时代

发展潮流、阔步走向繁荣昌盛创造了根本前提奠定了坚实的理论和实践基础。毛泽东同志属于中国，也属于世界。他的名字、他的思想、他的风范，将永远鼓舞我们继续前进。

2014年8月20日，习近平总书记在纪念邓小平同志诞辰110周年座谈会上的讲话中指出，邓小平同志的一生，同中国革命、建设、改革的历史进程紧紧相连，同中华民族抗争、独立、振兴的历史进程紧紧相连。进入改革开放新时期，他洞察国内外发展大势，作出了一系列事关党和国家事业长远发展、事关社会主义前途命运的重大战略决策，把改革开放和社会主义现代化建设一步一步推向前进，使中国人民的面貌、社会主义中国的面貌、中国共产党的面貌发生了历史性变化。他留给我们的最重要的思想和政治遗产，就是他带领党和人民开创的中国特色社会主义，就是他创立的邓小平理论。他对党和人民的贡献，"是历史性的，也是世界性的"，"不仅改变了中国人民的历史命运，而且改变了世界的历史进程"。

习近平总书记对两大历史伟人的评价，是对我们国家发展历史实际的科学概括，充分表达了全党全国人民的高度共识。

（二）毛泽东和邓小平与中国共产党是怎样的命运共同体

为什么要将毛泽东和邓小平两大历史伟人比喻为中国共产党的"守护神"？说得直白点，就是因为毛泽东和邓小平与中国共产党是命运共同体。动摇了毛泽东和邓小平的历史地位，中国共产党就没有执政的历史依据，失去了执政的合理合法资格。否定毛泽东和邓小平的那些人，有的属于不了解历史，受到误导，跟着瞎起哄，不一定别有用心。但是，那些言论的制造者，那些到处宣传散播他们观点的人，很难说他们没有政治企图。无论是"以毛非邓"还是"以邓非毛"，都不是什么学术问题，其根本目的就是要反对中国共产党的领导，否定中国共产党的长期执政地位。那些人在骨子里不赞同中国的政治制度，向往美国的两党轮流执政和所谓"三权分立"制度。对美国的政治制度如何，我们不去评论。邓小平说得好，"别国的社会制度如何我们管不了"①。但是，决不能将中国美国化、将中国西方化。在中国，搞什么"两党制"和"三权分立"绝对行不通。道理很简单，中国没有这个历史基因，这些东西不符合当代中国的国情和实际需要。邓小平一针见血地指出，如果追求形式上的民主，结果是既实现不了民主，经济也得不到发展，只会出现国家混乱、人心涣散的局面。"中国人多，如果今天这个示威，明天那个示威，三百六十五天，天天会有示威游行，那末就根本谈不上搞经济建设了。""如果我们现在十亿人搞多党竞选，一定会出现'文化大革命'中那样'全面内战'的混乱局面。"②邓小平讲的情况，经历过"文化大革命"的人，都记忆犹新，决不能再重演那样的历史。邓小平的谆谆教诲必须铭刻在心。

不搞"两党制"和"三权分立"，中国是否就没有民主呢？非也。有这样疑问的人是没能将民主制度本身和民主制度的外在表现形式区分开来。这两者不能混为一谈。民主制度取代专制制度是人类社会进步的必然，也是历史的最后归宿，谁也阻挡不了。但是，一个国家采取什么样的民主形式，由那个国家的历史和现实需要决定。这就是说，民主制度具有共同价值，但民主形式如美国的"两党制"和"三权分立"不具有普遍意义。从哲学上言，这就是矛盾的共性和个性、普遍性和特殊性的关系。将"两党制"和"三权分立"这些具有美国个性、特殊性的民主形式作为民主制度的共性、普遍性来强加于别国，或企图在中国照搬照抄，在理论上站不住，在实践上行不通。改革开放以来，中国共产党根据我们国家的具体国情，已经探索出了并在不断健全和完善的中国特色社会主义的民主政治制度——坚持党的领导、人民当家作主、依法治国的有机统一，以及体现它的人民代表大会制度等根本制度。

---

① 《邓小平文选》第三卷，人民出版社1993年版，第360页。
② 同上书，第284、285页。

对于坚持中国共产党的领导，对于在中国只能由中国共产党长期执政，一些人想不通，认为中国共产党犯过不少错误，现实社会也还有不少问题。确实，党的历史发展经历过不少曲折和挫折，有过失误，犯过错误，但多难兴党，失败是成功之母，错误是正确的先导。中国共产党迎来建党百年，不断与时俱进，越来越壮大，犯的错误越来越少，进步越来越明显，这说明我们党越来越成熟。特别是党的十八大以来全面从严治党，使党的面貌发生了很大变化。为什么会这样呢？原因很多，其中重要一条，是中国共产党有一个优良传统，对失误和错误，一是敢于承认，二是正确分析，三是坚决纠正，从而使失误和错误连同党的成功经验一起成为宝贵历史财富。我们党能这样坦荡地严于解剖自己，勇于修正错误，就是因为中国共产党没有任何不可告人的私利，党的唯一根本宗旨是全心全意为人民服务；执政的唯一目的是努力把国家治理好，"人民对美好生活的向往，就是我们的奋斗目标"。在中国，要使国家富强、人民幸福，实现中华民族的伟大复兴，跻身于世界先进民族之林，除了中国共产党还有谁能担此重任呢？完全可以理直气壮地说：只有中国共产党能担此重任。别的任何政治力量既不可能凝聚占世界 1/5 人口的各民族人民，也没有能力和经验来把国家治理好。别看有的人口若悬河地指点江山，但他们多是些马谡式人物，只会空谈，不能实干。他们不具备中国共产党特有的先进性、纯洁性。尽管目前党内还存在不少弊端，一些事情也不尽如人意，但中国共产党毕竟是个拥有 9000 多万名党员的大党，有先进的理论指导，有优良的思想作风和严格的组织纪律，聚集了中华民族绝大多数的各类精英。他们是社会的中坚和民族的脊梁，能够铁肩担道义，妙手治国家。党的十八大以来，反腐败取得了举世惊羡的伟大成绩，是别的任何政治力量都不可能做到的。实践是检验真理的唯一标准，近代中国以来的历史说明了这个真理。这就是为什么要坚持中国共产党的领导，在中国只能由共产党长期执政的根本道理。邓小平在南方谈话中说，我们搞社会主义才几十年，还处在初级阶段。巩固和发展社会主义制度，还需要一个很长的历史阶段，需要我们几代人、十几代人，甚至几十代人坚持不懈地努力奋斗。这又是政治交代，我们决不能掉以轻心。坚持中国共产党的领导，在中国只能由中国共产党长期执政，就是为了这件事。这是正义的事业，没有什么输理的地方，必须毫不客气地当仁不让。

（三）坚决维护但又要科学维护毛泽东和邓小平两大"守护神"

对毛泽东和邓小平两大"守护神"，为什么强调既要坚决维护又要科学维护呢？这是因为有一种倾向将两大历史伟人对立起来，有的说法相当情绪化、简单化、片面化、任意化。因此，必须强调对两大"守护神"的维护既要坚决又要科学。

第一，不能将两大"守护神"对立起来。2013年初，习近平总书记讲过对改革开放前和改革开放后两个历史时期"不能互相否定"问题。这是从宏观大局、总体把握而言的。这两个历史时期既有重大区别又有紧密联系，在本质上都是党领导人民进行社会主义建设的实践探索。因此，不能将两个历史时期对立起来。但是，对"两个不能互相否定"也有一个科学解读问题，即对具体历史事件要具体分析，有的要肯定，有的则要否定。对改革开放前的历史时期，总体上要肯定，但不等于说对"大跃进"和"文化大革命"这样的严重错误也要肯定。习近平总书记的讲话丝毫没有这个意思。有的人提出要重新评价这两大历史事件是误读了"两个不能互相否定"的内涵，违背第二个《决议》。正确理解了这"两个不能互相否定"，将对这两个历史时期的总体评价转换为评价与其直接相关的两大历史伟人，也是"两个不能互相否定"。因为前一个历史时期是毛泽东直接领导的，后一个历史时期主要是邓小平领导的。因此，不能将这两大"守护神"对立起来。

第二，对历史伟人的缺点错误要历史地辩证地看，作总的评论要全面、客观、公正。习近平总书记谈到毛泽东晚年所犯的错误时指出，革命领袖是人不是神。在中国这样的社会历史条件下建设社会主义，没有先例，犹如攀登一座人迹未至的高山，一切攀登者都要披荆斩棘、开通道路，要求不犯错误很难。当然，对个人言，也有需要深刻总结的历史教训。但是，习近平总书记认为，从根本上说，对毛泽东的评价，应该放在其所处时代和社会的历史条件下去分析，不能离开对历史条件、历史过程的全面认识和对历史规律的科学把握；不能忽略历史必然性和历史偶然性的关系；不能用今天的时代条件、发展水平、认识水平去衡量和要求前人；不能苛求前人干出只有后人才能干出的业绩来。这"四个不能"应当成为全面、历史、辩证地看待毛泽东的错误的准绳。那种情绪化、简单化、片面化、任意化的说法有悖于历史实际，也为广大人民群众所不齿。同样地，对于改革开放40多年的历史如何看待，对于邓小平的历史作用如何分析，也要遵循习近平总书记讲的"四个不能"原则。这就涉及立场、观点、方法了。有的人不赞成讲立场、观点、方法，认为过时了。其实，这是马克思主义，怎么会过时呢？任何人看问题都有一个立场、观点、方法问题，不管主观上承认与否，这是不以人的意志为转移的。对此，只有自觉不自觉之分，不存在有没有的问题，只是不同的人有不同的认知和说法罢了。对待中国共产党的历史，对于中国共产党人来说，任何时候都要坚持人民大众的立场、历史唯物主义的观点和辩证唯物论的方法。只有这样，才能正确认识历史，科学地评价历史人物。

第三，对毛泽东和邓小平两大"守护神"都要维护，不能只维护一个，不维护另一个。前面讲了，不能将毛泽东和邓小平两大"守护神"对立起来。同样道理，讲坚决又科学地维护，就不能只维护一个，不维护另一个。维护这两大"守护神"一个也不能少，任何一个都不能丢。邓小平讲到维护毛泽东时说："没有毛主席，至少我们中国人民还要在黑暗中摸索更长的时间。""所以说没有毛主席就没有新中国，这丝毫不是什么夸张。"[①] 习近平总书记讲到维护邓小

---

① 《邓小平文选》第二卷，人民出版社1994年版，第345、148页。

平时说:"正如江泽民同志、胡锦涛同志指出的那样:如果没有邓小平同志,中国人民就不可能有今天的新生活,中国就不可能有今天改革开放的新局面和社会主义现代化的光明前景。"①因此,对毛泽东和邓小平两大"守护神"都要坚决而又科学地维护。那种只维护一个,不维护另一个的思想,无论是对其中的哪一个,都是极端错误的,应当坚决反对。那样的后果将不堪设想,不仅影响党的团结,甚至会造成社会撕裂、群体对抗。还是邓小平讲的,稳定压倒一切。那种任性的随心所欲的言论和行为,应当坚决制止。

习近平总书记指出:"历史就是历史,历史不能任意选择,一个民族的历史是一个民族安身立命的基础。"②当代中国的历史是中国共产党带领中国人民历尽艰险奋斗出来的。它凝聚着两大历史伟人的心血。坚决又科学地维护毛泽东和邓小平两大"守护神",既是中国共产党安身立命的基础,也是中华民族奋发图强实现复兴的基础。邓小平的两大历史遗产弥足珍贵,习近平总书记对它的创新性发展将成为引领中国共产党和中国人民前进的指针。实现中华民族伟大复兴的中国梦的路还很长,任重且道艰。我们只要在以习近平同志为核心的党中央领导下,沿着邓小平开辟的中国特色社会主义道路继续前进,就能为实现中华民族伟大复兴的中国梦的目标尽到我们的最大责任。

---

① 《十八大以来重要文献选编》(中),中央文献出版社2016年版,第39页。
② 《十八大以来重要文献选编》(上),中央文献出版社2014年版,第694页。

第十三讲
改革开放使中国富了起来

改革开放是中国人民和中华民族发展史上一次伟大革命，也是我们党的一次伟大觉醒。正是这场伟大革命和伟大觉醒，孕育了我们党从理论到实践的伟大创造，推动中国人民和中华民族在中国特色社会主义道路上实现了从站起来到富起来的伟大飞跃。

改革开放以来中国能够富起来，可以从许多方面，列出很多理由进行分析。这里不可能作面面俱到的论述。有朋友提出讲点"秘籍"，其实，对这个问题没什么"秘籍"，这段历程是怎么走过来的，党的路线方针政策都是公开的，主要看怎么体悟。我以为，若讲"秘籍"，改革开放以来中国富起来，最重要的至少有这么四大"秘籍"。

一 怎样看待坚持社会主义初级阶段基本路线始终不动摇这个"秘籍"

提出我国处在社会主义初级阶段，这是党的十一届三中全会后以邓小平同志为核心的党中央总结了包括我国在内的国际社会主义事业的历史经验而得出的科学论断，也是从我国社会性质和社会发展阶段这个根本问题上对基本国情得出的正确认识。

获得这个认识太重要了，我们党过去搞建设犯急性病，就是在这个根本问题上不清醒。邓小平主持制定的《关于建国以来党的若干历史问题的决议》第一次明确提出"我们的社会主义制度还是处于初级的阶段"。他指出，社会主义的初级阶段，就是不发达的阶段。一切都要从这个实际出发，根据这个实际来制订规划。我们过去制定的政策超越了社会主义的初级阶段。党的十三大展开地论述了社会主义初级阶段理论，指出，我们党从我国的国情出发，确认在生产力发展水平远远落后于发达国家的条件下建设社会主义，必须先解决工业化、经济的社会化、市场化、现代化的任务，时间至少在百年以上。这是不可逾越的一个相当长的历史阶段。它的任务是逐步摆脱贫困落后和不发达状态，由自然经济半自然经济占很大比重，逐步变为商品经济高度发达的社会，由农业人口占多数的手工劳动为基础的农业国逐步变为非农业人口占多数的现代化的工业国，为实现社会主义现代化而斗争。

基于这样的认识，根据邓小平关于"一个中心、两个基本点"的论述，党的十三大首次明确提出了党在社会主义初级阶段的基本路线。邓小平明确指出，搞社会主义现代化建设是基本路线。要搞现代化建设使中国兴旺发达起来，第一，必须实行改革、开放政策；第二，必须坚持四项基本原则。这两个基本点是相互依存的。据此，党的十三大报告对社会主义初级阶段的基本路线作了规范表述：领导和团结全国各族人民，以经济建设为中心，坚持四项基本原则，坚持改革开放，自力更生、艰苦创业，为把我国建设成为富强、民主、文明的社会主义现代化国家而奋斗。

党的十三大后，邓小平不断强调坚持"一个中心、两个基本点"的基本路线不能改变。1989年11月，他会见外宾时说，十三大确定了"一个中心、两个基本点"的战略布局。我们十年前就是这样提出的，十三大用这个语言把它概括起来。这个战略布局我们一定要坚持下去，永远不改变。1992年初，他发表南方谈话指出:"要坚持党的十一届三中全会以来的路线、方针、政策,关键是坚持'一个中心、两个基本点'。不坚持社会主义,不改革开放,不发展经济,不改善人民生活,只能是死路一条。基本路线要管一百年,动摇不得。只有坚持这条路线,人民才会相信你,拥护你。谁要改变三中全会以来的路线、方针、政策,老百姓不答应,谁就会被打倒。"[1] 这段话进一步反映了人民的心声。右的干扰,搞资产阶级自由化,要动摇这条基本路线,人民不答应;"左"的干扰,否定改革开放,要改变这条基本路线,人民也不答应。一个时期,人民忧虑,就是忧虑这条基本路线能否长期坚持。"基本路线要管一百年",人民吃了定心丸。

以江泽民同志为核心的第三代中央领导集体受命于严峻历史关头后坚定地表示,党的基本路线是一个中心,不是两个中心;是两个基本点,不是一个基本点。在此基础上,提出党在社会主义初级阶段的基本纲领,初步总结了基本经验。党在社会主义初级阶段的基本纲领是:建设有中国特色的社会主义的经济,就是在社会主义条件下发展市场经济,不断解放和发展生产力。建设有中国特色的社会主义的政治,就是在中国共产党领导下,在人民当家作主基础上,依法治国,发展社会主义民主政治。建设有中国特色的社会主义的文化,就是以马克思主义为指导,以培育有理想、有道德、有文化、有纪律的公民为目标,发展面向现代化、面向世界、面向未来的,民族的科学的大众的社会主义文化。这个基本纲领,是党的基本路线在经济、政治、文化等方面的展开。

以胡锦涛同志为总书记的中央领导集体对改革开放以来的实践经验作了新的提升,对"中国特色社会主义道路"内涵作了规范性表述,强调它的核心,就是在中国共产党领导下,立足基本国情,以经济建设为中心,坚持四项基本原则,坚持改革开放,解放和发展生产力,巩固和完善社会主义制度。对党在社会主义初级阶段的基本经验作了新的提升,将其概括为"十个结合":把坚

---

[1]《邓小平文选》第三卷,人民出版社 1993 年版,第 370—371 页。

持马克思主义基本原理同推进马克思主义中国化结合起来；把坚持四项基本原则同坚持改革开放结合起来；把尊重人民首创精神同加强和改善党的领导结合起来；把坚持社会主义基本制度同发展社会主义市场经济结合起来；把推动经济基础变革同推动上层建筑变革结合起来；把发展社会生产力同提高全民族文明素质结合起来；把提高效率同促进社会公平结合起来；把坚持独立自主同参与经济全球化结合起来；把促进改革发展同保持社会稳定结合起来；把推进中国特色社会主义伟大事业同推进党的建设新的伟大工程结合起来。这"十个结合"既是对贯彻执行基本路线实践经验的科学总结，也是建设中国特色社会主义必须坚持的重要方针。

习近平总书记在庆祝中国共产党成立95周年大会上总结改革开放以来坚持党的基本路线重要性时指出："党的基本路线是国家的生命线、人民的幸福线，我们要坚持把以经济建设为中心作为兴国之要、把四项基本原则作为立国之本、把改革开放作为强国之路，不能有丝毫动摇。"

党的基本路线，既然是国家的生命线、人民的幸福线，毫无疑问，它当然是改革开放以来能够使中国富起来的重要"秘籍"。

二 怎样认识坚持社会主义市场经济改革方向，使其体制机制愈发健全和完善这个"秘籍"

改革开放以来最大的理论成就，就是挑战了社会主义搞市场经济的不可能，创造性地发展了马克思主义。根据马克思、恩格斯当年的设想和苏联建设社会主义的实践，社会主义只能实行计划经济。这是不可动摇的铁律。如果社会主义搞市场经济，那就是资产阶级自由化，走资本主义道路。邓小平本人在改革开放以后长期在思考这个问题。他没有被社会主义只能实行计划经济的铁律束缚住。在改革开放以后的10多年间，他在不断探讨社会主义能否搞市场经济这个被视为"异端"的问题，指出，社会主义和市场经济之间不存在根本矛盾。计划和市场都是方法嘛。只要对发展生产力有好处，就可以利用。它为社会主义服务，就是社会主义的；为资本主义服务，就是资本主义的。资本主义与社会主义的区分不在于是计划还是市场这样的问题。社会主义也有市场经济，资本主义也有计划控制。不要以为搞点市场经济就是资本主义道路，没有那么回事。不搞市场，连世界上的信息都不知道，是自甘落后。1992年南方谈话是发展社会主义市场经济的定海神针。他强调，计划多一点还是市场多一点，不是社会主义与资本主义的本质区别。计划经济不等于社会主义，市场经济不等于资本主义，计划和市场都是经济手段。社会主义要赢得与资本主义相比较的优势，就必须大胆吸收和借鉴人类社会创造的一切文明成果，吸收和借鉴当今世界各国包括资本主义发达国家的一切反映现代社会化生产规律的先进经营方式、管理方法。在当年，这是石破天惊之论！

　　根据邓小平对社会主义和市场经济关系的多次谈话，特别是南方谈话的精神，党的十四大首次明确使用"社会主义市场经济"概念，指出，我国经济体制改革确定什么样的目标模式，是关系整个社会主义现代化建设全局的一个重大问题。这个问题核心，是正确认识和处理计划与市场的关系。实践的发展和认识的深化，要求我们明确提出，我国经济体制改革的目标是建立社会主义市场经济体制，以利于进一步解放和发展生产力。党的十四届三中全会通过的《中共中央关于建立社会主义市场经济体制若干问题的决定》，勾画出我国社会主义市场经济体制的蓝图和基本框架。江泽民指出："我们搞的是社会主义市场经济，'社会主义'这几个字是不能没有的，这并非多余，并非'画蛇添足'，而恰恰相反，这是'画龙点睛'。所谓'点睛'，就是点明我们市场经济的性质。"[1] 发展社会主义市场经济，世界上没有先例，必须坚持从我国实际出发，在实践中不断探索，走出自己的路。到20世纪末，我国初步建立起社会主义

---

[1]《江泽民论有中国特色社会主义（专题摘编）》，中央文献出版社2002年版，第69页。

市场经济体制。我们国家能从改革开放之初经济发展总量相当落后的窘迫状况一跃而成为世界第二大经济体（2010年），得益于发展了社会主义市场经济。

根据发展社会主义市场经济要求，必须坚持和完善公有制为主体、多种所有制共同发展的基本经济制度。以江泽民同志为核心的中央领导集体强调，必须毫不动摇地巩固和发展包括控制国民经济命脉的国有经济和对实现共同富裕具有重要作用的集体经济的公有制经济；必须毫不动摇地鼓励、支持和引导非公有制经济发展。个体、私营等各种形式的非公有制经济，是社会主义市场经济的重要组成部分。各种所有制经济完全可以在市场竞争中发挥各自优势，相互促进，共同发展。此后的历届中央领导集体都继续坚持和不断完善我国现阶段的基本经济制度，使"两个毫不动摇"得到充分保障。到21世纪初，我国经过15年的艰辛谈判，终于加入世界贸易组织。这意味着我国市场化改革正在与世界市场经济接轨，机遇和挑战同时增加，把握得当是利大于弊，有利于促进经济体制改革和经济结构的战略性调整，增强经济活力和国际竞争力。我国对外开放进入一个重要的新阶段。

坚持社会主义市场经济改革方向，核心问题是处理好政府和市场的关系。党的十四大以来，我们党一直在根据实践拓展和认识深化寻找新的科学定位。党的十五大沿用党的十四大的提法，认为市场在国家宏观调控下对资源配置起基础性作用；党的十六大开始提出，在更大程度上发挥市场在资源配置中的基础性作用；党的十七大又提出，要从制度上更好发挥市场在资源配置中的基础性作用；党的十八大则提出，要更大程度更广范围发挥市场在资源配置中的基础性作用。直至党的十八届三中全会才最后确定为"使市场在资源配置中起决定性作用和更好发挥政府作用"。这是在理论和实践上的重大推进。习近平总书记指出："坚持社会主义市场经济改革方向。提出建立社会主义市场经济体制的改革目标，这是我们党在建设中国特色社会主义进程中的一个重大理论和实践创新,解决了世界上其他社会主义国家长期没有解决的一个重大问题。"①我们党从计划经济转变为社会主义市场经济,经历了14年;对市场作用的认识由在资源配置中的基础性作用提升为起决定性作用,又经历了21年。这样,经过前后35年,我们党对社会主义市场经济的理论创新和实践创新达到了一个新高度。这对日益健全和完善社会主义市场经济体制机制具有决定意义。

由于我国充分发挥党的领导和社会主义制度的优势,不断坚持社会主义市场经济改革方向,2015年,我国开始由低收入国家迈入中等收入国家门槛。2020年,我国全面建成小康社会,贫困地区人口全部脱贫。这样,我国就完全实现了从站起来到富起来的伟大飞跃!如果说改革开放是决定当代中国命运的关键一招,那么坚持社会主义市场经济改革方向,使其体制机制愈发健全和完善,则是改革开放以来中国能够富起来的又一个关键之招。

三 怎样理解坚持经济社会科学发展,不断处理好改革、发展和稳定等各种关系这个"秘籍"

改革开放以来,我国经济社会发展迅速。同时,发展不平衡、不协调、不可持续等问题逐渐显现出来。原有的矛盾解决了,新的矛盾又出现,这是社会历史发展的正常现象。

1993年9月,邓小平指出,发展起来以后的问题不比不发展时少。十二亿人口怎样实现富裕,富裕起来以后财富怎样分配,这都是大问题。解决这个问题比解决发展起来的问题还困难。1995年9月,江泽民在《正确处理社会主义现代化建设中的若干重大关系》讲话中论述了要正确处理改革、发展、稳定这个总揽全局的关系,速度和效益,经济建设和人口、资源、环境,东部地区和

---

① 习近平:《切实把思想统一到党的十八届三中全会精神上来》(2013年11月12日),《求是》2014年第1期。

中西部地区，收入分配中国家、企业和个人等关系。他指出，改革、发展、稳定三者存在着不可分割的内在联系。发展是硬道理。中国解决所有问题的关键要靠自己的发展。从根本上摆脱经济落后状况，跻身于世界现代化国家之林，都离不开发展。改革是经济社会发展的强大动力，是社会主义制度的自我完善和发展。它的决定性作用不仅在于解决当前经济社会发展中的一些重大问题，推进社会生产力的解放和发展，还要为21世纪我国经济持续发展和国家长治久安打下坚实的基础。稳定是发展和改革的前提，没有稳定的政治和社会环境，一切无从谈起。

在进入21世纪之际，我国经济社会发展一系列新的阶段性特征更加显现。比如，经济实力显著增强，但长期形成的结构性矛盾和粗放型增长方式尚未根本改变；社会主义市场经济体制初步建立，但影响发展的体制机制性障碍依然存在；人民生活总体达到小康水平，但城乡贫困人口和低收入人口还有相当数量；协调发展取得显著成绩，但改变农村发展滞后，缩小城乡、区域发展差距任务艰巨；等等。党的十六大以后，以胡锦涛同志为总书记的中央领导集体，认真总结我国发展实践，准确把握发展的阶段性特征，围绕什么是发展、为什么发展、怎样发展等一系列重大问题，坚决纠正一些偏颇看法，端正发展观念，强调树立科学发展新理念，于2003年提出了科学发展观战略思想。

科学发展观的第一要义是发展，核心是以人为本，基本要求是全面协调可持续，根本方法是统筹兼顾。这个内涵十分简洁，各要素的功能定位也很明确。作为第一要义的发展，是为发展中国特色社会主义打下坚实基础；作为核心的以人为本，是突出党的一切奋斗和工作都是为了造福人民；作为基本要求的全面协调可持续，是使人民在良好的自然生态环境和人文社会环境中生产、工作和生活，实现经济社会永续发展；作为根本方法的统筹兼顾，是为了正确认识和妥善处理中国特色社会主义事业中的重大关系。这就是说，科学发展观强调的是发展的科学性。精准把握"科学"二字，是真谛。这个科学理论是在深刻总结我国长期以来经济建设的经验教训的基础上，充分吸收人类现代文明进步最新成果，站在历史和时代的新高度提出的。它不仅坚持和拓展了"发展是硬道理"和"发展是党执政兴国的第一要务"的思想，而且将中国特色社会主义的正确发展方向和中国共产党执政的科学发展理念贯通起来。它不仅明确了人的发展和社会发展、每个人的发展和一切人的发展、人民群众的根本利益和各方面群众的具体利益等关系，而且把坚持以人为本和经济社会全面、协调、可持续发展统一起来了。这就赋予党的发展理论以新的时代内涵和实践要求，深化了对社会发展规律的认识，是把握社会主义发展规律的世界观和方法论，从而进一步推进了马克思主义中国化的历史进程，成为中国化马克思主义发展理论的新形态，并把中国特色社会主义理论体系推进到新境界。

强调经济社会的科学发展，与改革开放以来中国能够富起来是什么关系？说白了，它避免经济社会发展的大起大落、畸轻畸重、顾此失彼、舍本逐末；强调以人为本，就是以人民为中心，使人民获得改革的红利，有更多的获得感、成就感、幸福感。正因为强调了科学发展，经济社会发展在总体上是又好又快。2007年，我国已成为世界电子信息产品第一制造大国。2010年，我国国内生产总值超过40万亿元，经济总量跃居世界第二位，先后超过德国和日本，成为仅次于美国的世界第二大经济体。2011年，我国彩电、手机等主要电子产品产量居世界第一，建成了全球最大的宽带通信网络，互联网网民数量居世界第一位。与此相应的，各项社会事业加快发展，我国已建成世界上覆盖人口最多的社会保障网，广大群众获得了改革开放的红利。在"十一五"期间，城镇居民人均可支配收入和农民人均纯收入年均分别增长9.7%和8.9%，其年均增速是中华人民共和国历史上增长最快的时期之一。旅游业蓬勃发展。2011年中国出境旅游人数为7025万人次，同比增长22%。据国家旅游局2012年初的统计数据，出境游人数持续高速增长，10年增长479%。这是人民富裕程度普遍提高、生活质量明显改善的一个重要标志。

因此，坚持经济社会科学发展，不断处理好改革、发展和稳定等各种关系，是改革开放以来中国能够富起来的一个重要"秘籍"。

四 怎样看待坚持独立自主外交方针和在国际风云变幻的严峻形势下中国在世界上的自处之道这个"秘籍"

国家要发展，人民要富裕，除了上述重要内部因素外，还要有安邦睦世的外部环境。党的十一届三中全会以后，我们国家继续奉行独立自主的外交政策，坚持和平共处五项原则，把争取和平作为对外政策的首要任务，为改革开放和现代化建设争取较长时期的和平环境。

在20世纪80年代中期，邓小平提出和平与发展是当代世界两大主题，和平是有希望的，发展问题还没有得到解决；中国执行改革开放政策，争取在50年到70年时间内发展起来，那就可以说我们对人类作出了贡献。这个战略思想一直是改革开放以来我国处理国际事务的基本指导思想。

20世纪80年代末期以后，世界上出现了历史上罕见的急剧变幻的国际风云。面对东欧剧变、苏联解体，西方国家对我国实行严厉制裁的紧要关头，邓小平又高瞻远瞩地提出了一套指导我国在世界上如何应对国际风云的自处之道。归纳起来，就是不做附庸，也不搞霸权；不示弱，也不逞强；不怕谁，也不想得罪谁；不利用别国，也不受别国挑动；不高估自己，也不贬低自己；过头的话不讲，过头的事不做；广交朋友，又心中有数；决不当头，又有所作为；不以社会制度为标准来处理国家关系，也不搞意识形态争论来影响政党关系；不把自己的社会制度和意识形态强加于人，也不允许别的国家把自己的社会制度和意识形态强加于我；同某些外国的关系难免不时出现事端，发生起伏和冷热，但根据和平共处五项原则，坚持同所有国家发展友好关系，为国内的改革、开放和现代化建设争取一个稳定的国际和平环境。随后,他的这些看法被归纳为冷静观察、稳住阵脚、沉着应付、韬光养晦、善于守拙、决不当头、有所作为等对外关系指导方针。

此后的历届中央领导集体都遵循这个方针,妥善处理了若干一触即发的危机,为我国和平发展赢得了时间。

以江泽民同志为核心的第三代中央领导集体为了把握世界多极化和经济全球化发展趋势,推动多种力量和谐并存,参与国际经济合作,使我国经济社会发展有较长时期的和平国际环境和良好周边环境,在1996年到2001年推动成立上海经济合作组织,签署《上海合作组织成立宣言》。这是第一个由中国参与推动建立并以中国城市命名的地区性合作组织,也是一个新型的区域合作模式。它不仅符合最初创始国(中国、俄罗斯、哈萨克斯坦、吉尔吉斯斯坦、塔吉克斯坦、乌兹别克斯坦)人民的根本利益,而且对推进本地区乃至推动整个欧亚大陆的和平与发展产生深远影响。它倡导"互信、互利、平等、协商,尊重多样文明,谋求共同发展"的"上海精神"。这不仅是处理上海合作组织内部各国相互关系的准则,而且对推动建立公正合理的国际政治经济新秩序,维护和平国际环境和良好周边环境起着重要作用。

以胡锦涛同志为总书记的中央领导集体,鉴于国际形势进一步发生的深刻复杂变化,世界各国人民要和平不要战争,要发展不要贫穷,要合作不要对抗的强烈愿望,从中国人民和世界人民共同利益出发,2005年4月,首先在雅加达亚非峰会上提出推动建立持久和平、共同繁荣的"和谐世界"主张。胡锦涛强调:"我们主张,在国际关系中弘扬平等互信、包容互鉴、合作共赢的精神,共同维护国际公平正义。"[①] 所谓平等互信,就是坚持国家不分大小、强弱、贫富一律平等,推动国际关系民主化,维护世界和平稳定。包容互鉴,就是要尊重世界文明多样性、发展道路多样化,尊重和维护世界各国人民自主选择社会

---

① 《胡锦涛文选》第三卷,人民出版社2016年版,第651页。

制度和发展道路的权利，相互借鉴，取长补短，推动人类文明进步。合作共赢，就是要倡导人类命运共同体意识，在追求本国利益时兼顾他国合理关切，在谋求本国发展中促进各国共同发展，建立更加平等均衡的新型全球发展伙伴关系，同舟共济，权责共担，增进人类共同利益。这体现了中国追求和平发展的真诚愿望，将我们国家不懈坚持的和平发展道路提升到一个新境界。

改革开放以来，中国始终不渝地坚持独立自主外交方针，始终不渝地走和平发展道路。这是实现中华民族伟大复兴的必由之路。无论国际风云怎样变幻，都为谋求和平发展作最大努力。这是中国40多年来能够从站起来走向富起来的一个重要"秘籍"。

当然，对这个富起来不要作绝对化理解。第一，这只是小富，是我们国家自己纵向相比，比过去那种普遍贫穷上了一个飞跃性的大台阶，是在全面建成小康社会的"小康之富"。但就平均水平和大多数人而言，这还是发展中国家那种中低收入的"富"，不是发达国家那种生活质量很高的"奢侈之富"。第二，全国发展很不平衡，富裕程度的水平也很不均衡。中西部地区的富裕程度与东部地区的富裕程度差别不小，还不是高等级的"均富"。第三，虽然我国已完成消除绝对贫困的任务，但解决发展不平衡不充分问题，缩小城乡区域发展差距、实现人的全面发展和全体人民共同富裕仍然任重道远，必须乘势而上、再接再厉、持续奋斗。

第十四讲

习近平新时代中国特色社会主义思想是党的指导思想马克思主义中国化的伟大发展

中国共产党勇于实践斗争、富于理论思维，是个不断创造历史、不断创新理论的马克思主义政党。百年来，中国共产党以马克思主义为指导思想，在为实现中华民族伟大复兴的艰苦卓绝奋斗中，始终致力于将马克思主义基本原理与中国革命、建设和改革实践相结合，不断实现马克思主义中国化，创立了一个又一个伟大理论成果。习近平新时代中国特色社会主义思想，是马克思主义中国化伟大发展的重要理论成果。

一 怎样看待党的指导思想是实现马克思主义中国化飞跃的标志

党的指导思想要称得上是实现马克思主义中国化的伟大发展，这样的理论成果不但要有重大理论创新，而且还要有为人们所公认的具有划时代意义的显著标志。比如，中央广播电视总台有一个收视率非常高的节目，叫作《挑战不可能》。在科学发明、体育活动等项目中成功挑战不可能的较多，我们都为之惊喜和兴奋。就党的指导思想而言，有无成功挑战不可能的理论呢？如果有，这就要有它的标志性内涵。在我看来，作为党的指导思想马克思主义中国化理论成果，如果对以往的理论达到了成功挑战不可能的高度，有鲜明的标志性内涵，那么这样的马克思主义中国化理论成果就能称得上实现了伟大发展。

在党的十九大以前，只有毛泽东思想和邓小平理论达到了成功挑战不可能的高度，实现了马克思主义中国化历史性飞跃。

我们穿越历史隧道，看毛泽东思想是怎样成功挑战不可能的。毛泽东成为中国共产党的伟大领袖不是天生的，而是在革命实践中坚持不唯书、不唯上、一切从实际情况出发的马克思主义思想路线，不断开创中国革命的新局面造就的。在20世纪20年代后期30年代前期，共产国际对中国革命具有主导性的指导思想就是搞城市工人武装起义，认为在农村搞武装斗争，开辟革命根据地不可能使中国革命取得胜利。当时的党中央根据共产国际指示，奉行城市中心论，不断在城市发动武装起义。这是党中央犯"左"倾错误的一个重要历史背景。毛泽东没有对共产国际指示和苏联革命经验顶礼膜拜，也没有固执坚持党中央和湖南省委决定，在领导湘赣边界秋收起义攻打长沙失利后，径直率领起义队伍上井冈山，开辟了中国共产党领导的第一个农村革命根据地。随后在创建中央苏区斗争中探索出了"农村包围城市，武装夺取政权"的中国特色革命道路。这是对马克思主义革命理论的创造性发展。到了抗日战争时期，毛泽东进一步总结中国革命经验，系统地回答了什么是新民主主义革命，进行新民主主义革命的领导权、动力、对象、性质和前途等一系列重大问题，构建了完整的新民主主义理论体系。它意味着我们党形成了第一个马克思主义中国化伟大理论成果——毛泽东思想。这个伟大成果成功地挑战了共产国际一度认为在农村搞武装斗争，建立革命根据地不可能领导中国革命取得胜利的观点。它的标志性内涵就是"农村包围城市，武装夺取政权"的中国特色革命道路。党的十五大首次认定，毛泽东思想是我们党将马克思主义同中国实际相结合实现第一次历史性飞跃的理论成果。

邓小平理论同样成功地实现了挑战不可能。1978年党的十一届三中全会是党和国家历史发展的重要转折。邓小平作为党的第二代中央领导集体的核心，总结我国建设社会主义正反两方面经验，借鉴世界社会主义历史经验，在我们党面临走什么道路向何处去的艰难抉择时庄严宣告：走自己的道路、建设有中国特色的社会主义。但是，什么是社会主义、怎样建设社会主义，不少问题在此前并没有完全搞清楚。经过拨乱反正，我们党陆续实现了从以阶级斗争为纲到以经济建设为中心的转变，从僵化半僵化、封闭半封闭到全面改革开放的转变。但这还不是中国特色社会主义，还需要实现从计划经济到社会主义市场经济的转变。而要实现这个转变，非常困难。因为在马克思主义本本里没有讲过。长期以来，社会主义被认为只能实行计划经济，这是不可动摇的铁律。谁主张社会主义搞市场经济，那就是资产阶级自由化，走资本主义道路。邓小平作为坚持改革开放和社会主义现代化建设的总设计师，没有被社会主义只能实行计划经济的"紧箍"束缚住，从1979年到1992年的10多年间一直思考着这个问题，最后在1992年南方谈话中明确指出，社会主义可以搞市场经济。这是对马克思主义理论的创造性发展，也是邓小平理论体系形成的根本标志。正是在社会主义可以搞市场经济这个理论指引下，我们国家走上经济社会发展快车道，越来越多的普通百姓开始富起来。也正是由于邓小平理论成功地挑战了社会主义搞市场经济的不可能，还有其他创新理论，形成了比较完整的理论体系。党的十五大将邓小平理论定位为马克思主义同中国实际相结合的第二次历史性飞跃的理论成果。

二 在习近平新时代中国特色社会主义思想指导下，反腐败斗争取得压倒性胜利并全面巩固

党的十八大以来，习近平总书记提出了很多治党治国治军的新理念新思想新战略，对党和国家的发展进步都起了重要作用。但是，最具有挑战不可能意义的，并且达到了挑战不可能高度的，是全面从严治党的卓越理论和实践部署。全面从严治党，尽管是党的建设问题，但它实质上是挑战了西方发达国家鼓吹的只有实行"两党制"才能反腐败的所谓普世价值论，以及全盘西化论者散播的"反腐党亡，不反腐国亡"的谬论。曾经，这种所谓普世价值的谬论甚嚣尘上，广为流传。

改革开放后，不断进行的反腐败斗争尽管取得了许多阶段性成果，但难以遏制的严重腐败问题让全党和全国人民忧心忡忡。2014年10月，习近平总书记指出，党的十八大以后，我们面临的反腐败斗争形势复杂严峻，一些领域腐败现象易发多发，一些腐败分子一意孤行，仍然没有收手，甚至变本加厉。从已经查处的案件和掌握的问题线索来看，一些腐败分子贪腐胃口之大、数额之巨、时间之长、情节之恶劣，令人触目惊心！有的地方甚至出现了"塌方式腐败"！面对这样严重的情况，两个月后，习近平总书记明确提出"全面从严治党"。从此，形成了"四个全面"战略布局。在"四个全面"战略布局中，"全面从严治党"尽管是最后明确的，却是起决定作用的。因为党是领导一切的，党的建设是贯穿各个领域的，只有把党管好、治好，各项工作才能做好。

以习近平同志为核心的党中央提出的"全面从严治党"战略，能够解决多年来没有能解决的越来越严重的腐败问题吗？党内外、国内外都在密切关注。习近平总书记指出："开弓没有回头箭，党风廉政建设和反腐败斗争是一场输

不起的斗争,必须决战决胜。"①并且对这场输不起、也绝不能输的"战争"作了周密部署,以猛药去疴、重典治乱的决心,以刮骨疗毒、壮士断腕的勇气,进行自我革命。

第一,在思想理论上创造性地提出了"坚持思想建党和制度治党紧密结合"的新理念,作为自我革命的根本指针。这个新理念是将毛泽东的"思想建党"思想和邓小平的"制度治党、治国"思想结合为一体。在思想建设中,强调用坚定理想信念炼就共产党人的"金刚不坏之身",做到对党绝对忠诚,不忘初心、牢记使命,以身许党许国、报党报国。抓制度建设,强调把权力关进制度的笼子里,制定和健全系统完备的法规制度体系,让权力在阳光下运行。两者紧密结合,彻底纠正管党治党失之于宽、失之于松、失之于软的问题。

第二,狠抓思想作风建设,切实进行党的群众路线教育实践活动反"四风",开展"三严三实"专题教育、"两学一做"学习教育和"不忘初心、牢记使命"主题教育,将集中教育和思想教育的常抓、细抓和实抓工作相结合,作为纠正不正之风、密切党和人民群众关系的常态化平台。这里一个核心环节是整顿和健全党内政治生活。习近平总书记指出,严肃党内政治生活、净化党内政治生态,是"保持先进性和纯洁性的重要法宝,是解决党内矛盾和问题的'金钥匙',是广大党员、干部锤炼党性的'大熔炉',是纯洁党风的'净化器'"②。过去管党治党失之于宽、失之于松、失之于软,一个重要原因就在于没有严肃的党内政治生活,没有严明的纪律规矩。经过几年努力,组织涣散、纪律松弛的宽松软局面有了很大转变,为管党治党走向严紧硬奠定了基础。

第三,以雷霆万钧之势开展反腐败斗争,标本兼治,坚持"打虎""拍蝇""猎狐",全覆盖、零容忍,反腐败斗争压倒性胜利已经形成并巩固发展。

---

① 《习近平关于协调推进"四个全面"战略布局论述摘编》,中央文献出版社2015年版,第146页。

② 《习近平关于全面从严治党论述摘编》,中央文献出版社2016年版,第48页。

这是全面从严治党的主战场。习近平总书记代表党中央昭告全党，人民把权力交给我们，该做的事就要做，该得罪的人就得得罪。不得罪腐败分子，就必然会辜负党、得罪人民。是怕得罪成百上千的腐败分子，还是怕得罪十三亿人民？这是一笔再明白不过的政治账、人心向背的账！"对腐败分子，我们决不能放过去，放过他们就是对人民的犯罪、对党不负责任。"[1]党的十八大以来，以习近平同志为核心的党中央，坚持严厉惩治腐败的高压态势不放松，让腐败的人付出代价。短短五年，党领导的反腐败斗争取得的显著成效，就成功地挑战了西方国家和全盘西化论者认为的中国共产党反对腐败的不可能。

为什么中国共产党能够成功地挑战西方国家和全盘西化论者认为的中国共产党反对腐败的不可能呢？这是因为执政的中国共产党不是西方国家搞政党政治那样有党派私利的政党，而是除了全心全意为人民服务的根本宗旨和为实现共产主义的远大理想外，没有任何其他的不正当利益的特殊政党。既要接受党外监督和群众监督，同时还有自我净化、自我批评、自我纠错、自我革命的机制。中国共产党所具有的先进性和纯洁性是任何其他政党所无法比拟的。腐败现象完全背离共产党的宗旨，是与其先进性和纯洁性不相容的。全面从严治党，自我革命，切除毒瘤，这是其先进性和纯洁性使然。既然中国共产党是这样一个始终追求先进性和纯洁性的政党，那么全面从严治党就永远在路上。从理论上说，这就不需要有另一个政党与之轮流执政。

从实践看，在宗旨和目标一致的前提下，若对中国共产党的方针政策有不同意见，是党内的，可通过民主集中制来解决；是党外的，则可通过协商民主来解决。因此，在中国只能是中国共产党长期执政。但是，这并非一党独裁，因为还有拥护宪法和中国共产党领导的其他多党参政，大家共同把国家建设好、把社会治理好。这就是中国的具体国情，也是新型政党制度的特殊政情。离开

---

[1]《习近平关于协调推进"四个全面"战略布局论述摘编》，中央文献出版社2015年版，第145页。

这个具体国情和特殊政情来抽象地谈论什么"两党制",没有任何意义,也搞错了地方。那种鼓吹只有"两党制"才能够反腐败的观点的要害,是将中国共产党完全混同于西方国家那种有一党一派私利的资产阶级政党了。这是搞错了对象。因此,我们决不能用西方的政党政治理论来看待中国政治、来认识中国共产党和其创造的新型政党制度。

党的十八大以来,以习近平同志为核心的党中央进行反腐败斗争取得的压倒性胜利,证明中国共产党完全有能力反对腐败;反了腐败,党未亡,国也未亡,并焕发出新的强大生机活力,党的面貌实现了惊天逆转。如果说党的十一届三中全会后的纠正"左"的错误,是党的路线问题的拨乱反正;那么党的十八大以来反对"四风"和反腐败斗争取得的伟大成就,则是党的作风建设的一次拨乱反正。全面从严治党的理论和实践,为解决共产党的腐败变质走出"历史周期率"初步找到了"秘籍"。

习近平新时代中国特色社会主义思想是怎么创立的？在我们国家,中国共产党是社会主义各项事业的领导核心,党的建设对各方面建设具有根本指导意义。全面从严治党是一场伟大的自我革命,校正了党和国家前进的航向,解决了党和国家事业发展中带有全局性、根本性、方向性的问题,这就使以习近平同志为核心的党中央能以全新的视野深化对共产党执政规律、社会主义建设规律、人类社会发展规律的认识,从理论和实践结合上系统回答新时代坚持和发展什么样的中国特色社会主义、怎样坚持和发展中国特色社会主义这个重大时代课题的一系列基本问题,从而创立了习近平新时代中国特色社会主义思想。它将当代中国马克思主义提到了新的高度。

三　怎样充分认识和科学把握习近平新时代中国特色社会主义思想的历史地位

中国共产党百年来在为实现中华民族伟大复兴的艰苦卓绝奋斗中，形成和发展起来的一个又一个指导思想，是党的顶层创新理论之链。它们之间是一环紧扣一环的，没有前环就没有后环。每一个指导思想之环对那一段历史发展都起到了能够起到的作用。我们不能因历史的变化，时过境迁了，就贬抑乃至否认它。历史唯物主义者应客观地认识这些指导思想在历史上所起的作用和所拥有的地位。

我们也要看到，党的各个指导思想的理论分量和历史影响是不一样的。我们既要承认各个指导思想都是理论链条之环，但又不能因为都是理论链条之一环就认为它们所起的历史作用都是均等的。"物之不齐，物之情也。"从党领导革命、建设和改革走过的历史道路不难看出，尽管党的各个指导思想都是马克思主义中国化理论成果，但是它们在丰富和发展马克思主义基本理论方面所达到的高度是不完全一样的，有的是全方位的丰富和发展，有的则主要是部分领域若干专题性的丰富和发展。党的十九大报告指出，中国特色社会主义进入了新时代，意味着近代以来久经磨难的中华民族迎来了从站起来、富起来到强起来的伟大飞跃。就党的指导思想而言，如果说毛泽东思想主要是引导中华民族站起来了，邓小平理论、"三个代表"重要思想和科学发展观主要是引导中华民族富起来了，那么习近平新时代中国特色社会主义思想则是指引中华民族强起来的主要标识。这是历史前进之秤的衡量，也是人民心中的天平。

怎样科学把握习近平新时代中国特色社会主义思想的历史地位呢？

第一，要明确习近平新时代中国特色社会主义思想面临的是什么样的时代课题以及它是怎样回答这个时代课题的。党的十九大报告指出，这个重大时代课题包括新时代坚持和发展中国特色社会主义的总目标、总任务、总体布局、战略布局和发展方向、发展方式、发展动力、战略步骤、外部条件、政治保证等基本问题,并且要根据新的实践对经济、政治、法治、科技、文化、教育、民生、民族、宗教、社会、生态文明、国家安全、国防和军队、"一国两制"和祖国统一、统一战线、外交、党的建设等各方面作出理论分析和政策指导。这是个前所未有的世纪性课题,对它的回答还在继续。报告还指出,围绕这个重大时代课题,我们党坚持解放思想、实事求是、与时俱进、求真务实,紧密结合新的时代条件和实践要求,以全新的视野深化对共产党执政规律、社会主义建设规律、人类社会发展规律的认识,进行艰辛理论探索,取得重大理论创新成果。这是讲的党中央怎样回答上述时代课题而形成习近平新时代中国特色社会主义思想的。对这个重大时代课题的回答也还在继续,将贯穿整个新时代的历史过程。这样重大的时代课题,是多少年难得一遇的,甚至是可遇不可求的。以习近平同志为核心的党中央,"遇"到了,把握住了,创造了奇迹,党和国家发生历史性变革,中国特色社会主义进入了新时代。

第二,应充分和科学地认识习近平新时代中国特色社会主义思想的历史地位。习近平新时代中国特色社会主义思想,涉及领域覆盖全面,科学内涵异常丰富,具有鲜明的时代性、革命性、实践性特征。就理论传承来说,它是对党的以往的指导思想理论的继承和发展,是中国特色社会主义理论体系的重要组成部分。有人提出疑问:讲习近平新时代中国特色社会主义思想是中国特色社会主义理论体系的重要组成部分,是否没有充分说明它的历史地位?不能这么说。因为邓小平理论也包括在中国特色社会主义理论体系之中。党的十九大报告明确指出,中国特色社会主义是改革开放以来党的全部理论和实践的主题。这就是说,改革开放以来的历史,都是中国特色社会主义发展的历史。因而,在这段历史中创新的指导思想都属于中国特色社会主义理论体系的重要组成部分。如果说邓小平理论是中国特色社会主义理论体系的本源理论,那么习近平新时代中国特色社会主义思想则是中国特色社会主义理论体系的最新理论。

第三，应高度评价习近平新时代中国特色社会主义思想在中华民族迎来从站起来、富起来到强起来的伟大飞跃过程中所起的巨大作用。从国内看，习近平新时代中国特色社会主义思想是指引实现中华民族伟大复兴的中国梦伟大征程、实现党担当新的历史使命的理论灯塔；从国际看，中国特色社会主义道路、理论、制度、文化不断发展，拓展了发展中国家走向现代化的途径，给世界上那些既希望加快发展又希望保持自身独立性的国家和民族提供了全新选择，为解决人类问题贡献了中国智慧和中国方案，进一步彰显了科学社会主义的世界影响力。新时代中国特色社会主义进一步坚持推动构建人类命运共同体，中华民族始终做世界和平的建设者、全球发展的贡献者、国际秩序的维护者。习近平新时代中国特色社会主义思想有很强的世界影响力。

习近平新时代中国特色社会主义思想，既是马克思主义中国化的最新理论成果，也继承和吸收中华民族优秀传统文化，蕴含着丰富的中华民族价值共识、精神追求、政治智慧、历史经验，是马克思主义基本原理同中华传统文化精华相融合的最新理论结晶。它是中华民族的灿烂瑰宝，必将在中华民族历史上大放异彩。它还会在党进行具有许多新的历史特点的伟大斗争的新征程上不断丰富和发展，将马克思主义中国化推向更高境界。

第十五讲

全面从严治党是中国共产党长期执政实现中国梦之魂

"四个全面"战略布局,是以习近平同志为核心的党中央在 2014 年底提出的一个非常重要的理论观点。2015 年 2 月,习近平总书记在省部级主要领导干部学习贯彻党的十八届四中全会精神全面推进依法治国专题研讨班上指出,党的十八大以来,党中央从坚持和发展中国特色社会主义全局出发,提出并形成了全面建成小康社会、全面深化改革、全面依法治国、全面从严治党的战略布局。3 月,习近平主席在博鳌亚洲论坛 2015 年年会上的主旨演讲中说,中国人民正在按照全面建成小康社会、全面深化改革、全面依法治国、全面从严治党的战略布局,齐心协力为实现"两个一百年"奋斗目标、实现中华民族伟大复兴的中国梦而奋斗。这个战略布局,高瞻远瞩,意义深远。这里要强调的是,在"四个全面"战略布局中,全面从严治党又具有特别的重要性。它不仅是一个核心内容,而且是我们党长期执政实现中国梦之魂。

一 怎样认识"四个全面"战略布局是伟大的战略构想

"四个全面"战略布局这个伟大的战略构想,虽然是习近平总书记在 2014

年12月到2015年2月提出的，但它所含的内容却是改革开放30多年来历届中央不断总结中国特色社会主义的伟大成就和实践经验陆续概括形成的。党的十八大是一个重要标志。它承前启后、继往开来，具有里程碑意义。在党的十八大报告中，有一个鲜明醒目的提法："我们党担负着团结带领人民全面建成小康社会、推进社会主义现代化、实现中华民族伟大复兴的重任。"① 这就是说，已经为民族独立、人民解放、国家富强奋斗了90多年的中国共产党，肩负着三大历史重任。这个表述，是我们党第一次提出的一个非常重要的新思想。它将党今后长远的历史重任确定下来，使中国共产党人有了明确的奋斗目标。为了实现这样的历史重任，党的十八大报告的相关部分对深化改革、依法治国、从严治党等也都作了论述。

以习近平同志为核心的党中央，对三大历史重任无疑要科学规划，统筹运作，但是他们首先直接面临的是如何全面建成小康社会这个历史重任。党的十八大以来，以习近平同志为核心的党中央所做的一切都是在围绕这个历史重任运筹帷幄、顶层设计、调研考察、具体谋划。在党的十八大明确"全面建成小康社会"后，经过党的十八届三中全会和四中全会制定"全面深化改革""全面依法治国"两大决定，对这两大战略举措作了具体部署。其间又根据党的十八大的要求，在全党分两批进行了党的群众路线教育实践活动。那时尽管还没有提出"全面从严治党"理念，但习近平总书记在这个活动的总结大会上实际上宣示了"全面从严治党"思想的任务和要求。两个月后，他在江苏考察时就自然将总结大会上的思想作了概括和提升。有了这样的历史背景和思想积累，2015年2月，习近平总书记在省部级主要领导干部学习贯彻党的十八届四中全会精神全面推进依法治国专题研讨班上，就明确提出了"四个全面"战略布局。

全面建成小康社会这个奋斗目标，尽管党的十七大已经提出，但党的十八

---

① 《中国共产党第十八次全国代表大会文件汇编》，人民出版社2012年版，第45页。

大又提出了新的要求。这就是：经济发展方面，强调实现国内生产总值和城乡居民人均收入比2010年再翻一番；政治进步方面，强调民主制度更加完善，民主形式更加丰富，法治政府基本建成；文化建设方面，强调大力弘扬社会主义核心价值观，极大增强文化软实力，使文化产业成为国民经济支柱性产业；人民生活方面，强调收入分配差距缩小，社会保障全民覆盖；生态环境方面，强调建设美丽中国，给子孙后代留下天蓝、地绿、水净的美好家园。习近平在当选总书记后，就以朴实的语言表达了人民群众心中的这个追求，指出："人民对美好生活的向往，就是我们的奋斗目标。"①"中国已经进入全面建成小康社会的决定性阶段。实现这个目标是实现中华民族伟大复兴中国梦的关键一步。"②这样，习近平总书记就把全面小康放在中国梦的大格局中，第一次定位为民族复兴的关键性战略。

全面深化改革是党的十八届三中全会的主题。如果说改革开放是当代中国最鲜明的特色，那么以更大的政治勇气和智慧推进改革，用全局观念和系统思维谋划改革，就是党的十八大以来以习近平同志为核心的党中央深化改革最鲜明的特征。以经济体制改革为重点、包括政治体制改革在内的全面深化改革，使党的改革方略达到一个新高度，使我国改革开放进入了一个新境界。它的显著标志是：第一次将全面深化改革的总目标，确定为完善和发展中国特色社会主义制度、推进国家治理体系和治理能力现代化；第一次明确市场在资源配置中起决定性作用，同时要更好发挥政府作用，使作为经济体制改革核心的政府和市场关系问题更加明晰；第一次要求到2020年在重要领域和关键环节改革上取得决定性成果，形成系统完备、科学规范、运行有效的制度体系，使各方面的制度更加成熟更加定型。这些目标和要求实现了改革理论和政策的重大突破。2014年出台改革举措的数量之多、频率之高、力度之大前所未有，因而被

---

① 《十八大以来重要文献选编》（上），中央文献出版社2014年版，第70页。
② 《习近平谈治国理政》第一卷，外文出版社2018年版，第314页。

视为"全面深化改革元年"。

全面依法治国成为党的十八届四中全会的主题,这一打破以往四中全会一般讨论党建问题惯例的举措本身就凸显了它的极端重要性。全面推进依法治国的伟大创新,首先,规范了建设社会主义法治国家的总目标。这就是:在中国共产党领导下,坚持中国特色社会主义制度,贯彻中国特色社会主义法治理论,形成完备的法律规范体系、高效的法治实施体系、严密的法治监督体系、有力的法治保障体系和完善的党内法规体系,坚持依法治国、依法执政、依法行政共同推进,坚持法治国家、法治政府、法治社会一体建设,实现科学立法、严格执法、公正司法、全民守法,促进国家治理体系和治理能力现代化。这"五大法治体系""三个共同推进""三位一体建设""四法联结",既从国家治理的角度回答了法治的协调性,又从参与主体的角度回答了法治的系统性。其次,明确了全面依法治国的重大任务。即完善以宪法为核心的中国特色社会主义法律体系,加强宪法实施;深入推进依法行政,加快建设法治政府;保证公正司法,提高司法公信力;增强全民法治观念,推进法治社会建设;加强法治工作队伍建设;加强和改进党对全面推进依法治国的领导。再次,强调依法治国、依宪治国的根基作用,坚持立法先行,发挥立法的引领和推动作用。要求坚持依法治国首先要坚持依宪治国,坚持依法执政首先要坚持依宪执政;健全宪法实施和监督制度,完善全国人大及其常委会宪法监督制度,健全宪法解释程序机制。强调良法是善治的前提,要把公正、公平、公开原则贯穿立法全过程,完善立法体制机制,增强法律法规的及时性、系统性、针对性、有效性。最后,提出了加强和改进党对法治工作的领导,把党的领导贯彻到全面推进依法治国全过程,健全党领导依法治国的制度和工作机制。同时提出依法治国首先要依规治党,既要求党依据宪法法律治国理政,也要求党加强党内法规制度建设,完善党内法规制定体制机制,形成配套完备的党内法规制度体系,运用党内法规把党要管党、从严治党落到实处,促进党员干部带头遵守国家法律法规。这些战略部署，开启了全面依法治国的新征程。

全面从严治党在后文专门论述，这里不再多讲。那么，为什么说"四个全面"战略布局是伟大的系统工程呢？这是因为：第一，"四个全面"战略布局既有目标又有举措。全面建成小康社会（全面建设社会主义现代化国家）是战略目标，全面深化改革、全面依法治国和全面从严治党是三大战略举措。这三大战略举措是为了保证战略目标的实施和实现。第二，"四个全面"战略布局既有全局又有重点。一是"四个全面"之间，如果说第一个"全面"是全局，那么后三个"全面"则各有重点。二是每个"全面"里，也是既有全局又有重点，是全局和重点的统一。第三，"四个全面"之间的关系，是谁也离不开谁，一个也不能少，少一个都不能构成有机整体。它们之间相辅相成、相互促进、相得益彰。第四，就"四个全面"的功能而言，如果说全面深化改革和全面依法治国，是鸟之两翼，那么全面建成小康社会（全面建设社会主义现代化国家）则是鸟的主体身躯，全面从严治党是鸟之大脑神经中枢所在的头部。它们的有机构成就是一个生命鲜活的身体。所以说，"四个全面"战略布局是伟大的系统工程。

二 怎样理解全面从严治党是"四个全面"战略布局的根本关键

"四个全面"战略布局展示了未来中国的美好前景。但要实现"四个全面"战略布局，最为关键的是要真正做到全面从严治党。[①] 因为在当代中国，社会

[①] 党的十八大以来，我们党对全面从严治党在"四个全面"战略布局中关键性地位的认识不断深化。党的十九大指出，要坚持党对一切工作的领导，协调推进"四个全面"战略布局，提高党把方向、谋大局、定政策、促改革的能力和定力，确保党始终总揽全局、协调各方。党的十九届四中全会指出："完善党领导各项事业的具体制度，把党的领导落实到统筹推进'五位一体'总体布局、协调推进'四个全面'战略布局各方面。"

主义事业的核心力量是中国共产党，中国要富强、中国人民要小康、中华民族要崛起，都离不开中国共产党的领导。这不仅是因为中国共产党是掌握权力的执政党，更重要的是中国共产党得到了人民群众的拥护。100年前，中国共产党成立时只有50多名党员，手无寸铁，是个不起眼的小组织。曾几何时，经过28年民主革命，特别是22年武装斗争，先是在抗日战争中成为取得抗战胜利的中流砥柱，随后在解放战争中打败国民党800万军队，取得全国政权成为执政党。为什么能如此，不是因为中国共产党有三头六臂，乃天兵天将，而是因为它代表了中国人民和中华民族的根本利益，是全心全意为人民服务的先进政党，因而获得了广大人民群众的衷心拥护和爱戴，这个民心所向是中国共产党取得胜利成为执政党的根本原因。

中华人民共和国成立半个多世纪以来，在探索中国社会主义道路上尽管发生过严重挫折和曲折，但毕竟使中国人民站起来了；特别是改革开放30多年来，中国人民开始富起来，整个国家一跃超过在改革开放之初我们曾经非常羡慕的日本，成为世界第二大经济体。这个成就为世人惊叹、钦佩、向往。没有中国共产党的领导是不可能取得这样伟大成就的。既然如此，为什么以习近平同志为核心的党中央要全面从严治党呢？这可以从两方面来看。

第一，从党的历史使命和任务来看。21世纪是中华民族要崛起和腾飞的世纪。在这个世纪，中华民族要实现"两个一百年"奋斗目标，并进一步去实现中华民族伟大复兴的中国梦。到那时，中华文化将在全世界大放异彩，备受欺凌的华人、华裔将更加感受到炎黄子孙的荣耀。要实现这一切，都取决于一个十分重要的前提条件，即中国共产党能长期保持其代表中华民族根本利益、代表中国人民根本利益的先进性，中国共产党人真正没有任何私利、具有高尚的精神境界和情操，始终全心全意做人民的孺子牛。否则，是不可能的。而要做到这一点，就必须全面从严治党，不断清除那些危害党的生命的毒瘤和影响党的形象的垃圾。

"全面从严治党"虽然是2014年12月提出的，但从严治党思想历来是党的建设理论的重要内容。就改革开放40多年来说，我们党一直都在强调党要管党、从严治党，比较突出也比较集中地至少有这样三次：第一次是20世纪80年代前期，陈云和邓小平都讲了党的作风问题特别是腐败问题关系到党的生死存亡。第二次是20世纪80年代后期和90年代前期，邓小平先是尖锐地指出：这个党该抓了，不抓不行了，不惩治腐败，特别是党内的高层腐败现象，确实有失败的危险。接着发表著名的南方谈话，明确指出中国问题的关键在党，要出问题就出在共产党内，因此一定要从严治党。第三次就是党的十八大以来掀起的反腐"风暴"。尽管改革开放以来，中国共产党的自身建设取得很大进步，但基于实现党的重要历史使命和奋斗目标的考量，还是提出要全面从严治党。

第二，从中国共产党的现状看，既有上述非常可喜的一面，这也是不容抹杀的一面。但是不必讳言，目前党的状况，也有非常堪忧的另一面。我们都记得，党的十八大报告指出了中国共产党在新形势下面临的四大考验和四种危险，并且具体指出：一些领域存在道德失范、诚信缺失现象；一些干部领导科学发展能力不强，一些基层党组织软弱涣散，少数党员干部理想信念动摇、宗旨意识淡薄，形式主义、官僚主义问题突出，奢侈浪费现象严重；一些领域消极腐败现象易发多发，反腐败斗争形势依然严峻。这里单就腐败问题而言，经过前几年猛打"老虎"、重拍"苍蝇"，毫无疑问取得了伟大成就，同时也令国人十分震惊。据中央纪委监察部（今为中央纪委国家监委）网站发布的消息称，党的十八大后至2015年查处的"中管干部"，包括副省（部）级以上高级干部已达100多人，属于十八届中央委员和候补中央委员的就占1/10。属于"苍蝇"级被查处的近20万。就数额而言，一个小小芝麻官竟能贪腐上亿元；一个司局级中层干部拥有的巨额钞票居然能用10多台点钞机清点，并烧毁了数台点钞机；更不必说那些"老虎"级的高官了。这些创造贪腐世界纪录的"老虎""苍蝇"居然寄生在中国共产党内,令人既怒不可遏,也更加对党和国家的前途命运忧心如焚。人心向背成为一个新的问题被提出来。如习近平总书记在 2012 年 11 月主持十八届中共中央政治局第一次集体学习时所说的:腐败问题越演越烈,最终必然会亡党亡国! 这使我想到了新中国成立前夕刘少奇曾经讲过的一段振聋发聩的话。他说,历史上从来有这个问题。得了天下,要能守住,不容易。"我们打倒蒋介石、打倒旧政权后,要领导全国人民组织国家,如果搞得不好,别人也能推翻我们的。""很多人担心,我们未得天下时艰苦奋斗,得天下后可能同国民党一样腐化。他们这种担心有点理由。在中国这个落后的农业国家,一个村长,一个县委书记,可以称王称霸。胜利后,一定会有些人腐化、官僚化。"[①] 现在我们重温这段话,确实感到有很强的现实意义。中国共产党到了这样的状况,难道不需要既全面又从严来治党吗?

　　为什么一个时期的贪腐现象会发展到这么严重的地步呢?原因是多方面的。但从党自身来说,最根本的是屡屡强调的从严治党思想没能落到实处,使党的十一届三中全会以来的一次又一次关于党风问题关系到党的生死存亡的警示在一些人那里成为耳旁风。就那些党员个人来说,思想蜕化变质了,经不起权钱色等的诱惑。犯错误变质的虽然是少数人,但严重伤害整个党和国家的形象,严重损害党的先进性,违背党的根本宗旨,动摇党的执政根基。因此,以习近平同志为核心的党中央不能不强调全面从严治党。

三 怎样看待全面从严治党的理论基础是思想建党和制度治党紧密结合

　　过去我们长期讲从严治党。2015 年以来,习近平总书记强调全面从严治党,其新意何在?它的标志是什么?习近平总书记在从严治党前面加了"全面"二

[①]《刘少奇选集》上卷,人民出版社 1981 年版,第 413 页。

字,不仅在于它涵盖党的政治建设、思想建设、组织建设、作风建设、纪律建设和制度建设各个领域,更重要的是它有了许多新的内涵。这个新的内涵首先在于它强调了思想建党和制度治党紧密结合。

思想建党是中国共产党的一个伟大创造,也是中国共产党安身立命的法宝。近代以来的中国是个半殖民地半封建社会,与先进生产力相联系的现代产业工人很少,农民和其他小资产阶级占人口的绝大多数,陈腐落后守旧的思想意识几乎弥漫全社会。在这样一个特殊国度里,怎样建设具有广泛群众性的马克思主义先进政党,是个异常艰巨的任务。真正完成这个任务,主要归功于毛泽东。他对中国共产党的建设进行了许多伟大的创造,其中首要的伟大创造,就是前面讲过的强调从思想上建设党,加强党的思想理论和党性教育,非常注重保持共产党的先进性、高尚性和纯洁性。这首先是1929年底毛泽东主持起草的古田会议决议提出了这个问题。古田会议决议分析党内各种非无产阶级思想的表现、来源及纠正办法,指出:红军党内最迫切的问题,是教育的问题。为了红军的健全与扩大,一切要从党内教育做起。这样,古田会议决议初步回答了在党员队伍以农民成分为主的情况下,如何着重从思想上建设党以保持无产阶级先锋队性质。这是中国共产党提出思想建党的第一个纲领性文献。此后,为了保持党的先锋队性质,毛泽东不断强调教育党员克服各种非无产阶级思想。一方面,靠加强马克思主义基本理论教育,提高广大党员的理论水平和政策水平;另一方面,不断加强党性修养教育,包括从中华民族的优良传统中汲取营养,用先进的文化理念教育广大党员树立为共产主义而奋斗的世界观、人生观、价值观。他在抗日战争时期的论著中,明确提出共产党员不仅要在组织上入党,而且要在思想上入党。那时的整风运动,就是不断加强党的思想理论和党性教育,反对各种非无产阶级思想,成为思想建党的伟大实践。1945年党的七大,毛泽东进一步强调思想建党。他把"全心全意地为人民服务,一刻也不脱离群众;一切从人民的利益出发"①作为共产党先进性的根本要求;要求"共产党人的一切言论行动,必须以合乎最广大人民群众的最大利益,为最广大人民群众所拥护为最高标准。"②这样,对思想建党的认识达到一个新境界。

从20世纪40年代初明确提出思想建党以来,到2014年10月习近平总书记在党的群众路线教育实践活动总结大会上重新提出思想建党问题,历史跨越了70多年。这将改革开放以来一直讲的思想建设的重要性提升到了一个新的高度。不仅如此,习近平总书记还首次提出了制度治党,要求从严治党必须"坚持思想建党和制度治党紧密结合"③。过去讲党的建设一般都讲制度建设,这次讲制度治党是什么含义呢?邓小平在改革开放之初就提出了制度问题,认为它更带有根本性、全局性、稳定性和长期性,关系到党和国家是否改变颜色,必须引起全党的高度重视。2014年2月,习近平总书记在省部级主要领导干部学习贯彻十八届三中全会精神全面深化改革专题研讨班上的讲话中也强调领导制度、组织制度问题更带有根本性、全局性、稳定性和长期性,认为这是我们党以全新的角度思考国家治理体系提出的问题。有了这样的认识铺垫,于是提出"制度治党",就是势所必至。这又将过去长期讲的制度建设提到了一个新高度。

习近平总书记为什么要作这样的提升呢?这是因为过去的制度建设存在明显不足。这主要表现为:一是缺乏管长远、固根本的宏观性约束制度;二是已制定的制度不健全没成套,过于原则粗线条,漏洞大且多,是"牛栏关猫",形同虚设;三是缺乏严格的监督检查和刚性执行力,没有常抓的韧劲、严抓的耐心,往往在中央强调、上级检查时抓一阵子,更多的是做表面文章,带有应付性,没想真正解决问题。现在为了全面从严治党,落实思想建党,就必须狠

---

① 《毛泽东选集》第三卷,人民出版社1991年版,第1094页。
② 同上书,第1096页。
③ 习近平:《在党的群众路线教育实践活动总结大会上的讲话》,人民出版社2014年版,第16页。

抓、实抓、长抓制度建设问题。只有这两者紧密结合，中国共产党才能强筋硬骨。习近平总书记说："从严治党靠教育，也靠制度，二者一柔一刚，要同向发力、同时发力。"①从严治党要坚持思想建党和制度治党紧密结合。这不仅提升了从严治党的高度，也加大了从严治党的力度。事实上，思想建党和制度治党是两个须臾不可分离的重要环节。尽管两者一柔一刚，但犹如一车二轮，相辅相成，二者缺一不可；一轮硬一轮软不行，一轮着力一轮不着力也不行。两者不仅要同时、同向发力，而且双方发力还要互相贯通，既要使加强制度治党的过程成为加强思想建党的过程，也要使加强思想建党的过程成为加强制度治党的过程。思想建党必须伴随制度治党，这是全面从严治党的要义所在。

全面从严治党的新内涵，除了上面讲的思想建党和制度治党相结合这个根本性的创新思想外，至少还有这样几点：一是治标和治本相结合，治标为治本赢得时间。过去也讲标本兼治，没有明确一个时期的重点所在，结果是治标不突出，没能遏制令人揪心的腐败高发势头；治本不清晰，没有明确"本"是什么，怎么治本。习近平总书记提出的全面从严治党治标很明确，就是既拍"苍蝇"又打"老虎"，使腐败高发势头得到了明显遏制，老百姓拍手称快。这为治本赢得了群众基础，也渐渐地明确了治本的路线图和突破口。二是集中教育和思想教育的常抓、细抓和实抓工作相结合。党的群众路线教育实践活动集中抓了两年，使党风明显好转。但为防止集中教育活动结束后不正之风的反弹，强调作风建设是攻坚战、持久战，永远没有休止符；从解决"四风"问题延伸开去，努力改进思想作风、工作作风、领导作风、干部生活作风，使党的作风全面纯洁起来。三是严肃党内政治生活和遵守政治纪律、政治规矩相结合。这是多年来没有认真抓，致使"潜规则"泛滥、各种"寻租"活动嚣张、贪腐成风的一个重要问题。中国共产党之所以具有先进性而区别于其他政党，就在于

---

① 习近平：《在党的群众路线教育实践活动总结大会上的讲话》，人民出版社2014年版，第16页。

有严肃的党内政治生活和明确的政治纪律、政治规矩。这几年来党中央鉴于重大贪腐案件往往具有集团性的特点,特别强调党内绝不允许搞团团伙伙、帮帮派派,不允许搞利益集团、进行利益交换。四是发挥人民群众监督作用和落实追究领导责任相结合。强调各级干部要多沉下身子、走近群众,畅通建言献策和批评监督两个渠道,织密群众监督之网。同时明确各级党委要把抓好党建作为最大的政绩,建立党建工作责任制,加强对主要领导的责任追究。

不难看出,全面从严治党具有非常丰富的内涵,也具有非常重要的特殊意义。就它在"四个全面"战略布局中的功能作用而言,全面建成小康社会(全面建设社会主义现代化国家)的愿景再美好,不加强和改善党的领导,不全面从严治党,就无法实现。全面深化改革是一场攻坚战,要啃硬骨头,要涉深水区,推进国家治理体系和治理能力现代化,如果不加强和改善党的领导,不全面从严治党,也无法实现。同样,全面依法治国,在中国这样一个有数千年人治传统的国家建设法治社会,是国家治理领域一场广泛而深刻的革命。不加强和改善党的领导,不全面从严治党,也无法实现。因此,在"四个全面"战略布局中,全面从严治党是根本关键。

四 为什么说全面从严治党永远在路上是中国共产党长期执政实现中国梦之魂

全面从严治党,有如前述,需要思想建党和制度治党紧密结合。这既是中国共产党的伟大创造,也是中国共产党安身立命的法宝。世界上有哪一个政党能像我们党这样进行思想建党和制度治党呢?恐怕很难找到。为什么在现阶段的中国,中国共产党具有长期执政的资格呢?就是因为在中国共产党内凝聚了中华民族各方面的精英和优秀人才,当然也会混进贪腐分子这样的败类,但中国共产党拥有的思想建党这个法宝,再加上目前强调的制度治党,只要真正落到实处，而不是夸夸其谈，就能不断清除这些败类，使其永葆先进性、高尚性和纯洁性，永远代表中国人民和中华民族的根本利益，为中国人民和中华民族作出更大更多的贡献，从而赢得全国各族人民的拥护和爱戴。中国共产党的先进性，是其具有长期执政合法性的根据。这是人民的选择、历史的选择。若不能永葆其先进性，就会为人民所抛弃，当然也就失去了长期执政的资格，更谈不上实现中华民族伟大复兴的中国梦。

长期以来，有一种看法，认为思想建党是革命战争年代，党在农村处于广大农民和小资产阶级包围的汪洋大海之中，为解决如何建设成为马克思主义先进政党而采取的举措。中国共产党已经成为马克思主义先进政党，使命似已完成而成为历史，因而这只是党史研究的课题，而不再是党建的现实任务。还有一种看法，认为世界已进入政党政治时代，执政党治国理政有共同的普遍规律。中国共产党何必固守革命战争年代的陈旧思维定式呢？因此，思想建党过时已成为一种具有很大市场的隐性思想倾向。这是深入持久地进行思想建党的主要障碍。

思想建党是否已成为历史，而不适应当今时代需要呢？答案是否定的。毛泽东在强调思想建党时指出：那些在组织上入了党，思想上并没有完全入党，甚至完全没有入党的人，头脑里还装着许多剥削阶级的脏东西，根本不知道什么是无产阶级思想，什么是共产主义，什么是党。在他们看来，还不是那一套？他们哪里知道要得到这一套并不容易，有些人就是一辈子也没有共产党员的气味，只有离开党完事。这里所讲不正是针对思想建党过时论的吗？那些贪腐分子不正是这里所讲的那种另类人吗？他们的头脑里早把全心全意为人民服务的根本宗旨，共产党员应当具有的先进性、高尚性和优秀性抛到九霄云外，肆无忌惮地进行权钱色交易，最大限度地捞取各种私利好处，灵魂深处肮脏透顶，没有丝毫的共产党员的气味。他们最后的结局都是被绳之以法，离开党和人民完事。

中国共产党毫无疑问会按照现代政党政治的普遍规律治国理政,但是由于中国有特殊国情,又要遵循自身发展的特殊规律执政运作。尽管中国共产党会与世界各国政党广泛接触进行各种交往,但如果忘掉了自己的特殊党情,否认了自己发展的特殊规律,就会丧失自己的先进性,沦为与其他政党没有本质区别的一般性政党。一些议论正是照搬政党政治的所谓普遍规律来看待中国共产党,并竭力否定中国共产党的特殊规律,因而鄙弃、反对中国共产党思想建党这个法宝的。

2014年3月,习近平总书记在十八届中央纪委五次全会上的讲话和2014年10月在党的群众路线教育实践活动总结大会上的讲话中分别指出:党风廉政建设和反腐败斗争永远在路上,永远没有休止符,必须抓常、抓细、抓长,持续努力、久久为功。这实际上讲的就是思想建党、全面从严治党永远在路上,只有进行时,没有完成时。

为什么全面从严治党永远在路上,只有进行时,没有完成时呢?

第一,这与全面从严治党所要求的思想建党解决的根本任务密切相关。思想建党要解决的根本任务,说到底就是解决世界观、人生观、价值观等"总开关"问题。共产党员不是生活在真空里,而是生活在现实社会的各种复杂关系之中。无论其正能量的社会关系还是负能量的社会关系,它们都会反映到共产党内来,影响共产党员的世界观、人生观、价值观,影响党员干部包括高级领导干部的公私观、是非观、义利观、权力观、事业观等。思想建党就是要倡导和弘扬正确的世界观、人生观、价值观;克服和消除各种消极错误的思想观念和行为及其负面影响。如习近平总书记所说,党内各种出轨越界、跑冒滴漏在所难免了。思想上松一寸,行动上就会散一尺。思想认识问题一时解决了,不等于永远解决。就像房间需要经常打扫一样,思想上的灰尘也要经常打扫,镜子要经常照,衣冠要随时正,有灰尘就要洗洗澡,出毛病就要治治病。这里是讲的作风建设,思想建党有整顿作风的任务,而且就是从整顿作风入手的。就此而言，思想建党无疑是长期的，全面从严治党也就是长期的。

第二，这与改革开放根本方针的长期性密切相关。改革开放是党的十一届三中全会以来新时期最鲜明的特点，是坚持和发展中国特色社会主义、实现中华民族伟大复兴的必由之路，也是持续不断地发展中国、发展社会主义、发展马克思主义的根本之道。这是个长期性的方针。在前进道路上遇到的各种问题都必须通过深化改革，不断破除一切妨碍科学发展的思想观念和体制机制弊端加以解决。但是，改革开放同任何事物一样，也具有两面效应。它在使中国快速发展的同时，也会带来一些消极负面的东西。实行改革开放政策初期，邓小平就指出："开放、搞活，必然带来一些不好的东西，不对付它，就会走到邪路上去。所以，开放、搞活政策延续多久，端正党风的工作就得干多久，纠正不正之风、打击犯罪活动就得干多久，这是一项长期的工作，要贯穿在整个改革过程之中，这样才能保证我们开放、搞活政策的正确执行。"还说："我们要反对腐败，搞廉洁政治。不是搞一天两天、一月两月，整个改革开放过程中都要反对腐败。"① 他针对一部分干部中日渐猖獗的经济犯罪活动和消极腐败现象明确指出："我们的党和国家确实要发生会不会'改变面貌'的问题。这不是危言耸听。"因此，"这是一个长期的经常的斗争"，"至少是伴随到实现四个现代化那一天"②。既然如此，思想建党的任务就是长期的，全面从严治党也就是长期的。

第三，这与市场经济机制的双刃剑效应密切相关。市场经济是配置产业资源和生产要素的手段、方法。这种手段、方法的本质是追求利益的最大化。它本身无所谓姓"资"姓"社"，与资本主义制度相结合，就是资本主义市场经济，为资本主义追求最大限度的利润服务。它与社会主义制度相结合，就是社会主义市场经济，为社会主义事业的快速发展服务。我们国家之所以采取市场

---

① 《邓小平文选》第三卷，人民出版社 1993 年版，第 164、327 页。

② 《邓小平文选》第二卷，人民出版社 1994 年版，第 403 页。

经济的体制和机制，就在于它在当下信息产业和高新科技飞速发展条件下，相比于过去的计划经济体制，能更有效地解放生产力和更快地发展生产力。1992年，国家在实行由计划经济转为社会主义市场经济后，20多年的经济社会的快速发展充分地证明了这一点。但是，市场经济的体制和机制是把双刃剑，也有唯利是图的消极作用。我们党之所以要在市场经济的前面冠以"社会主义"四个字，这不是虚词而是实指，即起"紧箍咒"作用。让它坚持社会主义方向和社会主义价值观念，发挥其为社会主义服务的积极作用，限制它危害社会主义和人民利益的消极作用。它对利益、利润的追求要服从社会主义的根本原则和人民至上的根本利益。政府的宏观调节也要在这方面发挥导向作用。市场经济机制既然是把双刃剑，不可否认的是，不正当的商品交换原则会渗透到党内来。社会上各种各样的诱惑缠绕着党员、干部，"温水煮青蛙"现象就会产生，一些人不知不觉就陷入腐败的深渊。这是不以人的意志为转移的。开弓没有回头箭。社会主义市场经济已经成为我国经济发展必须长期坚持的体制。为了博弈渗透到党内来的不正当商品交换原则，我们党就必须长期坚持思想建党这个法宝，就必须坚持全面从严治党。

  第四，这与党的队伍会不断新陈代谢、更迭流长密切相关。中国共产党是一个已有百年历史的老党，但是中国共产党的队伍会随着历史发展而不断更新。不用说建党元老早已乘鹤仙去，就是红军时代老党员也所剩无几。目前党的主体成员是十一届三中全会以后的新生代，党的各级领导干部主要是"50后""60后"。就此而言，我们党又是充满青春活力的党。这样的更替是自然规律。中国共产党若要长期执政，就要不断对加入进来的新成员进行思想建党的洗礼。何况中国共产党又是个拥有9500多万名党员的大党，今后还会继续发展壮大。尽管会不断提高入党门槛，严格党员标准，但入党后的成员情况会发生变化，也是不以人的意志为转移的。社会上的消极负面的东西会在党内产生影响，破坏党的肌体，乃至危害党的先进性。这样，中国共产党若要永葆先进性，就必须使思想建党成为"铁打营盘"的优良传统,只有这样才能管住"流水的兵"。因此,思想建党只有进行时,没有完成时;全面从严治党必须坚持不懈地常抓、长抓下去。

中华民族伟大复兴的中国梦是个需要一代又一代中国共产党人持续接力,不断艰苦奋斗才能实现的美好愿景。只有全面从严治党才能保证一代又一代中国共产党人肩负这一历史重任。有了这个根本保证,全面从严治党就是中国共产党长期执政实现中国梦之魂。

第十六讲

"中国之治"制度建设工程是对中国特色社会主义政治体制改革新路的探索

"中国之治"是中华人民共和国成立70多年来，以毛泽东同志为核心的第一代中央领导集体不断追求的奋斗目标。经过几代人不断努力，党的十九届四中全会通过的《决定》，被誉为"中国之治"的纲领性文献，是一个关系党和国家长治久安的中国特色社会主义制度建设的伟大工程。构筑这样的制度建设工程，对于新时代中国特色社会主义的发展必将产生重大影响，对于实现中华民族伟大复兴的中国梦将起到制度保证作用。它的构筑也是成功探索出的中国特色社会主义政治体制改革新路的重要宣示。

一 为什么说党的十九届四中全会具有独特的里程碑意义

中国共产党创建百年来，自党的六大开始统计起来的中央全会迄今达93次。不少中央全会在党的历史上都有其独特性。有的全会的独特性或具有里程碑意义，有的甚至具有划时代意义。如党的十一届三中全会开启了中华人民共和国成立以来历史发展的新时期,就是划时代的。党的十八大以来,具有独特性的中央全会有多次,其中包括党的十九届四中全会。这次全会专门研究国家制度和国家治理,在党的历史上是第一次。

尽管在中华人民共和国成立后就在不断建立制度,但由于制度的不健全,在探索建设社会主义的道路上发生过曲折和挫折。党的十一届三中全会后,邓小平首次提出了制度治党、治国思想。他在1980年8月发表的那篇振聋发聩的《党和国家领导制度的改革》讲话中指出:"文化大革命"的这个教训是极其深刻的。"不是说个人没有责任,而是说领导制度、组织制度问题更带有根本性、全局性、稳定性和长期性。这种制度问题,关系到党和国家是否改变颜色,必须引起全党的高度重视。"①1987年4月,邓小平在会见香港特别行政区基本法起草委员会委员时的讲话中指出:"我们的社会主义制度是有中国特色的社会主义制度"②,这是"中国特色社会主义制度"称谓的滥觞。1992年,他在南方谈话中指出:"恐怕再有三十年的时间,我们才会在各方面形成一整套更加成熟、更加定型的制度。"③

历史的接力棒将建党100周年时在各方面形成一整套更加成熟更加定型的制度使命,交给了当代中国共产党人。

党的十八大以来,以习近平同志为核心的党中央把制度建设摆到更加突出的位置,强调"坚决破除一切妨碍科学发展的思想观念和体制机制弊端,构建系统完备、科学规范、运行有效的制度体系,使各方面制度更加成熟更加定型"④。党的十八届三中全会首次提出"推进国家治理体系和治理能力现代化",并把"完善和发展中国特色社会主义制度、推进国家治理体系和治理能力现代化"确定为全面深化改革总目标。这次全会首先对深化经济体制改革的若干制

---

① 《邓小平文选》第二卷,人民出版社1994年版,第333页。
② 《邓小平文选》第三卷,人民出版社1993年版,第218页。
③ 同上书,第372页。
④ 《习近平谈治国理政》第一卷,外文出版社2018年版,第70—71页。

度性问题作出了决定。党不断加快制度建设步伐。党的十八届四中全会对全面推进依法治国的若干重大问题作出决定。党的十九大在决胜全面建成小康社会、开启全面建设社会主义现代化国家新征程的战略部署中,对制度建设和治理能力建设作出了明确战略安排。在党的十九届三中全会提出加快推进国家治理体系和治理能力现代化,努力形成更加成熟更加定型的中国特色社会主义制度是摆在我们党面前的一项重大任务后,党的十九届四中全会就以此为主题展开专门研究。

党的十九届四中全会确定这个主题,主要有三方面考虑。一是从远期战略目标看,出于实现党的十九大提出的关于制度建设和治理能力建设战略安排的需要。在党和国家各方面的改革和制度建设,以及治理能力建设取得许多成就后,需要用一次中央全会从政治上、全局上、战略上来综合研究、全面考量,就坚持和完善中国特色社会主义制度、推进国家治理体系治理能力现代化若干重大问题作出系统总结,以期实现"两个阶段"安排的战略目标。二是从实现近期任务看,这是深入推进新时代开启的系统整体设计推进改革和制度建设的需要。党的十八届三中全会提出的改革任务异常繁重,必须以推进国家治理体系和治理能力现代化为主轴,提出与时俱进的工作要求,使继续深化各领域体制机制改革,得到强有力制度保证。三是从应对风险挑战看,这是在进行具有许多新特点的各种复杂斗争中赢得主动的需要。在国际上,世界发展面临百年未有之大变局,中国发展的外部环境更趋复杂。在国内,我国正处于实现中华民族伟大复兴的关键时期,全面建设社会主义现代化国家新征程已开启。面临的风险挑战,会来自各个方面。要打赢防范化解重大风险攻坚战,不能有丝毫的疏忽和闪失,运用制度威力应对风险挑战的冲击,是个重量级武器。

正是在这样一个重要历史节点和时代机遇上,党的十九届四中全会确定的这个主题,使它获得了在党的近百年历史、新中国70年历史、改革开放40年历史上具有的独特性,具有里程碑意义。

二 怎样认识党的十九届四中全会通过的《决定》与党和国家长治久安制度建设基本框架的构筑

邓小平说过，我们这老一代解决不了长治久安的问题。他寄希望于后来者把党和国家的制度建设好。党的十九届四中全会通过的《决定》紧扣"坚持和完善中国特色社会主义制度、推进国家治理体系和治理能力现代化"这个主题，系统总结党领导人民在中华人民共和国成立70年来、改革开放40年来、特别是党的十八大以来，我国国家制度建设和国家治理方面取得的成就、积累的经验、形成的原则，全面回答了在我国国家制度和国家治理上，应该"坚持和巩固什么、完善和发展什么"这个重大政治问题，明确了坚持和完善中国特色社会主义制度、推进国家治理体系和治理能力现代化的总体要求、总体目标和重点任务，既勾勒出新时代中国特色社会主义制度体系的宏伟格局，又绘制了实现"两个阶段"战略安排的具体路径。这就不仅丰富和发展了中国特色社会主义制度理论，而且成为坚持和完善中国特色社会主义制度、推进国家治理体系和治理能力现代化的政治宣言和行动纲领。

为什么说《决定》构筑了党和国家长治久安制度建设的基本框架呢？

第一，《决定》第一次明确提出中国特色社会主义制度和国家治理体系的13个显著优势，不仅使坚定道路自信、理论自信、制度自信、文化自信有了更为全面的依据，而且为不断构筑党和国家长治久安制度建设工程指明了方向。13个显著优势有四个鲜明特点：一是特别突出了党的领导的优势。既明确它是首要优势，又在这个首要优势中突出"坚持党的集中统一领导，坚持党的科学理论，保持政治稳定"这样三个基本方面。它既有利于把握好增强党的领导本身对于坚持社会主义方向最重要的基本之点，又有利于发挥党的领导这个特殊优势对于其他各领域各方面优势的统摄作用。二是对中国特色社会主义制度的巨大优越性作了全面精准概括。中国特色社会主义制度的优越性很多，但长期以来很难说完全，《决定》在经过系统梳理后第一次将目前所能提及的优势讲全了。这无论对国民教育还是对外宣传都将起到标杆和范本作用。三是对13个方面显著优势的概述和总结，集长期以来党不断丰富的理论认识之大成，在整体上达到了新的高度。这就使对中国特色社会主义制度和国家治理体系的认识提升到"显著优势"新境界。四是13个显著优势，大体对应了后面所论述的各类制度，使其明确总体要求。这13个显著优势的概括，使构筑中国特色社会主义制度体系和国家治理体系有了强力理论支撑。

第二，《决定》第一次明确了中国特色社会主义制度和国家治理体系的各个领域和方面的制度，形成根本制度、基本制度、重要制度等的多层次宝塔型结构，不仅有利于构建系统完备、科学规范、运行有效的制度体系，而且使党和国家长治久安有了一系列各类制度支撑。《决定》绘制的中国特色社会主义制度的图谱由13个方面的制度（或称体制、体系，简言之为"制度"）组成。其中，党的领导制度是国家的根本制度，统领和贯穿其他12个方面的"制度"。这12个方面的"制度"，尽管是被统领的，但并非不重要。"被统领"者也不可或缺，一个都不能少。中国特色社会主义制度靠"1＋12"的"制度"来支撑。国家治理体系和治理能力的现代化，也靠"1＋12""制度"的持续坚持和不断完善才能实现。《决定》绘制的"1＋12""制度"图谱，既阐明了必须牢牢坚持的重大制度和原则，又部署了推进制度建设的重大任务和举措。《决定》坚持根本制度、基本制度、重要制度相衔接，既统筹顶层设计和分层对接，又统筹制度改革和制度运行，必将对推动各领域、各方面的制度更加成熟更加定型，把我国制度优势更好转化为国家治理效能产生新的动力。特别需要指出的是，《决定》凸显了以人民为中心的价值导向，不仅在各项制度中关注人民群众，而且设计专章论述"坚持和完善统筹城乡的民生保障制度，满足人民日益增长的美好生活需要"。这郑重宣示了中国共产党人不变的初心和使命，有利于进一步夯实党长期执政的阶级基础和群众基础，使国家长治久安有铜墙铁壁的制度保障。

第三，《决定》第一次明确突出了中国特色社会主义制度与国家治理体系和治理能力的演进方向和规律，使构筑党和国家长治久安制度建设的基本框架成为势所必至、水到渠成。中国特色社会主义制度与国家治理体系和治理能力思想从提出到构筑制度体系，经过了"四级跳"。

第一级是邓小平在20世纪80年代提出制度治党治国和中国特色社会主义制度思想，还有90年代初南方谈话要求到建党100周年时在各方面形成一整套更加成熟、更加定型的制度。这是构建中国特色社会主义制度的初始阶段。

第二级是胡锦涛在2011年庆祝中国共产党成立90周年讲话中首次提出"中国特色社会主义制度"这一科学称谓，指出中国特色社会主义制度是"在经济、政治、文化、社会等各个领域形成一整套相互衔接、相互联系的制度体系"，并说明了它是由根本政治制度、基本政治制度、基本经济制度，以及各种具体制度的体制机制所组成。这在中国特色社会主义制度体系建设工程的构筑上具有奠基意义。

第三级是党的十八届三中全会首次提出"推进国家治理体系和治理能力现代化"这个重要命题，并将"完善和发展中国特色社会主义制度、推进国家治理体系和治理能力现代化"确定为全面深化改革的总目标。这个总目标首次明确了国家制度和国家治理能力的关系，即后者是运用前者管理社会各方面事务的能力。这两者里表关系的揭示，更有利于将制度优势转化为国家治理效能。我们知道，社会主义制度优势是经过长期革命斗争建立起来的。但是，如果不能推进国家治理体系和治理能力现代化，将制度优势转化为治理效能，不仅其优势发挥不出来，广大人民群众感受不到制度的"红利"，而且最后还会丧失优势，会使这个在理论上的好制度毁于一旦。东欧剧变、苏联解体就是前车之鉴。党的十八届三中全会将两者连为一体是理论认识的飞跃。这也正是习近平总书记在党的十八届三中全会通过的《决定》说明中将这次全会视为"划时代的"的一个重要因素。

第四级就是这个《决定》。虽然党的十九届四中全会通过的《决定》的主题是在党的十八届三中全会时提出的，却是在全面深化改革的总目标层面讲的。党的十九届四中全会通过的《决定》在理论认识上有很大提升：一是进一步明确了国家制度和国家治理体系及能力的关系，如《决定》指出的：中国特色社会主义制度是一个科学制度体系，我国国家治理一切工作和活动都依照中国特色社会主义制度展开，我国国家治理体系和治理能力是中国特色社会主义制度及其执行能力的集中体现。二是进一步强调了国家制度建设和国家治理体系现代化在谋划新时代全面深化改革中的重要意义。习近平总书记在《决定》的说明中指出，改革更多面对的是深层次体制机制问题，对改革顶层设计的要求更高，对改革的系统性、整体性、协同性要求更强，相应地建章立制、构建体系的任务更重。这就要求把制度建设和治理能力建设摆到更加突出的位置。三是《决定》立论的起点更高了。它从党的十九大确立的战略目标和重大任务出发，着眼于坚持和巩固中国特色社会主义制度、确保党长期执政和国家长治久安；着眼于完善和发展中国特色社会主义制度、全面建设社会主义现代化国家；着眼于充分发挥中国特色社会主义制度优越性、推进国家治理体系和治理能力现代化。基于此，它对党领导人民在我国国家制度建设和国家治理方面取得的成就作了全面总结，阐述了坚持和完善支撑中国特色社会主义制度体系的各类制度，部署了需要深化的重大体制机制改革任务。所以说，这是"第四级跳"。

上述"四级跳"，揭示了中国特色社会主义制度体系扩容的进程和各制度间的逻辑联系，明确了其总体目标展现的规律发展要求，使《决定》构筑党和国家长治久安制度建设工程的基本框架成为历史发展的自然过程。

三　怎样认识党的领导制度体系建设是中国特色社会主义制度体系中最根本的制度建设

《决定》绘制的中国特色社会主义制度的图谱由13个方面的"制度"组成。其中，党的领导制度被定位为最重要的根本制度，对其他制度建设具有统帅意义。

《决定》强调党的领导制度是具有统帅意义的根本制度。《决定》第一次使用"党的领导制度体系"称谓，论列它有六大制度，指出要"健全总揽全局、协调各方的党的领导制度体系，把党的领导落实到国家治理各领域各方面各环节"。这既提升了"党的领导"在中国特色社会主义制度体系中的统帅性，也使构筑的恢恢之网具有疏而不漏性。从而，"党是领导一切的"政治论断能得到全面、深入、彻底的落实。这两点，无疑凸显了党的领导制度体系作为根本制度的统帅地位。

党的领导制度体系包括的六大制度，是经过精心设计的。这六大制度的功能各不相同，但连为一体后党的领导制度体系的作用能得到完整、全面的展现。这里有的制度，过去是作为加强党的建设讲的，这次作了全面提升。下面对六大制度作简要解读。

（一）关于建立不忘初心、牢记使命的制度

"不忘初心、牢记使命"是党的十九大报告第一次作为表达党的宗旨、理想信念、奋斗目标而使用的固定词组，但没有将其作为制度看待。《决定》不仅第一次将它提升到"制度"层面，而且是党的领导制度体系六大制度之首。这无疑是一种创新。《决定》在提升它的定位时，还强调了："把不忘初心、牢记使命作为加强党的建设的永恒课题和全体党员、干部的终身课题，形成长效

机制,坚持不懈锤炼党员、干部忠诚干净担当的政治品格。"①这是习近平总书记在2019年6月24日主持十九届中共中央政治局第十五次集体学习时提出的。将它写入《决定》更增强了它成为六大制度之首的分量。这一制度成为六大制度之首,还有两个重要内容:一是将党的指导思想列入其中了。它要求"坚持用共产主义远大理想和中国特色社会主义共同理想凝聚全党、团结人民,用习近平新时代中国特色社会主义思想武装全党、教育人民、指导工作,夯实党执政的思想基础。"②二是有党的政治建设的内容,即"全面贯彻党的基本理论、基本路线、基本方略,持续推进党的理论创新、实践创新、制度创新"③。政治建设在党的建设中具有首要地位。这两个首要地位,就使将"建立不忘初心、牢记使命的制度"列为坚持和完善党的领导制度体系建设的第一制度成为理所当然。

(二)关于完善坚定维护党中央权威和集中统一领导的各项制度

这是将党的十八大以来逐渐明确的"四个意识""四个自信""两个维护"的要求制度化了。为什么将过去讲的要求提升到制度层面呢?主要有两方面考虑:一是克服党内的政治状况还存在某些涣散现象的需要。党的十八大以来,党内政治生态有了很大好转,但还有一些问题未得到根本解决。有的"四个意识"不强,有的对"两个维护"不以为然,有的无视党的政治纪律和政治规矩,有的仍不收手、顶风作案,等等。为了加强党的政治建设,很有必要将过去的要求提升为制度,进行强制约束。二是面临应对复杂多变的具有许多新的特点的斗争的需要。这就有必要将过去的"软性"要求"硬化"为必须遵守的制度,并且要不断完善、坚定维护党中央权威和集中统一领导的各项制度。这是从大

---

① 《中国共产党第十九届中央委员会第四次全体会议文件汇编》,人民出版社2019年版,第24页。

② 同上书,第23—24页。

③ 同上书,第24页。

局出发作出的战略性决策,有利于提高广大干部的政治领导水平,增强应对复杂严峻斗争的本领。

(三)关于健全党的全面领导制度

这条内容在党的十八大以来一直实行,《决定》作为制度将它强化了。它包括三个完善:一是完善党领导的从中央到地方的各个机关和社会组织等方面的制度,健全各级党委(党组)工作制度,确保党在各种组织中发挥领导作用。二是完善党领导各项事业的具体制度,把党的领导落实到统筹推进"五位一体"总体布局、协调推进"四个全面"战略布局各方面。三是完善党和国家机构职能体系,把党的领导贯彻到党和国家所有机构履行职责全过程,推动各方面协调行动、增强合力。这三个完善,实现了对社会生活的全覆盖,健全了党的全面领导制度。

(四)关于健全为人民执政、靠人民执政的各项制度

这方面的不少具体制度一直就有,《决定》将其作了提升和扩充。一是进一步明确了这项制度的总体要求,强调"把尊重民意、汇集民智、凝聚民力、改善民生贯穿党治国理政全部工作之中",通过完善制度保证人民在国家治理中的主体地位,着力防范脱离群众的危险。二是明确提出"创新互联网时代群众工作机制",以始终做到为了群众、相信群众、依靠群众、引领群众、深入群众、深入基层。这展现了新时代贯彻党的群众路线的要求,完善了党员、干部联系群众制度的与时俱进。三是扩大了联系群众"同心圆",要求健全联系广泛、服务群众的群团工作体系,推动人民团体把各自联系的群众紧紧团结在党的周围。健全这三个方面制度,以不断巩固党执政的阶级基础,厚植党执政的群众基础。

（五）关于健全提高党的执政能力和领导水平制度

党的十五大报告提出"不断提高领导水平和执政水平"这个问题以来，我们党就在不断强调它。《决定》进一步丰富了它的内容。一是将"坚持民主集中制，完善发展党内民主和实行正确集中的相关制度"，提高到"把方向、谋大局、定政策、促改革的能力"上来认识。二是强调健全决策机制，加强重大决策的调查研究、科学论证、风险评估。这强化了科学执政的重要根据。三是强调改进党的领导方式和执政方式，以增强各级党组织政治功能和组织力。这也是理论认识的一个提升。四是提出"完善担当作为的激励机制，促进各级领导干部增强学习本领、政治领导本领、改革创新本领、科学发展本领、依法执政本领、群众工作本领、狠抓落实本领、驾驭风险本领，发扬斗争精神，增强斗争本领"[1]。党的十九大报告讲了前八种本领，而"发扬斗争精神，增强斗争本领"是习近平总书记在 2019 年 9 月中共中央党校（国家行政学院）中青年干部培训班开班式上提出的。《决定》增写这一内容，就使干部需要增强的本领更加全面。上述四个方面，有利于提高党的执政能力和领导水平。

（六）关于完善全面从严治党制度

这是为了巩固和发展党的十八大以来全面从严治党取得的伟大成果而新设的重要制度。它强调了这样几点：一是"增强忧患意识，不断推进党的自我革命，永葆党的先进性和纯洁性"[2]。这提升了完善全面从严治党制度的总体要求。二是坚持依规治党，建立健全以党的政治建设为统领，全面推进党的各方面建设的体制机制。这一条突出了依规治党和党的政治建设在全面推进党的建设中

---

[1]《中国共产党第十九届中央委员会第四次全体会议文件汇编》，人民出版社 2019 年版，第 26 页。

[2] 同上书，第 27 页。

的统领地位。三是完善和落实全面从严治党责任制度。这是开展全面从严治党教育活动的一个重大成果。既建立了党建工作责任制，又明确了各级党委的主体责任、书记的第一责任和纪委的监督责任，还有上级的领导责任。《决定》将这一成果固化为制度，对于完善全面从严治党制度具有重要意义。四是坚决同一切影响党的先进性、弱化党的纯洁性的问题作斗争，大力纠治形式主义、官僚主义，不断增强党的创造力、凝聚力、战斗力。这也是旨在巩固和发展党的群众路线教育实践活动的成果，推进全面从严治党的完善。这四个强调，贯彻了新时代党的建设总要求，深化了党的建设制度改革，确保党始终成为中国特色社会主义事业的坚强领导核心。

上述六大制度，是坚持和完善党的领导制度体系的主体，对它的总体要求和目标任务的明确，展现了党的领导制度在中国特色社会主义制度体系中的独特高端功能。

四 怎样认识中国特色社会主义制度的"众星捧月"格局与相互衔接、相互联系的制度体系

中国特色社会主义制度体系是由"1 + 12""制度"图谱组成。这个"1 + 12""制度"图谱，由于党的领导制度的特殊地位和作用，说通俗点，犹如"众星捧月"格局。这12个"制度"的功能各异，但组合在一起，就使中国特色社会主义制度形成相互衔接、相互联系的制度体系。

这12个"制度"包括政治、经济、文化、社会、生态文明等各领域的制度和体制机制，涵盖改革、发展、稳定、内政、外交、国防、治党、治国、治军等各个方面。这里将其分解为"5 + 3 + 1"——"5"即"五位一体"；"3"即军队国防、"一国两制"、国际外交；"1"即监督体系，来作简要解读。

（一）关于"五位一体"内容

这包括《决定》的 8 个制度和体系，是 12 个"制度"的重要内容，我再作分解。

——关于政治方面的，包括《决定》的"三、四、五"部分。第三部分讲发展社会主义民主政治的，有两个亮点：一是突出了必须坚持人民主体地位，使各方面制度和国家治理更好体现人民意志、保障人民权益、激发人民创造，确保人民依法通过各种途径和形式管理国家有关事务。二是突出了人民代表大会制度是根本政治制度。这里的论述比过去讲得更全、更到位。第四部分是关于依法治国的，对党的十八届四中全会关于全面推进依法治国的决定作了高度概括，将其精华浓缩，并作了与时俱进的论述。第五部分是关于政府治理体系的，比过去相关文献讲得充分。它强调实行政府权责清单制度，厘清政府和市场、政府和社会关系，改善营商环境，激发各类市场主体活力；完善公共服务体系，推进基本公共服务均等化、可及性；建立健全运用互联网、大数据、人工智能等技术手段推进行政管理的制度规则，对于构建职责明确、依法行政的政府治理体系将起到重要作用。

——关于经济方面的，是《决定》第六部分坚持和完善中国特色社会主义基本经济制度，主要有三个亮点：一是对"基本经济制度"扩容了。它不仅指所有制，还包括分配制和市场经济体制，三者都是社会主义基本经济制度，这是第一次讲。二是第一次明确地将"数据"作为生产要素纳入分配，提出"健全劳动、资本、土地、知识、技术、管理、数据等生产要素由市场评价贡献、按贡献决定报酬的机制"。这一举措充分说明《决定》解放思想、与时俱进的力度是很大的。三是第一次将工匠精神与科学精神并列，提出"构建社会主义市场经济条件下关键核心技术攻关新型举国体制"。这对于推动科学技术的创新发展将起重要作用。

——关于文化方面的，是《决定》第七部分社会主义先进文化制度，有三个重要亮点：一是强调坚持马克思主义在意识形态领域指导地位的根本制度，要求区分政治原则问题、思想认识问题、学术观点问题，旗帜鲜明反对和抵制各种错误观点。二是强调坚持以社会主义核心价值观引领文化建设制度。推动理想信念教育常态化、制度化，弘扬民族精神和时代精神，加强党史、新中国史、改革开放史教育。三是强调牢牢把握社会主义先进文化前进方向，围绕举旗帜、聚民心、育新人、兴文化、展形象的使命任务，坚持"双百方针"，坚持创新性发展，更好构筑中国精神、中国价值、中国力量。这三个重要亮点带有全局性、统领性，应狠抓落实。

——关于民生和社会保障方面的，就是《决定》第八部分坚持和完善统筹城乡的民生保障制度和第九部分坚持和完善共建共治共享的社会治理制度。这两部分有五个主要亮点：一是提出"必须健全幼有所育、学有所教、劳有所得、病有所医、老有所养、住有所居、弱有所扶等方面国家基本公共服务制度体系"，比过去多了几项，将保障群众的基本生活内涵几乎讲全了。二是在"强化提高人民健康水平的制度保障"方面提出"坚持关注生命全周期、健康全过程，完善国民健康政策，让广大人民群众享有公平可及、系统连续的健康服务"，体现了健康保障的与时俱进。三是第一次将"完善正确处理新形势下人民内部矛盾有效机制"作为共建共治共享的社会治理制度来加以构建，努力将矛盾化解在基层。这就将过去在高端层面讲的问题"下放"到基层了，有利于使其得到真正落实，建设平安中国。四是提出"建设人人有责、人人尽责、人人享有的社会治理共同体"。这就将"共同体"思想从世界层面到社会基层形成一个完整的共同体思想之链。五是提出坚持"以人民安全为宗旨，以政治安全为根本，以经济安全为基础，以军事、科技、文化、社会安全为保障，健全国家安全体系，增强国家安全能力"的总体国家安全观，有利于统筹发展和安全，坚持人民安全、政治安全、国家利益至上的有机统一。这两部分关于社会建设的上述新思想体现了治理能力的现代化。

——关于生态文明方面的，是《决定》第十部分坚持和完善生态文明制度体系，主要亮点有三：一是提出统筹划定落实生态保护红线、永久基本农田、城镇开发边界等空间管控边界以及各类海域保护线，完善主体功能区制度。二是提出健全资源节约集约循环利用政策，普遍实行垃圾分类和资源化利用制度，推进能源革命，构建清洁低碳、安全高效的能源体系。三是提出统筹山水林田湖草一体化保护和修复，加强对各类自然生态的保护，构建以国家公园为主体的自然保护地体系。这方面的设想很好，最重要的是强化全民族的生态文明建设意识，它与提高民族文化素质一样重要。

（二）关于军队国防、"一国两制"、国际外交内容

这三方面的论述同样体现了思想认识的与时俱进。这里也分别解读。

——关于军队国防建设。这是《决定》第十一部分，最重要的亮点有四：一是突出了坚持人民军队最高领导权和指挥权属于党中央。中央军委实行主席负责制，是坚持党对人民军队绝对领导的根本实现形式。《决定》这样强调，是因为它是构筑党和国家长治久安制度建设的伟大工程，要建章立制，明确最基本的要求。二是突出了必须牢固确立习近平强军思想在国防和军队建设中的指导地位，构建中国特色社会主义军事政策制度体系，永葆人民军队的性质、宗旨、本色。这是指导思想的与时俱进，必须毫不含糊地加以明确。三是突出了健全人民军队党的建设制度体系，要求抓好军魂培育，发扬优良传统，传承红色基因，坚决抵制"军队非党化、非政治化"和"军队国家化"等错误政治观点。此前，像《决定》这样旗帜鲜明地讲这个问题的不多见。四是突出了构建新时代军事战略体系，推动形成现代化战斗力生成模式，构建现代军事力量体系。这四个"突出"，有利于进一步巩固、拓展、深化国防和军队改革成果。

——关于"一国两制"。这是《决定》第十二部分，需要说明的亮点有四：一是强调必须坚持"一国"是实行"两制"的前提和基础，"两制"从属和派生于"一国"并统一于"一国"之内。这个表述对"一国"与"两制"的关系认识更为精准、严谨。二是强调把坚持"一国"原则和尊重"两制"差异、维护中央对特别行政区全面管治权和保障特别行政区高度自治权。这有利于提高特别行政区依法治理能力和水平。三是强调健全中央对特别行政区行使全面管治权的制度，着力解决影响社会稳定和长远发展的深层次矛盾，坚决防范和遏制外部势力干预港澳事务和进行分裂、颠覆、渗透、破坏活动，确保香港、澳门长治久安。四是强调推动两岸就和平发展达成制度性安排，团结广大台湾同胞共同反对"台独"，坚定推进祖国和平统一进程。这四个强调，旨在绝不容忍任何挑战"一国两制"底线的行为，绝不容忍任何分裂国家的行为。

——关于国际外交发展。这是《决定》第十三部分，主要亮点有四：一是强调加强中国特色大国外交理论建设，加强党总揽全局、协调各方的对外工作大协同格局，全面贯彻党中央外交大政方针和战略部署。二是强调完善全方位外交布局，推动建设相互尊重、公平正义、合作共赢的新型国际关系，积极发展全球伙伴关系，维护全球战略稳定，反对一切形式的霸权主义和强权政治。三是强调坚持互利共赢的开放战略，推动共建"一带一路"高质量发展，维护完善多边贸易体制，推动贸易和投资自由化便利化，建设合作共赢的开放体系。四是强调高举构建人类命运共同体旗帜，秉持共商共建共享的全球治理观，倡导多边主义和国际关系民主化，推动全球经济治理机制变革，积极参与全球治理体系改革，推动构建更加公正合理的国际治理体系。这四个方面，有利于推动构建党和国家事业发展需要的和平国际环境和良好外部条件。

（三）关于监督体系内容

这是《决定》第十四部分。这部分主要亮点有四：一是强调重点加强对高级干部、各级主要领导干部的监督，完善领导班子内部监督制度，破解对"一把手"监督和同级监督难题。二是强调推进纪律监督、监察监督、派驻监督、巡视监督统筹衔接，健全人大监督、民主监督、行政监督、司法监督、群众监督、舆论监督制度，发挥审计监督、统计监督职能作用；推动各类监督有机贯通、相互协调。三是强调完善权力配置和运行制约机制，明晰权力边界，规范工作流程，强化权力制约，压减权力设租寻租空间。四是强调构建一体推进不敢腐、不能腐、不想腐体制机制；坚决斩断"围猎"和甘于被"围猎"的利益链，坚决破除权钱交易的关系网；深化标本兼治，推进反腐败国家立法，巩固和发展反腐败斗争压倒性胜利。这四个主要亮点，对于增强监督严肃性、协同性、有效性，健全党统一领导、全面覆盖、权威高效的监督体系，形成决策科学、执行坚决、监督有力的权力运行机制，具有重要意义。

《决定》聚焦支撑中国特色社会主义制度体系的根本制度、基本制度和重要制度，并对其各项制度的总体要求、重点任务、目标布局和工作部署作了深刻论述。这就不但构筑了党和国家长治久安制度建设的基本框架，而且使不断丰富及发展党和国家长治久安制度建设有了根本遵循。

五　怎样认识党的十九届四中全会通过的《决定》与中国特色社会主义政治体制改革新路

政治体制改革问题是邓小平在提出以经济体制改革为中心的全面改革时提出的。1980年8月发表的《党和国家领导制度的改革》就是一篇政治体制改革宣言书。此后，邓小平就一直在探讨在我们国家如何进行以改革党和国家领导制度为龙头的政治体制改革。

邓小平明确了进行政治体制改革的四条根本要求。

第一，改革党和国家的领导制度，不是要削弱党的领导，涣散党的纪律，而正是为了坚持和加强党的领导，坚持和加强党的纪律。不断改善党的领导就是为了加强党的领导。

第二，政治体制改革总的目标是要有利于巩固社会主义制度，有利于发扬社会主义民主，有利于在党的领导和社会主义制度下发展生产力，有利于贯彻执行党的十一届三中全会以来制定的一系列路线、方针、政策。具体要求，他提出了四条：一是党和行政机构以及整个国家体制要增强活力，不要僵化，用新脑筋来对待新事物；二是要真正提高效率；三是要充分调动人民和各行各业基层的积极性。四是要有利于社会稳定，中国的最高利益就是稳定。

第三，中国的政治体制改革在中国大陆不搞多党竞选，不搞三权分立和两院制，实行的就是全国人民代表大会制度，这是共产党领导下的人民民主制度。

第四，改革并完善党和国家各方面的制度，是一项艰巨的长期的任务。改革并完善党和国家的领导制度，是实现这个任务的关键。

邓小平为什么对我们国家的政治体制改革作这样的设计呢？最根本的是，出于对中国国情的考虑。中国的国情是什么？这包括我们国家的历史传统、民族基因、革命经历和现实需要等诸多方面。比如，讲政治体制改革不是要削弱党的领导，而是为了加强党的领导，邓小平说："在中国这样的大国，要把几亿人口的思想和力量统一起来建设社会主义，没有一个由具有高度觉悟性、纪律性和自我牺牲精神的党员组成的能够真正代表和团结人民群众的党，没有这样一个党的统一领导，是不可能设想的，那就只会四分五裂，一事无成。""我们人民的团结，社会的安定，民主的发展，国家的统一，都要靠党的领导。"①谈到需要政治稳定，不能照搬西方那一套，邓小平在会见美国前总统卡特时指出，政治体制改革包括民主和法制。我们的民主同法制是相关联的。人们往往把民主同美国联系起来，认为美国的制度是最理想的民主制度。我们不能搬你们的。"中国如果照搬你们的多党竞选、三权鼎立那一套，肯定是动乱局面。

---

① 《邓小平文选》第二卷，人民出版社1994年版，第341—342、342页。

如果今天这部分人上街，明天那部分人上街，中国十亿人口，一年三百六十五天，天天都会有事，日子还能过吗？还有什么精力搞建设？""没有安定的政治环境，什么事情都干不成。中国有中国的实际，这点我相信我们比外国朋友了解得多一些。中国的政治体制改革，要讲社会主义的民主，也要讲社会主义的法制。在强调发展民主的同时，要强调教育我们的人民特别是青年要有理想，守纪律。"①

邓小平基于中国国情提出的政治体制改革的设想，实际上是将治党与治国紧紧联系起来考虑的，或者说是由治党及至治国的改革思路。因为中国共产党是执政党，只有治好党才能治好国。这是中国政治体制改革必须把握的真谛。以江泽民同志为核心的第三代中央领导集体，深悟这个真谛，提出的"三个代表"重要思想，就是以治党及至治国的创新理论作为党的新指导思想的。一方面，明确提出：治国必先治党，治党务必从严，治党始终坚强有力，治国必会正确有效，并把加强党的建设作为"新的伟大工程"向前推进；另一方面，又提出建设社会主义政治文明，发展社会主义民主政治，最根本的是要把坚持党的领导、人民当家作主和依法治国有机统一起来。这就进一步指明了我国政治体制改革的方向和途径，深化了对中国特色社会主义民主政治规律的认识。以胡锦涛同志为总书记的党中央，又强调中国特色社会主义制度是当代中国发展进步的根本制度保障，是我国在经济、政治、文化、社会等各个领域自我完善和发展形成的"一整套相互衔接、相互联系的制度体系"。这样，由治党及至治国的政治体制改革路径更加明确起来。所以，习近平总书记在庆祝改革开放40周年大会上的讲话中指出："40年来，我们始终坚持中国特色社会主义政治发展道路，不断深化政治体制改革，发展社会主义民主政治，党和国家领导体制日益完善，全面依法治国深入推进，中国特色社会主义法律体系日益健全，人民当家作主的制度保障和法治保障更加有力，人权事业全面发展，爱国统一

---

① 《邓小平文选》第三卷，人民出版社1993年版，第244、244—245页。

战线更加巩固,人民依法享有和行使民主权利的内容更加丰富、渠道更加便捷、形式更加多样。"在讲话中,他还论列了这些年所进行的若干具体的政治体制改革内容,诸如党和国家机构改革、行政管理体制改革、依法治国体制改革、司法体制改革、外事体制改革、社会治理体制改革、国家安全体制改革、国防和军队改革、党的领导和党的建设制度改革、纪检监察制度改革等一系列重大改革。这表明中国政治体制改革在探索的新路上已经取得巨大成就。

党的十九届四中全会通过的《决定》在习近平总书记在庆祝改革开放40周年大会上的讲话基础上,立足三个"着眼于"(一是着眼于坚持和巩固中国特色社会主义制度、确保党长期执政和国家长治久安;二是着眼于完善和发展中国特色社会主义制度、全面建设社会主义现代化国家;三是着眼于充分发挥中国特色社会主义制度优越性、推进国家治理体系和治理能力现代化),全面总结党领导人民在我国国家制度建设和国家治理方面取得的成就、积累的经验,重点阐述坚持和完善支撑中国特色社会主义制度的根本制度、基本制度、重要制度,部署需要深化的重大体制机制改革和需要推进的重点任务。这就既形成了上述由"1+12""制度"组成的多层次宝塔型结构的中国特色社会主义制度体系,也展示了构筑的"中国之治"制度建设伟大工程。从某种意义上可以说,这个伟大工程既深刻揭示了中国政治体制改革新路的丰富内涵,也全面总结了40年来政治体制改革新路的伟大成果。简言之,它是对中国特色社会主义政治体制改革新路的重要宣示。

为什么说党的十九届四中全会通过的《决定》是对中国特色社会主义政治体制改革新路的重要宣示呢?

第一,它符合邓小平设计政治体制改革的根本要求。当初提出这个问题时,首先就是为了坚持和加强党的领导,改革并完善各方面的制度最关键的是改革完善党和国家的领导制度。这个《决定》论列的13个"制度"就是以党的领导制度体系作为最根本的制度来构筑的,因而是"1+12""制度"格局。其他各项制度都体现了邓小平的具体要求。

第二，它体现了政治体制改革是为了使党和国家长治久安的最终目的。政治体制改革本身不是目的，不能盲目地为改而改，特别是不能受某些势力的蛊惑按照人家的意图来改。对此，邓小平提出这个问题时讲得很清楚。进行政治体制改革就是要有利于巩固社会主义制度，有利于发扬社会主义民主，有利于在党的领导和社会主义制度下发展生产力，有利于贯彻执行党的十一届三中全会以来制定的一系列路线、方针、政策。老一代解决不了长治久安问题，希望30年后能在各方面形成一整套更加成熟更加定型的制度，这个《决定》构筑的伟大制度建设工程实现了老一辈革命家的愿望。

第三，《决定》论列的众多制度建设，说明中国政治体制改革由治党及至治国的新路是成功的。政治体制改革的核心是各种制度建设，有了健全、完善的制度，就有利于实现由人治转变为法治。《决定》构筑的13个"制度"遍及治党到治国的各个方面，形成了恢恢之网的制度体系。这无疑是对40多年来政治体制改革新路成果的全面总结。

第四，它为进一步丰富和完善具有中国特色政治体制改革的由治党及至治国的各种制度建设指明了方向。有一种看法，认为中国的政治体制改革滞后，一个重要原因就是不了解我们国家由治党及至治国的这条政治体制改革新路的特点，因而对40年来取得的成就视而不见。当然，尽管成就巨大，但不可能尽善尽美，还有这样那样的不足和短板。这正是需要不断丰富和完善的。应当指出的是，继续丰富和完善只能是沿着党的十九届四中全会通过的《决定》指引的方向进行，绝不是去另辟他径。

最后还要强调的是，包括政治体制改革在内的各种改革，都是旨在巩固和发展社会主义制度，而绝不是相反的目的。邓小平指出，巩固和发展社会主义制度，还需要一个很长的历史阶段，需要我们几代人、十几代人，甚至几十代人坚持不懈地努力奋斗。据此，我们也可以说，党和国家的长治久安同样是一个很长的历史过程。旨在使党和国家长治久安进行政治体制改革的制度建设工程不可能一蹴而就、一劳永逸，必须与时俱进，不断地丰富、巩固和发展。因此，我们要以愚公移山精神，子子孙孙持续接力，为夯实筑牢长治久安制度建设工程不懈奋斗。由治党至治国的政治体制改革新路必将愈走愈宽广，"中国之治"将会长盛不衰！

第十七讲

党的十八大以来中国走向强起来

习近平总书记在党的十九大报告中总结了党和国家所取得的全方位的、开创性的成就和发生的深层次的、根本性的变革。他强调，党的十八大以来，我们党以巨大的政治勇气和强烈的责任担当，提出一系列新理念新思想新战略，出台一系列重大方针政策，推出一系列重大举措，推进一系列重大工作，解决了许多长期想解决而没有解决的难题，办成了许多过去想办而没有办成的大事。这实际上说明了党的十八大以来中华民族由站起来、富起来到强起来的基本特征。在这许多的成就和变革中，最能说明中华民族迎来"强起来"的标识，至少应突出五项。

一　经济社会的发展怎样开始强起来

在改革开放以来不断取得巨大成就的基础上，以习近平同志为核心的党中央统筹推进"五位一体"总体布局、协调推进"四个全面"战略布局，以前所未有的力度，引领改革涉深水、闯险滩、啃硬骨头，不断向纵深推进；同时提出创新、协调、绿色、开放、共享的新发展理念，进一步端正发展观念、转变发展方式，以供给侧结构性改革为主线，贯彻稳中求进工作总基调，努力优化经济结构，推进发展质量和效益不断提升，使经济社会的发展又上了一个新台阶，发生了更大的变化。

（一）经济结构空前优化，着力提升发展质量和效益

供给侧结构性改革推动我国经济脱胎换骨，产业结构不断转型升级。由以前主要依靠劳动力数量和资本存量增长来驱动经济增长，转变为主要依靠科学技术和人力资本增长来驱动经济增长；由以前主要依靠投资需求来拉动经济增长，转变为主要依靠消费需求来拉动经济增长；由以前主要依靠第二产业发展来促进经济增长，转变为主要依靠服务业发展来促进经济增长，2015年服务业对经济增长的贡献率已占据半壁江山。数字经济等新兴产业蓬勃发展，第三产业增加值首次超过第二产业，经济发展向中高端水平迈进。

（二）经济发展的科技含量空前提升，创新驱动发展战略成果显著

创新是引领发展的第一动力，党的十八大明确提出创新驱动发展战略。由于多年来科技创新重点领域长期坚持研发，这几年重大科技成果不断涌现，并迅速转化成生产力，经济发展科技含量的提升速度加快。"墨子号"量子卫星成功发射、世界最大的单口径射电望远镜建成使用，北斗卫星导航系统进行全球组网，神舟十一号载人飞船与天宫二号交会对接，"蛟龙"号载人潜水器海试成功等重大科技成果相继问世，不断成为我国经济发展的亮点。高铁通车里程超过2万公里，跃居全球第一。2018年10月建成开通的世界上最长的全长55公里的港珠澳跨海大桥，堪称世界桥梁建设史上的巅峰之作。科技创新不断融入经济社会发展全局，我国经济社会发展的科技含量从未像目前这样让世界刮目相看。

（三）发展速度保持中高速增长，经济运行总体平稳

党的十八大以来，在国际金融危机肆虐、全球经济增长普遍乏力的背景下，我国从 2013 年至 2016 年，国内生产总值仍然年均增长 7.2%，高于同期世界 2.5% 和发展中经济体 4% 的平均增长水平，在世界主要国家中名列前茅。经济稳中向好，国内生产总值（GDP）稳居世界第二。美国《时代》周刊评论认为：中国经济增速在放慢，但是增长水平仍然让所有发达国家艳羡。

（四）开放型经济新体制逐步健全，成为全球经济第一大增长引擎

面对国际经济环境复杂多变、各类风险挑战明显增多的不利形势，党和政府依然实施并逐步扩大自贸区等一系列重大改革举措，进一步拓展开放型经济体制，使之逐步健全。对外贸易、对外投资、外汇储备稳居世界前列，国际影响力显著提升。我国国内生产总值稳居世界第二位。2013 年到 2016 年，我国对世界经济增长的平均贡献率达到 30% 以上，超过美国、欧元区和日本贡献率的总和，居世界第一位。我国成为世界经济增长的动力之源、稳定之锚，正在由经贸大国稳步走向经贸强国。

二　民生福祉怎样开始强起来

以习近平同志为核心的党中央在就职伊始就郑重宣示，人民对美好生活的向往，就是我们的奋斗目标；2015 年 11 月又提出"以人民为中心"的发展思想。这些年党中央践行承诺，兑现宣示，实施一大批惠民举措，人民群众获得感显著增强。

（一）脱贫攻坚战取得了全面胜利

2020年全面建成小康社会，是我们党对全国人民的庄严承诺。全面建成小康社会，最艰巨最繁重的任务在农村、特别是在贫困地区。没有农村的小康，特别是没有贫困地区的小康，就没有全面建成小康社会。以习近平同志为核心的党中央把脱贫攻坚摆到治国理政突出位置，为打响这一攻坚战实施了两个前所未有：一是提出精准扶贫、精准脱贫理念，要求把真正的贫困人口弄清楚，把贫困人口、贫困程度、致贫原因等搞清楚，以便做到因户施策、因人施策，绝不让一个贫困群众掉队。二是选派得力党员干部到贫困地区基层党组织担任第一书记，要求每个贫困村都有驻村工作队（组），每个贫困户都有帮扶责任人，实现全覆盖；全国830个贫困县党政正职在脱贫攻坚期内保持稳定。经过艰辛努力，到2020年底，现行标准下9899万农村贫困人口全部脱贫，完成了消除绝对贫困的艰巨任务。中国的减贫实践，创造了人类减贫史上的伟大奇迹。联合国秘书长古特雷斯赞扬说："过去的十年，中国是为全球减贫作出最大贡献的国家。"

（二）中等收入群体持续扩大

人民对美好生活的向往，一个直接关注点就是盼望收入不断增加。中等收入群体不断扩大，是一个国家走向富强的重要标识。改革开放以来，我们国家不断向这个目标迈进。党的十八大以来，党中央在重点抓脱贫攻坚战的同时，十分关注扩大中等收入群体的获得感。我国居民人均可支配收入从2012年的16510元持续增长至2019年的30733元。按照世界银行标准，年收入达到2.5万—25万元人民币的即算中等收入群体。按此标准，我国居民中等收入群体超过3亿人，占全球中等收入群体的30%以上，是世界上人口最多的中等收入群体国家。这是个巨大进步。当然，世界银行标准的上限与下限相差10倍。我国目前中等收入群体中,处于标准线中、下档的居民更多一些。尽管提高中等收入群体的比例和质量还有很大空间,但毕竟迈入了由低收入到中等收入群体的门槛。

(三)覆盖城乡居民的社会保障体系基本建成

党中央改善民生的又一个重点,是使社会保障覆盖面持续扩大,建设覆盖城乡居民的社会保障体系,着力解决人民群众普遍关心的四大突出问题。一是大幅提高人民健康和医疗卫生水平,建立城乡居民大病保险制度。城乡居民参保率稳定在95%以上,基本医保总体实现全覆盖,初步织起全球最大的全民基本医疗保障网。二是大力加强中西部和农村教育,更公平的教育取得明显成效。国家财政性教育经费坚持向农村地区、边远贫困地区和民族地区倾斜,中西部和农村中小学校的设施大有改善,城乡、区域、校际的教育差距进一步缩小。三是大力推进棚户区改造,保障性住房建设显著加快。截至2018年底,全国范围内1亿多居民"出棚进楼",城镇中低收入家庭的住房条件明显改善。这样巨大的成就深得老百姓点赞。四是深化社会保障制度改革,进一步完善社会治理体系。这包括建立全国统一的城乡居民基本养老保险制度,合并新型农村社会养老保险和城镇居民社会养老保险;实施养老金并轨改革,机关事业单位与企业都实行社会统筹与个人账户相结合的基本养老保险制度;统筹推进社会救助,颁布与实施慈善法,开启我国现代慈善事业的新时代。

三 怎样认识国防军事力量开始强起来

以习近平同志为核心的党中央大力推进国防和军队现代化,坚定不移走中国特色强军之路,推动国防和军队改革取得历史性突破。人民军队体制一新、结构一新、格局一新、面貌一新,为实现强军目标、建设世界一流军队奠定了坚实基础。

（一）全面实施改革强军战略，人民军队组织架构实现历史性变革

根据中央军委优化兵力规模构成，打造精干高效的现代化常备军的要求，从 2016 年 12 月起，打破原有领导管理体系和作战指挥体系，成立陆军领导机构、火箭军、战略支援部队，调整组建 15 个军委机关职能部门，划设 5 大战区，完成海军、空军、火箭军、武警部队机关整编工作，实施联勤保障体制改革，组建军委联合作战指挥机构和战区联合作战指挥机构。国防和军队改革初步建立起"军委管总、战区主战、军种主建"的新格局，形成"军委—军种—部队"的领导管理体系和"军委—战区—部队"的作战指挥体系。这轮改革，根据总员额减少 30 万的要求，全军团以上建制单位机关减少 1000 多个，非战斗机构现役员额压减近一半，军官数量减少 30%。在大幅精减非战斗机构人员的同时，作战部队员额不降反增，军兵种比例得到优化，战略预警、远程打击、信息支援等新型军力得到充实加强。我军以精锐作战力量为主体的联合作战力量体系正在形成，实现了人民军队组织架构和力量体系的革命性重塑。

（二）贯彻古田全军政治工作会议精神，人民军队政治生态得到有效治理

以习近平同志为核心的党中央在发出实现中华民族伟大复兴的中国梦的同时，向全军发出了实现强军梦的时代号召。2013 年 3 月，习近平主席提出，建设一支听党指挥、能打胜仗、作风优良的人民军队，是党在新形势下的强军目标。这标志着党和军队事业建设发展的新高度，把人民军队政治工作推上了新的实践舞台。2014 年 10 月底，习近平主席亲率 400 余名高级干部在古田召开 21 世纪第一次全军政治工作会议。他深刻阐明新的历史条件下党从思想上政治上建设军队的重大问题，鲜明提出人民军队政治工作时代主题，强调在任何时候都要坚持党对人民军队的绝对领导，培养有灵魂、有本事、有血性、有品德的新时代革命军人，永葆人民军队性质、宗旨、本色。他指出，加强和改进新

形势下我军政治工作,最紧要的是把理想信念、党性原则、战斗力标准和政治工作威信四个带根本性的东西在全军牢固立起来,为强军兴军提供坚强政治保证。2015年初,中共中央转发习近平主席亲自领导和主持起草的《关于新形势下军队政治工作若干问题的决定》,根据古田政治工作会议精神确定了新形势下政治建军的宏伟蓝图,是开创强军兴军新局面的纲领性文献。随后,出台军队党员领导干部参加党的组织生活若干规定;推进建立军官职业化制度,构建完善军人荣誉制度体系,实施红色基因传承工程;全面停止军队有偿服务,铲除腐败问题和不良风气滋生的土壤;打造强军文化,激发强军精神,政治工作在改进创新中迸发勃勃生机,全军新风正气持续上扬。

（三）坚持科技兴军,加快推进武器装备现代化

当今世界,新一轮科技革命和产业革命正在孕育兴起,世界新军事革命加速推进,中国军队只有坚持科技兴军,加快推进武器装备现代化,才不会落伍。习近平主席指出,我军武器装备水平同维护国家安全和发展利益要求相比,同打赢信息化战争要求相比,同世界军事强国相比,在很多方面差距还是比较明显的。国防科技和武器装备发展必须转向以创新驱动发展为主转变,实现科技兴军。经过长期艰苦努力,加快建立军民融合创新体系,一大批高新武器装备陆续亮相。"中国天眼"落成启用,"悟空"号已在轨运行,天河二号超级计算机计算速度再登世界之巅,新一代武装直升机、新型陆战装备加速列装,我国第二艘航空母舰山东舰服役,海军主力战舰迅即更新换代,空军主力战机急速迈进以"运-20""歼-20"为代表的"20"时代,中国东风系列战略导弹惊艳全球。中国军队在推进武器装备现代化上,开始了由大向强的"关键一跃"。

（四）坚持战斗力标准，空前强化实战化训练

习近平就任中央军委主席后强调，军队是要准备打仗的，一切工作都必须坚持战斗力标准，向能打仗、打胜仗聚焦。能战方能止战，准备打才可能不必打。这就是战争与和平的辩证法。2014年3月，中央军委颁发《关于提高军事训练实战化水平的意见》，要求从军委领导到普通士兵时时都要想到当兵打仗、练兵打仗、带兵打仗，脑子里永远有任务、眼睛里永远有敌人、肩膀上永远有责任、胸膛里永远有激情，使其成为枕戈待旦的常态。这些年来，全军上下空前一致地向"和平兵""太平官"观念宣战，向"训为看、演为看"的花架子假把式问责，使战斗力这个唯一的根本的标准在军队各项建设中真正立起来，全部心思向打仗聚焦、各项工作向打仗用劲的导向鲜明树立。数百场旅团规模以上实兵演习轮番上演，力度之大、标准之高、要求之严前所未有。各系列联合演习演练，不仅覆盖了全季节、全天候、全地域，更突出了全系统全要素参与、战略战役力量全覆盖、陆海空天电全维展开的鲜明特点。炮兵部队首次跨区基地化演练、海军陆战队首次赴寒区演练、海空军首次进行自由空战对抗演习，远海训练常态化，实兵实弹实投实爆常态化，等等，这些都体现了实战化训练格局、层次的跃升。"中国军队近几年训练强度世界罕见！"海外媒体高度评价中国军队训练方式的深刻变革。

四 怎样看待中国在国际事务中的作用开始强起来

以习近平同志为核心的党中央深刻把握国内国际两个大局，为中华民族伟大复兴尽责，为人类进步担当，积极推进外交理论与实践创新，完善外交方略，形成全方位、多层次、立体化的外交布局，引领中国在复杂多变的国际格局中始终保持战略主动，日益走近世界舞台中央。

（一）倡导推动"一带一路"建设，成功举办"一带一路"国际合作高峰论坛

2013年秋，习近平主席提出与相关国家共建"丝绸之路经济带"和"21世纪海上丝绸之路"倡议，获得全球100多个国家和国际组织积极响应和参与。2017年5月，来自29个国家的国家元首、政府首脑以及五大洲的1600多名参会代表齐聚北京，出席"一带一路"国际合作高峰论坛，共商"一带一路"建设合作大计。这是中华人民共和国成立以来由中国首倡和主办的层级最高、规模最大的多边外交活动。高峰论坛规划了"一带一路"建设的具体路线图。中国同与会国家和国际组织进行了全面政策对接，秉持共商、共建、共享的原则，签署一批合作文件，明确重点合作领域和路径。各方确定了一批即将实施的"一带一路"重点项目。中方发布包括270多项成果的清单。2019年4月25日至27日，第二届"一带一路"国际合作高峰论坛在北京举行，来自150多个国家和90多个国际组织的近5000名外宾参加论坛。这届论坛达成6大类283项务实成果，成为推动"一带一路"建设从"大写意"迈向"工笔画"的里程碑，为全球经济增长开辟更多空间，为构建人类命运共同体作出新贡献。"一带一路"倡议从规划走向实践，从愿景变为现实，成为迄今中国为世界提供的最重要的公共产品。

（二）积极运筹大国关系，同主要大国关系稳中有进

党的十八大以来，习近平主席多次到访俄罗斯，中俄元首在不同场合会晤多次。两国在天然气管道、高铁、航空航天等大项目合作上取得突破性进展。两国还在多边舞台相互协作。中俄全面战略协作伙伴关系远远超出双边范畴，为地区稳定与世界和平发挥着重要作用。中美关系时有冲突，多次反复，但努力可控。习近平主席提出不冲突不对抗、相互尊重、合作共赢的原则，是指导中美关系健康稳定发展的根本方针；习近平主席多次指出，合则两利，分则俱

伤，希望中美两国关系朝着有利于两国人民世代友好和世界和平的方向发展。习近平主席访问欧盟总部，倡导打造和平、增长、改革、文明四大伙伴关系，赋予中欧全面战略伙伴关系新内涵。中英关系开启"黄金时代"；中法紧密持久的全面战略伙伴关系快速稳定发展；中德全方位战略合作不断走深走实。中欧关系发展层次更加丰富，交流合作更加全面、均衡、深入，同样达到了前所未有的水平。

（三）秉持亲诚惠容理念，打造周边命运共同体

经略周边是新时代中国外交的一个重点。党和国家领导人秉持亲诚惠容理念，外交足迹遍布周边。党和政府在坚决捍卫国家主权、安全和发展利益的同时，全面加强同周边国家友好合作，中国与周边国家一系列重大合作倡议开花结果。2014年11月，在亚太经合组织第22次领导人非正式会议上，习近平主席倡导各方共同构建互信、包容、合作、共赢的亚太伙伴关系，启动亚太自由贸易区进程，打造开放型亚太经济格局，推动实现共同发展、繁荣和进步的亚太梦想。随后，发起创办并由57国共同筹建的亚洲基础设施投资银行，设立丝路基金。在南海问题上，既坚定维护国家领土主权和海洋权益，又始终致力于同直接当事国通过谈判协商妥善解决争议，提前达成"南海行为准则"框架。在上海合作组织、亚信峰会、中国—东盟、东盟与中日韩、东亚峰会、中日韩合作、澜沧江—湄公河合作等方面，中国积极推动各种区域合作机制相互补充、相互促进，在维护地区和平、促进地区发展、深化区域合作方面积极发挥引领作用。

（四）推动构建以合作共赢为核心的新型国际关系，我国的"朋友圈"越来越大

以习近平同志为核心的党中央在形成全方位、多层次、立体化的外交格局

中，十分注重构建以合作共赢为核心的新型国际关系，打造对话不对抗、结伴不结盟的全球伙伴关系网络。在中国的外交版图中，对大国小国一视同仁，发达国家与发展中国家都是朋友。中国同中东欧国家合作前行势头越发稳健，同南欧、北欧国家合作持续拓展。对非外交提出真实亲诚的工作方针，实施中非"十大合作计划"①。同拉美和加勒比国家共同体创立中拉论坛，共同打造中拉关系"五位一体"新格局②。同阿拉伯国家构建"1+2+3"合作新格局③。与太平洋建交岛国建立战略伙伴关系。中国积极倡导多边主义，与世界不同类型国家和国际组织建立和发展各种伙伴关系。除举办亚太经合组织领导人北京会议外，还举办二十国集团（G20）领导人杭州峰会，推动G20从危机应对向长效治理机制转型，建起中国参与全球经济治理的新舞台。举办金砖国家领导人厦门会晤和新兴市场国家与发展中国家对话会，推进"金砖+"合作模式，推动建设更广泛的伙伴关系。党的十八大以来，中国同100多个国家和国际组织建立了不同形式的伙伴关系，实现了对世界各个地区、不同类型国家的全覆盖，中国的"朋友圈"越来越大。

---

① 2015年12月上旬，习近平主席在中非合作论坛约翰内斯堡峰会开幕式上致辞时提出未来3年同非方重点实施的"十大合作计划"。十大合作计划是：中非工业化合作计划、中非农业现代化合作计划、中非基础设施合作计划、中非金融合作计划、中非绿色发展合作计划、中非贸易和投资便利化合作计划、中非减贫惠民合作计划、中非公共卫生合作计划、中非人文合作计划、中非和平与安全合作计划。为确保"十大合作计划"顺利实施，中方决定提供总额600亿美元的资金支持。

② 2014年7月中旬，习近平主席与拉美和加勒比11个国家领导人在巴西利亚会晤。与会领导人共同宣布成立中国－拉共体论坛。习近平主席提出构建政治上真诚互信、经贸上合作共赢、人文上互学互鉴、国际事务中密切协作、整体合作和双边关系相互促进的中拉关系"五位一体"新格局，打造中拉携手共进的命运共同体。

③ 2014年6月上旬，习近平主席在北京开幕的中阿合作论坛第六届部长级会议开幕式上发表重要讲话，指出：中国同阿拉伯国家因为丝绸之路相知相交，是共建"一带一路"的天然合作伙伴。中阿双方应该坚持共商、共建、共享原则，打造中阿利益共同体和命运共同体，构建"1+2+3"的合作格局。即以能源合作为主轴，以基础设施建设、贸易和投资便利化为两翼，以核能、航天卫星、新能源三大高新领域为新的突破口；未来10年，争取大幅提高中阿贸易额和中国对阿非金融类投资存量，加快协商和推进中国－海湾阿拉伯国家合作委员会自由贸易区、阿拉伯国家参与亚洲基础设施投资银行，争取早期收获。

（五）倡导构建人类命运共同体，我国国际影响力、感召力、塑造力空前提高

党的十八大报告提出"倡导人类命运共同体意识"后，习近平总书记在国内外多个场合深刻诠释"命运共同体"这一全新理念。这个理念的提出，始于周边，造福周边，对其认识不断提升，由点及面，达至全球，内涵不断丰富。习近平主席先是在博鳌亚洲论坛2015年年会上，提出推动建设亚洲命运共同体的"四点主张"①。半年后，习近平主席在联合国成立70周年系列峰会上，系统阐述了构建人类命运共同体"五位一体"②的总布局和总路径。2017年1月，习近平主席在日内瓦万国宫全面阐述了构建人类命运共同体的理念：一要坚持对话协商，建设一个持久和平的世界；二要坚持共建共享，建设一个普遍安全的世界；三要坚持合作共赢，建设一个共同繁荣的世界；四要坚持交流互鉴，建设一个开放包容的世界；五要坚持绿色低碳，建设一个清洁美丽的世界。这五大理念为人类社会发展进步描绘了宏伟蓝图。以习近平同志为核心的党中央倡导构建人类命运共同体，契合了世界各国对于发展的共同诉求，不断增加各国利益的汇合点，体现了中国将自身发展同各国共同发展有机结合的高度自觉和国际事务中的责任担当。它的提出，在世界范围内寻找到"最大公约数"，获得国际社会普遍认同。第71届联合国大会主席彼得·汤姆森说：中国所倡导的构建人类命运共同体理念，在我看来，是"人类在这个星球上的唯一未来"。联合国秘书长古特雷斯表示，联合国愿同中国共同推进世界和平与发展事业，实现"构建人类命运共同体"的伟大理想。2017年3月17日，构建

---

① 这"四点主张"是：坚持各国相互尊重、平等相待；坚持合作共赢、共同发展；坚持实现共同、综合、合作、可持续的安全；坚持不同文明兼容并蓄、交流互鉴。

② "五位一体"内涵是：建立平等相待、互商互谅的伙伴关系，营造公道正义、共建共享的安全格局，谋求开放创新、包容互惠的发展前景，促进和而不同、兼收并蓄的文明交流，构筑尊崇自然、绿色发展的生态体系。

人类命运共同体理念首次被载入联合国安理会决议。这是中国在国际事务中的作用强起来的一个重要范例。

五　怎样认识全面从严治党使党的力量真正强起来

从严治党是中国共产党区别于其他政党的一个重要特点。党的十三大正式使用了"从严治党"概念。13年后，江泽民在提出推进党的建设新的伟大工程必须处理好治党与治国关系时，提出了"治国必先治党，治党务必从严"的著名论断。14年后，习近平总书记进一步提出"全面从严治党"战略，将党的建设新的伟大工程推向新阶段。

这里讲的问题，有不少在前面讲过，但这是带总结性的，还不得不讲。

还是从"全面从严治党"这个概念讲起，因为这是一个新思想。它决不仅仅是加了"全面"二字而已。习近平总书记解释道：全面从严治党，核心是加强党的领导，基础在全面，关键在严，要害在治。"全面"就是管全党、治全党，覆盖党的建设各个领域、各个方面、各个部门，重点是抓住"关键少数"。"严"就是真管真严、敢管敢严、长管长严。"治"就是从党中央到基层党支部都要负起主体责任，党委书记要把抓好党建当作分内之事、必须担当的职责；各级纪委要担负起监督责任，敢于瞪眼黑脸，勇于执纪问责。显然，这不只是字面上的变化，而是要真管真严了。

以习近平同志为核心的党中央以什么高招全面从严治党、真管真严呢？从理论上说，最重要的就是提出了"思想建党和制度治党紧密结合"新理念。这个新理念，不是将毛泽东提出的"思想建党"和邓小平提出的"制度治党、治国"思想进行简单组合，而是要求这两手都要硬，两者互相贯通、双管齐下、同向发力、同时发力，既使加强思想建党过程成为加强制度治党过程，也使制度治党过程成为加强思想建党过程。这就成了威力巨大的"法宝"。它不仅丰富和发展了马克思主义执政党建设理论，而且践行这个思想使我们党的力量真正强起来了。

（一）反腐败斗争取得压倒性胜利并不断巩固发展，使我们党在现代政党政治理论上进一步强起来

在思想建党和制度治党紧密结合思想指导下，党中央以雷霆万钧之势开展反腐败斗争，标本兼治，坚持"打虎""拍蝇""猎狐"，全覆盖、零容忍，使反腐败斗争压倒性态势不断巩固发展。曾几何时，西方发达国家鼓吹的只有"两党制"才能反腐败的所谓普世价值甚嚣尘上，那种"反腐党亡，不反腐国亡"的谬论在坊间盛传。习近平总书记指出："开弓没有回头箭，党风廉政建设和反腐败斗争是一场输不起的斗争，必须决战决胜。"① 这场输不起的斗争就是要挑战上述谬论。经过短短数年，党风廉政建设的突出成就和反腐败斗争取得的压倒性胜利，证明中国共产党完全有能力反对腐败，并焕发出新的强大生机活力。全面从严治党是场伟大的自我革命。它校正了党和国家前进的航向，解决了党和国家事业发展带有全局性、根本性、方向性的问题，成功地挑战了西方国家和全盘西化论者认为的不可能。它在理论上将党的建设规律认识提到了新高度，在实践上深得党心民心，更加巩固了执政基础。

（二）重新强调思想建党，使广大党员的理想信仰信念进一步强起来

思想建党是中国共产党的一个重要本质特征。但是，一些人以西方政党政治理论为由，逐渐淡化思想建党。习近平总书记不仅重新强调思想建党，而且在思想建党中又提出以德治党，落实思想建党要求。以德治党的核心，就是要把理想信念作为共产党人精神上的"钙"，用坚定理想信念炼就共产党人的"金

---

① 《习近平关于全面从严治党论述摘编》，中央文献出版社 2016 年版，第 186 页。

刚不坏之身"，不断夯实党员、干部廉洁从政的思想道德基础，筑牢拒腐防变的思想道德防线，坚守共产党人的精神家园，做到对党绝对忠诚，不忘初心、牢记使命，以身许党许国、报党报国。思想建党、以德治党，空前地强化了全党对共产主义理想、马克思主义信仰、中国特色社会主义信念的坚定度。这是多少年来未曾有过的。

（三）根据制度治党思想，使党的制度建设进一步强起来

习近平总书记不断强调把权力关进制度的笼子里，制定和健全系统完备的法规制度体系，特别是完善对权力运行的制约和监督体制机制，让权力在阳光下运行。在出台的各种法规条例中，有两项法规发挥了特别重要的作用。一是强化巡视监督，充分发挥从严治党利剑作用。习近平总书记强调，巡视是党内监督的战略性制度安排，为党之利器、国之利器。中央纪委立案审查的中管干部，一半以上是根据巡视组移交的问题线索查处的。二是修订《中国共产党党内监督条例》，成立各级监察委员会，健全和完善监察制度，推进了中国特色国家监察体制的形成。这是从我国现实国情出发加强对公权力监督的重大改革创新。

（四）狠抓作风强党，使党的先进性、纯洁性形象进一步强起来

习近平总书记为落实思想建党与制度治党紧密结合这个创新思想，提出依规治党与以德治党紧密结合作为具体抓手。依规治党要求严明党的纪律特别是政治纪律和政治规矩，纪严于法、纪在法前，把执纪和执法贯通起来，用纪律和规矩管住大多数，模范遵守国家法律法规。根据依规治党，狠抓作风强党，严肃党内政治生活，净化党内政治生态。习近平总书记非常强调这一点，指出，严肃认真的党内政治生活是我们党"保持先进性和纯洁性的重要法宝，是解决党内矛盾和问题的'金钥匙'，是广大党员、干部锤炼党性的'大熔炉'，是纯

洁党风的'净化器'。"① 经过几年努力，那种组织涣散、纪律松弛的宽松软局面有了很大转变，为管党治党走向严紧硬奠定了基础。作风强党，加上从严惩治贪腐，党的先进性、纯洁性形象更鲜明地展现在广大世人面前。

总之，上述五个方面的强起来（还有其他没有论列的强起来），构成了党的十八大以来中国走向强起来，中国特色社会主义进入新时代的重要标识。当然，这个"强"也只是初步的强，还不是强中强，与历史上达到的强盛程度和那时在世界上的地位相比，还有相当距离。

中华人民共和国成立以来的70多年对于中华民族5000年历史长河而言，是很短的一段。对于创造新的盛世来说，也只是万里长征第一步。邓小平说，我们搞社会主义才几十年，还处在社会主义初级阶段。巩固和发展社会主义制度，还需要一个很长的历史阶段，需要我们几代人、十几代人，甚至几十代人坚持不懈地努力奋斗，决不能掉以轻心。因此，我们必须牢记毛泽东讲的坚持"两个务必"，以愚公移山精神，一代又一代人持续接力去实现我们党的奋斗目标！

---

① 《习近平关于全面从严治党论述摘编》，中央文献出版社2016年版，第48页。

第十八讲

全面建成小康社会理论和实践的飞跃

2020年，在中国共产党历史上具有里程碑意义。党创建百年经过前仆后继的流血牺牲和艰苦卓绝的探寻求索，实现了全面建成小康社会的战略目标。这是一代又一代共产党人团结全国各族人民接力奋斗的结果；同时，以习近平同志为核心的党中央在实现这个战略目标"收官"阶段，将其在理论上提升在实践上创新，进行决战决胜的攻坚战起了巨大推进作用。我国连续7年每年减贫都在1000万人以上，相当于欧洲一个中等国家人口规模，脱贫攻坚力度之大、规模之广、成效之显著，前所未有、世所罕见。数千年来，古代中国劳苦大众企盼的"民亦劳止，汔可小康"美好憧憬，全面变成了现实。

一　怎样理解全面建成小康社会的理论构筑

中华人民共和国成立不久，以毛泽东同志为核心的第一代中央领导集体就提出了建设社会主义现代化强国，让全中国人民过上幸福生活的奋斗目标，并进行了艰辛探索。但是，究竟走什么道路，怎样实现这个目标，社会主义现代化的幸福生活是个什么样的状况，则是在改革开放以来逐渐明确和丰富起来的。

它经历了目标蓝图化、要求明晰化、思想精湛化的理论构筑过程。

首先是邓小平提出建设有中国特色的社会主义,并将建设小康社会作为中国式的现代化在20世纪末的奋斗目标提出。这是一个"虽不富裕,但日子好过"[①]的社会。随后,以邓小平同志为核心的第二代中央领导集体提出了党到21世纪中叶的最初"三步走"发展战略。在20世纪末我国的经济社会发展和人民生活水平总体上达到小康水平后,以江泽民同志为核心的第三代中央领导集体提出了"从新世纪开始,我国将进入全面建设小康社会"[②]阶段。这就是要使"低水平的、不全面的、发展很不平衡的"小康社会,在本世纪头20年发展成为"全面建设惠及十几亿人口的更高水平的小康社会",即"经济更加发展、民主更加健全、科教更加进步、文化更加繁荣、社会更加和谐、人民生活更加殷实"[③]。以胡锦涛同志为总书记的中央领导集体在党的十七大提出由全面建设小康社会到全面建成小康社会的新目标[④]后,党的十八大以来以习近平同志为核心的党中央就一直在为实现全面建成小康社会的目标而不懈奋斗。

这些年来,习近平总书记围绕全面建成小康社会提出一系列新理念、新要求、新论述,不断丰富了邓小平、江泽民、胡锦涛的思想观点,将其进行理论提升水到渠成。

(一)赋予全面建成小康社会以科学内涵

习近平总书记在党的十八届五中全会首次对全面小康内涵作了规范性界定。他指出,全面建成小康社会,强调的不仅是"小康",而且更重要的也是

---

① 《邓小平文选》第三卷,人民出版社1993年版,第161页。
② 《十五大以来重要文献选编》(中),人民出版社2001年版,第1369页。
③ 《十六大以来重要文献选编》(中),人民出版社2006年版,第427页。
④ 这个新目标最引人注目的是:我国将成为工业化基本实现、综合国力显著增强、国内市场总体规模位居世界前列、对外更加开放和更具亲和力、国内生产总值由总量翻两番提高到人均翻两番、人民富裕程度普遍提高、具有更高文明素质和精神追求、中等收入者占全社会的多数、各方面制度更加完善、社会更加充满活力而又安定团结、生态环境良好等。

更难做到的是"全面"。"小康"讲的是发展水平,"全面"讲的是发展的平衡性、协调性、可持续性。全面小康,首先,是覆盖的领域要全面,是经济、政治、文化、社会、生态文明建设"五位一体"的全面进步,现代化建设各个环节、各个方面的协调发展;其次,是覆盖的人口要全面,即是惠及全体人民包括广大农村农民的小康,没有农村的小康,特别是没有贫困地区的小康,就没有全面小康,也就没有全面建成小康社会;最后,是覆盖的区域要全面,是城乡区域共同的小康,尽管不可能是在同一水平线上的小康,但要不断缩小居民收入水平、基础设施通达水平、基本公共服务均等化水平、人民生活水平等方面的差距。这三个"全面",深刻地揭示了全面小康的科学内涵。

(二)不断提高和丰富全面建成小康社会的标准要求

随着我国经济社会的快速发展和广大人民群众生活水平的提高,全面建成小康社会的标准要求也相应地"水涨船高"。党的十八大对确保到 2020 年全面建成小康社会提出了新要求。中国特色社会主义进入新时代以来,特别是根据党的十九大和党的十九届四中全会通过的《决定》,以习近平同志为核心的党中央按照中国特色社会主义事业"五位一体"总体布局,又提高了全面建成小康社会的标准,并将某些要求纳入制度建设。总的新要求是:全面建成小康社会要紧扣我国社会主要矛盾的变化,让改革发展成果更多更公平惠及全体人民。在经济建设方面,主动把握和积极引领经济发展新常态,坚持用新的发展理念推动经济高质量发展;在政治建设方面,坚持从国情出发设计和发展国家政治制度,使各方面制度更加成熟更加定型;在文化建设方面,推进社会主义文化强国建设,使国民素质和社会文明程度显著提高;在社会建设方面,不断健全国家基本公共服务制度体系,改善民生设施,使人民生活水平和质量普遍提高,获得感、幸福感、安全感更加充实、更有保障、更可持续;在生态文明建设方面,建设人与自然和谐共生的现代化,不断改善生态质量,建设美丽中国,为人民创造良好生产、生活环境。全面建成的小康社会，必将满足人民多层次多样化需求，朝着实现全体人民共同富裕的更高目标不断迈进。

（三）围绕全面建成小康社会形成"四个全面"战略布局

在党的十八大庄严宣告全面建成小康社会是我们党推进社会主义现代化、实现中华民族伟大复兴的历史重任后，党的十八届三中全会和四中全会先后制定了"全面深化改革""全面依法治国"两个具有重大战略意义的决定。2014年12月，习近平总书记在江苏调研考察，进一步提出全面从严治党战略要求。"四个全面"战略布局是极富远见的重大创新。如果说"五位一体"总体布局在党的十八报告中已经明确，那么"四个全面"战略布局则是在党的十八大后两年间提出的。它蕴含了改革开放以来取得的伟大成就，积聚了历届中央对中国特色社会主义实践经验的深刻总结。在"四个全面"战略布局中，全面建成小康社会是战略目标，全面深化改革、全面依法治国和全面从严治党是三大战略举措。这三大战略举措是为了保证战略目标的实施和实现。它们之间有着紧密的内在逻辑，"是一个总体战略部署在时间轴上的顺序展开"[1]"四个全面"战略布局抓住了纷繁复杂的中国特色社会主义建设事业的"牛鼻子"，更加明确了党和国家各项工作的关键环节、重点领域、主攻方向。习近平总书记高度评价其意义，指出："这是中国在新的历史条件下治国理政方略，也是实现中华民族伟大复兴中国梦的重要保障。"[2] 党的十九大报告对它的作用有更具体的定位，强调坚持党对一切工作的领导，要统筹推进"五位一体"总体布局，协调推进"四个全面"战略布局，提高党把方向、谋大局、定政策、促改革的能力和定力，确保党始终总揽全局、协调各方。"四个全面"战略布局，是新时代

---

[1]《习近平关于协调推进"四个全面"战略布局论述摘编》，中央文献出版社2015年版，第12页。

[2] 同上书，第18页。

习近平总书记治国理政方略的核心思想。

（四）在决胜全面建成小康社会基础上提出新征程"两个阶段"战略安排

全面建成小康社会的一个特质还在于，它既是党的第一个百年奋斗目标的终点，又是第二个百年奋斗目标的起点。这在中华民族现代史上是独有的。党的十九大报告指出："从十九大到二十大，是'两个一百年'奋斗目标的历史交汇期。我们既要全面建成小康社会、实现第一个百年奋斗目标，又要乘势而上开启全面建设社会主义现代化国家新征程，向第二个百年奋斗目标进军。"从 2020 年到本世纪中叶可以分两个阶段来安排。第一个阶段，从 2020 年到 2035 年，在全面建成小康社会的基础上，再奋斗 15 年，基本实现社会主义现代化。第二个阶段，从 2035 年到本世纪中叶，在基本实现现代化的基础上，再奋斗 15 年，把我国建成富强民主文明和谐美丽的社会主义现代化强国。到那时，我国物质文明、政治文明、精神文明、社会文明、生态文明将全面提升，实现国家治理体系和治理能力现代化，成为综合国力和国际影响力领先的国家，全体人民共同富裕基本实现，我国人民将享有更加幸福安康的生活，中华民族将以更加昂扬的姿态屹立于世界民族之林。报告中还指出："从全面建成小康社会到基本实现现代化，再到全面建成社会主义现代化强国，是新时代中国特色社会主义发展的战略安排。"这个战略安排的伟大意义在于，它将党的十八大前讲得较多的到本世纪中叶基本实现社会主义现代化的奋斗目标提前了 15 年。这是一个飞跃。全面建成小康社会在这"两个全面建成"中起着承前启后、继往开来的作用。没有全面建成小康社会，就不可能提前基本实现现代化，更不可能到本世纪中叶全面建成社会主义现代化强国。多少仁人志士、革命先烈梦寐以求的中华民族伟大复兴在不远的将来即将实现。全面建成小康社会是实现中华民族的伟大复兴的"压舱石"！

什么是理论？理论就是对实践经验的总结。全面建成小康社会从小康社会是中国式现代化思想的初始提出,到全面建成小康社会内涵的科学界定和标准要求的不断提高,无不是对建设中国特色社会主义实践经验的概括。全面建成小康社会的理论构筑,是对中国特色社会主义规律认识的重要提升!

二 怎样理解决胜全面建成小康社会的实践创新

贫穷不是社会主义。中华人民共和国成立以来特别是改革开放以来,我们党带领人民坚持不懈地与贫穷作斗争,对广大农村贫困地区实施大规模扶贫开发行动。经过一代又一代共产党人与广大人民群众的共同奋斗,取得了非常了不起的成就。按现行标准测算的全国农村贫困人口规模,从1978年的77039万人到2012年减少到9899万人,成为世界上减贫人口最多的国家。这也为我国决胜全面建成小康社会打下了坚实基础。同时,也要看到,由于经济社会的不均衡发展带来的区域差别,越往后减贫难度越大,许多深度贫困地区是越来越难啃的硬骨头。一个时期出现了贫困人口减到一定程度就减不动,戴贫困县帽子的越扶越多。到2015年有7000多万人没有脱贫。习近平总书记指出:"如果按过去三十多年年均减贫六百多万人的速度计算,七千多万人脱贫需要约十一年,即到二〇二五年才能实现目标。所以,采用常规思路和办法,按部就班地干,难以按期完成任务。"①"一个都不能少"的全部人口脱贫,是全面建成小康社会的基本底线。它要求比常规提前5年实现,任务异常艰巨。

形势逼人,这就要求实践创新。中国特色社会主义进入新时代,以习近平同志为核心的党中央实施一系列力度更大、针对性更强、作用更直接、效果更可持续的新举措,推进扶贫开发进入脱贫攻坚新阶段,确保贫困人口到2020年如期全部脱贫。

---

① 《习近平关于协调推进"四个全面"战略布局论述摘编》,中央文献出版社2015年版,第47—48页。

（一）提出精准扶贫、精准脱贫新理念，解决好"扶持谁"的问题

2013年11月初，习近平总书记在湖南湘西考察时首次提出了"精准扶贫"理念。此后，他不断阐发这个思想，强调落实精准扶贫、精准脱贫举措。首先，明确"精准扶贫"内涵。所谓精准扶贫，就是要对扶贫对象实行精细化管理，对扶贫资源实行精确化配置，对扶贫对象实行精准化扶持，确保扶贫资源真正用在扶贫对象身上、真正用在扶贫地区。其次，明确"精准扶贫"要求。习近平总书记强调，实施精准扶贫方略，注重抓六个精准。"即扶持对象精准、项目安排精准、资金使用精准、措施到户精准、因村派人精准、脱贫成效精准"。①再次，明确"精准扶贫"关键。他通过多地调查研究了解到，关键的关键是要把扶贫对象摸清搞准。他说："扶贫必先识贫。""多年来，我们贫困人口总数是国家统计局在抽样调查基础上推算出来的，没有具体落实到人头上。"要问谁是贫困户，则大多是说不准。现在我们一定要摸清人口底数，建档立卡，"把贫困人口、贫困程度、致贫原因等搞清楚，以便做到因户施策、因人施策。""只有这样，才能做到扶真贫、真扶贫。"②还有，明确"精准扶贫"施策，这是最重要的。精准扶贫，一定要精准施策。要坚持因人因地施策，因贫困原因施策，因贫困类型施策。习近平总书记指出："中国在扶贫攻坚工作中采取的重要举措，就是实施精准扶贫方略，找到'贫根'，对症下药，靶向治疗。"③"在精准施策上出实招、在精准推进上下实功、在精准落地上见实效。"④

---

① 《十八大以来重要文献选编》（中），中央文献出版社2016年版，第720页。
② 《十八大以来重要文献选编》（下），中央文献出版社2018年版，第38、35、39页。
③ 《十八大以来重要文献选编》（中），中央文献出版社2016年版，第720页。
④ 《十八大以来重要文献选编》（下），中央文献出版社2018年版，第38页。

（二）坚持中国制度优势，凝聚各方力量，解决好"谁来扶"的问题

脱贫致富不仅仅是贫困地区的事，也是全社会的事。大力调动各方力量，加快形成全社会参与的大扶贫格局，是新时代以来决胜全面建成小康社会实践创新的重要特点。其一，狠抓省市县乡村五级一起抓扶贫的工作机制，落实层层责任制的治理格局。这是解决好"谁来扶"的领导问题。习近平总书记指出："推进脱贫攻坚，关键是责任落实到人。要加快形成中央统筹、省（自治区、直辖市）负总责、市（地）县抓落实的扶贫开发工作机制，做到分工明确、责任清晰、任务到人、考核到位，既各司其职、各尽其责，又协调运转、协同发力。"[①] 其二，组织全社会广泛参与，形成扶贫开发工作强大合力。党政军机关、企事业单位形成定点扶贫机制，发挥单位、行业优势与立足贫困地区实际相结合，创新帮扶举措，激发出贫困户脱贫攻坚的内生力量，提高扶贫成效。强化东西部扶贫协作，东部地区不仅帮钱帮物，更要推动产业层面合作，推动东部地区人才、资金、技术向贫困地区流动，实现双方共赢。广泛调动社会各界参与扶贫开发，鼓励、支持、帮助各类非公有制企业、社会组织、个人自愿包干方式参与扶贫。引导社会扶贫重心下沉，促进帮扶资源向贫困村和贫困户流动，实现同精准扶贫有效对接。其三，干部下沉到基层，不脱贫摘帽不离开。选派得力党员干部到贫困地区基层党组织担任第一书记，每个贫困村都有驻村工作队（组），每个贫困户都有帮扶责任人，实现全覆盖。到 2019 年底，全国共派出 25.5 万个驻村工作队、累计选派 290 多万名县级以上党政机关和国有企事业单位干部到贫困村和软弱涣散村担任第一书记或驻村干部，截至 2021 年 1 月，在岗的还有 91.8 万。没有脱贫摘帽的贫困县的党政干部正职在脱贫攻坚期内保持稳定。这些新的举措，实实在在地加大了扶贫力度，使"谁来扶"的问题有了"硬核性"强力保证。

---

① 《十八大以来重要文献选编》（下），中央文献出版社 2018 年版，第 39—40 页。

（三）脱贫帮扶由"输血式"向"造血式"转变，解决好"怎么扶"的问题

习近平总书记指出："开对了'药方子'，才能拔掉'穷根子'。要按照贫困地区和贫困人口的具体情况，实施'五个一批'工程。"① 这"五个一批"：一是发展生产脱贫一批。对贫困人口中有劳动能力的人，有耕地或其他资源的，因地制宜发展扶持发展特色产业，实现就地脱贫。支持贫困地区农民外出务工、创业，劳务输出地政府和输入地政府建立对接机制解决困难问题。这是短期内增收最直接见效的办法。二是易地搬迁脱贫一批。生存条件恶劣、自然灾害频发的地方，贫困人口很难实现就地脱贫，需要实施易地搬迁。根据当地资源条件和环境承载能力，科学确定安置点，尽量搬迁到县城和交通便利的乡镇及中心村，促进就近就地转移，可以转为市民的就转为市民。保证他们有稳定的收入，同当地群众享受同等的基本公共服务，确保搬得出、稳得住、能致富。三是生态补偿脱贫一批。在生存条件差、但生态系统重要、需要保护修复的地区，结合生态环境保护，努力实现生态脱贫。结合建立国家公园体制之类改革，可以让有劳动能力的贫困人口就地转成护林员等生态保护人员，取得保护生态的劳动报酬。四是发展教育脱贫一批。扶贫先扶智，"智""志"双扶。贫困地区教育事业是管长远的，必须下大力气落实。国家教育经费要继续向贫困地区倾斜，帮助贫困地区改善办学条件，实行大城市优质学校同贫困地区学校结对等帮扶政策。对农村贫困家庭幼儿特别是留守儿童给予特殊关爱，探索建立贫困地区学前教育公共服务体系。五是社会保障兜底一批。我国贫困人口中完全或部分丧失劳动能力的有2000多万，全面建成小康社会后难免还有这样的贫困人口。这要由社会保障部门兜底。要按照国家扶贫标准综合确定各地农村低保的最低指导标准，逐步实现两个标准线合一，发挥低保线兜底作用。同时，加大其他形式的社会救助力度，加强最低生活保障和城乡居民养老保险、五保供

---

① 《十八大以来重要文献选编》（下），中央文献出版社2018年版，第40页。

养等社会救助制度的统筹衔接。解决"怎么扶"是一个巨大的社会工程。上述"五个一批"无疑是核心工程,有助于加快精准脱贫进程。

(四)建立达到脱贫标准的退出机制,解决好精准脱贫"如何退"的问题

精准扶贫是为了精准脱贫。精准扶贫花了大力气,脱贫摘帽实现小康,要群众认可,让社会点赞。习近平总书记指出:"要加快建立反映客观实际的贫困县、贫困户退出机制,努力做到精准脱贫。"[1]这里最重要的有四点:一要设定时间表,实现有序退出。贫困县摘帽要和全面建成小康社会进程对表,每年退出多少要心中有数,既要防止拖延病,又要防止急躁症。二要留出缓冲期,在一定时间内摘帽不摘政策。贫困县摘帽后培育自我发展能力有个过程,就需要扶上马、送一程,使其摘帽后各方面扶持政策能够继续执行一段时间,最大限度地减少可能发生的返贫现象。三要实行严格评估,按照摘帽标准验收。首先要严格脱贫验收办法,明确摘帽标准和程序,确保摘帽结果经得起检验。同时,要加强对脱贫工作绩效的社会监督,可以让当地群众自己来评价,也可以建立第三方评估机制,以增强脱贫工作绩效的可信度。四要实行逐户销号,做到脱贫到人。对建档立卡的贫困户实行动态管理,脱贫了逐户销号,返贫了重新录入,有进有出,保证各级脱贫任务和建档立卡数据对得上,扶贫政策及时调整,扶贫力量进一步聚焦。对贫困户帮扶措施,即使销了号也可以再保留一段时间,做到不稳定脱贫就不彻底脱钩。

以习近平同志为核心的党中央为如期实现脱贫攻坚任务呕心沥血。2015年以来,连续召开了多个专题会议,制定了《中共中央、国务院关于打赢脱贫攻坚战的决定》等多个文件,不断到贫困地区调研,实地了解情况,召集相关省份负责同志进行工作部署。这样,贫困人口从2012年年底的9899万人减到2019年年底的551万人,贫困发生率由10.2%降至0.6%,连续7年每年减贫

---

[1]《十八大以来重要文献选编》(下),中央文献出版社2018年版,第44页。

1000万人以上。到 2020 年 5 月 17 日，全国 832 个贫困县中已有 780 个宣布摘帽，中西部 22 个省份中已有 15 个没有贫困县，剩下 7 个省份还剩下 52 个贫困县，区域性整体贫困基本得到解决，实现全面建成小康社会的脱贫攻坚战取得了决定性胜利。

三　怎样看待脱贫攻坚、决战决胜"最后一公里"

2020 年是中华人民共和国成立以来罕见的大考之年。一是要决战决胜夺取全面建成小康社会的最后胜利，二是又遭遇新冠肺炎疫情——半个多世纪以来，在我国发生的传播速度最快、感染范围最广、防控难度最大的一次重大突发公共卫生事件。在以习近平同志为核心的党中央坚强领导下，我们党团结带领全国各族人民，进行了一场惊心动魄的抗疫大战，经受了一场艰苦卓绝的历史大考，付出巨大努力，取得抗击新冠肺炎疫情斗争重大战略成果，创造了人类同疾病斗争史上又一个英勇壮举。毫无疑问，新冠肺炎疫情的暴发和防治斗争，对决战全面建成小康社会夺取最后胜利会带来不小影响。正因为如此，党中央在 2020 年 3 月上旬召开决战决胜脱贫攻坚座谈会。习近平总书记发表重要讲话，号召全党和全国各族人民克服新冠肺炎疫情影响，排除一切困难打赢脱贫攻坚战，对截至 2020 年 3 月还有的 52 个未摘帽贫困县和 1113 个贫困村实施挂牌督战，国务院扶贫开发领导小组较真碰硬"督"，各省区市凝心聚力"战"，啃下最后的硬骨头，确保如期完成脱贫攻坚目标任务，确保全面建成小康社会。

党中央吹响了脱贫攻坚、决战决胜"最后一公里"的冲锋号。怎样确保取得"最后一公里"的胜利呢？加强和改善党的领导，是决定性因素。如习近平总书记所强调的，脱贫攻坚越到最后越要加强和改善党的领导。

就加强和改善领导方法和工作方法言，尤其要注重这样三点：

（一）提高政治意识，增强决胜自信

要充分认识到党的十八大以来，到2020年现行标准下的农村贫困人口全部脱贫，是党中央向全国人民作出的郑重承诺，必须如期实现，没有任何退路和弹性。2020年脱贫攻坚任务完成后，我国将有最后的1亿左右贫困人口实现脱贫，这无论对我们中国还是全世界都具有重大意义。它意味着我国提前10年实现联合国2030年可持续发展议程的减贫目标，世界上没有哪一个国家能在这么短的时间内帮助这么多人脱贫。这就充分彰显中国共产党和中国特色社会主义制度的政治优势。这是大局意识，对决战决胜"最后一公里"这场硬仗要提到这样的政治站位来认识，越到最后越要紧绷这根弦，不能停顿、不能大意、不能放松。

应当承认，新冠肺炎疫情不可避免会对经济社会造成较大冲击，更会增加打赢决战决胜"最后一公里"这场硬仗的困难。但是，任何事物都有两面性，一定要有辩证思维。要在战略上藐视困难、在战术上重视困难，既增强决战决胜的自信，又去努力找到决战决胜的办法。新冠肺炎疫情暴发得非常突然和猛烈，没有任何特效药，但是奋战在一线的广大医务工作者，没有被困难所吓倒，试验各种方法，西药中药一起上，老方新方纷纷试，最后控制了疫情，不断提高了治愈率、减少了死亡率。这给决战决胜脱贫攻坚"最后一公里"以重要启示，在困难面前首先要有坚强的信心，有了信心就会生出办法，"黄土变成金"。因此，一定要有越是艰险越向前的无畏气概，越是困难越显英雄本色的壮志豪情。

（二）坚持群众路线，增强决胜本领

群众是真正的英雄，没有办法就迈开双脚到群众中去。这是共产党人的群众观。中国有句俗语，"三个臭皮匠，合成一个诸葛亮"。毛泽东说，中国人民中间，实在有成千成万的"诸葛亮"，每个乡村，每个市镇，都有那里的"诸葛亮"。"我们应该走到群众中间去，向群众学习，把他们的经验综合起来，成为更好的有条理的道理和办法，然后再告诉群众（宣传），并号召群众实行起来，解决群众的问题，使群众得到解放和幸福。"[①] 习近平总书记按照毛泽东的教导严格要求自己。他从一个不满 16 岁的知识青年到陕北当农民开始，就同老百姓打成一片，对我国农村贫困状况有比较多的了解，立志要让农民的生活能够好一些。他以后在县、市、省、中央工作也经常考察贫困地区，到过中国绝大部分最贫困的州地市县乡。考察时，他到乡亲们家中聊天，与基层干部座谈，因而对农村贫困状况了如指掌，对如何解决贫困问题的"金点子"频频推出。2015 年以来，他就打赢脱贫攻坚战连续召开座谈会。每次座谈会前，他都先到贫困地区调研，实地了解情况，听听基层干部群众意见，召集相关省份负责同志进行工作部署。2015 年夏，他在部分省区市扶贫攻坚与"十三五"时期经济社会发展座谈会上提出精准扶贫的前提是精准识别这个思想时，推荐了在贵州省考察时了解到的"四看法"例子。这是威宁县迤那镇干部在实践中总结出来的。所谓"四看法"，就是：一看房（通过看农户的居住条件和生活环境，估算其贫困程度），二看粮（通过看农户的土地情况和生产条件，估算其农业收入和食品支出），三看劳动力强不强（通过看农户的劳动力状况和有无病残人口，估算其务工收入和医疗支出），四看家中有没有读书郎（通过看农户受教育程度和在校生现状等，估算其发展潜力和教育支出）。这个"四看法"实际效果好，在实践中管用，是一个创造，可以在实践中不断完善。在摸清扶贫对象的基础上，要通过建档立卡，对扶贫对象实行规范化管理，做到心中有数，一目了然。决战"最后一公里"阶段，也需要坚持群众路线，问计于民，求策于群，不断增强决胜本领。如习近平总书记在 2020 年 3 月召开的决战决胜脱贫攻坚座谈会上所指出的，脱贫攻坚任务能否高质量完成，关键在人，关键在干部队伍作风。要加强扶贫领域作风建设，坚决反对形式主义、官僚主义，让基层扶贫干部心无旁骛投入到疫

[①] 《毛泽东选集》第三卷，人民出版社 1991 年版，第 933 页。

情防控和脱贫攻坚工作中去,增强精准扶贫、精准脱贫能力。

(三)发挥制度优势,增强决胜力量

中国特色社会主义的制度优势就是能够集中力量办大事。在整个脱贫攻坚战始终都要发挥这个优势。开打扶贫攻坚战之始,已发挥我国特有的这个优势,凝聚各方力量,解决了"谁来扶"问题。现在决战"最后一公里",还需要发挥制度优势,增强决胜力量,解决"扶到底"问题。习近平总书记指出:"要深化东西部扶贫协作和中央单位定点扶贫。当前,最突出的任务是帮助中西部地区降低疫情对脱贫攻坚的影响,在劳务协作上帮、在消费扶贫上帮。长远看,东西部扶贫协作要立足国家区域发展总体战略,深化区域合作,推进东部产业向西部梯度转移,实现产业互补、人员互动、技术互学、观念互通、作风互鉴,共同发展。"[①] 就深化东西部扶贫协作来说,在完善省际结对关系的基础上,帮扶双方还可推动县与县精准对接,组织辖区内经济较发达县(市、区)同对口帮扶省份贫困县结对帮扶,实施"携手奔小康"行动;在没有疫情或疫情较轻的地区,可通过东西部扶贫协作"点对点"帮助贫困劳动力尽快有序返岗,支持扶贫龙头企业、扶贫车间尽快复工,组织好产销对接,解决好贫困地区农畜产品卖难等问题。这是一个相当艰巨的任务,也是增强决胜力量的一个重要举措,有助于贫困地区克服疫情影响,夺取决战脱贫攻坚战、实现全面建成小康社会"最后一公里"的胜利。

全面建成小康社会的最后一役即将"收官"。我们坚信,在以习近平同志为核心的党中央坚强领导下,必将如期打赢脱贫攻坚战。这是在中华民族几千年历史上首次整体消除绝对贫困现象的空前伟业,必将对整个人类社会的发展产生深远影响。

---

① 习近平:《在决战决胜脱贫攻坚座谈会上的讲话》(2020年3月6日),《人民日报》2020年3月7日。

附：

2021年2月25日，习近平总书记在全国脱贫攻坚总结表彰大会上指出，"经过全党全国各族人民共同努力，在迎来中国共产党成立一百周年的重要时刻，我国脱贫攻坚战取得了全面胜利，现行标准下9899万农村贫困人口全部脱贫，832个贫困县全部摘帽，12.8万个贫困村全部出列，区域性整体贫困得到解决，完成了消除绝对贫困的艰巨任务"。脱贫攻坚战的全面胜利，标志着我们党在团结带领人民创造美好生活、实现共同富裕的道路上迈出了坚实的一大步。

2021年7月1日，习近平总书记在庆祝中国共产党成立100周年大会上代表党和人民庄严宣告："经过全党全国各族人民持续奋斗，我们实现了第一个百年奋斗目标，在中华大地上全面建成了小康社会，历史性地解决了绝对贫困问题，正在意气风发向着全面建成社会主义现代化强国的第二个百年奋斗目标迈进。"

图书在版编目（CIP）数据

石仲泉讲党史 / 石仲泉著 . —北京：东方出版社，2021.11
ISBN 978-7-5207-1855-4

Ⅰ.①石… Ⅱ.①石… Ⅲ.①中国共产党—党史 Ⅳ.①D23

中国版本图书馆 CIP 数据核字（2021）第 217106 号

石仲泉讲党史
（SHIZHONGQUAN JIANG DANGSHI）

作　　者：	石仲泉
特约编辑：	郑宁波
责任编辑：	胡孝文　孔祥丹
责任校对：	金学勇
出　　版：	东方出版社
发　　行：	人民东方出版传媒有限公司
地　　址：	北京市西城区北三环中路 6 号
邮　　编：	100120
印　　刷：	环球东方（北京）印务有限公司
版　　次：	2021 年 11 月第 1 版
印　　次：	2021 年 11 月北京第 1 次印刷
开　　本：	710 毫米 ×1000 毫米　1/16
印　　张：	23.5
字　　数：	320 千字
书　　号：	ISBN 978-7-5207-1855-4
定　　价：	78.00 元

发行电话：（010）85924663　85924644　85924641

版权所有，违者必究

如有印装质量问题，我社负责调换，请拨打电话：（010）85924725